KB150317

한국의 외교안보

이 책을

故 박건우朴健雨(1937~2008) 대사님 영전에 바칩니다

한국의 외교안보

최병구 지음

평민사

[차 례]

머 리 말

한반도와 동북아를 둘러싼 국제정치는 그 어느 때 보다도 혼란스럽고 복잡하게 돌아가고 있다. 이로 인해 한국의 외교안보 상황이 참으로 어렵다. 북한 핵미사일이 한반도 역사에서 또 다른 참회 가능성을 예고하고 있다.

이러한 상황에서 대한민국의 생존과 번영에 결정적인 영향을 미치는 미국·중국·일본·북한 등과의 관계를 어떻게 다루어 나아갈 것인가? 이 문제는 우리 모두의 지대한 관심사항이 되지 않을 수 없다.

오늘의 문제를 현명하게 풀어나갈 수 있으려면 과거에 일어났던 사건들의 사실관계와 맥락을 이해하고 있어야 한다. 이 책은 이런 점을 염두에 두고 박정희·노무현·이명박 정부의 외교안보 사례를 분석하고 있다.

이 책을 통해 독자들은 한국의 외교안보가 다음과 같은 요인들에 의해 부정적인 영향을 받고 있음을 인식하게 될 것이다.

첫째, 정치권의 문제다. 정치권은 당리당략에 따라 외교안보 문제를 다룬다. 정략적으로 이용하는 것은 물론이다. 외교안보 문제를 놓고 초당적인 모습을 보이는 경우가 거의 없다. 외교안보 문제가 정치화되면 자칫 국익 손상으로 이어질 수 있다.

둘째, 여론의 문제다. 외교안보도 튼튼한 여론의 지지가 있어야 성공할 수 있는데, 국론 분열이 심하게 나타난다. 여론이 일시적인 감정이나 편협한 이념·정파적 이해관계에 따라 형성되는 것도 문제다. 국민들의 안이하고 의존적인 안보의식은 고질적이다.

셋째, 언론의 문제다. 여론 형성에 가장 중요한 역할을 하는 언론의 왜곡·과장·편파 보도가 심하다. 균형 잡힌 시각을 제시하지 못한다.

언론이 '국민의 알 권리'를 내세워 국익에 해가되는 보도를 하는 경우도 다반사다.

넷째, 국가지도자와 관료들의 문제다. 그들은 투철한 소명의식과 책임감으로 외교안보 문제를 다루지 못한다. 주요 현안을 놓고 여론의 눈치를 보며 보신주의적인 태도를 취한다.

특히 문제가 되는 것은 대통령의 외교안보 리더십이다. 대통령은 외교안보 정책의 최고·최종 결정자이면서 동시에 최종 책임을 져야하는 사람이다. statecraft라는 단어는 나라를 다스리는 기술(治國術)을 의미하면서 동시에 외교술(外交術)을 의미한다. 국가를 다스리는 지도자에게 외교를 잘 할 수 있는 자질이 요구됨을 말해준다. 지정학적으로 특수한 위치에 놓여있는 대한민국의 외교안보를 책임지는 사람의 경우에는 더 말할 것도 없다.

이 책의 앞부분에서 광해군·인조·고종 그리고 6·25전쟁 사례를 다룬 것은 이런 역사가 오늘날 우리 정부의 외교안보 정책을 역사적 맥락에서 이해하는데 시사점을 주기 때문이다.

광해군은 조선시대를 통틀어 외교 감각이 가장 뛰어난 임금이었다. 변화하는 정세를 정확히 읽어 대응함으로써 화화(禍)를 피했다. 그런 사람을 쫓아낸 인조는 한반도 역사 최대의 치욕을 초래하면서 백성들에게 참기 어려운 고통을 안겨주었다. 무능하고 유약한 고종은 아예 나라를 빼앗겼다. 비상한 의지로 비상한 노력을 경주할 수 있는 지도자가 있어야 하는 시점에 고종은 그런 사람이 아니었다.

박정희 대통령은 자주자립과 유비무환有備無患의 정신으로 안보에 만전을 기했다. 실사구시와 실용주의를 외교의 중심에 놓았다. 주한미군 문제를 놓고 미국과 어려운 싸움을 했다. 핵개발에 성공하지는 못했지만 한국이 원자력 강국이 될 수 있는 토대를 마련했다. 그는 이승만 대통령과 함께 뛰어난 외교안보적 통찰력과 비전이 있는 지도자였다.

노무현 대통령은 외교안보 분야에 경험과 식견이 없었다. '동북아 균형자론'을 내놓았다가 혼란만 일으킨 것이 하나의 사례다. 노무현 정부는 한미동맹을 흔들어 놓았다. 하지만 노 대통령은 한 · 미 FTA, 제주 해군기지 건설 등에서는 실용주의자이고 미래지향적인 리더십을 보여주었다.

이명박 대통령은 노무현 정부에서 손상된 한 · 미 관계를 정상화시켰고, 한 · 미 FTA 비준에 큰 역할을 했다. G20 서울 정상회의를 성공적으로 개최하는 등 대한민국의 국제적 위상을 높이는 데에도 높은 외교수완을 보여주었다. 아쉬운 점도 있었다. 연평도 포격 도발 때 북한에 대해 응징을 제대로 하지 못했고, 독도를 방문해 한 · 일 관계를 후퇴시켰다.

이 책에서 다루지 않은 이승만, 노태우, 김영삼, 김대중 대통령의 외교안보 사례는 2016년 5월 출간된 졸저 『외교의 세계』에서 다루고 있다.

조선은 임진왜란이라는 국난을 당한 후 불과 40여 년 만에 또 병자호란이라는 참화를 당했다. 임진란의 참상도 눈 뜨고 보기 어려웠는데, 병자호란으로 인한 참혹도 이에 못지않았다. 여기서 우리가 명심해야 할 것은 병자호란의 역사를 쓴 인조정권이 임진왜란의 역사에서 배운 바가 없었다는 사실이다. 역사에서 배우려 하지 않는 사람들에게 역사의 신神은 혹독한 벌을 내렸다.

케네디 대통령의 경우는 이와 반대 케이스다. 그는 1962년 쿠바 미사일 위기를 성공적으로 해결해 인류를 핵 재앙으로부터 구했다. 그런데 이런 성공의 배경에는 1년 6개월 前 픽스만灣 실패의 교훈이 있었다. 케네디는 이 실패 후 "내가 왜 이렇게 바보 같은 짓을 했나. 다시는 이런 실수를 하지 않겠다"고 흐느끼며 다짐했다. 소련과 미사일 위기에 직면했을 때 이 다짐은 천금 같은 것이었다.

이 책이 한국 외교안보의 실상을 깊이 있게 이해하는데 도움이 되었으면 한다. 특히 對美·中·日·北 관계를 다루어 나가는 데 있어 유익한 시사점을 얻을 수 있기를 기대한다.

이 책에 표명된 견해는 온전히 필자의 것이다. 이 책에서 나타날 수 있는 오류나 편견에 대해서는 독자여러분의 너그러운 양해를 부탁드린다.

이 책을 故 박건우 대사님 영전에 바친다. 박 대사님은 오랫동안 한·미 관계를 다룬 경험을 바탕으로 이 분야의 책을 남기고자 필자와 자료 수집 등의 준비를 하시던 중 불의不意에 타계하셨다. 駐美 대사관 시절 미국과 같은 나라를 상대하기 위해서는 우리 외교관들이 실력을 쌓는 수밖에 없다고 입이 닳도록 말씀하시던 모습이 그립다.

이 책을 쓰는 동안 무한한 인내심을 갖고 참아준 아내와, 원고를 읽고 유익한 코멘트를 해준 외교부의 우성규 국장에게 고마움을 전한다. 어려운 출판 환경에도 불구하고 또 출판을 맡아 수고해준 평민사에 특별한 감사를 표한다.

2017년 5월
최 병 구

들어가며

1. 대한민국은 외교가 생명

① 지정학적 여건

한국인들이 긴 역사를 통해 수많은 참화를 겪은 것도 그리고 2차 세계대전 후 한반도가 남북으로 분단된 것도 지정학적 특수성과 관련이 있다.

미래전략가 프리드먼은 "한국은 역사적 유례를 찾기 힘들 정도로 아주 가혹한 지정학적 조건에 놓여 있는 나라"라고 했고, 국제정치학자 미어샤이머도 "한국은 한 치의 실수도 용납되지 않는 지정학적 환경에 살고 있다"고 진단했다.

우리는 불리한 지정학적 여건을 외교로 극복하는 수밖에 없다. 자유민주주의·시장경제체제 속에서 생존과 번영을 추구하려면 외교를 잘해야 한다.

② 북한으로부터의 생존 위협

남북한은 1948년 각기 다른 체제로 출발한 이래 '죽기 아니면 살기' 식의 경쟁을 해왔다. 70여 년 후 북한은 핵미사일로 한국을 위협하는 상황이 되었고, 우리는 이런 현실을 어떻게든 극복해야 하는 절박한 상황에 놓여있다.

③ 대외 개방형 경제

한국은 협소한 국토에다 부존자원이 없어 다른 나라들과의 무역으로 먹고살아야 하는 나라다. 한국 경제는 외부 변수에 의해 예민하게 영향을 받는다. 경제의 무역의존도가 너무 높다. 금융도 마찬가지다. 증권시장의 대외 개방도도 높다(상장주식의 1/3을 외국인투자자가 소유). 경제가 안보와 따로 작동될 수 없는 나라다.

④ 국토 분단 상황

한반도가 자유민주주의·시장경제체제로 통일되기 위해서는 외교가 관건이다. 독일통일에서 보았듯이, 한반도 통일에서도 외교가 결정적인 역할을 할 것이다. 통일 과정에서 어떤 상황이 전개되더라도 한국이 비상한 외교능력을 발휘하지 못하면 좋은 결과를 만들어낼 수 없을 것이다.

2. 한국인들에게서 발견되는 독특한 의식

① 사대의식

'사대'事大는 원래 힘이 약한 나라가 힘이 센 나라에 붙어 그 존립을 도모하려는 자세를 의미한다.

19세기 중반까지 동아시아를 지배한 질서는 중국을 중심으로 하는 '사대질서'였다. '작은 나라는 큰 나라를 섬기고 큰 나라는 작은 나라의 평안을 돌봐준다'는 것. 조선은 이 질서에 가장 충실한 나라였다. 이런 질서에 길들여지다 보니 소국小國의식 내지는 속국屬國의식이 체화되었다. 이승만은 일찍이 "코리아 역사에서 가장 결정적인 오류는 중국에 대해 가졌던 사대의식"이라고 했다. 박정희는 한국인들의 사대주의적 근성을 경멸했다.

중국 중심의 질서에서는 유교의 윤리관·도덕관이 국가 간 관계에서도 적용되었다. 중국과 그 주변 국가들 관계는 '예禮'에 의해서 규율되었고, 여기서 중요한 것은 명분名分과 의리義理였다.

조선사회는 '사대' 관념에 빠져 '내가 내 운명의 주인'이라는 의식이 없었다. 이로 인해 19세기 후반 전혀 생소한 국제질서가 강요되었을 때 주체적으로 대응하지 못했다. '사대의식'이 만든 폐쇄성과 배타성이 가장 큰 걸림돌이 되었다.

② 의존의식

사대질서에 수백 年 안주하다보니 의존의식이 체화되었다. 자립적이고 자발적인 정신을 키우지 못했다. 그러던 중 중국 중심의 질서가 무너지자 의지할 대상이 없어졌다. 고종은 나라의 보전保全을 이 나라 저 나라에 의지하려다 끝내 나라를 잃고 말았다.

박성희 정부 시절 야당 인사들은 미국의 지원을 받으려 했다. 1970년대 김대중·김영삼 등의 야당 지도자들은 주한 美대사관의 하급 직원들을 만나곤 했다. 박 대통령은 이런 현상을 두고 "외세에 의존하는 근성을 버리지 않고는 진정한 자주·독립 국민이라고 할 수 없다"고 한탄했다.

안보를 다른 나라에 의탁하는 한국 사람들의 의식은 고질적이다. 60년 이상을 한미동맹에 안주했다. 자신의 안보를 남에게 의존하는 것만큼 위험한 일은 없다.

③ 명분의식

의리·형식·체면·도리 등을 중시하는 자세다. 한국인은 실질보다 형식을 중시하는 경향이 있다. 외면적으로 보이는 것을 중시하다보니 실질적인 내용, 사안의 본질이 상대적으로 경시된다.

병자호란 와중에 척화파斥和派는 나라가 망할지라도 明나라와의 의리를 지켜야 한다고 주장했다. 주자학적 명분론에 사로잡혀 왕실과 백성의 존립이라는 실리 부분을 무시했다. 明이 망하자 이번에는 조선이 작은 중화라고 하면서 위선적인 관념을 만들어 허구 속에서 살았다.

명분의식은 형식주의로 나타난다. 내용보다 모양에 더 신경을 쓴다. 문제의 본질이 아닌 지엽말단에 매달린다.

외교는 명분보다 실리를 추구하는 행위다. 명분과 실리를 놓고 어느 하나를 선택해야 하는 경우 실리를 택하는 것이 외교다. 노무현 대통령은 2004.12.8 이라크 아르빌 지역에 파견된 자이툰 부대를 방문했을 때 이렇게 말했다. "적어도 나는 이익과 명분이 부딪힐 때 이익을 선택하지는 않았다." 이라크 파병의 정당성을 이익이 아닌 명분에서 찾왔다.

④ 피해의식

수많은 외침을 받아가며 생존해온 한민족에게는 의식 깊은 곳에 피해의식victimhood이 있다. 일본의 가혹한 식민지배는 이런 의식이 더욱 굳어지게 만들었다.

피해의식은 나라의 운명이 내가 아닌 남에 의해 결정된다고 믿는 현상을 낳았다. 어떤 문제가 발생하면 그 원인을 내가 아닌 남, 내부가 아닌 외부에서 찾는다. 내 잘못에 대한 성찰이 없다. 때로는 자신감 부족으로 나타난다.

한국인들은 미국이 역사적으로 한국을 여러 번 '배신'했다고 믿는다. 그 중의 하나가 소위 '가쓰라-태프트 밀약'(1905)이다. 이 '밀약'을 통해 미국과 일본이 조선과 필리핀을 주고받았다는 것이다. 이는 사실이 아니다.

  * 이에 관하여는 이 책의 '고종과 대한제국의 멸망'에서 상술한다.

피해의식은 강대국과의 관계에서 체념의식과 열등의식을 낳았다. 강대국 눈치 보기가 이런 사례에 해당한다. 지금도 많은 정치인·언론인·지식인 등이 한국 정부가 중국과 다른 입장을 취하면 '중국이 보복할 것이다'는 식으로 생각한다.

⑤ 이분법적 사고

인간은 원래 이분법적 사고에 익숙하다. 수렵시대 빠른 판단으로 즉각적으로 대응을 해야 하는 과정에서 형성된 것이다. 이런 이분법적 사고가 한국인들에게 과도하게 나타나곤 한다.

조선사회 주류 이념으로 굳어진 대명對明 의리도 이분법적 사고였다. 明은 끝까지 문명의 나라였고, 청은 끝까지 야만(오랑캐)의 나라였다. 淸도 문명의 나라가 될 수 있다는 것은 상상할 수 없는 일이었다.

긴 세월이 흘렀음에도 친일親日은 무조건 나쁘다. 노무현 정부 시절

반미反美는 곧 자주自主였고, 친미親美는 곧 종속從屬이었다. 이런 이분법적 사고는 문제가 있다. 정교한 비교나 비유가 아니기 때문이다. 反美가 곧 自主가 될 수 없고 親美가 곧 從屬이 될 수 없다.

이분법적 사고는 지적知的인 나태와도 관련이 있다. 조선조 500년 역사를 보면 알 수 있다. 조선 엘리트들은 유교적 사고思考의 틀을 벗어나지 못했다. 이로 인해 두자가 사유를 세습하하는 현상이 생겼다.

⑥ 감정과잉

한국인들에게는 '국민정서법'이라는 것이 있다. 법과 질서에 우선하는 그 무엇이 '국민정서법'이다. 감정과잉은 '냄비현상'을 낳는다. 한 순간 끓어올랐다 언제 그랬느냐는 듯 식는다. 그런 다음 무슨 일이 생기면 또 삽시간에 끓어오른다.

* 청나라 말기 계몽사상가 량치차오梁啓超는 1910년 '조선 멸망의 원인'이라는 글에서 "조선사람은 화를 잘 내고 일을 만들기를 좋아한다. 모욕을 당하면 곧 팔을 걷어붙이고 달려든다. 그러나 그 성냄은 얼마 안 가서 그치고 만다. 한번 그치면 이미 죽은 뱀처럼 건드려도 움직이지 않는다"라고 썼다.

감정에 압도되면 문제의 원인을 정확하게 진단하거나 냉정한 손익계산을 하기 어렵다. 문제를 한쪽으로 치우쳐 인식하기 때문이다. 사실이나 정보를 기존의 생각과 맞는 것만 취하게 된다. 이로 인해 판단을 그르치게 되는 것이다.

한국인들이 갖고 있는 '민족감정'과 '反日감정'은 실사구시·실용주의적 사고를 어렵게 만든다. 민족감정은 대북정책에서도 발현되어 정책이 실패로 돌아가는 주요 원인의 하나가 되었다. '우리 민족'이라는 감정에 압도되어 북한의 실체를 보지 못했다. 김영삼 대통령은 "민족적 양심을 내세우면 풀지 못할 것이 없다"고 말한 적이 있다. 김대중·노무현 정부가 추진한 '햇볕정책'의 바탕에는 '같은 민족인 북한을 도와줘야 한다'는 정서가 깔려있었다. 많은 사람들이 '북한은 같은 민족인데 설마 우리를 공격하겠나'라고 생각했고, '북한 핵은 결국 우리 민족의 핵'이라고 생각하는 사람들도 있었다.

3. 어떤 자세가 필요한가

① 실사구시

　실사구시實事求是란 현실과 사실에 근거하여 진리·진실을 찾고 실질을 추구하는 것이다. 내가 바라는 것과 객관적으로 주어진 현실을 구분할 줄 아는 것이고, 그래서 현장 상황을 그 무엇보다도 중시하는 태도다.

　인간은 본능적으로 자기에게 불리한 사실이나 현실은 외면하거나 무시하려는 경향이 있다. 서양 격언에 '사실을 무시하면 사실이 앙갚음한다'는 말이 있다. 팩트나 현장을 중요시하지 않으면 차질이 생긴다.

　한국 정부의 역대 대북정책이 번번이 실패로 돌아간 원인의 하나도 여기에 있다. 북한 정권의 실체에 눈을 감았다. 신뢰할 수 없는 정권임에도 뭔가 잘 해볼 수 있을 것으로 기대했다. 예를 들어, 김대중 정부는 2000년 남북 정상회담을 하면서 북한에 4억5000만 달러의 뒷돈을 줬다. 선군정치先軍政治를 내세우며 핵·미사일 개발에 안간힘을 쓰고 있던 정권에 이런 규모의 현금을 건네면서 이 돈이 어떤 목적으로 쓰일 것인가에 눈을 감은 것은 실사구시가 아니었다.

　북한은 2006년 10월 첫 핵실험을 했다. 그럼에도 노무현 정부는 대북 지원을 계속했다. 이러한 지원이 핵개발에 직간접의 도움이 될 수 있다는 것은 상식에 속하는 일이었다. 남한 정부는 1993년 이래 20여 년 간 북한에 대해 3조2826억 원을 지원했는데, 이 중 57%가 노무현 정부 때 제공되었다. 북한의 핵·미사일 개발을 막고자 하는 진정한 의지가 있었다면 이와 같은 현물 지원에는 신중에 신중을 기했어야 한다.

　김정은 정권은 2016.1.6 4차 핵실험을 했다. 한 달 후에는 장거리미사일도 발사했다. 이에 박근혜 정부는 2월 10일 개성공단 가동을 중단시켰다. 그동안 이 사업을 통해 북한에 유입된 돈이 핵·미사일 개발에도 사용되었을 가능성이 있다고 합리적 추론을 한 것이다. 그러자 문재인 前 더불어민주당 대표는 이 조치를 "국내정치 목적의 정략적인 대응"이라고 했다.

외교는 사실에 입각하고 사실에 충실해야 한다. 검증되지 않은 가정 assumption이나 기대wishful thinking 또는 순진한 생각naïve belief을 배제해야 한다. 김용식 前 외무부 장관은 "외교는 어디까지나 현실에 바탕을 두어야 한다는 것이 외교의 철칙鐵則"이라고 했다.

김영삼 대통령은 1993.2.25 내통령취임사에서 "어느 동맹국도 민족보다 더 나을 수는 없습니다. 어떤 이념이나 사상도 민족보다 더 큰 행복을 가져다주지는 못 합니다"라고 선언했다. 사실과 현실을 무시한 말이었다. 북한은 이런 선언이 있은 지 한 달도 안 되어 핵확산금지조약NPT 탈퇴를 선언하면서 핵개발에 들어갔다.

② 실용주의

실용주의實用主義는 일의 결과를 중시한다. 실제적인 문제 해결에 초점을 맞춘다. 이런 점에서 실용주의는 실사구시와 맥이 닿는다.

외교는 주어진 현실과 사실에 기초하여 유익한 결과를 만들어내는 일이다. 국가지도자에 대한 평가도 따지고 보면 그가 재임 중 국가와 국민을 위해 어떤 유익한 일을 만들어 냈느냐에 따라 달라진다. 실용주의가 외교안보 리더십의 중심이 되어야 하는 이유다.

조선시대 광해군은 실용주의 외교로 정세 변화에 적절히 대응했다. 후금後金이 안보 위협 세력으로 다가오자 이에 대비하기 위해 불구대천인 일본으로부터 장검과 조총 등을 사오기도 했다. 일본군의 잔악상을 현장에서 목격한 광해군이 對日 관계에서 이런 태도를 취했다는 것은 놀라운 실용주의였다.

이승만은 1946년 6월 한반도 전체가 공산화될 가능성을 예견하고 남한에서만이라도 민주주의 정부를 수립하자면서, 이를 '반쪽의 빵이라도 취하는 것이 낫다'는 말로 설명했다. 38선 이북 지역에서는 4개월 전 '북조선임시인민위원회'라는 사실상의 단독정권이 세워진 상황이었다.

박정희도 실용주의 지도자였다. 1965년 한일회담 타결에 즈음한 특별담화에서 "아무리 어제의 원수라 하더라도 우리의 오늘과 내일을 위해 필요하다면 그들과도 손을 잡아야 하는 것이 국리민복國利民福을 도모하는 현명한 대처가 아니겠습니까?"라고 했다. 당시 '한 푼도 받지 말고 사죄 탑塔 하나 반듯하게 세우라'는 주장도 있었지만, 한국 정부는 일본으로부터 총 8억 달러를 받아 포항제철·경부고속도로·소양강댐 등 경제 인프라를 건설했다.

> * 한국이 일본과 군사정보보호협정을 체결하려 했을 때 '다른 나라는 몰라도 일본과는 이런 협정을 체결해서는 안 된다'는 주장이 강력히 대두되었다. 실용주의적 자세가 아니었다.

反美 성향의 노무현 대통령이 "먹고사는 문제" "손해 보는 장사는 안 하겠다"며 미국과의 자유무역협정FTA 협상을 개시한 것도, 거센 반대를 무릅쓰고 제주해군기지 건설이라는 결단을 내린 것도 실용주의였다.

③ 전략적 사고

국제정치와 외교에서 전략이란 국제환경·행위자·자원 등을 종합적으로 분석·예측해 국가목표(안전·번영 등)를 달성할 수 있는 최상의 로드맵을 만드는 일이다. 외교는 전략과 불가분의 관계다. 대외정책 foreign policy은 '무엇을' 할 것인가의 문제이고, 외교diplomacy는 '어떻게' 할 것인가의 문제인데, 전략strategy은 '무엇을 어떻게' 할 것인가의 문제이다.

외교가 행해지는 환경은 언제 어디서나 복잡하고 복합적이다. 다수의 국가·지역·이슈가 서로 영향을 주고받는다. 마치 당구대 위의 당구공과 같다. 외교는 유기적인 활동이어서 전략이 없으면 반사적이고 단편적인 것이 될 수밖에 없다.

외교를 효과적으로 수행하기 위해서는 먼저 목표를 분명히 설정하고 가용한 자원을 목표에 연결시켜야 한다. 이것이 전략이다. 이때 중요한 것은 사안의 중요도와 시급성을 구분하고 서로 영향을 주고받는 요인들을 종합적으로 고려하는 일이다. 또한 당장만 생각하지 않고 5~10

년 후도 동시에 고려한다. 전술적인 사안을 전략적인 사안으로 혼동하지 않는다.

훌륭한 전략은 오랫동안 쌓은 경험과 지식에서 나온다. 위정자들, 특히 대통령이나 외교장관에게 전략적 사고가 요구된다. 국가적으로 중요한 사안이 생겼을 때 폭넓은 관점에서 관련되는 이슈들을 종합적으로 고려하여 이들의 중요도·시급성·실현가능성 등에 따라 우선순위를 매길 수 있는 능력이 있어야 하는 것이다.

   * 외교안보에 현장 경험이 없는 사람들에게서 발견되는 공통적인 현상의 하나는 그들이 정책 목표의 실현 가능성, 정책 추진에 필요한 자원 동원 능력 등에 관한 감각이 떨어진다는 점이다.

지정학적 특수성 때문에 세계적인 강대국들을 상대해야 하는 대한민국 외교는 장기적인 관점에서 이들 강대국들의 이익을 세련되게 균형잡고 조정하는 것이 되어야 한다. 전략적이어야 하는 것이다. 쉬운 일이 아니다.

   * 박근혜 정부는 중국·일본에 대해 전략적인 외교를 하지 못했다. 특히 對日 외교에서는 아무 전략도 없이 시간만 낭비했다. 중국에 다가가면서 일본과는 각을 세우고 미국에 대해서는 모호한 자세를 취했다. 對美·對中·對日 외교가 따로 놀았다.

④ 긴 안목

외교는 긴 안목으로 해야 하는 일이다. 일회성—回性·일과성—過性·전시성展示性으로 해서는 안 된다. 외교가 목적으로 하는 국가이익은 장기적인 관점에서 정의되고 추구되어야 하기 때문이다. 단기적으로 추구하면 소탐대실이 될 가능성이 크다. 전투에서는 이겼는데 전쟁에서는 지는 격이다.

정치인들의 시야는 짧다. 짧을 수밖에 없다. 정치생명이 유권자들의 표에 달려있기 때문이다. 그래서 '정치인들의 시간 지평은 차기 선거를 넘지 못한다'고 한다. 정치인들은 여론이나 분위기에 민감하다. 외교에서 중요한 정책의 일관성을 기하기 어려운 배경이다.

* 우리나라의 경우 대통령은 임기 5년 단임제이고 국회의원은 임기 4년이다. 게다가 후임 대통령은 보통 前任 대통령의 외교안보 정책을 계승·발전시키려 하지 않는다. 긴 안목을 갖고 대외관계를 다루는 것이 현실적으로 어렵다.

박정희 대통령은 긴 안목으로 전략적 이익을 추구한 지도자였다. 그가 정권의 명운을 걸고 해냈던 일본과의 국교정상화(1965)가 그런 사례다. 이승만 대통령이 한미상호방위조약을 만들어 낸 것도 마찬가지다.

노태우 대통령은 소련·중국 등 미수교사회주의 국가들과의 외교관계를 수립하는 이른바 '북방외교'에서는 놀라운 성과를 거두었다. 하지만 북한을 개방시키는 일에서는 부작용을 낳았다. 자신의 임기 중 성과를 얻기 위해 무리했다. 서둘러서 될 일이 아니었다.

* 통일 과정을 '이어달리기'에 비유해 보자. 계주에서는 4명이 각자 100m나 200m를 달리고 배턴을 다음 사람에게 건네준다. 5년 임기 대통령은 자신의 임기 중 자기 구간만 달린다고 생각하면 된다.

⑤ 지력

지력은 지식의 힘이다. 외교에서도 지력知力이 중요하다. 구한말 국난을 당한 배경에는 지력 부족도 있었다. 일본이 축적했던 지식·정보력에 비하면 조선은 상대가 되지 않았다.

* 역사적으로 한반도의 지배엘리트들이 과학적·합리적인 사고를 하기보다 미신에 의존했던 사례가 흔하다. 지식이나 정보력의 중요성이 경시된 배경이다.

오늘날은 어떤가. 최정운 교수는 그의 논문(2003)에서 "우리 외교의 문제는 우리의 지적知的 능력 부재의 문제와 다름 아니다"라고 했다. 우리의 외교안보 역량이 향상되기 위해서는 지력이 높아져야 한다. 지력에 의해 뒷받침되지 않는 외교는 깜깜한 밤에 전조등 없이 운전하는 것과 같다.

* <U.S.뉴스앤드월드리포트>는 매년 전 세계 65개국 1천 개 대학들을 평가해 그 순위를 발표한다. 2016년 평가에서 한국 대학 중 100위 내에 든 대학

이 하나도 없었다.

지력은 지식과 경험이 축적되어야 생기는 것이고, 지력이 높아야 좋은 정책과 전략이 나올 수 있다. 영국·미국 등 선진국들은 긴 역사를 통해 축적된 지력이 있다. 예를 들어, 소련에 대한 '봉쇄전략'을 입안한 조지 케난은 20년 넘게 러시아의 역사·문화·언어·문학 등을 공부하고 현지에서 오랫동안 외교관 생활을 한 미국 최고의 소련 전문가였다.

이승만 대통령이 미국과 같은 강대국을 상대로 한 외교에서 놀라운 성과를 거둘 수 있었던 것도 그가 지식과 경험, 통찰력으로 무장되어 있었기 때문이었다. 레이건 미국 대통령의 경우도 마찬가지. 그는 어렸을 때부터 독서를 많이 했다. 소련을 코너에 몰아 결국 손을 들게 만든 '전략방위구상'SDI도 그의 지적 상상력에서 나왔다.

1장. 광해군 외교 vs 인조 외교

광해군光海君은 현실주의에 입각한 실사구시의 외교를 폈다. 사대의식에 갇히지 않고 주변 정세 변화에 유연하게 대처했다. 인조仁祖는 그렇지 못했다. 비현실적인 의식에 갇혀 제대로 대처하지 못함으로써 민족사 최대의 치욕을 당하면서 백성들에게는 말할 수 없는 고통을 안겨주었다. 무엇이 이런 차이를 만들었을까?

광해군의 외교기조

광해군(1575~1641, 재위 1608~1623)은 나라의 안전을 지키기 위해 고군분투한 군주였다. 동아시아 정세에 먹구름이 일기 시작했을 때 대외관계를 잘 관리해 전란戰亂을 피했다. 이기백 교수는 그를 "여진의 후금이 만주에서 일어나는 새로운 국제정세에 처하여 현명한 외교정책을 써서 국제적인 전란에 빠져 들어가는 것을 피한 지도자였다"고 했고, 한명기 교수는 "탁월한 외교정책을 펼친 군주"로, 신동준 박사는 "시대를 잘못 만난 뛰어난 국방 외교가"로 평가한다.

광해군은 1608년 선조의 갑작스런 사망으로 왕위에 올랐는데, 태생적으로 약점이 많았다. 왕후 태생이 아닌 후빈 태생이었고, 그것도 장자가 아니었다. 일본군의 침략으로 인한 비상 상황 때문에 선조와 신료들 간 합의에 의해 왕세자로 책봉되었고, 이후 줄곧 선조의 심한 견제를 받았다. 왕위에 오르기까지 17년 동안 다섯 차례나 명明에 승인을 요청했지만 모두 거절당했다.

광해군이 즉위했을 때 전쟁이 끝난 지 10년이 지났지만 전란의 상처는 그대로 남아 있었다. 민생이 극도로 피폐한 상태였고 국가 재정은 말이 아니었다. 양반제와 지주제의 모순도 심각했다. 시급히 해결해야 할 문제들이 산적해 있었던 것이다.

> * 임진왜란 중 100만 명 이상의 인구가 감소한 것으로 추정된다. 일본으로 끌려간 인원만도 수십만 명에 달했다. 이 전쟁의 인적·물적 피해는 실로 가늠하기 어려울 정도였다.

이런 가운데, 나라 밖에서도 심상치 않은 징후들이 나타나고 있었다. 압록강 건너 만주에서 여진족의 누르하치는 1593년에 송화江 유역까지 진출했고, 1616년에는 후금後金이라는 나라를 세워 明과 대치하기에 이르렀다. 이는 조선에게는 심각한 정세 변화였다. 어떻게 대처하느냐에 따라 나라의 운명이 달라질 수 있는 상황이었다. 광해군은 이에 다음과 같은 방향을 정했다.

> 明나라에 지켜야할 예의는 지킨다. 그러나 明의 요구 중 조선의 생존을 위태롭게 하는 요구는 거부한다. 후금에 대해서는 다독거려 쳐들어오지 않도록 한다. 이렇게 시간을 벌면서 이에 대항할 수 있는 힘을 기른다.

그러나 조정 신료臣僚들은 이런 기조에 반대했다. 아버지 나라인 明을 이렇게 취급할 수는 없다고 생각했다. 왕실의 정통성과 권위가 中 황제로부터 나오는데 그런 정통성과 권위를 부여하는 明에 대해 이런 태도를 취한다는 것은 있을 수 없는 일이었다.

> * 君臣관계는 상황변화에 따라 얼마든지 변할 수 있는 관계인 반면, 父子관계는 상황을 초월하는 태생적인 관계다. 조선조에서는 중종中宗 代(1506~1544)에 이르러 明을 아버지의 나라로 인식하는 현상이 일반화되었다.

광해군은 후금도 상대해야 한다고 하지만, 신료들은 말이 안 된다고 반발했다. 후금이 국서國書를 보내왔을 때 광해군은 즉각 답을 보내자고 했으나 비변사(軍務와 國政의 중추기관)는 단호하게 반대했다. 광해군의 입장을 지지하는 신하가 한 사람도 없었다. 후금을 상대하는 것은 明을 정면으로 거역하는 행위라고 생각했기 때문이다.

광해군이 후금을 상대해야 한다고 한 것은 나라의 안전을 도모하기 위한 것이었다. 광해군은 나라와 백성의 안전을 지키는 일이 가장 중요하다고 생각한 반면, 신료들은 명나라에 대한 사대事大의 원칙을 지키는 일이 더 중요하다고 생각했다.

광해군은 임진왜란이 발발한 1592년 왕세자가 되었다. 왕세자였지만 위험을 무릅쓰고 전선戰線을 누비며 차마 눈을 뜨고 볼 수 없는 상황들을 목격했다. 1598년 11월 일본군이 퇴각한 후에도 지방 곳곳을 돌아다니며 백성들이 굶주림과 전염병에 죽어가는 모습을 목격했다. 즉위하기 전에는 2년 넘게 궁궐을 떠나 민생 현장을 살펴보았다. 조선시대를 통틀어 광해군만큼 전국 각지를 돌아다니며 백성들의 일상을 살펴본 군주가 없었다. 이로 인해 1608년 왕위에 올랐을 때는 자신이 무엇을 해야 하는지를 잘 알고 있었다.

 * 일본군은 1597년 1~2월 또다시 조선을 침략했다(정유재란). 이때 동원된 병력도 1차 침략 때와 비슷한 14~15만 명이었는데, 사서史書에 의하면 이들은 15만 명의 조선인 코를 잘라 염장했다.

광해군은 왜란 당시 의주義州로 피난해 있었던 선조의 지시를 받아 조정의 일을 수행하는 '임시정부'의 역할도 수행했다. 이때 그는 평안도·함경도·황해도·강원도 등지에서 어렵게 싸우고 있는 의병장과 장수들을 독려하는 활동을 전개했으며, 전라도와 충청도 일대를 돌면서 대일對日 항전을 지원하기도 했다.

광해군은 또한 왜란 중 서북 변방인 평안도와 압록강 일대를 돌아보고 의주에 머물면서 국경지역 정세를 관찰하기도 했다. 의주는 압록강 건너 건주여진 집단의 거주지와 지척 거리였다. 광해군은 이때 명나라 장수들로부터 여진족과 누르하치 집단에 대해 많은 것을 듣고 배울 수 있었다. 현장에서 경험을 통해 군무軍務와 정세관찰 능력을 키웠다.

明의 파병 요구

광해군은 明의 원병援兵 요청으로 집권 내내 큰 곤욕을 치렀다. 明은 네 차례에 걸쳐 파병을 요구했다. 첫 번째는 재위 10년 차인 1618년 이었다. 明은 대대적인 후금 원정을 준비하고 있었다. 明은 일개 관리 明의로 파병 요구서를 보냈다. 당시 明은 심각한 재정문제로 군사력이 급속히 저하되고 있었다.

광해군의 입장은 단호했다. 안 된다는 것이었다. 그는 주도면밀한 정보수집 활동을 통해 明과 後金 동향을 정확히 파악하고 있었으며, 파병을 해서는 안 된다는 것도 이렇게 입수한 정보를 바탕으로 내린 판단이었다.

광해군은 明이 계획하고 있는 원정은 실패할 것이라고 확신했다. 실패할 작전에 조선군 병력을 희생시킬 필요가 없었다. 현실적인 문제도 있었다. 왜란의 여파로 민생이 파탄 상태에서 벗어나지 못하고 있는데 군대를 동원하면 백성들의 고통은 배가된다. 뿐만 아니라 파병하면 후금으로부터 보복 공격을 받게 될 가능성도 있었다.

> * 임진왜란 중 明이 조선에 대해 보인 가증스런 행태 때문에 광해군은 明에 대해 나쁜 감정을 갖고 있었다. 다섯 번이나 자신에 대한 왕세자 승인을 거절한 것도 감정을 사기에 충분했다.

파병문제를 놓고 광해군은 신료들로부터 철저히 고립되었다. 그의 이견은 지지하는 신하가 200여 명 중 불과 7명이었다. 광해군은 처음에는 파병 요청이 칙서(국왕이 보내는 문서)에 의한 요구가 아니라는 이유로 6개월을 버텼으나 明이 칙서로 요청하자 어쩔 수 없이 13,000여 명을 동원했다. 경제사정이 어려워 이 정도 병력을 동원한 것은 엄청난 무리였다. 장정들을 각 도道에 할당해서 징집했고 곡식과 면포를 강제로 거둬들여야 했다.

광해군은 강홍립을 사령관으로 보내면서 전투 상황을 보아 대처하라고 지시했다. 후금과 적대敵對 관계에 놓이는 것을 피하기 위한 계략이었다. 강홍립이 지휘하는 조선 원병援兵은 1619년 2월 '사르후 전투'에

임했으나 9,000명이 전사하고 전세戰勢가 기울자 후금에 투항했다.

  * 광해군이 강홍립에게 상황을 보아 후금에 투항하라고 한 사실은 1623년 반정 명분의 하나가 된다. 강홍립은 문관 출신으로 중국 사정과 외국어에 능통한 사람이었다. 광해군이 이런 사실까지 염두에 두고 이런 임무를 맡겼던 것이다.

明은 예상대로 참패했다. 누르하치의 기세를 꺾을 수 있는 실력이 되지 않았다. 明이 조선을 끌어들여 누르하치를 제압하려는 시도는 실패로 돌아갈 수밖에 없었다. 사실 사르후 전투는 명·청 교체의 서막이었다.

明은 패전 후에도 계속 파병을 요구했다. 1619년에 이어 1621년 후금이 요동遼東을 점령했을 때 지역 사령관 명의로 파병을 요구했으나 광해군은 또다시 칙서에 의한 요청이 아니라는 이유로 거절했다. 그러나 明의 요구는 집요했다. 1622년 3월 칙서를 보내 병력·군량·선박을 요구했다. 광해군은 또 거절했다.

아버지 나라(明)가 오랑캐 나라(後金)와 싸우고 있는데 아들 나라가 아버지의 요구를 거절하고 오랑캐와 관계하는 것은 상상할 수 없는 '패륜'이었다. 정적들이 광해군을 몰아내는 명분의 하나가 되었다.

  * 계승범 교수는 당시 파병에 관한 논쟁의 본질은 단순한 외교노선을 둘러싼 대립이 아니라 대명사대對明事大와 유교를 양대 국시國是로 삼아 출범한 조선이라는 나라의 정체성과 관련된 문제였다고 본다.

광 해 군 의 현 실 주 의

광해군은 쇠락하는 明을 소외시키지 않으면서도 일취월장하고 있는 後金의 원한을 사지 않으려 애썼다. 明과 後金 어느 편에도 명시적으로 가담하지 않고 주어진 상황에 따라 유리한 방향으로 나가려했다. 후금과 일정한 관계를 유지해 국경을 침범하지 않도록 했다. 오수창 교수는 광해군의 이런 외교를 "明과 淸 사이에서 줄타기를 하는 외교"

였다고 정의했다.

※ 광해군이 明과 後金 사이에서 취한 외교자세를 보통 '중립외교'로 부르나, 계승범 교수는 당시 明-朝 관계의 성격상 조선이 제3국에 대해 중립을 취할 수 없었으므로 '이중외교'로 부르는 것이 정확하다고 주장한다.

광해군의 현실주의는 조선의 이익을 明의 이익보다 앞에 놓는 것이 었다. 明이 아무리 君·父의 나라라 하더라도 서로의 이익이 충돌할 때 조선은 조선의 이익에 따라 행동해야 한다는 소신을 굽히지 않았 다.

광해군 외교는 조선을 중심에 놓았다. 明에 예속적이지 않았다. 조선 의 이익이 어디에 있는지를 먼저 생각하고 그것을 집요하게 추구했다. 對明사대가 절대적인 가치(이념)였던 상황이었음에 비추어 이는 놀라운 현실주의였다.

※ 당시 조선 지배층의 사고방식은 철저히 이분법적이었다. 어떤 이슈든 정론 正論 아니면 사론邪論 중 하나로 규정되었다. 이로 인해 같은 사안을 놓고 한 편은 정론으로 다른 편은 사론으로 규정했다. 예컨대, 신료들은 후금을 배척 하는 것을 정론이라고 했으나 광해군은 이를 사론이라고 했다.

광해군 외교는 또한 유연하고 실리적이었다. 임진왜란 직후여서 일 본을 상대하지 말아야 한다는 감정이 압도적이었고 대신들의 반대가 거세었음에도 즉위 2년차 되던 1609년 일본과의 관계를 정상화했다. 후금의 위협에 대비하기 위해 한 하늘을 이고 살아갈 수 없는 원수인 일본과도 관계했던 것이다. 남방南方과의 관계를 조속히 안정시켜야 북 방北方으로부터의 위협에 대응할 수 있었기 때문이다.

광해군은 정확한 정세 판단에 입각한 외교를 했다. 쇠락해 가는 明 과의 전통적인 관계가 조선의 안전에 도움을 주기는커녕 오히려 해가 될 수 있다고 판단했다. 그래서 明과의 관계에서 어려움이 생기는 한 이 있더라도 후금과의 관계를 유지하고자 했다.

광해군은 실용주의·실사구시의 외교를 했는데, 조선시대를 통틀어 이런 외교자세를 견지했던 국왕은 전무후무했다. 明도 의심하지 않을 정도로 뛰어난 외교 수완을 발휘했다. 인조반정 직후 明 대신大臣 팽곤

화는 상소문에서 "광해군은 십여 년 동안 충순한 신하였습니다. 큰 실수를 저질렀다는 애기를 전혀 듣지 못했는데 하루아침에 조카에 의해 폐위되었다고 하니…"라고 했다.

* 한국 역사학계는 이런 광해군 외교를 보다 더 깊이 있게 연구할 가치가 있다고 본다.

광해군의 정세 판단 능력

광해군은 명분이나 이념이 나라를 지켜주지 못한다는 사실을 경험을 통해 알고 있었다. 이는 전란 때 현장에서 직접 체득한 바였다. 어떻게 든 외부로부터의 침략만큼은 막아내야 한다는 것이 그가 가졌던 안보관의 알파요 오메가였다.

광해군은 집권 내내 국방태세를 갖추기 위해 다양한 노력을 경주한다. 유비무환有備無患의 정신이었다. 그는 서울 주변 요충지의 방어 태세, 병사들의 훈련 상태를 수시로 점검하는 한편, 무기를 제조하고 새로운 무기를 확보하는데도 전력을 다했다. 일본에서 장검과 조총을 구입했다.

광해군은 고려시대 국방을 튼튼히 하고 나라의 지경을 넓히기 위해 외교와 국방을 훌륭하게 수행했던 시절을 그리워했다. 지난 역사에서 배운 바가 있어 주변 정세를 살펴 군사·외교 차원의 대비를 철저히 했다. 반면 신료들의 태도는 개탄스러웠다. 광해군의 1621.6.6자 일기를 보자.

중원의 형세가 참으로 급급하기만 하다. 이런 때에 안으로 스스로를 강화하면서 밖으로 견제하는 계책을 써서 한결같이 고려高麗가 했던 것과 같이 한다면 그럭저럭 나라를 보전할 수 있을 것이다. 그런데 요즘 나라 인심을 살펴보면 안으로 일에 힘쓰지 않고 밖으로 큰소리치는 것만 일삼고 있다. … 우리나라 사람들은 끝내는 반드시 큰소리 때문에 나라 일을 망칠 것이다.

광해군은 이즈음 이런 교시教示를 내리기도 했다.

　적의 형세는 날로 치열해지고 있는데, 우리나라의 병력과 인심은 하나도 믿을 만한 것이 없다. 고상한 말과 큰 소리로만으로 하늘을 덮을 것 같은 흉악한 적의 칼날을 막아낼 수 있겠는가. 적들이 말을 타고 들어와 마구 짓밟는 날 이들을 담론으로써 막아낼 수 있겠는가 붓으로 무찌를 수 있겠는가.

이렇듯 광해군은 말이 아니라 행동을 원했다. 문무文武 관리들이 쓸데없는 논쟁이나 일삼으면서 아까운 시간만 낭비하고 있는 상황을 개탄했다.

광해군은 나라를 지키는 데 있어 상대의 움직임을 파악하는 일이 중요함을 잘 알았다. 明과 후금의 의도와 동향을 알아내고자 부단히 애썼다. 할 수 있는 모든 방법을 동원해 정보를 입수하고, 이를 토대로 대응책을 마련한다.

이 시기 광해군의 정세 판단은 정확했다. 그는 후금으로부터의 위협이 심각하다고 보았다. 明이 더 이상 후금을 압도하지 못하므로 조선의 안전을 明에 의존할 수 없다고 판단했다. 그래서 그는 明의 의심을 피하면서 후금과의 관계를 유지하고 明-후금 간 갈등에는 연루되지 않으려 했다.

그러나 비변사 신료들의 판단은 달랐다. 후금을 대수롭게 보지 않았다. 明이 여전히 조선을 보호해 줄 수 있으며 明을 통해 후금을 견제할 수 있다고 보았다. 후금과 관계하는 것은 明의 신뢰를 잃는 일이며, 그렇게 되면 후금 침공 시 明의 도움을 받을 수 없다고 생각했다.

광해군의 인식과 판단이 옳았음은 물론이다. 그는 조선이 의지할 만한 세력이 없는 상황에서는 군비를 튼튼히 하는 자강과 후금과 미리 관계의 길을 터놓는 외교만이 살길이라고 믿었다. 힘의 우위가 明에서 후금으로 완전히 기울기 전에 후금과의 관계를 터놓음으로써 실제 그런 상황이 도래했을 때 차질 없이 대응하려 했다.

광해군은 이미 1619년 後金이 장차 북경을 점령하고 明을 남쪽으로 밀어 낼 가능성이 있다고 보았다. 1644년 후금이 명을 멸망시키고 중원을 장악한 결과를 놓고 보면 광해군은 25년 후를 정확히 내다보았다.

결국 고립무원에 빠지다

문제는 신료들이었다. 그들은 사사건건 이의를 달면서 광해군의 지시를 이행하지 않았다. 신하들이 움직이지 않으니 광해군은 자신의 판단대로 외교를 할 수 없었다. 비변사를 필두로 거의 모든 신료들이 후금을 상대하는 것을 반대했다. 明과의 사대의리事大義理에 부정적인 영향을 줄 소지가 있으면 조금도 연루되지 않으려 했다.

광해군에게는 비변사 당상堂上들이 새로운 상황에 맞춰 대응하지 않고 쓸데없는 논쟁만 일삼는 것을 한심했다. 後金의 침공 가능성이 높아지고 있는데도 신료들은 이에 아랑곳하지 않고 후금을 상대하지 말아야 한다는 목소리만 높였다. 광해군 혼자 후금의 침입에 어떻게 대비할 것인가를 놓고 고민에 고민을 거듭했다.

> * 당시 신료들은 명-조선 간 조공관계 질서에 안주하려는 경향이 농후했다. 그래야 자신들의 기득권을 유지·강화할 수 있기 때문이었다. 새로운 질서는 그들의 권위를 손상시키는 일이었다.

광해군은 양반신료들이 "그저 자기 자신만 사랑하고 나라의 위망危亡은 돌보지 않는 작태를 보이고 있다"고 진노했다. 비변사는 상황이 위급한데도 넉 달이 지나도록 광해군이 지시한 사항에 대해 보고하지 않았다. 사보타주였다. 오죽 답답했으면 "왕이 주는 옷을 입고 왕이 주는 음식을 먹으면서 어째 종묘사직(왕실과 나라)의 위망을 염려하지 않는단 말인가?"라고 탄식했을까.

광해군은 후금과 불화를 일으키는 일을 해서는 안 되며 明-후금 간 갈등에 말려들어서도 안 된다고 생각했다. 그러나 비변사 신료들은 광해군의 이런 판단에 절대 동의하지 않았다. 광해군은 후금의 의도를 꿰뚫었지만 신하들은 번번이 오인誤認했다. 그러면서도 최고 통수권자인 왕의 권위에 도전하는 행동을 서슴지 않았다.

하지만 광해군은 이들을 어떻게 할 수 없었다. 당시 주요 정책은 국왕-비변사 신료들 간 논의를 통해 결정되어야 했다. 일종의 합의제였다. 국왕은 신하들의 지지를 받지 못하면 정통성에 문제가 생기기 때문에 자기 판단이나 생각을 강요할 수 없었다. 광해군은 사변이 나기 선 1~2년 동안 심한 두통·심징병·불면증 등에 시달렸다.

* 박현모는 이런 현상을 공론公論 정치가 지니는 폐단이었다고 본다. 공론 존중이라는 명분하에 정치적 선택의 폭이 제한됨으로써 심각한 부작용을 낳았다는 것.

광해군은 明 황제의 칙서를 거부하면서까지 후금과의 관계에서 문제가 없도록 하는데 최선을 다했다. 그렇게 하는 것이 왕실과 나라를 구할 수 있는 유일한 길이라고 믿었기 때문이다. 그는 나아가 明 황제의 은총과 사대정성事大精誠을 기리기 위한 존호尊號를 거부하는 자세를 취했다. 이로 인해 광해군은 신하들로부터 철저하게 고립되었으며 국정은 마비상태에 이르렀다.

신료들은 明의 신임을 잃는 것이 후금으로부터 침략을 당하는 것보다 더 중요하다고 생각했다. 광해군은 나라를 지키는 것, 전쟁을 피하는 것이 중요하다고 생각한 반면, 신료들은 明과의 사대의리事大義理를 지키는 것이 더 중요하다고 믿었다. 광해군은 현실이 중요했으나, 신료들에게는 명분이 중요했다.

* 광해군은 조선의 입장에서 생각했으나, 신료들은 明의 입장에서 생각했다. 이삼성 교수는 "광해군 정부의 대외정책은 그 나름대로 또 하나의 역사의식과 시대정신을 대표하는 것이었다"고 평가했다.

明과 後金 사이에서 어떤 자세를 취할 것인가를 놓고 1618년부터 거의 매일 벌어진 광해군과 신료들 간의 심각한 대립은 외교기조에 관한 논쟁을 넘어서는 것이었다. 對明사대를 외교노선이 아니라 통치이넘 내지 국가정체성이라고 보면 광해군의 현실주의는 설 땅이 없었다.

* 계승범 교수는 광해군이 신료들의 반대에도 불구하고 끝까지 對후금 관여 노선을 주장한 것은 조선史에서 유례를 찾아볼 수 없는 "매우 특이한 일"이

었다고 한다.

이상 살펴본 바대로, 광해군은 明과 後金의 능력·의도를 정확히 읽었으나 비변사 신료들은 이런 그의 손과 발을 꽁꽁 묶어 놓았다. 광해군의 출중한 외교 감각은 이들 신료들에 의해 무용지물이 되어 버렸다.

명분이 현실을 압도

'재조지은再造之恩'이란 일본군이 침략했을 때 明이 군대를 보내 패망 직전의 조선을 구해주었으니 그 은혜를 잊어서는 안 된다는 관념이었다. 이는 사실 관계에서 맞지 않았다. 明은 明의 필요에 따라 참전했다. 明이 추구한 핵심이익은 본토 방위였고 조선 지원은 그 방편이었을 뿐이다. 사실이 그러함에도 이 허구의 관념이 조선 지식인들의 존명의식尊明意識의 토대가 되었으며, 1644년 明이 멸망한 이후에도 200여 년 넘게 지속되었다. 한반도 역사의 불행이 여기서 시작되었다.

 * 이삼성 교수는 "중화주의에의 중독은 애당초 임진왜란과 같은 종류의 위기에 대한 無대책을 낳은 주요 원인의 하나였다. 임진왜란은 다시 조선의 중화주의 중독을 더욱 심화시켰다. 정확하게 3백 년의 세월이 흐른 19세기 말 조선은 일본이 제기하는 더 결정적인 위기 앞에 여전히 無대책인 채로 남아 있게 된다"고 썼다.

조선 조정이나 지배층이 '재조지은'이라는 이데올로기를 강조한 것은 임진왜란으로 실추된 자신들의 권위를 되찾기 위한 것이었다. 이순신 장군이나 의병대장들에 비하면 선조나 공신들이 나라를 구하기 위해 한 일이라고는 별로 없었다. 정통성을 다시 세우기 위한 이념이 필요했다. '재조지은'을 강조한 또 다른 이유는 내부 변란變亂 가능성을 우려한데 있었다.

 * 임진왜란의 피해가 100년 갔다고 하나 따지고 보면 그 피해는 훨씬 더 오랜 그리고 훨씬 더 심대했다. '재조지은'이라는 이데올로기가 조선 지배층의

의식세계를 경화시켜 조선이 19세기 후반 몰아닥친 대내외 정세 변화에 적절이 대응하지 못한 원인이 되었기 때문이다.

明에 대한 사대事大 또는 의리義理는 처음에는 하나의 외교 기조였으나 16세기에 이르러 이념·윤리·도덕으로 변했다. 이는 明이 동아시아 질서의 중심에 있었을 때에는 아무 문제가 없으나 후금이 세勢를 더하고 明이 쇠락하면서 문제가 되기 시작했다. 쇠망해가는 明에 대한 사상적·이념적 의존이 외교적 운신의 폭을 제약했다.

국가 간에는 아버지와 아들 관계가 성립될 수 없다는 것, 그리고 서로 추구하는 이익이 다르면 강한 나라가 약한 나라를 희생시킨다는 것, 개인은 이타적일 수 있어도 국가는 그렇지 않다는 것, 조선 엘리트들에게는 이런 인식이 결여되어 있었다. 그들은 국가 간의 관계를 유교 규범에 따른 인간관계와 같은 것으로 보았다.

임진왜란 때 明이 병력을 파견한 것은 조선을 구하기 위한 것이라기보다 일본군의 中 본토 침략을 한반도에서 차단하기 위한 것이었다.

  * 당시 明은 조선을 배제하고 일본과 강화조약 체결을 시도하기도 했다.

明은 조선을 끌어들여 후금을 견제하면서 '재조지은'을 '전가傳家의 보도寶刀'처럼 사용했다. 원래 전통적인 책봉-조공 체제에서 책봉국은 조공국의 내정에는 관여하지 않는 것이 관행이었으나 이런 관행이 자주 무시되었다. 明은 기회만 있으면 조선으로부터 '은혜 갚음'을 요구했다. '재조지은'이라는 망령亡靈이 300년 가까이 조선 하늘을 뒤덮었다.

쿠데타로 쫓겨나다

능양군·김류·이귀 등은 1623년 3월 광해군을 몰아내고 인목대비 명의의 교서를 반포했다. 이들은 이 교서에서 광해군 폐위 사유를 밝히고 능양군(1595~1649)으로 하여금 종사宗社를 잇게 한다고 했다. 여기에 적시되어 있는 광해군의 '죄목'은 내치의 경우 '廢母殺弟'와 같이 유교적 윤리기강을 훼손했다는 것이고, 외치의 경우 明을 배신하고 후금과 화친함으로써 조선을 금수禽獸의 나라로 전락시켰다는 것이었다.

반정세력은 광해군이 明을 배신했다고 생각했으나, 정작 明 신료臣僚들은 그렇게 생각하지 않았다. 반정을 '찬탈'로 인식했다. 明 조정의 이런 분위기를 감지한 반정세력들은 광해군이 明을 배반한 사례라고 생각되는 일들을 두드러지게 부각시켜 明에 설명했다.

광해군 시대 집권세력은 임진왜란 때 전선에 나가 싸운 북인北人 계열 사람들이었다. 광해군은 분조分朝를 이끌며 일선에서 전쟁을 지휘했고, 정인홍은 의병을 일으켜 일본군을 격파했다. 광해군 즉위를 가장 적극적으로 지지했던 이이첨도 이런 주전파 계열이었다.

반면, 정변을 일으켜 광해군을 몰아낸 세력은 왜란 당시 선조와 함께 의주로 피난 갔던 서인西人 계열이었다. 이들이 한 일이란 피난 간 것이 전부였다. 이들은 자기들이 선조를 호위해 의주로 피난 갔기 때문에 그나마 나라의 한 모퉁이만이라도 보전했고 거기서 明에 도움을 요청해 조선이 살아남을 수 있었다고 믿었다. 김류·이귀 등이 대표적이었다.

> * 왜란 당시 선조는 국경을 넘어 明으로 피신하는 것까지 고려했었다. 국가 지도자가 전란 중 이런 생각을 했다는 것은 수치스런 일이 아닐 수 없었다.

인조반정으로 明의 몸값이 올라갔다. 明은 인조에 대한 책봉을 부여하는 과정에서 광해군 집권 기간 중 느슨해졌던 조선에 대한 지배력을 단단히 거머쥘 수 있었다. 인조가 자신에게 정통성을 부여해 주는 明에 대해 가져야 할 태도는 자명했다. 明을 절대시하고 明을 위해서라면 무슨 일이든 해야 한다는 것이었다.

인조(재위 1623~1649)와 반정공신들은 明으로부터 반정 승인과 책봉을 받아내기 위해 전심전력을 다한다. 반정 직후인 1623년 4월 明에 사신을 파견했다. 明의 반응이 부정적이었다. 그러자 사절단은 조선이 明을 도와 후금을 토벌할 각오는 되어 있는데 인조에 대한 책봉이 늦어져 여의치 않음을 시사했다. 이것은 바로 明이 바라는 바였다.

조선의 속셈을 훤히 들여다보고 있던 明은 조선이 원하는 대로 움직이지 않자 반정 승인과 책봉을 계속 지연시켰다. 1625년 1월에 가서야 반정을 승인했고, 이어 6월 책봉했다. 2년 3개월이 걸렸다. 조선이 후금을 멀리하고 親明 노선을 확실히 견지하도록 만든 다음에야 비로소 책봉을 부여했던 것이다. 이후에도 明은 인조의 태생적 약점을 기회 있을 때마다 이용했다.

1625년 6월 책봉사로 明 사신 두 명이 다녀가면서 조선의 재정은 바닥이 났다. 이들은 은銀 16만 냥과 인삼 수천 근을 챙겨갔다. 사상 최악의 약탈이었다. 부담은 고스란히 백성들에게 돌아갔다. 인조는 당시 상황을 "온 나라를 빗자루로 쓸고 간 것 같다"고 묘사했다. 親明의 대가는 이처럼 혹독했다.

드디어 후금의 침략을 당하다 (1627년 정묘호란)

여진족 리더 누르하치는 1616년 나라를 세우고 과거 여진이 건립했던 金(1115~1234)을 계승한다는 의미에서 나라 이름을 後金이라 불렀다. 누르하치가 1626년 사망하자 그를 이은 홍타이지(淸태종, 재위 1626~1643)가 두 번째 리더(칸汗)가 되었다.

　* 明: 1368~1644, 後金: 1616~1636, 淸: 1636~1912, 조선: 1392~ 1910

淸은 1627년 1월 조선을 침략했다(정묘호란). 인조가 왕위에 오른 지 4년 차 되던 해였다. 후금이 明을 공격하면 조선이 배후에서 후금을 공격할 가능성이 있으므로 먼저 조선을 치려했던 것이다. 총사령관 아민(누르하치 조카)과 패륵(몽고 부족장)은 3만 명의 군대를 지휘했다. 임진왜란 35년 만에 또 외부의 침략을 당한 것이다.

후금이 내세운 침공 사유는 네 가지였다. ▶조선이 明을 도와 후금을 침공했다 ▶조선이 명장明將 모문룡을 감싸주고 있다 ▶조선이 후금 난민을 수용했고, 후금 땅을 습격하기도 했다 ▶누르하치가 사망했을 때 애도를 표하는 조선인이 한 사람도 없었다.

* 1621년 심양과 요양이 후금 지배에 들어가게 되자 요동에 거주하던 사람들 중 일부가 난리를 피해 조선으로 유입되었다. 明은 후금을 배후에서 견제할 필요성 때문에 이들 난민을 규합해 후금을 견제하려 한다. 이 상황을 이용해 난민을 모아 군대를 조직하고 독자적인 세력을 구축한 사람이 모문룡(1576~1629)이었다. 모문룡이란 존재는 조선의 명·후금과의 관계에서 미묘한 외교문제를 야기했다. 후금은 모문룡 제거를 원했다. 상황이 그러함에도 당시 조선이 모문룡에게 보내는 양곡의 양이 매년 재정의 3분의 1에 달할 정도였다.

후금은 침공을 감행하기 前 조선에게 明과의 관계를 단절하고 후금과 형제관계를 맺을 것을 요구했다. 후금군은 침공을 시작한지 이틀 만에 정주定州에 도착, 화의和議를 제의한 다음 1월 22일 개전사유를 명시한 문서를 보내왔다. 조선의 답신이 전해지자 아민은 "조선이 진심으로 강화를 원한다면 여전히 명나라를 섬길 것이 아니라 그들과의 교통을 끊어야 한다. 만약 명나라가 이를 꾸짖는다면 이웃 나라인 우리가 가까이 있는데 무엇이 두렵겠는가"라는 내용의 문서를 보내왔다. 하지만 인조와 신료들은 한결같이 明과의 관계 단절은 "국가가 망하더라도 할 수 없는 일"이라고 생각했다.

후금군은 남진을 계속해 개성 부근까지 도달했다. 2월 2일 또다시 明과의 관계단절과 후금과의 형제관계를 요구하는 문서를 보내왔다. 후금은 곧장 서울로 진격하지 않고 중도에 간간이 머물며 화의를 촉구했다. 이럴 때마다 조선 신하들은 대안을 내놓지도 못하면서 "나라가 망하더라도 明과의 의리를 저버릴 수 없다"는 말만 되풀이했다.

* 인조는 대신들과 함께 강화도로 몸을 피했고 세자는 전주로 피신했다. 후금과의 화의 협상 시 후금 협상단에는 사르후 전투 때 후금에 투항했던 강홍립도 포함되어 있었다.

조선은 제대로 싸워보지도 못하고 후금의 요구사항을 수용하는 선에서 두 달 만에 손을 들었다. 후금으로서도 궁극적인 목표는 明을 쳐 중원을 장악하는 것이었기 때문에 공연히 조선과의 전쟁에서 힘을 낭비할 필요가 없었다. 이번에는 조선으로부터 자기들이 필요로 하는 물자를 받아내고, 추후 明을 침공할 때 후환이 없도록 만들면 되었다. 잘못하면 明의 배후 공격을 받을 수 있어 이 점에도 유의했다. 이런 배경에서 양측은 수월하게 화의에 도달했다.

조선은 후금과 형제 관계를 맺고 세폐를 약속함으로써(정묘화약) 위기를 넘겼다. 그러나 이런 약속 때문에 경제적 출혈이 심했다. 후금에게 해마다 15,000필의 면포를 비롯한 각종 생필품을 공급해야 했다. 이런 부담은 고스란히 백성들에게 돌아갔다. 후금軍 침략으로 평안도와 황해도 백성들이 당한 고통은 끔찍했다. 많은 사람들이 목숨을 잃거나 포로로 끌려갔다.

　* 후금으로 끌려간 조선인 포로는 이후 커다란 사회·경제적인 문제가 되었을 뿐만 아니라 조선-후금 간 협상을 요하는 문제가 되었다.

1627년의 위기는 집권 세력이 현실적응적인 외교를 했더라면 피할수도 있었다. 인조는 등극하자마자 너무 분명하게 숭명崇明·반청反淸으로 선회했다.

　* 반정세력은 광해군 때 對후금 외교를 담당했던 두 명의 관리를 참형에 처했다. 명나라를 배신하고 후금과 친했다는 것이 죄목이었다.

광해군의 경우는 후금과 明의 동향을 면밀히 파악하면서 대응했는데 인조는 달랐다. 이들 내부 사정에 관한 정보를 갖고 있지 않았다. 정보를 입수하려는 노력 자체를 하지 않았다. 반면 후금은 조선 사정을 세밀하게 파악하고 있었다.

인조는 후금과 화의하면서 형제兄弟의 맹약을 맺는 것은 문제될게 없다는 입장을 취했지만 사실 광해군을 몰아내는 명분이 되기도 했던 일임에 비춰보면 모순이었다. 어쨌든 일단 사태를 수습한 조선의 대명사대對明事大는 날이 갈수록 심해졌다. '나라는 망하더라도 의리는 지켜야 한다'는 것은 인조를 중심으로 한 집권세력의 확고부동한 신념이었다. 이는 인조의 태생적 한계였으며, 정권의 정통성을 유지하기 위해서는 불가피한 일이었다.

　* 인조는 1626년 明 희종에게 보낸 글에서 자신을 '신'臣으로 칭했다. 인조는

이 글에서 광해군이 적(후금을 의미)과 내통한 적이 있다고 고해바치기도 했다.

'형세에 맞추어 대응하자'

이귀李貴는 정묘호란을 전후한 시기 대표적인 주화론자主和論者였다. 그는 김류 등과 더불어 1623년 쿠데타에서 핵심적인 역할을 했고, 이런 배경으로 인조 조정에서 국정을 주도한 인물이었다. 그런 그가 호란 시 주화론을 편 것은 反正 명분을 무색하게 만드는 일이었다.

李貴는 '형세에 맞추어 대응해야 한다'는 소위 '사세론事勢論'을 주장했다. 국가의 보전을 도모하기 위해서는 척화론斥和論 차원에서만 접근하는 것은 적절치 않다는 것이다. 주어진 상황을 무시하면서 의리론義理論에 입각한 '도덕적 명분주의'를 고수하는 것은 문제가 있다는 주장이었다. 명분론名分論을 내세워 정변을 주도했던 사람이 아이러니컬하게도 명분론에 내포된 문제점을 지적했던 것이다. 對명·청 관계에서 현실을 무시한 채 의리와 명분만 내세우면 이는 정권의 존립은 말할 것도 없고 나라의 보전까지 위태롭게 하기 때문에 무책임한 태도라고 주장했다. 변화하는 상황과 특정 이슈의 성격을 무시하고 의리와 명분의 잣대로 대외관계를 다루면 정권은 물론 나라의 존립까지 위협받게 된다는 것이었다.

李貴는 도덕적 명분주의자들이 상황을 무시하고 명분과 의리라는 고정된 사고의 틀에서 대외관계를 인식하는 것은 문제가 있다고 생각했다. 존재하는 현실을 있는 그대로 보고 거기에 맞춰 대응해야 한다는 것. 말하자면 '정치적 현실주의'를 표방한 것이다. 그는 이와 함께 대외문제에 있어 유연한 대응을 주문했다. 정도正道에는 맞지 않더라도 상황에 따라 임기응변으로 대처할 수도 있어야 한다고 했다. 이때 일(事)과 때(時)의 실제 상황이 판단기준이 되어야 한다. 명분이나 의리만이 기준이 되어서는 안 된다는 것이 그의 생각이었다.

기존의 관념에 얽매이지 말자는 실용주의적 면모가 엿보인다. 당시의 지배엘리트들이 가졌던 천편일률적인 사고思考에 비하면 놀라울 정도로 유연한 것이었다. 그러자 이귀를 참수해야 한다는 주장까지 나왔다.

1628년 6월 후금이 조선에 사신使臣을 파견했는데 사절단원 중에 조선인 군인으로 후금에 항복한 박중남이란 사람이 포함되어 있었다. 조신 측은 이 사람을 어떻게 내우할 것인가를 놓고 논란을 벌였다. 박중남은 자기가 사절단원의 한 사람이기 때문에 당연히 다른 사신과 동일한 대우를 받아야 한다고 주장했다. 예조판서 김상헌(1570~1652)은 이런 일은 있을 수 없다고 반대했다. 인조는 정전正殿에서 사신을 접견하면서 朴을 의자에 앉게 했다. 김상헌은 '예의명분'에 어긋난다는 이유로 강력히 반발했다. 그는 이렇게 상소했다. "박중남을 전하의 앞에 앉혀서 사신의 예로 대우했으니 동해 바다의 물을 다 퍼서도 그 부끄러움을 씻기에 부족하게 되었습니다." 김상헌다운 주장이었다.

반면, 李貴는 박중남을 오히려 더 후대해야 한다고 주장했다. 홍타이지가 베푼 대우보다 더 나은 대우를 베풀면 그가 돌아가서 조선을 위해 도움이 되는 역할을 할 수도 있을 것이며, 반대로 그를 푸대접하면 조선에 피해를 주는 행동을 할 수 있음을 감안하자고 했다. 이귀는 한술 더 떠 뇌물로 매수해서 朴을 조선의 첩자로 만들자고 했다.

李貴의 사세론은 조선이 왜 후금과 강화講和를 해야 하는가에 대한 논리를 제공해 주었다. 조선이 군사적으로는 도저히 나라를 지킬 수 없으니 '강화'라는 임시변통에 의해 다급한 상황으로부터 일단 벗어나야 한다는 것. 후금을 자극하지 말고 힘을 키우자는 것이 핵심이었다. 이귀의 이러한 주장은 당시의 집권자들이 쿠데타로 정권을 잡은 사람들이었기 때문에 내세우기 어려운 주장이었다.

또 다른 사례. 조선은 1629년 4월 일본 사신使臣 겐보 일행에게 상경을 허용할지 여부를 놓고 논란을 벌였다. 이 문제는 간단한 문제가 아니었다. 당시 조선은 대외관계에서 최악의 궁지에 몰려 있었다. 明과 後金 모두 조선에 대한 불만이 높아지고 있었기 때문이다.

李貴는 선조가 이미 일본을 이웃나라로 대우했고 일본이 조선 사신을 우대하고 있는 사실 등을 들어 상경을 허용하자고 주장했다. 하지만 인조는 '왜놈들은 원수' 운운하며 반대했다. 그러자 이귀는 "후금과 겨우 화의를 맺어 국정이 아직 불안한 상황에 일본의 비위를 거슬러 화근을 만들어서는 안 된다"고 하면서 부드러운 태도로 강자를 제압하는 책략으로 상경을 허용하자고 주장했다. 결국 조정은 겐보 일행의 상경을 허용하고 후하게 대우했다.

李貴는 겐보가 상경했던 사실을 후금에 알려줄 것인가 하는 문제를 놓고도 인조와 견해를 달리했다. 그는 후금 측에 알려주면 후금의 조선에 대한 신뢰를 높일 수 있을 뿐만 아니라 후금을 견제하는 효과도 있을 것으로 판단했다. 明의 도움을 기대하기 어려운 상황에 일본을 활용하여 후금을 견제할 수 있다는 생각이었다. 반면 인조는 사실대로 알려줄 경우 공연히 후금을 불안하게 만들 것이니 그럴 필요가 없다고 했다.

1636~37년 전쟁 (병자호란)

홍타이지는 1636년 4월 국명國名을 대청大淸으로 바꾸고 자신이 황제가 되었음을 선언한다. 이제 大國 행세를 하겠다는 것이었다. 우선적으로 손을 보아야 할 대상이 조선이었다. 8개월 후인 12월 자신이 직접 大軍을 이끌고 침공을 개시했다. 침공 사유는 1627년 정묘화약丁卯和約을 이행하지 않았다는 것. 사실 인조는 淸의 침략을 예상했다. 바로 한 달 전 "적은 오고야 말 것인데 어떻게 해야 하는가"라고 탄식했었다.

淸 大軍은 12월 9일 압록강을 건너 질풍노도 같이 남하했다. 조선은 아무런 준비가 되어 있지 않았다. 당시 淸軍은 동아시아의 최정예 군대였다. 조선은 명나라에 지원을 요청했으나 아무 소용이 없었다. 청군은 압록강을 건넌 지 불과 5일 만에 양철평(지금의 녹번동 부근)까지 들이닥쳤다.

　* 광해군은 15년 전인 1621년 비변사에 후금의 기병들이 의주 등의 성城을
　　공격하지 않고 곧 바로 서울로 향할 가능성이 있으므로 이를 막아 낼 수 있

는 계책을 시급히 마련하라고 지시한 바 있다. 이런 예측은 정확히 들어맞았다. 청 기병들은 5일 만에 600km 이상을 주파했던 것이다.

인조는 강화도로 피신할 시간을 놓쳐 어찌할 바를 몰랐다. 이때 이조판서 최명길(1586~1647)이 나섰다. "일이 급하니 제가 오랑캐 진에 들어가 맹약을 어기고 침략한 것을 따지겠습니다. 그들이 듣지 않는다면 마땅히 말발굽 아래에 죽을 것이오, 다행히 말 상대가 된다면 잠시나마 그들을 묶어둘 수 있을 것이니 임금께서는 그 틈을 타 남한산성으로 들어가십시오." 목숨을 걸어야 하는 일이었기 때문에 참으로 용기 있는 자세였다. 최명길이 청장淸將 마부대와 담판하는 사이 인조는 가까스로 남한산성으로 들어갈 수 있었다.

위기의 순간에 발휘된 최명길의 용기와 충성심은 돋보였다. 한명기 교수는 최명길이 절체절명의 위기 상황에서 인조의 안전한 도피가 가능하도록 만든 것은 대단히 의미 있는 일이었다고 지적한다. 최명길이 없었더라면 인조에게 어떤 일이 일어났을지 모를 일이고, 경우에 따라서는 이후의 조선 역사가 다른 궤적을 그렸을 수 있다고 보는 것이다.

淸軍은 12월 16일 남한산성을 포위했다. 병력·화력 등 모든 면에서 조선군은 상대가 되지 않았다. 12,000여 명이 10배 가까운 청군을 막아낼 수 없었다. 남한산성南漢山城에서 버티기 위해 필요한 군량도 45일치에 불과했다.

* 흥미로운 사실의 하나는 당시 조선군은 전투를 하면서 점괘를 보았다는 것이다. 언제 어떻게 싸워야 하는가를 점을 봐가며 결정했다는 것인데, 이런 비과학적 사고는 구한말까지 이어져 예컨대 민비도 지독히 미신적이었다.

조선은 한심할 정도로 대비가 안 되어 있었다. 일례로, 淸의 움직임에 관한 정보가 없었다. 그러면서도 明의 눈치만 보면서 淸을 정탐하지 않았다. 반면 淸은 북방민족 특유의 정보수집 능력을 발휘해 조선의 실상을 소상히 파악하고 있었다. 淸軍은 남한산성내의 식량·식수·땔감·군사·군기軍器 등의 비축 상황에 대해 놀랄 만큼 정확한 정보를 갖고 있었다. 인조는 임진왜란 때처럼 전국 각지에서 의병이 일어나기를 기대했으나 그런 움직임은 전혀 없었다.

홍타이지는 자신이 지휘하는 병력을 이끌고 12월 27일 임진강을 도하했고, 12월 29일 한강을 건너 남한산성 서쪽에 도착했다. 다음 날 남한산성 주변에 증원된 淸 병력이 재배치되기 시작했다. 淸 태종은 남한산성을 포위한 다음 인조에게 통첩을 보냈다. 통첩의 마지막 부분에 '조선이 明을 믿고 淸에 도발적인 태도를 취했으니 그 명나라의 구원병으로 나를 막아보라. 만약 명군이 나를 막지 못하면 그것은 너희의 오만과 오판이 될 것이다'라고 했다.

淸 태종의 말대로 明은 조선에 아무런 도움을 주지 못했다. 明의 군사력은 지속적으로 쇠퇴했고 재정도 바닥이나 군대를 보낼 형편이 못되었다. 가까스로 극소수의 원병을 보냈으나 이마저도 풍랑을 만나 되돌아갔다.

조선이 유사시 明으로부터 군사적 지원을 받을 수 없을 것이라는 사실은 충분히 예상되었다. 明의 국력이 눈에 띄게 쇠퇴했기 때문이다. 반면 淸의 국력이 급성장하고 있음은 누구나 다 아는 사실이었다. 상황이 그러함에도 외교가 없었다. 여기에는 북방민족을 오랑캐로 얕잡아보는 우월감이 한 몫을 했다.

淸의 대군이 물밀듯이 진격해오고 있는 상황에 인조와 그의 신하들은 어떻게 대응할 것인가를 놓고 주전파主戰派와 주화파主和派로 갈렸다. 주전파(척화파)는 "개돼지만도 못한 오랑캐에게 고개를 숙이느니 차라리 나라가 망하더라도 끝까지 버티자"고 했고, 주화파는 "淸이 明을 능멸할 정도로 세력이 강해진 현실을 받아들여 그들의 요구를 일단 수락하고 힘을 길러 후일을 기약하자"고 했다. 인조는 갈피를 못 잡고 오락가락하다가 일단 주전파의 손을 들어주었다.

주전파의 가장 큰 문제점은 국세國勢를 헤아리지 않는데 있었다. 그들은 대책도 없이 큰 소리만 쳤다. 나라의 존망보다 대명사대를 더 중요하게 생각했다. 그런 자세를 취할 경우 백성들이 어떻게 될 것인지에 관심이 없었다. 임진왜란 때 백성들이 비참하게 죽어가던 모습을 까마득히 잊은 듯 했다.

김상헌은 "조선이 위화도회군威化島回軍(1388) 이래 친명親明 정책을 썼고 임진왜란 때도 명나라의 도움으로 살아날 수 있었으니 明에 대한 의리를 지켜야 한다"고 목소리를 높였다. "설사 싸우다 망할지라도 明에 대한 의리를 저버려서는 안 된다"고 했다.

반면, 최명길은 "明에 대한 의리를 지키는 것도 중요하지만 우선은 나라가 살아야 하므로 잠시 명분을 접고 淸과 화의해야 한다"고 했다. "淸을 황제국皇帝國으로 부르는 것을 제외하고는 淸의 요구를 다 늘어주어 극단적인 충돌을 피해야 한다"고 했다.

최명길은 주화론이 조정의 안전과 백성의 안녕을 염두에 둔 것이고 동시에 도리에도 합당한 것이라고 믿었다. 국가의 존립보다 우선하는 명분은 존재의의가 없다는 것이 그의 소신이었다.

淸과 협상에 나섰으나...

인조에게 보낸 국서에서 淸은 明 황제만이 조선 국왕에 대해 쓸 수 있는 용어를 썼다. 조선에게는 충격적이었다. 국서의 자구字句와 형식은 對明의리와 직결된 문제들이었다. 주전파의 반발은 격렬했다. 이 문제에서의 후퇴는 단지 명분상의 후퇴가 아니라 국왕의 안전과도 직결되므로 절대 받아들여서는 안 된다고 버텼다. 대안을 제시하지도 못하면서.

이조참판 정온은 황제가 아닌 자를 황제의 예로써 대접하게 되면 이는 곧 명분을 문란케 하는 것으로 그렇게 되면 "나라는 이미 망한 것"이라고 했다. 김상헌도 인조가 산성 밖으로 나가 항복한다면 당장의 생존은 도모할 수 있을지 모르나 이는 통치권에 심각한 타격을 줄 것이라고 경고했다. 그는 "조선이 스스로 신하의 위치를 자처해서 국서를 보내는 일만큼은 결단코 해서는 안 되는 일"이라고 주장했다.

이런 주장들은 한심했다. 조선은 모든 것을 걸고 淸과 싸울 수 있는 상황이 아니었다. 게다가 칭신稱臣이나 출성出城 항복은 淸이 결코 거둬들일 수 없는 요구조건이었다. 침공 목적이 바로 여기에 있었기 때문이다. 淸은 자신들의 요구를 온전히 수락하라고 압박했다. 그러면서 압도적인 무력을 과시했다.

淸軍은 1637.1.19 홍이砲를 발사해 출성 항복을 압박하는 시위를 했다. 1월 24일에는 행궁(임금이 사용하는 궁)을 겨냥하여 대포를 발사했고, 남성南城에 병력을 투입했다. 다음날 인조가 무조건 남한산성에서 나오라고 요구하면서 그동안 받았던 국서를 모두 돌려보냈다. 1월 26일에는 척화신 압송을 요구하는 군사들이 행궁 밖까지 들이닥쳤다. 조선 측은 소현세자의 출성을 조건으로 다시 한 번 강화 조건을 교섭했으나 성과가 없었다.

* 홍이포는 淸이 5년 전 자체 제작에 성공한 무기였다. 이 포의 최대 사정거리는 무려 9km에 달했고 유효 사거리는 2.8km였다. 종래는 1km에 불과했었다.

淸의 총공세에 조선이 취할 수 있는 조치란 아무것도 없었다. 이와 같은 상황에 강화도 함락 소식이 전해지자 분위기가 급변했다. 최명길을 비롯한 신료들은 인조가 출성하는 것이 그나마 낫다는 의견을 내며 인조를 압박했다. 1월 27일 出城 항복을 수락하는 국서가 발송되었고, 1월 28일 출성 시 안전을 보장한다는 淸 태종의 국서가 도착했다. 1월 29일 척화신으로 지목된 윤집과 오달제가 청군 진영으로 압송되었다. 淸의 요구 조건들이 모두 충족되었다.

민족사 최대의 치욕

仁祖는 1637.1.30 남한산성에서 나와 항복에 따른 의식을 치른다. 淸태종에게 세 번 큰절을 하고 한 번 절할 때마다 세 번씩 이마를 조아렸다. 한민족 역사상 가장 치욕적인 장면이었다.

인조가 이와 같은 항복의 예禮를 행하기 전까지 조선 신하들은 淸 태종을 '홍태시'紅泰豕라고 불렀다. '붉고 큰 돼지'라는 의미였다. 그런 존재 앞에서 조선의 국왕이 행한 항복의식은 너무나 충격적이었다.

조선이 수락한 항복 조건은 가혹하기 그지없었다. 양국 관계는 형제 관계에서 군신君臣 관계로 변했고, 조선은 명나라와의 국교를 완전히 단절하기로 약속했다. 또한 淸이 明을 공격할 때 군사적 지원을 하며, 매년 淸에 특산물을 바치기로 했다. 淸은 원하는 것을 다 얻었고, 조선은 더 이상 잃을 것이 없을 정도로 다 잃었다.

조정의 무능이 초래한 결과는 참담했다. 인조가 항복의식을 마치고 돌아와 목격한 상황은 생지옥 그 자체였다. 인육을 먹어 미친 사람도 눈에 띄었다. 청군은 돌아가면서 약탈과 폭행을 자행했다. 적게는 수만 많게는 수십만 명을 포로로 잡아갔다(최명길은 50만 명에 이르렀을 것으로 추정). 여성이 대부분이었다. 이들이 겪게 되는 고통은 형언할 수 없었다. 도망치다 잡혀 발꿈치를 잘린 사람이 한둘이 아니었다. 성노리개로 전락한 여인들이 만주인 본처로부터 끓는 물세례를 받는 경우도 부지기수였다. 죽을 고생을 하다가 살아 돌아온 여성들은 '화냥년'還鄕女으로 낙인이 찍혀 죽을 때까지 고생했다.

> * 당시 조선의 인구는 850만, 淸은 150~200만 정도였던 것으로 추산되는데, 10만 명을 잡아갔다 가정하더라도 이 규모는 대규모임에 틀림없다. 청이 대규모 병력을 동원해 조선을 침략한 목적 중에는 노동력 확보 목적도 있었다. 후금은 1629년부터 明을 수시로 공략하는 과정에서 매 많은 조선인들을 납치해갔다. 당시 심양에서는 '인간 노예시장'이 형성되었다고 한다.

淸은 인조의 장남 소현세자(24세)와 차남 봉림대군(18세)도 심양으로 데려 갔다. 이들을 데려간 것은 계산된 것이었다. 淸은 이후 '소현세자 카드'를 기회 있을 때마다 꺼내들었다. '왕위 교체론' 등을 흘리면서 인조를 견제하고 압박했다. 인조의 행동을 묶어 두는데 이 만큼 유용하고 힘 있는 카드가 없었다.

> * 소현세자는 1645년 8년 기간의 인질 생활을 마치고 귀국했으나 두 달 만에 숨을 거둔다. 봉림대군은 효종(1619~59, 재위 1649~59)이 된다. 그는 즉위 후 김상헌 등 反淸 척화파 인물들을 중용한다.

조선 지배층에게 '삼전도三田渡의 치욕'은 감당하기 어려운 정신적 충격이었다. 조선 왕실의 지배이념이 치명타를 맞았다. 오랑캐라고 무시하던 여진족의 나라와 임금-신하의 관계를 맺었다는 사실은 도저히 믿어지지가 않았다. 정신적 공황恐慌상태가 초래되었다.

* 삼전도는 항복의식이 거행되었던 곳의 지명이며, 오늘날의 송파구 잠실동 지역이다.

삼전도 항복으로 조선 왕조의 정체성은 여지없이 훼손되었다. 백성들이 지배층에 절대적 충성을 바칠 근거가 사라졌다. 조선 지배층이 이미 망한 나라 明에 대한 의리를 버리지 못한 이유가 여기에 있었다. 明에 대한 의리를 최고의 가치로 고수해야만 '삼전도의 수치'에서 벗어날 수 있었다.

삼전도 치욕으로 가장 큰 타격을 입은 사람은 물론 인조였다. 국왕으로서의 권위가 땅에 떨어졌다. 척화파 신하들을 혐오하고 배척했다. '나라를 그르친 자들'이라고 원망했다. 1636년 3월 영의정 최명길이 척화파들을 풀어주자고 했을 때 '나라의 존망을 도외시하고 명예만을 차지하려 했던 경박한 무리들'이라고 하면서 일언지하에 거절했다. 이런 배경에서 삼전도 치욕은 인조가 반정공신들의 입김으로부터 벗어나는 계기가 되기도 했다.

* 인조는 이즈음 내린 유시에서 '나라는 반드시 스스로 해친 다음에야 남이 해치는 법이다'라고 했다. 만시지탄의 깨달음이었다.

삼전도 항복은 충효忠孝에 기반을 둔 조선왕조의 지배이념에 총체적 위기를 초래했다. 국왕이 오랑캐(청) 앞에 무릎을 꿇고 아버지 나라(明)와의 관계를 끊겠다고 했으니 조선의 지배이념은 만신창이가 되었다. 설상가상으로 明을 치는데 동참하라는 淸의 요구는 조선이 감당할 수 없는 일이었다.

조선은 1654년과 1658년 淸의 강압에 못 이겨 파병을 하게 된다. 이 원정도 조선의 조야에 큰 충격을 남겼다. 북벌北伐 담론이 휩쓸던 시대에 북벌은커녕 오히려 타도 대상인 오랑캐의 지휘를 받으며 출정한 것이기 때문이다.

고통은 백성의 몫

인조가 남한산성으로 대피해 있는 동안 淸軍 점령 지역에서는 처참한 살육과 '인간 사냥'이 자행되었다. 인조는 '동네는 모두 불타고 시체가 즐비한 가운데 남아 있는 사람은 10세 미만의 아이들과 70세 넘은 노인들뿐'이라는 보고를 받았다. 길가에 방치된 백골들을 수습해 묻어주는 일 자체가 큰일이었다. 인명 피해가 얼마나 컸었는지 알 수 있다.

항복 직후 강화도 일대를 둘러봤던 한 신하에 의하면 여자들이 보이지 않았다. 淸에 잡혀가는 것을 피하기 위해 모두 도망갔기 때문이다. 바다에 뛰어든 사람도 셀 수 없을 정도였다. '여인들의 머리 수건이 바닷물에 떠 있는 것이 마치 연못 위 낙엽이 바람을 따라 떠다니는 것 같았다'는 목격담도 나왔다. 사로잡힌 여인들 중에는 유부녀로 아이를 데리고 있는 이들도 적지 않았다. 청군은 이런 여인들을 끌고 가면서 그들의 아이들을 죽이거나 길가에 내버렸다. 이들이 심양에 이르는 동안 견뎌야 했던 추위와 배고픔은 형언하기 어려웠다.

아무 잘못이 없는 백성들이 왜 이리 참혹한 고통을 당해야 했나? 누구의 잘못이었나? 분명한 것은 그들이 잘못한 일은 없었다는 것이다. 인조와 신료들이 외교와 국방을 잘못해 일어난 일이었다. 임진란으로 전대미문前代未聞의 고통과 피해를 당한 지 불과 40여 년 만에 또 이런 참혹한 일을 당했다.

재앙을 피할 수도 있었는데…

明이 쇠퇴하면서 淸이 강력한 세력으로 급부상하고 있었음에도 조선 조정의 대응은 한심하기 짝이 없었다. 한마디로 무능하고 무책임했다. 40년 전 일본군의 침략으로 나라가 쑥대밭이 되었고, 9년 전 청군의 침공이 있었음에도 이렇다 할 대비를 하지 않아 또다시 "너무도 어둡고 우울한 역사"를 반복했다. 이들이 과거의 실수에서 배워 정신을 차렸더라면 1636~37년의 위기는 피할 수도 있었다.

* 송복 교수는 조선 지도층 인사들은 "우리 역사를 역사로 생각지 않았고 오로지 아느니 중국인물이고 읽느니 중국 역사였다"면서, 심지어 유성룡이 쓴 임진란 회고록조차 읽지 않았다고 했다.

지정학적 관점에서 보면 당시 상황은 조선에 유리했다. 조선이 후금 (청)에 대해 어떤 태도를 취하든 明은 조선을 손보기 어려웠다. 조선이 明·후금(淸)·일본 사이에서 웬만큼 외교를 했어도 이들 나라가 조선을 침공하기 어려웠다.

1627년 사태(정묘호란) 이후에도 조선의 방위태세는 정비되지 않았다. 1636년 호란 시 조선의 군사력은 없는 것이나 마찬가지였다. 이는 인조를 포함한 신료들도 인정한 사실이다. 군비를 확충하지 못한 원인의 하나는 재원 부족이었다. 임진왜란으로 인한 피해가 극심해 국가 경제가 말이 아니었던 것이다. 그러나 무엇보다도 또 화를 당하지 말아야 한다는 의식이 없었다.

1636년 9월 明 장수 황손무라는 사람이 황제의 유시문諭示文을 갖고 입경入京했다. 속히 明과 협력하여 淸을 토벌하자고 제의했다. 조선을 꼬드겨 淸과 싸우게 만들려 했던 것이다. 그런데 黃이 관찰한 조선 상황은 한심 무인지경이었다. 도저히 淸과 싸울 수 있는 상황이 아니었다. 오죽하면 黃이 조선 측에 淸과의 관계를 단절해서는 안 된다는 충고까지 하고 갔을까. 이 충고는 조선을 위해서 한 것이 아니라, 조선이 망하면 淸을 견제할 세력이 없어지는 것을 우려해서 한 것이었다.

黃은 귀국하면서 조선 조정에 서한을 보냈다. 서한에는 조선 엘리트들의 한심한 모습이 다음과 같이 기록되어 있었다. 淸이 침공하기 두세 달 전 상황이다.

「經學을 연구하는 것은 장차 이용하기 위한 것인데 나는 귀국의 학사學師와 대부大夫들이 읽는 것이 무슨 책이며 경제하는 것이 무슨 일인지 이해할 수 없었소. 뜻도 모르고 웅얼거리고 의관衣冠이나 갖추고 영화를 누리고 있으니 수도首都를 건설하고 군현郡縣을 구획하며 군대를 강하게 만들고 세금을 경리하는 것은 과연 누가 담당한단 말이오?」

1627년부터 後金은 해를 거듭할수록 세력이 확장되고 있었던 반면, 明은 계속 쇠퇴의 길을 걷고 있었다. 그러므로 조선은 이런 변화를 잘 살피며 대비했어야 했다. 그렇게 할 수 있는 시간적인 여유도 있었다. 상황이 그러함에도 조선은 오히려 對淸 관계에서 분란의 소지만 키웠다.

후금은 1627년 강화 이후 조선에 대한 압박 수위를 높여갔다. 이로 인해 갈등의 골이 깊어졌다. 1632~33년 후금은 과도한 예물과 병선(큰 배 3백여 척)을 요구하면서 이런 요구가 받아들여지지 않으면 관계를 단절할 수도 있음을 내비쳤다.

이에 인조는 감정적으로 대응했다. 최명길이 "원한을 사서 화禍를 재촉하는 것이 올바른 계책이 아니다"는 상소를 올렸으나 소용이 없었다. 인조는 '관계를 끊자'는 내용의 문서를 후금에 보내려 했다. 부원수 김시양이 나서서 말렸다. 그는 전쟁 준비가 되어 있지 않은 상황에 이런 조치를 취하는 것은 적절치 않다고 하면서, 국서를 부드러운 말로 고치고 후금의 요구도 일부 들어주자고 했으나 인조는 크게 노해 그를 처벌까지 했다. 당시 상황은 외교를 필요로 했다. 그런데도 인조는 외교는커녕 후금을 건드려 침공 구실을 주었다. 무능하고 무책임한 정권이 무모하기까지 했다.

  * 당시 가도(椵島, 평북 철산반도 2km 지점에 위치한 섬)에 주둔하고 있던 명나라 장수들은 조선의 淸에 대한 강경한 태도가 위험하다고 하면서 淸과 화친을 유지할 것을 권고하기도 했다. 인조 외교가 얼마나 무모했는지를 말해준다.

당시 조정에는 외교적 안목이 있는 신하가 없었다. 최명길이 유일했다. 그는 1936년 침공이 있기 전 그 가능성을 예측하고 국왕에게 대책을 건의했다. 정묘호란 당시 후금과 맺은 화약이 복원되도록 노력하고, 심양에 역관을 보내 후금의 동태를 살피자고 했다. 그러나 이런 건의는 받아들여지지 않았다.

淸이 1636년 2월 황제 호칭을 요구하기 위해 사절단을 보냈을 때 조선은 이 사절단을 공식적으로 접수하지 않았다. 사절단이 가져온 온 문서가 淸 신하 명의로 되어있었기 때문이다. 사절단은 돌아가는 길에 돌팔매를 맞기도 했다. 이것은 외교가 아니었다.

다른 사례. 1636년 4월 홍타이지 황제로 즉위하는 행사에 조선은 두 명의 사절(나덕현·이확)을 보냈다. 그런데 이들은 훈령에 따라 홍타이지에게 배례拜禮하는 것을 거부했다. 淸 병사들이 달려들어 이들의 옷을 갈기갈기 찢는데도 끝까지 거부했다. 조선에 관한한 明朝 이외 또 다른 황제가 있을 수 없기 때문에 홍타이지를 황제로 인정할 수 없다는 것. 홍타이지를 공개적으로 망신시켰다. 다른 나라 사절들이 다 보는 앞에서 이런 행동을 하는 것은 엄청난 모욕이었다.

* 홍타이지가 직접 침공에 나선 것은 8개월 전 즉위식에서 조선이 자신을 모욕한 데 대한 분노 때문이었다고 보는 학자도 있다.

淸 측은 나덕현·이확의 귀국 길에 국서를 지참시켰다. 淸은 이 국서에서 세상 물정 모르는 조선 정부가 10년 간 이어져온 화의和議를 폐기하고 전쟁의 단서를 열었다고 하면서 인조 자제를 볼모로 보내라고 요구했다. 그렇게 하지 않을 경우 침공하겠다고 하면서 군대를 동원하는 날짜까지 명시했다. 최후통첩이었다.

인조는 1636년 6월 이 국서에 답하는 글을 보낸다. 정묘년 맹약이 깨진 것은 조선 책임이 아니라 淸의 잘못이라고 했다. 이 답서의 마지막 부분은 이렇게 되어 있었다. 침공을 앞둔 적에게 '대의'와 '하늘'이 조선을 지켜줄 것이라고 하면서, 그런데도 침략하면 하늘의 벌을 받을 것이라고 적고 있다. 한심한 답신이었다.

「군사도 재물도 없는 우리는 오로지 대의大義와 하늘만을 믿는다. 과거 조선을 침략했던 도요토미 히데요시의 말로를 보라. 자중지란이 일어나 시체가 산처럼 쌓이고 조선을 침략했던 그의 부하들은 다 죽었다. 반면 우리와 우호를 유지한 도쿠가와는 태평성대를 누리고 있다!"」

척화파와 주화파는 1636년 가을 淸과의 악화된 관계를 개선하기 위해 사신을 보낼 것인지, 보낸다면 어떤 명칭으로 보낼 것인지, 후금과의 접촉을 재개할 경우 이전과 달리 淸이란 명칭을 써야 하는지를 놓고 또다시 격돌했다. 이때 최명길은 淸에게 칭신稱臣할 수는 없지만, 형제의 맹약을 준수하는 선에서 淸과의 화친을 유지하는 것은 가능하므로 사신을 파견해야 한다고 주장했다. 그러나 이런 건의는 받아들여지지 않았다.

조선은 淸의 침략에 대비한 방위력을 키우지 않았다. 청이 쳐들어와노 상관없다고 생각하지 않고서는 그럴 수가 없었다. 그렇다고 외교를 하지도 않았다. 대명사대對明事大 이념에만 몰입되어 있었다. 낭떠러지에서 썩은 동아줄을 잡고 하늘만 바라보고 있는 것과 같았다.

왜 그랬나? 정권의 정통성에 문제가 있었기 때문이다. 정통성이 明으로부터 나오기 때문에 淸이 아니라 明이 중요했다. 당시 지배층에게는 '백성'이 중요한 것이 아니라 '정권'이 중요했다. 국내 반란세력으로부터 정권을 지키는 것이 외부 침략에 대비하는 것보다 더 중요했다.

인조와 지배층은 明이 쇠퇴하고 淸이 대륙의 주인이 되는 중대한 전환적 시기에 능동적으로 대응할 능력이나 의지가 없었다. '힘의 전이轉移'가 진행되는 상황에서는 특히 외교를 잘 해야 하는데, 외교가 없었다. 가장 큰 책임은 국왕인 인조에게 있었다. 어떤 역사학자는 인조를 "조선 최악의 어리석은 군주"로 평가한다.

병자호란은 당시 집권세력의 국제정세에 대한 무지, 외교·군사적 무능, 백성들에 대한 무책임이 어우러져 일어난 일이었다.

나라의 존립보다 더 중요한 것

김상헌은 이렇게 말한다. "예의와 삼강은 인간사회의 기본질서인데 明을 배반하고 오랑캐를 섬기면 이미 세상은 망한 것이 되므로 나라의 흥망을 돌보지 않고 淸에 맞서야 한다." 明을 배반하고 오랑캐를 섬기면 이미 세상은 망한 것인데 나라의 존립이 무슨 의미가 있느냐는 것이다. 조선은 明을 배반하지 않는 한에 있어 존재의의가 있다는 말이었다.

이런 의식의 중심에는 明으로 상징되는 '중화문명'이 자리 잡고 있었다. '중화문명'이 나라와 백성의 존립보다 더 중요했다. 조선 국왕이나 지배층에게 가장 중요한 가치는 백성의 안녕이 아니라 君臣 간의 의리였고, 이 군신간의 의리는 곧 明에 대한 의리를 의미했다. 김상헌을 비롯한 척화파는 對明의리가 나라의 존망보다 더 중요하다고 믿었다.

홍문관弘文館 관헌들도 이렇게 말했다. "당당한 예의지국으로서 그 어찌 오랑캐들에게 치욕을 입으며 조상에 죄를 짓겠는가!… 오랑캐들로 하여금 우리나라에서 지키는 예의를 알도록 해야 한다. 그렇게 해야만 나라가 망하더라도 천하에 할 말이 있을 것이고 후세에도 할 말이 있을 것이다."

조선 지배층은 明이 멸망해서 없어진 지 60년이 지난 시점에 제단을 만들어 놓고 明 황제들을 기리는 제사를 지내기 시작했다. 만동묘萬東廟가 충북 괴산에 만들어졌고, 대보단大報壇은 창덕궁 후원에 설치되었다. 만동묘는 조선 후기 200년 간 조선 지식인들의 성지였다. 對明사대가 지배층의 정체성이었음을 말해준다. 문명국 明이 오랑캐 淸에 의해 망했기 때문에 이제 이 세상에 문명국은 오직 조선 하나뿐이라는 의식도 생겨났다. 후술하겠지만, 이런 의식은 19세기 서세동점西勢東占 시대에 조선이 국제사회에서 낙오자가 되는 원인의 하나가 되었고, 종국에 가서는 나라까지 잃게 되는 상황으로 이어진다.

  * 계승범 교수는 이런 의식은 "매우 교조적이고 배타적이며 자기우월적인 것으로 한반도라는 공간을 벗어난 국제무대에서는 전혀 통할 수 없는 우물 안의 이데올로기에 지나지 않았다"고 본다.

최명길의 실용주의

이 시기 척화파와 주화파의 대립은 이념적 대립이었을 뿐만 아니라 첨예한 정치적 갈등을 수반한 정쟁政爭이기도 했다. 광해군을 몰아내고 인조 정권이 수립되는 과정에서도 이런 사실을 확인할 수 있다. 여기서 주목해야 하는 것은 척화·주화의 대립이 대등한 세력 간 대립이 아니었다는 사실이다. 척화론이 강력한 정치적 파워를 가진 공론公論이었기 때문에 주화를 주장하는 것은 정치적 생명을 걸어야 할 정도로 위험한 일이었다.

최명길은 반정反正과 호란胡亂의 난세에 중요한 역할을 했다. 반정 이후에는 대사헌, 이조판서, 대제학, 예조판서를 거쳤고, 남한산성 출성 이후에는 우의정이 되었으며 좌의정을 거쳐 1638년 9월 영의정에 이르렀다. 인조는 척화파의 말을 듣다가 치욕을 당했다고 분노하고 척화파의 대부분을 축출했다. 최명길이 인조와 가까워질 수밖에 없었다.

두 파의 세계관世界觀·국가관國家觀 차이는 淸의 침공에 어떻게 대응할 것인가를 놓고 첨예하게 부딪쳤다. 남한산성에 포위된 상태에서 최명길의 주장은 분명했다. 강화하거나 싸우거나 둘 중의 하나였다. 제3의 길은 없었다. 싸우는 것을 선택하면 나라가 망할 것이다. 그렇다면 나라를 살리기 위해 협상을 해야 한다. 중요한 것은 하나라도 더 유리한 조건을 받아내는 일이다. 최명길은 전란 전부터 후금을 불필요하게 자극하지 말자고 여러 번 진언했었다. 동시에 침략에 대비하는 구체적인 방안을 내놓기까지 했다.

최명길은 정치적 현실주의자였다. 1637.1.1 淸 태종이 남한산성 아래에서 군대를 사열하고 있음에도 인조 주변에는 강화講和 이외에는 대안이 없다고 직언하는 신하가 한 사람도 없었다. 최명길은 "비록 만고의 죄인이 될지라도 할 수 없다"고 하면서 인조에게 항복을 건의했다. 나라를 위해서라면 직언을 서슴지 않았다.

최명길은 외교관 자질이 있었다. 우선 사고思考가 유연했다. 淸과의 강화를 주도했지만 明에 대한 사대의리를 부정하지 않았다. 최명길의 외교적 수완은 남한산성에서 淸과 협상할 때 십분 발휘되었다. 대부분의 문서를 그가 작성했다. 척화론자 중에서는 최명길이 작성한 문서를 읽고 "못하는 말이 없이 우리를 낮추고 아첨했으므로 그것을 보고 통분하여 눈물을 흘리지 않는 자가 없었다"고 했다. 1637.1.18 최명길이 작성해 국왕의 1차 검토를 마친 문서를 김상헌이 울면서 찢었을 때 최명길은 "대감은 찢었으나 우리들은 마땅히 이것을 주워야 한다"고 말했다는 일화가 전해진다.

남한산성에 갇혀 있을 때 김상헌이 주화론을 힐난하자 최명길은 이렇게 응수했다. "국가가 보존된 뒤에야 바야흐로 와신상담도 할 수 있다. 척화건 주화건 나라가 망하면 아무 소용이 없다." 일단 나라를 보존하기 위해 잠시 명분을 접자는 것이었다. 최명길은 淸과의 협상이 권도權道에서 이뤄진 일이라고 했다. 權導란 목적 달성을 위하여 그때그때의 형편에 따라 임기응변으로 일을 처리하는 것이다. 외교의 한 특성이다.

　　최명길은 淸이 분수에 넘치는 칭호를 쓰든 말든 그것은 그들이 알아서 할 일이라면서, "우리의 힘으로 저들이 황제를 칭하는 불의를 제어할 수 없는 까닭에 잠시 그대로 내버려두어 참견하지 말고 전과 같이 형제의 약조를 지키면서 내치와 국방을 다져나가는 것이 참으로 우리나라가 취해야 할 좋은 정책이다"라고 주장했다.

　　최명길은 당당하고 떳떳했다. 조선이 비밀리에 對明 접촉을 계속한 사실을 알고 淸이 노발대발했을 때 조정에서는 사실을 부인하거나 임경업에 책임을 돌리자는 의견이 나왔다. 그러자 최명길은 "천하에 명분과 의리를 세우려다가 죽고 사는 지경에 이르렀는데 남에게 전가할 수 없다"면서 자진해서 淸으로 떠났다(1642년 10월). 최명길은 떠날 때 "우리나라 대신大臣 한 두 사람이 이 일 때문에 죽어야 후세 천하에 대하여 할 말이 있게 된다"며 장례도구들을 챙겨갔다. 역사에 책임을 지겠다는 당당한 자세였다. 그는 심양에서 어떤 위협에도 굴하지 않고 모든 것은 자기 책임이며 국왕과 다른 신하들은 모르는 일이라고 하면서 2년 여 감옥살이를 했다.

　　최명길은 1645년 2월 석방되어 고국으로 돌아와 1647년 5월 세상을 떠났다. 한 시대 나랏일을 담당했던 고위관리로서 최명길이 실천했던 책임감은 김상헌의 그것과 비교가 되지 않았다. 한명기 교수는 "최명길이 없었으면 조선이 독립국가로 생존할 수 있었을까? 심하게 말하면 淸의 일개 성省이 되었을 가능성도 없지 않다"고 주장한다.

　　* 최명길의 국가관이 돋보이는 것은 그가 왕조와 민생을 구하는 일이 그 무엇보다도 우선한다고 믿은 데 있다.

김상헌의 행적은 대조적이었다. 그는 인조가 남한산성에서 나와 淸 태종에게 무릎을 굵고 있었을 때 이미 종적을 감추고 없었다. 인조와 조정을 버리고 고향인 안동으로 내려갔다. 그의 이런 행동에 대해 인조는 "임금을 속인 것이 심하다. … 세상을 속이고 명예를 훔치기가 쉽다"고 탄하였다. 그가 청에 끌려갔을 때 보인 행적은 평소 주장들과 는 걸맞지 않는 구차하기 짝이 없는 것이었다.

* 허남린 교수는 "임진왜란 당시 주전론主戰論을 주장한 사람들치고 스스로 무기를 들고 전장으로 나아가 왜적을 향해 돌진한 자는 한 사람도 없었다. 왜 적으로부터 멀리 떨어진 안전한 곳에서 끝까지 싸우자고 입으로만 외쳐대는 무리에 불과했다"고 했는데, 김상헌의 경우가 그러했다. 척화론자들은 대부 분 위선적이었다.

'사대·의리'가 최고의 가치

고려 말엽 전래된 주자학은 이후 500여 년 동안 조선 사상사에 심 대한 영향을 주었다. '조선은 주자학의 나라'라고 할 정도였다. 주자학 에서 추구하는 '명분'과 '의리'는 기존의 유학에서 추구하던 것들과 달 리 고도로 심화되고 체계화된 의식이었다.

'의리'는 무엇보다도 대의명분을 의미했다. 실제적인 이익보다 명분 과 대의를 더 중요하게 여긴다. 그러나 당시의 의리는 그 이상의 것이 었다. 허태구 교수에 의하면 당시의 의리는 어떤 은혜나 이득이 개입 되어서 성립되거나 나오는 것이 아니라 도덕법칙·당위에서 나온 것이 었다. '인간이라면 반드시 지켜야 할 그 어떤 것'이었다는 것이다.

척화론자들은 바로 이 주자학적 명분론에 빠진 사람들이었다. 이들 은 '의리'와 '나라' 중 하나를 선택하라고 하면 당연히 '의리'를 선택했 다. 이들은 명나라에 대해 군신의 의리를 지키면 돌아오는 것이 있다 고 믿었다. 그것은 '안전'이었다. 임진왜란 때 明이 조선을 구해준 것이 그런 사례다. 문제는 그것이 백성의 안전이 아니라 왕실의 안전이었다 는 것이다.

조선이 淸의 요구로 明과 싸워야 하는 상황이 되었을 때 김상헌은 "사람이 죽고 나라가 망하는 것은 인지상정의 일인데 그 자연스러운 일을 인위적으로 막기 위해서 반드시 지켜야 하는 의리를 지키지 않고 반역을 할 수 없다"고 했다. 나라나 백성이 죽고 사는 일은 '의리'보다 앞설 수 없다는 말이었다.

  * 정옥자 교수는 김상헌을 "의리와 명분으로 나라의 자존을 지킨 원칙주의
    자"였다고 평가했는데, 문제는 '나라의 자존'을 지키기 위해 백성들이 치른
    대가가 너무나 혹독했다는 것이다.

앞서 지적하였듯이, 明과의 의리를 지키는 일은 '왕실 안보' 차원에서 중요한 일이었다. 김상헌은 이렇게 말했다. "지금 만일 의리를 버리고 은혜를 잊고서 차마 이 일을 한다면 장차 어떻게 지하에 계신 선왕을 뵐 것이며 또 어떻게 신하들에게 나라에 충성을 다하라고 할 수 있겠습니까." 明에 대한 의리를 지키지 않는다면 백성들에게도 왕조에 의리를 지키라고 말할 수 없게 된다는 것이다. 명나라에 대한 의리는 중화질서를 유지하는 근간일 뿐 아니라 신하와 백성들의 배반 가능성을 막는 수단이었던 것이다.

최명길도 對明 사대나 의리를 부정하지 않았다. 다만 나라가 망해서는 의미가 없다고 생각했다. 그는 이렇게 말한다. "우리는 조선의 신하이므로 내 임금은 생각하지 않고 오로지 중국 조정만 위하는 것은 엉뚱한 일이 될 수 있다. 明 황제가 도와준 은덕을 우리나라 군신 가운데 누가 감격하여 추대하지 않겠는가. 다만, 우리나라가 생사生死의 위기에 즈음하여 어찌 옛날에 재조再造시켜 준 것만 생각하고 스스로 망하는 길로 나가야 하나. 조선을 위하는 신하로서는 반드시 明을 위해 우리나라를 망하게 해서는 안 된다는 것이 의리로서 당당하여 실로 성현의 교훈에도 부합되는 것이다." 최명길은 대명사대를 위해서도 나라가 망하지 말아야 한다고 믿었던 것이다.

  * 정두영 교수는 최명길이 "주자학의 의리명분론으로 해결할 수 없는 부분에
    대해서는 양명학적 사유思惟를 끌어들여 해결하고자 했다"고 보았고, 한명기
    교수는 최명길이 현실주의(주화론)와 이상주의(대명의리론)를 동시에 갖고 있
    었다고 본다.

조선사회 주류 이념으로 자리 잡은 대명사대

이상 살펴본 바와 같이, 척화론자들은 조선이 제후의 나라(藩邦)라는 관념에서 한 치도 벗어나지 않았다. 그러나 최명길 등 일부 주화론자들은 필요에 따라 이런 종주국-번방 관념에서 일시적으로 벗어났다.

하지만 주화론자들의 '현실주의'(실용주의)는 오래가지 못했다. 김상헌 등 사림세력의 대명사대론이 정론正論으로 받아들여져 19세기까지 조선의 정치와 사회를 관통한 주류 이념이 되었다. 17세기 이후 조선의 정치질서를 주도한 것은 사림세력이었다. 김상헌이 대다수 사족士族들의 공론公論을 이끌어 정국의 흐름을 잡았다. 조선후기 사상사의 방향이 이들에 의해 주도되었다. 이것은 민족사의 비극이었다. 이기동 교수는 "사림세력이 조선의 정치와 사회를 이끌어 가게 된 것은 조선사의 숙명적 고질이 아닐 수 없다"고 했는데, '대명사대'라는 명분론은 분명히 세계사의 조류에 맞지 않는 것이었다.

두 차례의 전란(임진왜란·병자호란)으로 참혹한 고통을 당했음에도 현실론이 아닌 명분론이 조선 사회의 주류主流 이념이 되어 끈질기게 생명력을 이어갔다는 것은 한반도 역사의 불행 중 불행이 아닐 수 없었다.

허태구 교수는 '두 개의 對明 인식'으로 병자호란 이후 명분론이 조선사회 주류 이념이 된 배경을 설명한다. '나라로서의 明'과 '문명으로서의 明'이 있는데, 척화론은 후자의 차원에서 성립되었다는 것이다. 다시 말해, '대명의리'의 관념에서 明은 '나라'라기보다 '문명'이었다는 것이다. 따라서 대명의리를 포기하는 것은 곧 문명을 포기하는 것이고, 문명을 포기하는 것은 곧 인간으로서의 존재이유를 포기하는 것이다.

* 계승범 교수도 "조선의 지배엘리트들에게 明의 몰락(1644)은 그저 하나의 대국大國이 망한 것이 아니라 유교문명 그 자체의 붕괴였다"고 설명한다. 19세기 후반 조선사회를 풍미한 위정척사衛正斥邪 운동에서 정正이 의미한 바가 근대국민국가가 아니라 중화에 바탕을 둔 보편적 유교문명이었다는 사실도 이를 말해준다는 것이다.

숙종(재위 1674~1720)은 明이 망한 지 60년이나 지난 1704년 창덕궁 후원에 대보단이라는 제단을 설치했다. 국왕이 문무백관을 거느리고 明을 세운 태조太祖, 임진왜란 때 군대를 파견해준 신종神宗, 마지막 황제인 의종毅宗의 은덕을 기리는 제례祭禮를 행했다. 이 의식은 1894년 일본군에 의해 서울이 무단 점령될 때까지 무려 190년 동안이나 계속되다가 1907년 고종이 퇴위되면서 폐지되었다. 明이 멸망한 시점부터 계산하면 250년이 넘도록 조선 국왕과 지배층은 명나라를 머리위에 떠받들고 살았다.

영조(재위 1724~1776)는 대보단을 확대하고 강화했다. 그는 이런 조치를 통해 신료들의 복종을 끌어내 자신의 권위를 강화하려 했다. 明 태조의 권위를 등에 업음으로써 자신이 하는 정치행위가 정당화되는 효과를 노렸다. 조선 국왕이 明 황제와 맺은 군신관계는 절대불변의 관계임을 몸소 실천하는 모습을 보임으로써 조선에서의 국왕-신하 관계도 그렇게 되기를 원했다.

정조(재위 1776~1800)는 대보단 제례를 한층 더 강화했다. 그는 조선 군왕들 가운데 가장 열심히 대보단에 나아가 망배례望拜禮를 거행했으며, 그 이유를 "하늘의 해와 별처럼 영원히 불변할 조선의 의리"로 설명했다.

조선을 퇴영시킨 소중화 의식

삼전도 항복으로 인조의 권위는 땅에 떨어졌고, 정통성 약화로 지배 이데올로기가 흔들렸다. 설상가상으로 치욕을 당한 7년 후에는 明이 아예 없어졌다. 明의 멸망은 일국一國이 사라진 그런 정도의 일이 아니었다. 인간과 짐승, 문명과 야만을 구별하는 기준이 없어진 것이었다. 야만의 나라(淸)가 문명의 자리를 차지했으니 조선은 삼전도 항복에 이어 또다시 정신적 공황에 빠졌다. 그러자 이번에는 淸은 어디까지나 가짜 중화이고 진짜 중화는 조선이라는 의식(小中華)이 생겨났다.

효종(1649~1659)代 들어 淸을 정벌한다는 북벌론北伐論이 등장했다. 이는 삼전도 항복으로 추락된 국왕의 권위를 회복하고 明의 소멸로 야기된 통치이념의 위기에서 벗어나고자 하는 허구적인 이데올로기였다.

중화中華의 전통이 조선으로 이어졌다고 하는 것, 즉 조선이 '작은 중화'라고 믿는 의식은 18세기를 거쳐 19세기로 이어지면서 조선 정계와 지식사회의 주류 이념으로 굳어졌다. 세상에서 조선만이 중화의 문물을 간직하게 되었다고 믿고 그로 인해 자부심을 느끼는 의식은 자기기만이었다. 이삼성 교수 지적대로, 이런 의식 때문에 조선 엘리트들은 明이외의 나라를 무시하면서 이들 나라로부터 배우려하지 않았다.

소중화주의는 한족漢族이라는 타자가 설정한 문화(도덕·가치 등)를 무조건 따르는 종속적 의식이었다. 조선의 문화적 자부심도 조선을 중화로부터 분리한 결과로 나타난 것이 아니라 중화라는 타자의 권위에 의지함으로써 존재하는 그런 것이었다. 자기 주체성主體性과 정체성正體性이 결여되어 있었다. 이는 외교에서는 쇄국주의와 문화에서는 폐쇄주의를 낳았다.

　＊ 이삼성 교수는 소중화주의는 "조선의 학문과 외교, 그리고 내정에서까지도 진정한 발전과 개혁을 위해서는 하등의 도움이 되지 않았으며, 장차 나라가 망하는 데 기여했을 뿐"이라고 본다.

소중화주의의 문제점은 이것이 허구 또는 환상의 세계였다는 것이다. 현실 상황을 부정하고 관념의 세계를 좇는 것 그리고 현실 세계에서는 불가능한 것을 가상의 세계에서 추구하는 것이었다. 자주적이고 독자적인 사유체계가 아니라 의존적이고 폐쇄적인 사유체계였다. 구체적인 현실 세계인 외교와 국방이 제대로 될 리가 없었다. 조선은 1876년 쇄국정책을 포기하고 나라의 문호를 개방했으나 사상적·이념적으로 준비가 되어 있지 않았다. 중화질서에 의지해 200여 년을 안주하다 이 질서가 무너지니 속수무책이었다. 조선조 멸망의 먼 원인의 하나가 여기에 있었다. 이에 대해서는 다음 장에서 상세히 살펴본다.

2장. 고종과 대한제국의 멸망

고종(1852~1919, 재위 1863~1907)은 19세기 동아시아의 국제정치 패러다임이 급변하는 시기에 나라를 빼앗기는 불행한 역사를 쓴 주인공이었다. 그가 어떻게 총 한번 쏴보지도 못하고 나라를 빼앗겼는지 살펴보자.

'조선은 淸의 울타리'

조선은 1876년 일본의 강요에 의해 나라의 문을 열었고, 이어 서방국가들과도 관계를 맺는다. 중국 보다 40년, 일본보다는 30년 늦었다.

  * 고종은 1873년 대원군에 의한 10년 섭정에서 벗어나 친정에 들어간다. 일본에서 조선을 정벌해야 한다는 '정한론'이 강력하게 부상한 시점이었다.

이때 조선에게 가장 중요하고 절실한 것은 제도를 정비하고 국력 배양에 나서는 일이었다. 근대국가로서의 면모를 갖추는 일이 시급했음에도 고종을 비롯한 지배층은 이러한 시대적 요구에 부응하지 못했다.

1876년 2월 일본과 체결한 조일수호조규(朝日修好條規, 일명 '강화도조약')는 지구상의 모든 나라가 평등하다는 근대 국제법 정신에 따라 체결된 최초의 협정이었다. 이 협정의 제1조는 "조선은 자주국이며 일본과 평등한 권리를 보유한다"라고 되어 있었으나 淸은 조선의 '자주국'

지위를 인정하지 않았다. 조선이 일본과 관계를 갖더라도 기존의 속방 屬邦 지위에는 영향이 없기를 원했다.

　＊ 개화사상가 박규수는 일본과의 수교협상에 나가는 신헌에게 조선을 청 속
　　방으로 규정토록 신신당부했다. 조선의 자주국 지위를 원치 않았음을 알 수
　　있다.

따라서 겉으로는 조선에 대해 불간섭·불개입 한다고 했으나, 속으로는 제3국이 조선에 대해 우월적 지위를 갖는 것을 막으려 했다. 조선이 淸의 '동쪽 울타리' 역할을 해야 한다는 인식이 작동했다. 淸의 이런 인식은 일본과 러시아에 의해 도전을 받기 시작했다. 일본은 1879년 4월 류큐국琉球國을 병합했고, 러시아 역시 남하정책을 펴기 시작했던 것이다.

이렇게 새로운 상황이 전개되자 淸 외교수장이었던 리훙장(1823~1901)은 조선이 미국과 관계를 맺으면 일본과 러시아를 견제하는 효과가 있을 것으로 판단했다. 전통적인 이이제이以夷制夷 사고였다.

리훙장은 1879년 7월 조선 영의정 이유원에게 밀서密書를 보내 조선의 대내외정책에 관해 두 가지를 제시한다. 하나는 이이제이적 관점에서 서구 열강들과 통상조약을 체결하라는 것이고, 다른 하나는 군비軍備를 강화하라는 것. 일본과 러시아의 조선에 대한 접근을 차단하려는 의도에서 나온 것이었다.

리훙장은 조선에 대해 이런 권고를 하면서 동시에 淸 총리아문(오늘날의 외교부)에는 "조선은 서양 정세에 어둡고 조약상의 이해득실을 깊이 있게 따질 수 있는 능력이 없어 스스로 대책을 수립하지 못하고 있다"고 보고했다. 조선이 울타리 역할을 할 수 있어야 하는데 그럴 능력이 없어 걱정이라는 의미였다.

이유원은 1880년 3월 리훙장에게 다음과 같은 입장을 전달한다. 변화하는 상황에 적극적으로 대응하기보다 그저 淸에 의존하려 했음을 알 수 있다.

　「조선은 淸의 속방이다. 조선은 '속방은 외교를 하지 않는다'는 조공朝貢

관계의 원칙을 지키고자 한다. 조선은 외교를 모르는 나라이므로 리홍장이 조선을 위해 외교를 해줘야 한다. … 조선은 학문만 숭상하고 상무정신尙武精神이 없는 나약한 나라이므로 '적敵을 적으로 제어하는 계책'을 채택할 수 없다. 조선의 경우에는 만국공법萬國公法에 의한 '강대국-약소국 관계 유지'가 불가능하다.」

* 왕도정치관을 갖고 있던 조선 지배층에게 '부국강병'은 이질적 개념이었다. 조선이 '나약한' 나라가 된 원인의 하나가 여기에 있었다. 일본은 달랐다. 개화사상가 후쿠자와는 1878년 저서에서 '백 권의 만국공법은 여러 대의 대포만 못한 것이며, 여러 화친조약은 한 상자의 탄약만 못한 것이다'라면서 '부국강병'을 주창했다.

조선이 '이이제이'를 할 수 없다고 한 것은 맞는 얘기였다. '이이제이'는 일종의 '세력균형 전략'인데, 조선 같은 약소국이 강대국들을 상대로 이런 전략을 쓴다는 것은 실현 가능성이 없는 얘기였다.

高宗은 1880년 8월 김홍집을 단장으로 한 58명의 대표단을 일본에 파견했다. 일본의 내부 사정과 특히 조선 침략 가능성을 파악하는 것이 주된 목적이었다.

김홍집은 일본에 머무는 동안 허루장 淸國 공사(오늘날의 대사)와 황쭌셴 참사관과 여섯 차례 만났다. 첫 만남은 허 공사가 김홍집 일행의 숙소로 찾아와서 이뤄졌다. 뭔가 전할 메시지가 있었음을 말해준다. 이즈음 淸은 조선이 일본과 수교하자 일본 측 동향에 신경을 쓰고 있었다.

허 공사는 "미국은 민주주의 국가이며 또한 국세가 부강한 나라다. 미국은 여러 나라들과 외교관계를 맺고 있으며, 신의를 강조하고 극단적으로 자기의 편리만을 도모하거나 독점하지 않는다. 조선이 만국萬國과 더불어 교섭하는 것은 이익이 될지언정 손해는 없다. 이는 만세에 한번 밖에 없는 절호의 기회인만큼 놓쳐서는 안 된다"고 하면서 미국과 관계를 수립할 것을 강력히 권고한다.

허 공사는 또한 '균세均勢'라는 개념을 설명하면서, 조선과 같은 약소국은 주변 강국이 안전을 위협할 때 여타 국가와 연합해 그 강국을 견제해야 한다고 했다. 강대국들이 힘의 균형을 이루면 이들 중 한 나라가 약소국을 침략할 수 없기 때문에 약소국의 안전이 유지된다는 설명이었다. 이 역시 조선을 오도하는 현실성 없는 얘기였다.

황쭌셴은 김홍집에게 <조선책략朝鮮策略>이라는 논문을 건네주었다. 조선은 러시아의 남진南進에 대비하여 '중국과 친하고(親中國), 일본과 맺으며(結日), 미국과 연결해야(聯美) 한다'는 내용이 핵심이었다.

김홍집은 귀국해서 고종에게 '일본은 조선을 침략할 의지가 없는 것으로 보인다'고 보고했다. <조선책략>의 내용과 동아시아 정세 그리고 허루장 공사가 설명해준 '세력균형' 등에 관해 설명하면서 개방과 자강自强을 건의했다. 국제정세에 능동적으로 대처해야 함을 강조했다.

방향을 못 잡은 조선

조선은 淸의 설득에 영향을 받아 1880년 12월 미국과 수교하기로 방침을 정한다. 이즈음 고종은 개화·자강 정책을 적극적으로 추진하기 위해 대외 교섭·통상과 국가 재정·군사 업무를 총괄하는 '통리기무아문'이라는 기구를 설치했다.

* 이 기구는 1882년 6월 대원군에 의해 폐지되었다.

미국과의 수교 협상에서는 淸-조선 관계의 국제법적 성격이 가장 큰 걸림돌이었다. 리훙장은 "조선은 본래부터 淸의 속국屬國이다"라는 조항을 조약문에 명시하려 했다. 그러나 미국 전권대표 슈펠트는 이를 단호히 거부하고 조선이 완전한 독립국이어야 한다는 입장을 굽히지 않았다. 하는 수 없이 조약문에는 명시하지 않고, 고종이 미국 대통령에게 '조선은 淸의 속국이지만 내정과 외교는 조선 군주가 자주적으로 해왔다'는 내용의 서한을 전달하는 방식으로 타협했다. 朝-美 수교는 1882.5.22자로 성립되었다.

고종은 톈진天津에서의 수교 협상에 김윤식을 파견했는데, 金은 조약문에 '조선은 淸의 속방'이라는 문구가 들어가야 한다는 리훙장의 주장에 동조하면서 "우리는 도와주는 사람이 없이 외롭고 힘이 약하다. 만약 淸이 지금까지와 같이 착실히 보호해주지 않는다면 실로 유지하기 어렵다"는 자세를 보였다.

조선은 미국과 수교는 했지만 실제적인 관계를 증진시키는 조치를 취하지 않았다. 朝-美 수교가 조선의 필요보다 淸의 필요에 의해 이뤄진 것이 이런 현상을 낳았다. 고종은 미국이 선량한 나라이므로 조선이 어려운 상황에 빠지면 도와 줄 것이라는 막연한 생각만 갖고 있었다. 초대 공사로 부임한 푸트는 조선의 정치·경제 정세를 조사해 워싱턴에 보고했는데, '조선 정부는 실질적인 힘이 거의 없고, 나라는 정체되어 있으며 가난하다'는 내용이었다. '수출 가능 품목이래야 소가죽, 쌀, 사람 머리카락, 전복껍데기 등이 전부'라는 내용도 들어 있었다.

　＊ 슈펠트 제독은 조선이 상업적 가치가 없는 나라라는 사실을 알고 있었다. 그럼에도 수교를 추진한 것은 조선 근해에서 미국 상선과 선원들을 보호할 필요성 때문이었다.

이런 보고에 근거하여 번스 하원의원은 조선과의 통상 규모가 너무 미미하므로 駐조선 공관의 등급을 하향 조정할 것을 행정부에 권고했다. 이에 따라 미 행정부는 1884년 7월 조선주재 공사관의 등급을 변리공사급으로 강등시켰다.

朝·美수교조약에 의해서도 조선의 자주적인 지위가 확인되었지만, 조선은 적극적으로 이런 지위에 걸맞은 대외정책을 펴지 못했다. '독립국'으로 인정된 사실이 별 의미가 없었다. 오히려 淸과의 속방 관계가 흔들려 일본의 對한반도정책 강화에 유리한 환경만 제공해 주었다.

1882년 7월 임오군란軍亂이 발생했을 때 淸은 조선의 요청과 자신들의 속방론에 근거해 3,000명에 달하는 군대를 파견했다. 이들은 사태 수습 후에도 용산에 계속 주둔하면서 조선의 군권軍權을 장악했고, 나아가 내정에도 간섭했다. 심지어 대원군을 압송해가는 일까지 벌어졌다. '내치와 외교는 조선 스스로 한다'는 관행이 무너졌다.

淸은 일본이 1884년 12월 김옥균 등 급진개화파를 앞세워 정변(갑신정변)을 일으켰을 때에도 무력으로 개입했다. 이번에는 일본도 가만 있지 않았다. 청군 3,000명은 아산만灣에 그리고 일본군 2,500명은 인천에 상륙했다. 당시 조선에는 淸의 민간인이 2,000명 넘게 살고 있었다.

갑신정변이 실패하자 일본은 조선이 자력으로는 독립을 유지할 수 없는 나라라고 결론짓고 이때부터 조선 지배를 위한 실제적인 준비에 들어간다. 실은 일본은 갑신정변을 교묘하게 유도했다. 러시아가 1891년 시베리아 횡단철도 부설공사를 착수한 것도 일본의 경각심을 높였다.

淸은 1882.8.23 조선과 청·조 상민수륙무역장전淸·朝 商民水陸貿易章程을 체결하면서 속방 조항을 명문화해 淸-朝 관계의 성격을 분명히 했다. 淸은 협정문에서 북양대신을 조선 국왕과 동격으로 표시했고, 경제적 수탈을 용인하는 내용도 포함시켰다. 합의문 명칭을 조약이 아닌 '장정'으로 했다. 조선을 독립국으로 간주하지 않았던 것.

  * 청은 1899년 조선과 통상조약을 체결할 때 비로소 '조약'이라는 명칭을 사용했다.

고종은 淸의 이러한 태도를 못마땅하게 생각했다. 1882년 8월 내린 교서에서 "국가평등 관념에 입각한 새로운 만국공법적 질서에 근거해 조선의 대외관계를 전면적으로 재정립해나갈 것"이라고 선언했다. 하지만 淸의 지지를 받고 있던 민씨閔氏 척족들은 이런 방침에 협조하지 않았다.

강대국 간 힘겨루기가 시작되다

淸은 한반도를 놓고 일본과 전쟁하기 전 10년 가까이 사실상 조선을 지배했다. 위안스카이(袁世凱)는 1885년 약관 27세의 나이에 '주차駐箚조선총리교섭통상사'라는 직함(자칭 '총독')을 갖고 조선의 국정을 농단한다.

그는 1886년 8월 다음과 같은 내용의 '조선대국론朝鮮大局論'이란 것을 내놓았는데, 핵심은 '조선은 淸에게 의존하는 것만이 자신의 안전을 지키는 길'이라는 것. 그는 청이 언제든지 조선을 도와줄 것 같이 얘기했지만, 내 코가 석자인 淸이 조선을 도와줄 것이라는 말은 사탕발림이었다.

> 「조선은 인구가 1000만도 되지 않고 군대는 수천 명에 불과해 만국 중 가장 빈약한 나라이다. 게다가 사람들은 목전의 안일을 즐기고 권력에 아부하니 국력이 약해질 뿐 아니라 강대국의 도움이 없으면 자립·자존하기 어렵다. … 조선이 오로지 중국에 의지하면 淸은 기필코 조선을 도와줄 것이며, 이렇게 되면 주변 강대국들이 조선을 침략할 기운은 사라지고 침략할 마음도 절로 없어질 것이다. … 나라는 허약해지고 백성은 가난해진 이때 지극히 가깝고 지극히 크고 지극히 어질고 지극히 공평무사한 나라를 찾아 도움을 받고자 한다면 세상에 淸만한 나라가 없다.」

淸의 내정·외교 간섭이 갈수록 심해지자 고종은 러시아의 힘을 빌려 이를 제어하려 한다. 1884년 7월 러시아와 수교했고, 1885년 1월에는 러시아에 조선을 보호해 줄 것을 요청하기도 한다. 러시아를 끌어들여 淸과 거리를 두려한다는 소문이 유포되기도 했다(1차 조-러 밀약설 사건). 고종이 1886년 8월 민영익을 통해 베베르 러시아 공사에게 "러시아가 최선을 다해 짐을 보호해 주기를 기대한다"는 메시지를 전달했다는 소문이 또 퍼졌다(2차 밀약설). 고종과 베베르는 이를 부인했다.

이즈음 조선 조정은 反淸的인 고종과 親淸的인 대신들(김홍집, 김윤식 등) 사이에 갈등이 심했다. 대다수 관료들이 고종과 의정부議政府, 오늘날의 총리실)를 제쳐두고 위안스카이에게 주요 외교 사안을 보고했다. 위안스카이는 탈청脫淸을 추진하는 고종을 폐위하고 대원군 손자 이준용을 추대하려고 획책했지만, 민영익의 밀고로 실패했다.

조·러朝·露 밀약설은 일본·영국의 淸에 대한 경계심을 높였다. 러시아가 한반도에 부동항을 갖게 될 것이라는 說이 파다한 가운데 영국은 1885년 4월 거문도를 무단으로 점거한다. 고종이 러시아를 끌어들여 청과 러에 양다리를 걸친 것은 이처럼 상황을 더욱 복잡하게 만들었다.

　＊ 두 차례에 걸친 '밀약설' 사태는 고종을 비롯한 집권층이 국제정세를 제대
로 읽지 못했다는 사실과 외교적 미숙 그리고 신중성 부족을 말해준다. 이 사
태는 청의 조선에 대한 속방 주장을 결정적으로 강화시켰고, 조선의 對美 관
계도 어렵게 만드는 원인이 되었다.

　영국은 거문도 점거 사실을 조선이 아닌 淸에 통보했다. 조선을 '장
기판의 졸' 정도로 보았던 것이다. 점거가 장기화되자 淸은 영국이 거
문도에서 철수하지 않을 경우 조선 항구 하나를 점거하겠다고 나섰다.
영국은 결국 1887년 2월 거문도에서 철수했다.

　거문도 점거 사건은 동아시아 정세에도 영향을 주었다. 러시아는 모
스크바와 극동을 육로로 연결하는 시베리아 횡단철도 건설 계획을 확
정했다. 그러자 일본도 발 빠르게 움직였다. 시베리아 철도가 완성되면
러시아의 남하가 급속히 진행될 것으로 예상하고 군비 증강을 서둘렀
다.

　淸은 고종이 한반도 상황을 꼬이게 만들고 있다고 보고 그를 폐위시
킬 생각을 한다. 그러자 고종은 이번에는 미국의 힘으로 淸을 견제하
려 했다. 이를 위해 1887년 8월 박정양을 주미駐美 전권공사로 내정한
다. 그러자 위안스카이가 노발대발했다. 조선은 淸의 속국이므로 전권
공사를 파견할 수 없다는 것. 미국 정부가 강력히 항의하자 리훙장은
조건을 달아 받아들인다.

　영약삼단另約三端으로 불린 조건은 ▶조선 공사가 워싱턴에 도착하며
먼저 청국 공사관에 알리고, 청국 공사와 함께 국무부를 방문한다 ▶
공식 행사 참석 시 조선 공사는 반드시 청국 공사 뒤에 자리한다 ▶주
요 교섭은 청국 공사의 지시를 받아 한다는 3개 항으로 되어 있었다.

　박정양은 1888년 1월 워싱턴에 도착해 청국 공사관을 먼저 방문하
려 했다. 하지만 그를 수행 중이던 알렌의 만류로 청국 공사관을 일절
개입시키지 않고 국무장관을 예방하고 이어 대통령에게 신임장도 제정
했다.

　＊ 박 공사는 백악관에서 1km 정도 떨어진 곳에 건물을 물색해 공사관을 개

설했다. 조선 최초의 해외공관이었다.

박정양이 영약삼단을 지키지 않자 리훙장은 조선 조정에 박 공사 소환을 요구했다. 고종은 淸의 압력에 못 이겨 결국 박 공사를 부임 10개월 만에 소환한다. 박정양은 청의 보복이 두려워 병을 핑계로 일본에 7월간 머물다 귀국했다. 위안스카이는 집요하게 박정양 처벌을 요구했으나 고종은 끝까지 버텼다.

위안스카이는 오만무례하기 그지없었다. 경복궁에 말을 타고 나타나는가 하면, 공식회의 때 상좌를 두 개 마련해 놓고 하나는 조선 외부대신이 앉고 다른 하나는 자신이 앉아서 회의를 하도록 했다. 이런 위안스카이를 위해 첩자 역할을 한 조선 관리가 한 둘이 아니었다.

고종은 淸의 부당한 간섭에서 벗어나려 애썼으나, 이에 비례해서 淸의 압박도 강해졌다. 고종의 脫淸 노력이 이렇다 할 효과를 거두지 못한 이유 중에는 대신들의 비협조가 있었다. 그들은 사대주의에 젖어 淸의 간섭을 받는 것이 다른 나라의 간섭을 받는 것 보다 낫다고 생각했다.

고종이 1885~1894년 기간 중 러시아를 상대로 펼친 비밀외교는 얻은 것은 없고 잃은 것만 많았다. 이삼성 교수는 고종의 이러한 시도가 "러시아와 영국의 全 지구적인 차원의 지정학적 경쟁까지 한반도에 이끌어 들이는 계기가 되었다"고 하면서, "종국에는 영국과 미국이 러시아 견제를 위하여 한반도에 대한 일본의 영향력 확대를 지지하는 제국주의 카르텔 형성의 역사적 단초를 마련했다"고 보았다.

조선은 스스로 淸과의 관계를 재정립하지 못했다. 일본은 청일전쟁을 종결짓는 시모노세키조약(1895.4.17)의 제1조에 '淸은 조선의 자주·독립을 인정한다'고 명시했다. 淸의 조선에 대한 종주권이 더 이상 존재하지 않는다는 의미였다. 이제 일본이 한반도에서 제1의 영향력을 갖는 나라가 되었다.

조선은 淸이 시모노세키조약에서 조선의 자주·독립을 인정한 것을 반기지 않았다. 자신이 없었기 때문이다. 윤치호는 "오랜 세월 동안의 중국 의존은 조선인들로 하여금 자기 나라는 강대국에 의존할 수밖에 없다고 생각하게 만들었다"고 지적했다.

사실 이때까지만 해도 조선인들에게 '독립'independence이나 '주권'sovereignty과 같은 개념은 생소한 것이었다. 중국과의 사대事大관계에서는 이런 개념이 없었기 때문이다. '자주'는 사대질서에서 쓰인 용어였고, '독립'은 근대 국제법 질서에서 사용된 개념이었다. 독립이라는 단어가 처음 쓰인 것은 1889년 초대 주미공사 박정양이 고종에게 귀국 보고를 할 때였다.

1648년 베스트팔렌(웨스트팔리아)조약으로 성립된 '주권국가' 개념에서 중요한 것은 대외적인 독립, 즉 자주권이다. 일본은 청일전쟁에서 승리한 이후부터는 조선이 자주권을 갖는 것을 방해했다. 조선 조정 외교고문으로 일했던 독일인 묄렌도르프는 그의 일기에서 "고종은 마치 포로처럼 격리되고 아무 실권도 없다. 일본공사 이노우에가 군주처럼 명령을 내리고 있다"고 적었다. 일본은 淸이 조선 문제에서 손을 떼게 만든 다음 본격적으로 한반도에 대한 지배력을 강화하기 시작한다.

그러자 고종은 이번에는 러시아를 끌어들여 일본을 밀어내는 방책(引俄拒日)을 쓰려 했다. 일본이 가만있을 리가 없었다. 1895년 8월(음력) 일본군은 민비를 잔인하게 살해했다(을미사변). 일본 정부는 깡패나 낭인들에 의한 우발적 사건이라고 했으나, 이 만행에 동원된 사람들은 지력이 있는 엘리트들이었다.

이후 고종은 극심한 암살공포증에 시달렸다. 러시아 정부에 신변보호를 요청했지만 거절당했다. 베베르 공사는 1896.2.11 고종이 러시아 공사관으로 어가를 옮기도록 도왔다. 고종은 러시아 공사관에서 1897년 2월까지 1년 넘게 머물게 된다. 아관파천을 통해 드러난 고종의 親러시아 노선은 치명적인 실수였다. 이삼성 교수는 아관파천이 영·미·일 3국의 제국주의 연합에 의한 한반도 개입을 촉진시키는 결과를 초래했다고 본다.

이즈음 고종은 서울에 체류하고 있는 각국 공사·미국인 선교사들을 만나면 손을 붙잡고 눈물로 구원을 애원한다. 알렌 美 공사대리公使代理는 "고종은 어린 아이가 어버이에게 매달리듯 자기에게 의지했다"고 당시 상황을 기록했다. 고종은 1904년 거처를 중명전重明殿으로 옮겼는데, 중명전은 미국 공사관 건물과 불과 20m 떨어져 있었다. 고종이 얼마나 위해危害 가능성을 두려워했는지 알 수 있다.

고종은 1897년 10월 '대한제국'을 선포한다. 조선이 근대적 왕조 국가로 새로운 출발을 한다는 선언이었다. 淸은 고종의 이런 움직임을 막으려 했으나 고종은 淸의 연호를 폐기했고, 중화사상의 상징이었던 '영은문'迎恩門을 허물고 '독립문'獨立門을 세웠다. 하지만 국명을 제국으로 바꾼다고 될 일이 아니었다.

'조선 중립화'는 신기루였다

고종은 한반도를 둘러싼 열강들의 세력 다툼 속에서 조선의 독립과 안전을 유지하는 방법으로 중립화를 추구했다. 열강이 조선의 중립적 지위를 공동으로 보장해 주면 가능한 일로 믿었다. 한편 열강들은 한반도에서 자신들의 이익을 지킬 수 있는 방법의 하나로 조선 중립화를 고려해 보았다.

개화사상가 유길준은 1885년 조선이 중립국이 되고 강대국들이 이를 보장하면 러시아의 남하로 야기되는 안보 위협에 효과적으로 대처할 수 있다고 믿었다. 개화파 김옥균도 1886년 淸이 구미歐美 열강들과의 논의를 거쳐 조선의 중립국 지위에 합의하면 조선은 안보 불안을 해소할 수 있다고 생각했다.

일본의 야마가타 육군 참모총장(후에 총리 역임)은 1888년 1월 동아시아 질서에 관한 전략 구상을 내놓았는데, 여기서 조선을 일본의 '이익선利益線'으로 규정하고 이 선을 보호하기 위해서는 영국·독일·일본·淸 4國에 의한 조선의 항구중립화가 필요하다고 보았다. 日-淸 관계에 영국과 독일을 끌어들이면 러시아의 진출을 억제하고 한반도에서의 열강 간 대립 상황도 완화할 수 있을 것이라는 생각이었다.

고종이 원했던 중립화는 균세전략의 연장선상에 있었다. 독립신문은

1897.5.25 "조선은 강대국에 둘러싸인 약소국이므로 이들 강대국의 어느 한 나라에 편중된 외교를 해서는 안 된다"고 썼다. 그렇게 되면 강대국들에게 트집 잡힐 빌미를 주게 되므로 이런 사태가 초래되지 않도록 각별히 조심해야 한다는 것. '균세'는 하나의 외세를 견제하기 위해 다른 외세를 끌어들이는 것인데, 조선과 같이 강대국들의 세력 다툼이 심한 곳에 끼치해 있으면서 힘도 없는 나라가 이런 전략을 쓴다는 것은 애당초 맞지 않는 얘기였다.

고종은 대한제국을 선포한 이후에는 스위스와 유사한 영세중립국을 추진했다. 1899년 알렌 미국공사를 통해 맥킨리 대통령과 헤이 국무장관에게 대한제국 중립화를 제의했으나 즉시 거절당했다. 1900년 8월에는 조병식을 특명전권공사로 일본에 파견해 스위스·벨기에 방식의 중립화를 설득했으나 역시 거절당했다. 1901년 3월에는 중립화 노력의 일환으로 서구 열강에 상주 공사를 파견하기도 했다.

궁내부 고문이었던 샌즈는 1900년부터 1902년 12월까지 중립화 문제를 전담했다. 그가 생각한 중립화안도 열강 공동 보장하의 영세중립이었다. 다만 중립화를 추진하기 위해서는 정치·경제적인 개혁이 선행되어야 한다는 것이었다('先개혁 後중립화'). 그러나 그는 조선이 내정 개혁에 성공할 가능성이 없다고 보았다.

조선 중립화론은 러시아에서도 나왔다. 일본이 한반도를 만주 침략을 위한 발판으로 삼지 못하게 함으로써 자신의 만주 병합을 기정사실화하려는 의도에서 나왔다. 러시아 정부는 1900년 12월 주일공사 이스볼스키(후에 외상)에게 대한제국 중립화를 일본 정부와 교섭하라고 지시했다. 이에 따라 이스볼스키는 1901.1.7 가토 외상에게 열강이 공동 보장하는 형식의 중립안을 제의했다. 그러자 일본은 고무라 駐淸 공사를 통해 '만한불가분일체론滿韓不可分一體論'을 내놓는다. 종래 한반도 문제만을 교섭대상으로 했던 입장을 바꿔 만주까지 범위를 넓혔던 것. 러시아는 1901.7.25 한반도 중립안을 또 제시했으나 이런 시도가 러시아 이익에 도움이 되지 않을뿐더러 오히려 러시아를 곤란한 상황에 빠트릴 수 있다는 판단에서 더 이상 추구하지 않았다.

랜스다운 영국 외상은 1902년 1월 하야시 일본공사에게 "러시아가 조선의 중립 보장을 제의했을 때 왜 일본은 이를 거부했나"라고 물었다. 이에 하야시는 "조선인은 스스로를 지배할 능력이 없다. 매우 심각한 소요사태가 언제든지 일어날 수 있는 상태에서 중립 보장은 아무런 의미가 없다. 그렇기 때문에 누가 이 나라를 통치할 것인가 하는 문제가 생긴다. 이것이 이해관계를 갖는 관계국 간 피할 수 없는 쟁투의 원인이 되는 것이다"라고 답했다. 스스로를 유지할 능력이 없는 나라를 놓고 중립화를 논의하는 것은 의미가 없다는 말이었다.

고종은 영일동맹英日同盟이 성립되자 중립화를 더욱 희구했다. 1903년 8월 일본·러시아주재 공사들에게 훈령을 보내 러일전쟁 발발 시 대한제국의 중립적인 지위를 파괴하지 않고 영토를 유린하지 않겠다는 보장을 받아내라고 지시했다. 결과는 뻔했다. 어느 나라도 응하지 않았다. 고무라 일본 외상은 "일본도 과거에 국외중립을 선언한 적이 많았지만 중립을 위해서는 스스로 이것을 유지할 수 있는 결심과 실력이 필요하다. 따라서 오늘 조선 제일의 급무는 국력을 충실히 하고 국가의 부강을 도모하는데 있다"라고 충고했다.

高宗은 러·일 협상이 결렬되어 개전開戰이 확실시되자 1904.1.21 황급히 '국외중립'을 선언했다. 중립을 선언하면 대한제국의 안전은 국제법에 의해 보장될 것이라는 생각에서였다. 일본의 극심한 반대를 무릅쓰고 취한 조치였다. 그러나 이 선언은 국제적으로 아무런 지지를 받지 못했다. 그러자 고종은 수도 서울에 대한 중립을 선언했다. 역시 마찬가지였다. '메아리 없는 외침'이었다.

일본의 한 신문은 1904.2.10 고종의 국외중립 선언을 "헛수고"라고 하면서 다음과 같이 썼다.

「첫째, 한국이 중립을 선언한바 있으나 이를 수용하는 나라가 없다. 둘째, 도대체 중립을 지키는데 충분한 실력도 없이 중립을 선언하는 것은 하등의 효과가 없는 것이며, 중립을 선언한다 해도 전쟁 당사국 일방의 군대가 그 영토에 진입할 때 이를 방지하지 못하면 이와 동시에 그 국가의 중립은 무효가 된다. 대한제국은 현재 이런 상황이다. 셋째, 대한제국은 그 자신이 일·러 전쟁의 목적물이기 때문에 이해관계가 없는 제3국이라 할 수 없다. 넷째,

따라서 대한제국은 러시아와 더불어 일본에 적대하던지 일본과 더불어 동맹하여 러시아에 맞서던지 해야 하는 형세에 이를 수밖에 없다.」

대한제국과 같은 나라가 영세중립국이 된다는 것은 현실적으로 불가능했다. 알렌 미국공사는 조선이 독립을 유지할 만한 여건이 아닌데다 국내 체제나 질서가 확립되어 있지 않은 사실에 비추어 중립화는 공론空論에 불과하다고 확신했다. 조선은 스스로 영토와 주권을 보존할 수 있는 나라로 인정을 받지 못했고 주변 강대국들은 필요하면 언제든지 무력개입을 하려는 태세인데 어떻게 중립국 지위를 추구하느냐는 것이다.

　* 마키아벨리는 경쟁하는 국가들 사이에서 중립정책을 추구하는 것은 적敵을 만드는 일에 불과하다고 했다.

이즈음 조선의 총 병력 규모는 4,000~8,000명이었다. 국방은 차치하고서라도 치안 유지도 하기 어려운 규모였다. 이런 나라가 중립국 지위를 추구했다. 한반도는 원천적으로 중립이 불가능한 전략적 요충지였으므로 고종이 추구한 조선 중립화는 신기루였다.

미국을 '짝사랑'한 고종

실학자 최한기는 1857년 〈지구전요〉라는 책에서 미국을 '부강하면서도 공평한 나라'라고 기술했다. 개화파 원조 박규수도 '미국은 공평무사한 나라이며 예의와 겸양을 숭상하는 나라'라고 하면서, 조선은 바로 이런 나라와 관계를 맺어야 한다고 주장했다.

이처럼 조선인들 눈에 미국은 약소국을 잘 도와줄 나라로 비쳐졌다. 초대 주미공사 박정양은 고종에게 귀국보고를 하면서 "미국은 조선을 둘러싼 외세를 견제하고 조선의 자강과 자주를 지지해 줄 수 있는 나라"라고 했다. 고종의 측근이었던 이용익은 한술 더 떠 "우리에게는 미국의 약속이 있다. 어떤 일이 있더라도 미국은 우리의 친구가 될 것이다"라고 장담했다.

미국은 구미 열강 중 가장 먼저 조선과 수교를 했을 뿐만 아니라 공사관의 격을 중국·일본 주재 공사관과 같게 정했다. 고종은 뛸 듯이 기뻐했다. 하지만 이런 기쁨은 오래가지 못했다. 앞서 지적했듯이 미국은 1년 후 주한공사관 등급을 강등시켰다. 조선이 부존자원도 없고 지극히 가난한 나라라는 사실을 감안한 조치였다.

고종은 영국이 1885년 거문도를 무단 점거하자 미국 정부에 '거중조정'居中調整을 요청했다. 조·미 수호통상조약 제1조의 '거중조정' 조항에 근거했다. 고종을 비롯한 조선의 위정자들은 이 조항이 조약의 한 당사자가 외부의 위협에 직면하면 다른 당사자가 개입해 도와주어야 한다는 의미로 잘못 이해하고 있었다. 미국은 고종의 요청에 대해 "이러한 문제에 개입하는데 관심이 없다"며 일축했다.

 * 국제법상 '거중조정'은 분쟁 당사국이 합의를 보아 제3국에 중재를 요청할 때 비로소 성립된다.

1882년 수호조약에 '거중조정' 조항이 들어간 것은 순전히 淸의 집요한 요구 때문이었다. 리훙장은 이 조항을 넣으면 한반도에 미국을 끌어들여 러시아의 남진을 억제하는 동시에 일본의 한반도 진출을 막는데 도움이 될 것으로 생각했던 것이다. 美 측은 이 조항을 넣는 것에 완강히 반대하다가 淸이 포함을 주장하는 '속방' 조항을 빼는 것과 맞바꿨다.

미국은 애당초 조선 문제에 관여할 의사도 이유도 없었다. 베이야드 국무장관은 1885년 9월 주한공사에게 "한반도는 청·일·러·영 등 열강의 이해관계가 얽혀있는 갈등의 중심지요 적의에 찬 음모가 벌어지고 있는 곳이므로 미국은 한반도 문제에 절대 관여하거나 특정 국가의 편을 들어서는 안 된다"는 훈령을 내린 바 있다.

조선 정부는 1894년 청일전쟁 발발시 안보가 심각하게 위협을 받자 또다시 미국에 '거중조정'을 호소했지만 미국은 '한반도 문제에 개입할 수 없다'고 했다. 고종은 어려울 때 의지할 수 있는 나라가 미국이라고 생각한 반면, 미국은 한반도 문제 불개입 방침을 고수했던 것이다. 셔

먼 국무장관은 1897.5.6 주한駐韓 공사로 부임하는 알렌에게 다음과 같은 지침을 주었다.

「한반도에서 열강 간에 각축전이 벌어지고 있는 이때 귀하를 주한공사에 임명했다. 그러므로 귀하는 절대 중립적인 입장을 취할 것이며, 어느 열강과 한 편이 되거나 반대편 세력에 가담하는 일을 삼가기 바란다」

미국의 對동북아 정책은 1898년경부터는 완전히 일본 쪽으로 기울게 된다. 변화의 진원지는 시어도어 루스벨트 대통령(재임 1901~1909)이었다. 그는 1898년 "일본이 힘을 키워 극동에 있어서 러시아의 팽창을 저지하는 막강한 대응세력이 되었으면 좋겠다"고 말했다. 고종으로서는 미국의 도움을 가장 필요로 했던 시기에 루스벨트 같은 사람이 백악관 주인으로 있었던 것이 큰 불운不運이었다.

루스벨트는 대한제국을 형편없는 나라로 인식했다. 그가 조선에 대해 이처럼 좋지 않은 인상을 갖고 있었던 데에는 하버드 법대 친구였던 케난이란 사람의 역할이 컸다. 케난은 조선을 잠시 둘러보고 〈Outlook〉이라는 잡지에 이런 글을 썼다.

「조선에 파송된 선교사들에 의하면 조선인들은 전적으로 그들 스스로에게 맡겨 놓으면 결코 지금 보다 나은 수준으로 발전할 수 없는 사람들이다. … 조선은 무능하고, 조선사회는 후진적이며, 조선인은 불성실하고 불결하다.」

* 케난은 〈Outlook〉 1905.10.7자에는 "조선인은 완전히 경멸할 만한 민족이다. 자기 나라가 파멸되어가는 것을 보고도 전혀 대수롭지 않게 여기고 있다. … 조선은 일본의 압제에 대해 우방 에게 구제를 호소할 권리조차 없다" 라고 썼다.

1882년 출간된 『은둔의 나라 코리아』라는 책도 조선에 대한 편견을 심화시키는데 상당한 역할을 했다. 이 책의 저자 그리피스는 "조선이라는 나라는 너무나 작고 허약해 나라라고도 할 수 없으며, 차라리 일본의 보호국이 되면 그들에게는 가장 좋을 것"이라고 썼다.

* 그리피스는 1870~74년 일본에서 교사 생활을 해 일본 편향적인 사람이었다.

루스벨트는 인종 편견이 대단히 심했다. 그는 19세기 후반 구미 열강들이 경쟁적으로 추구하던 제국주의를 약소국 침탈로 보지 않고 문명전파로 인식했다. 1890년代 문명전파 이론에 심취해 우월한 민족이 열등한 민족을 지배하는 것은 당연한 일이라고 생각했다. 여기에 문제가 있었다.

루스벨트는 반면 일본인들은 '훌륭하고 문명화된 사람들'로 인식하고 그들을 높이 평가했다. 기실 일본은 루스벨트가 대통령이 되기 훨씬 전부터 그를 친일파로 만들기 위해 손을 썼다. 하버드대학 동문인 가네코라는 사람을 파견해 루스벨트와 개인적으로 친하게 만들었다.

루스벨트는 가네코가 추천한 『무사도: 일본의 영혼(1899)』를 읽고 감명을 받았다. 일본을 다시 보게 되었다. 일본 사람들이 충의·예절·용기·신의 등이 넘치는 사람들이라고 믿게 되었다. 사무라이 정신에 끌려 워싱턴주재 일본 무관을 불러 대통령 관저에서 유도를 배우기도 했다.

* <무사도> 저자는 1880년代 중반 美 존스홉킨스 대학원에서 국제정치학을 수학한 니토베라는 사람이었는데, 그는 당시 일본에서 가장 권위 있는 국제주의자였다. 식민지정책 연구를 통해 일본이 식민지 열강 대열에 합류하는데 필요한 지적 영양분을 공급한 사람이었다.

당시 일본 지도자들은 영국과 미국을 가장 중요한 나라로 여겼다. 예를 들어, 이토 히로부미 총리는 천황 초상화 옆에 루스벨트 초상화를 걸어 놓았다. 일본은 對美 외교에 사용할 수 있는 인적 네트워크를 구축했다. 포츠머스 강화협상 주역이었던 고무라 특사, 다카히라 주미 대사도 하버드대에서 수학한 지미知美파였다.

루스벨트 눈에 조선인은 일본인과는 너무나 대조적이었다. 일본인은 헌신적이고 희생적이며 목표를 달성하려는 강한 집념을 갖고 전투적이며 규율이 있는 반면, 조선인은 무기력하고 게을러 도대체 어디서부터 손을 써야 할지 알 수 없는 사람들이었다. 힘이 정의라고 믿었던 루스벨트가 이런 조선을 경멸한 것은 당연했다. 차라리 이런 나라는 일본이 지배하는 것이 낫고 그것이 미국의 이익에도 부합한다고 보았다.

* 이승만 대통령 정치고문이었던 로버트 올리버 박사는 루스벨트 대통령의 인종 차별적인 성향과 조선에 대한 경멸적 태도가 조선이 일본에 넘어간 원인의 하나였다고 믿었다.

루스벨트 대통령이 일본의 조선 지배를 지지했던 또 다른 배경이 있었다. 당시 미국은 일본인들의 샌프란시스코 이민이 급증해 골머리를 앓고 있었는데, 일본이 한국을 경략하게 되면 이 문제를 완화하는데 도움이 될 것이라고 생각했다. 약삭빠른 계산이었다.

* 1876년 조선에 거주한 일본인은 50여 명이었으나, 1905년 4만 명, 1910년 17만 명으로 늘어났다. 루스벨트의 예측이 들어맞았다.

루스벨트는 부통령 시절이던 1900년 8월 스턴버그 독일대사에게 "일본이 한국을 차지하는 것이 좋겠다. 일본은 러시아에 대한 저지세력이 될 것이며, 지금까지 일본이 한 바로 미루어 보아 그럴만한 자격이 있다"고 했다. 스프링라이스 영국대사에게도 같은 말을 했다.

루스벨트는 스스로를 지킬 수 없는 나라는 보호를 받을 자격이 없다고 생각했다. 조선이 그런 나라였다. 조선은 미국에게 아무런 가치가 없었다. 알렌 주한공사는 루스벨트의 이런 평가는 잘못된 것이라고 생각해 1903.9.30 루스벨트 대통령에게 "미국의 지나친 親日・反러 정책은 러・일 전쟁을 부추길 가능성이 있다"는 의견을 개진했다.

이에 루스벨트 대통령은 "귀하는 왜 패할 나라를 지지하라고 하는가"라고 역정을 내면서 "미국은 자신을 지키기 위해 일격을 가하지 못하는 나라를 위해 관여할 필요가 없다"고 잘라 말했다.

루스벨트를 설득하는데 실패한 알렌은 언론과 인터뷰를 갖고 루스벨트 대통령의 對아시아 정책의 문제점을 지적하면서, "미국은 반드시 후회하게 될 것"이라고 했다. 루스벨트는 단단히 화가나 그를 당장 면직시키려 했으나 국무장관의 만류로 "공적인 일에 있어 사적인 의견

개진을 삼가라"는 경고를 주는 선에서 넘어갔다.

러일전쟁이 확실해지고 있을 즈음 알렌은 조선이 '거중조정' 조항을 믿고 미국에 의지하려는 것은 '망상'delusion이라고 개탄했다. 1904. 1.4 국무장관에게 보낸 전문電文에서 "대한제국의 독립을 지탱하도록 돕는 것은 진짜 실수하는 일"이라고 하면서, "이 사람들은 자치능력이 없다. 항상 그랬듯이 그들은 대군주大君主가 하나 있어야 한다. … 일본이 무조건 대한제국을 차지하도록 해야 한다"고 했다. 알렌의 태도가 이렇게 표변한 것은 주한공사를 더 하려는 개인적인 욕심 때문이었다. 하지만 루스벨트 대통령은 다음 해 주한공사를 교체한다.

러일전쟁에서 일본의 승리가 확실해지자 고종은 또다시 알렌 공사에게 도움을 청한다. 그러나 이는 그가 할 수 있는 일이 아니었다. 알렌이 걱정한 것은 조선의 앞날이 아니라 미국의 親日 정책이 금후 미국의 이익을 해치는 결과를 낳지 않을까 하는 것이었다. 알렌이 냉정하게 챙긴 것은 미국의 이익이었지 대한제국의 이익이 아니었다.

高宗은 1905년 6월 새로 부임한 모건 공사에게 '거중조정'을 또다시 간절하게 호소한다. 모건 공사는 한마디로 거절했다. 조선은 왜 경기장 밖에 앉아 구경만 하면서 미국의 도움을 요청하는지 모르겠다는 태도를 보였다.

일본이 한반도에 대한 야욕을 채워나가는 과정에서 루스벨트 대통령은 든든한 배후세력이었다. 이런 점에서 루스벨트는 일본의 한반도 침략을 도운 사람이었다. 그는 포츠머스 강화협상 종료 4일 후인 1905. 9.9 백악관에서 고무라 일본 특사를 접견했을 때 "앞으로의 화근을 완전히 제거하기 위해서는 이 길밖에 없으며, 그러므로 일본의 조치에 찬동한다"고 하면서 일본의 대한제국 보호국化에 망설임 없이 동의했다.

高宗은 미국의 도움을 얻기 위해 20년 이상을 애썼으나 결과는 아무것도 없었다. 그가 미국에 대해 가졌던 기대는 짝사랑에 지나지 않았다.

淸·日의 한반도 쟁탈전

일본은 淸이 조선에서 위세를 부리던 시기에 군사력 증강을 가속화
하면서 淸과 一戰을 벌일 기회를 엿보았다. 드디어 때가 왔다. 1894년
5월 전라도에서 농민혁명이 발생했다. 조선 조정이 이 사태를 진정시
기기 위해 淸에 병력 지원을 요청하사(6월 3일) 일본은 6월 5일 인천에
5,000여 명의 병력을 도착시켰다. 일본군 병력은 이후 8,000여 명으로
늘어났다. 일본은 이런 조치가 淸과 체결한 텐진조약에 따른 것이라고
했으나 실제로는 전쟁을 하려는 것이었다. 일본 함대는 7월 25일 서해
풍도豊島 앞바다에서 淸 군함을 공격했고, 양측은 8월 1일 선전포고를
한다.

> * 텐진조약(1885년 4월)은 갑신정변이 실패하자 일본이 조선에서 淸의 영향력
> 을 약화시키고 자신들의 입장을 강화하기 위해 체결한 조약이다. 일본은 이
> 조약에 "장래 조선에 변란이나 중요한 사건이 일어나 淸이나 일본 어느 한
> 쪽이 파병할 경우 그 사실을 상대방에게 알리고, 그 사변이 진정되면 즉시 철
> 수한다"라는 내용을 포함시켜 향후 일본의 개입 가능성을 마련해 놓았다.

고종이 淸에 파병을 요청한 것은 뼈아픈 실수였다. 외세를 불러들인
후과後果가 말할 수 없이 컸기 때문이다. 이로 인해 한반도는 외세의
전쟁터가 되었다. 수많은 백성들이 고통을 당했다. 적게는 10만, 많게
는 20만 조선인이 일본군에 의해 살해된 것으로 추정된다.

고종은 1893년 동학농민군이 보은報恩에서 집회를 열 때부터 "청나
라 병사로 막아내자"고 했다. 反淸 감정을 갖고 있던 고종이 왕권 보
존을 위해서는 백성들에게 고통이 돌아가는 행위를 마다하지 않았던
것이다. 알렌은 조선 정부의 淸에 대한 파병 요청은 일본의 계략에 의
한 것이었다고 보았다. 스기무라 일본공사가 간교하게 쳐놓은 덫에 걸
려들었다는 것이다. 스기무라는 일본군 개입 기회를 만들어내기 위해
위안스카이에게 "귀국 정부는 어찌하여 조선의 난亂을 평정하지 않는
가"라고 부추겼다 한다.

미국은 청일전쟁을 문명(日本)과 야만(淸)의 충돌로 보면서, 이 전쟁

이 조선의 독립 가능 여부를 결정하는 시금석이 될 것으로 예상했다. 일본의 계몽사상가 후쿠자와(1835~1901)도 "청일전쟁은 문명과 야만의 전쟁이다"라고 외친바 있는데, 이처럼 일본 지식인들은 청일전쟁과 한반도를 향한 야욕을 '문명 vs 야만'의 이분법을 사용해 정당화했다.

일본은 淸을 굴복시키고 1895년 4월 시모노세키에서 강화조약을 체결한다. 이 조약으로 일본은 조선에 대한 지배권을 확립했을 뿐만 아니라 북위 41도 이하의 랴오둥반도 지역도 차지할 수 있게 되었다. 일본에게 랴오둥반도는 전략적으로 중요했다.

> * 이삼성 교수는 시모노세키조약은 중화질서의 마지막 남은 속방이자 그 질서의 상징인 조선을 일본 영향권에 편입시켰고 중국 영토인 대만과 팽호열도를 일본이 차지하게 함으로써 중화질서의 종언을 고한 사건이었다고 보았다.

일본이 이렇게 나오자 러시아·독일·프랑스가 나섰다. 조약 체결 직후(1895.4.23) 일본주재 공사들이 합동으로 하야시 외교차관을 면담해 시모노세키조약의 전면적인 재검토를 요구했다('3국간섭'). 5월 하순에는 이들 3국과 일본 간 교섭에서 조선 문제도 제기되었다. 일본은 이들이 공동으로 군사적인 압력을 가해올 경우 감당할 수가 없었다. 영국은 중립을 표명하고 미국은 간섭하지 않는다는 입장을 취했기 때문에 더욱 그러했다.

일본은 하는 수 없이 랴오둥반도를 돌려주고 전쟁 배상금도 삭감해 주었다. 군사적인 승리에도 불구하고 외교적 압력에 무릎을 꿇었던 것이다. 러시아는 '3국간섭'을 통해 뤼순·다롄 두 항구를 25년 조차했다. 전략적인 함의가 컸다.

일본 언론들은 '3국간섭'을 '랴우둥반도의 치욕'이라고 불렀다. 이 사건을 통해 일본은 군사력만 갖고 원하는 목적을 달성할 수 없다는 뼈아픈 교훈을 얻었다. 외교의 중요성을 절감했던 것이다. 일본은 이때부터 외교력 신장에 배전의 노력을 경주한다. 외교 중점 국가로 영국·미국을 선정했다. 영국·미국도 러시아 견제를 위해 일본과 긴밀하게 협력하게 되는데, 이는 19세기 말~20세기 초 한반도 운명에 심대한 영향을 주게 된다.

이제 러시아가 일본에 대한 강력한 도전세력으로 떠올랐다. 부동항을 찾아 만주와 한반도까지 넘보게 되었다. 러시아는 1898년 1월 뤼순을 점령하고 태평양함대를 창설했다. 뤼순항에는 전함대戰艦隊, 블라디보스토크港에는 순양함대巡洋艦隊를 배치했다. 그리고 블라디보스토크와 뤼순을 연결하기 위해 대한제국에 마산포 조차租借를 요구했다. 러시아기 미산포를 조차할 성우 한반노 선제가 러시아 세덕권에 편입될 가능성마저 있었다. 러시아의 이러한 움직임은 영국과 일본의 강도 높은 대응을 유발했다.

일본외교의 금자탑 영일동맹

이즈음 영국은 세계적으로 러시아와 대립하고 있었다. 러시아의 계속되는 팽창이 영국 이익과 충돌했던 것이다. 영국이 러시아를 견제하기 위해 일본과 손을 잡는 것은 시간 문제였다. 영국은 일본이 한반도에 대해 갖고 있는 야심을 이용해 자신의 이해가 걸려 있는 인도에서의 이익을 보호하려 했다.

英·日 양국은 전략적 이해가 수렴되자 1902.1.30 동맹조약을 체결한다. 랜스다운 영국 외상과 하야시 주영 일본공사가 서명한 이 조약의 제1조는 "양국은 청국 및 대한제국의 독립을 인정한다. 또한 영국의 청국에서의 이익, 일본의 대한제국에서의 특수 이익이 침범당할 때에는 양국은 이를 옹호하기 위해 필요한 조치를 취한다"라고 했다. 사실상의 군사동맹 조약이었다. 이 조약으로 양측이 무엇을 원했는지가 분명히 드러났다. 일본은 대한제국에 대한 배타적 지배권을 인정받음과 동시에 제3국이 일본의 이익을 건드릴 경우 영국의 지원을 확보했다.

영일동맹은 일본 외교가 쌓아올린 금자탑金字塔이었다. 1895년의 '3國간섭' 구도를 7년 만에 무너뜨렸다. 일본은 이 동맹조약 체결로 향후 러시아와 일전을 할 수 있는 기반을 마련했다. 러시아와 충돌이 생기면 영국이 일본 편을 들 뿐만 아니라 러시아와 동맹을 맺는 국가가 생기면 영국이 일본 편에 서도록 만든 것이다. 독일과 프랑스는 '3國간섭' 때와는 달리 이번에는 러시아를 외면했다.

영일동맹이 성립되자 미국의 일본 지지 입장도 한층 강화되었다. 미국은 일본이 영국의 동맹국이 되었으니 미국도 일본의 동맹국이나 마찬가지라고 생각했다. 일본은 자신감이 생겼다. 이제 '3國간섭'의 악몽을 떨쳐버리고 러시아에 대들 수 있게 됐다.

영일동맹은 일본이 동양 국가로서는 처음으로 열강 대열에 합류하면서 이후 20여 년 동안 일본의 부상을 가능하게 해주었다. 한 나라가 강성해지는데 있어 외교가 얼마나 중요한가를 입증해준 사례였다.

영일동맹 성립은 일본 내부에서 對러시아 강경론이 승리한 것을 의미했다. 對러 강경파(가쓰라 총리·고무라 외상)는 한반도는 물론이고 만주도 필요하며 이로 인해 러시아와의 전쟁도 불사해야 한다고 믿었다. 반면 이토 히로부미는 일본이 한반도 지배권을 확보하는 대가로 만주에 대한 러시아의 지배권을 인정하는 방향으로 나아가야 한다고 주장했다(滿韓교환론).

 * 고무라 외상은 하버드대학에서 유학한 미국통으로 淸·조선·미국·러시아주재 공사를 역임한 직업외교관 출신이었다.

영일동맹은 일본의 해군력 강화에도 결정적으로 기여한다. 영국은 일본의 최신예 함정 구입에 직접적인 도움을 주었다. 일본은 15,000톤급 전함 6척을 영국에 발주했다. 영국은 러시아 해군력 증강을 경계하고 있었다. 영국의 이러한 지원에 힘입어 일본 해군은 극동에서 러시아보다 우세한 전력을 갖출 수 있게 된다.

 * 일본은 청일전쟁 배상금의 절반에 가까운 돈을 전함 건조에 사용했다.

러일전쟁 개전 시점에 일본은 83척 246,233톤, 러시아 극동함대는 62척 184,574톤의 해군력을 보유하고 있었다. 러일전쟁 이전까지 일본은 전투함 건조 기술이 없었기 때문에 영국이 일본의 함정 확보를 도운 것은 일본이 러시아와의 전쟁에서 승리하는데 결정적인 역할을 한다.

일본은 미국의 경우와 마찬가지로 영국에 대해서도 일찍부터 공을 들였다. 영국이 1850년代 일본과 처음 조우했을 때 영국인들의 눈에 일본은 비문명의 '이상한 나라'로 비쳐졌다. 그러나 20여 년 후에는 완전히 달라졌다. 일본의 제국주의적 능력을 인정하기에 이르렀던 것이다.

애국심으로 무장한 일본 지도자들은 영국을 모델로 삼았다. 1871년 (메이지 4년) 제국대학 2차 유학생 10명 중 8명이 영국을 연수 국가로 택했다. 대한제국 침탈의 주역이었던 이토 히로부미도 이 유학생 그룹의 한 사람이었다. 그들의 타오르는 꿈은 일본이 '동아시아의 잉글랜드'가 되는 것이었다.

  * 신동준은 "조선과 일본의 명운은 이때 이미 판가름 났다고 해도 지나치지
    않다"고 본다. 1868~1900년 기간 중 일본 정부가 초빙한 외국인 고문의 경
    우에도 영국인이 4,300여 명으로 압도적으로 많았고, 프랑스인 1,500여 명,
    독일·미국인 각각 1,200명 정도였다.

한반도 분할 논의

킴벌리 영국 외상은 청일전쟁 발발 직전(1894년 7월) 淸과 일본에 한반도 분할 점령안을 내놓았다. "서울을 경계로 남쪽은 일본이 그리고 북쪽은 淸이 점령한다. 남부 4개 道의 대내외 문제를 일본 감독하에 두고 북부 3개 道는 淸 감독하에 둔다. 단 경기도(서울)는 서로 점령하지 않는다"는 案이었다. 리훙장은 이 안을 즉시 수락했고, 러시아·독일·프랑스·이탈리아 정부도 이의가 없었다. 일본은 거부했다. 한반도에서 淸을 몰아내고 독점적인 지위를 차지하려는 마당에 이런 안을 받아들일 이유가 없었다.

하지만 일본은 淸과의 전쟁에서 승리해 조선에서 우월적 지위를 누릴 수 있을 것으로 예상했으나 상황은 녹록하지 않았다. 러시아가 '3국 간섭'을 주도해 일본을 견제한데다, 고종이 러시아 공사관으로 거처를

옮긴 일이 발생해 일본은 큰 곤란에 빠졌다.

그러자 일본은 러시아에 한반도 분할안을 내놓았다. 1896년 5월 러시아 황제 니콜라이 2세 대관식에 경축특사를 파견하면서 그를 통해 일본과 러시아가 한반도 39°선(대동강-원산)을 기준으로 남북으로 정치·군사·경제 등 모든 분야의 권익을 나누자고 제안한다. 그러나 이 안은 러시아에게 매력적이지 않았다. 러시아는 한반도 북반부가 아니라 한반도 남반부(특히 마산)에 더 관심이 있었다. 여기에 러시아로서는 만주가 중요하지 한반도는 부차적이었다.

그런데 이번에는 러시아가 한반도 분할안을 냈다. 이스볼스키 駐일본 공사는 1900년 7월 러시아와 일본이 한국에서 각자의 영향권을 수립하는 방안을 일본 측에 제안한다. 러시아는 39°선을 기준으로 북반부를 그리고 남반부는 일본이 차지한다는 것이었다. 그러나 일본의 팽창주의자들에게 이 안은 검토 가치가 없었다.

러시아는 1903년 가을 일본에 39°선 분할안을 다시 제기한다. 일본이 영국과 동맹조약을 체결하고 이제 한반도는 물론 만주까지 넘보게 되자 이런 일본 세력을 제어해야 할 필요성이 대두되었던 것이다. 이 제안은 엄밀히 말하자면 분할 방식은 아니고 북위 39°선 이북을 러시아와 일본이 군대를 주둔시킬 수 없는 중립지대로 만들자는 것이었다. 한반도 전체를 지배한다는 목표를 갖고 있던 일본에게 의미가 없는 제안이었다.

대한제국 종말을 재촉한 러일전쟁

일본은 한반도와 만주의 지배권을 놓고 이번에는 러시아와 격돌한다. 1904.2.8 뤼순항과 인천항에 정박해 있던 러시아 선박을 공격한 후 이틀 후 선전포고를 했다. 1905년 초 난공불락의 요새로 알려진 뤼순을 함락시켰고, 3월에는 펑톈(지금의 션양瀋陽) 전투에서도 승리를 거뒀다. 세계를 놀라게 한 것은 1905년 5월 말 쓰시마 해전海戰이었다.

러시아 함대가 궤멸되다시피 했다. 일본이 완벽하게 승리하자 루스벨트 대통령은 "도저히 믿어지지 않는다. 나는 너무 흥분해서 내 자신이 일본인이 된 듯 느껴졌다"고 흥분했다.

일본이 쓰시마 해전을 승리로 이끈 배경에는 영국의 지원이 있었다. 러시아 함대가 발틱海에서 동해東海까지 이동하는데 7개월 걸렸는데 병력은 이 함대의 병력 외에서 기상을 서부함으로써 석탄 공급이 민활하게 이뤄지지 못하게 만들었다. 일본이 영일동맹의 덕을 톡톡히 본 것이다.

러일전쟁은 한반도 지배권을 둘러싼 전쟁이었다. 야마가타 총리는 1900년 "한국을 우리 세력권에 넣으려 한다면 먼저 러시아와 개전을 결심하지 않으면 안 된다"고 했고, 가토 외상은 1901년 "만주에서 러시아의 지배적 지위를 인정하는 한이 있더라도 한반도만큼은 일본이 차지해야 한다"고 했다. 러시아와의 전쟁이 결정되었던 1903년 12월 '어떠한 경우라도 실력으로 한반도를 일본 지배아래 둔다'는 방침이 재천명되었다.

그런데 고종과 그의 측근들은 러일전쟁의 원인을 잘못 이해했다. 충돌의 원인이 한반도 문제가 아닌 만주 문제에 있는 것으로 생각했다. 그래서 만주 문제가 해결되면 한반도 중립화도 실현될 수 있을 것이라는 기대를 버리지 않았다. 바깥세상 돌아가는 상황을 몰라도 너무 몰랐다.

일본은 1904.2.28 한반도 전역에 군대를 풀었다. 일본은 이런 불법 행위를 합법화하기 위해 2월 23일 '한·일 의정서'를 강제로 서명시켰다. 이즈음 대부분의 미국 고위관리들은 일본에 의한 한반도 병탄이 조선인들을 위해서나 극동 평화를 위해서 바람직한 일이라고 생각했다.

고종은 1903년 12월 러·일 간 전운이 감돌자 자신의 신변 안전을 심히 걱정했다. 1904년 1월 초 알렌 美 공사에게 전쟁 발발 시 미국 공사관으로 파천하고 싶다고 했다. 미국은 이를 거절했다. 그러자 러시아 공사관으로 피신하고자 했다. 파블로프 공사도 파천은 일본의 조선 침략을 정당화시킨다는 구실로 반대했다. 영국·프랑스 공사관에도 파천 가능성을 타진했으나 모두 거절당했다. 국왕의 이런 처신은 창피한 일이었다.

일본은 러시아와 개전하자마자 곧바로 2개 대대 병력 3,000여 명을 풀어 서울을 점령하고 한반도 전역에 군대를 주둔시켰다. 러시아와의 전쟁을 구실삼아 또다시 남의 나라 영토와 국민을 짓밟았다. 일본이 개전 즉시 한반도를 군사적으로 점령한 것은 고종이 외국 공관으로 파천한 다음 일본의 출병이 불법이라고 선언하는 것을 막기 위한 것이었다. 고종은 이때부터 일본군에 의해 사실상의 연금 상태에 놓인다.

남의 나라 영토와 국민을 짓밟은 것은 일본만이 아니었다. 러시아軍도 평안도·함경도 일대에 들어와 각종 물자를 약탈하고 주민들을 살해하며 부녀자들을 겁탈했다.

고종은 서울 주둔 일본軍에게 숙식과 물자의 편의를 제공하고 그들이 식량과 군수품을 수송할 때 일꾼들을 지원해주라고 지시했다. 심지어 外部(오늘날의 외교부)는 1904.2.15 광주관찰사에게 "일본 군대가 경내에 이르면 영접과 편의제공을 소홀히 하지 말며, 그들이 요구하는 것은 철저하게 응해주어라. 어리석은 무리들이 선동할 염려가 있으니 각별히 타일러 그런 일이 없도록 하라"고 지시했다. 고종과 지배층은 일본의 무력 앞에 벌벌 떨면서 국민의 안전보다 자신들의 안전을 더 걱정했다.

  * 1894년 청일전쟁 때에도 조선은 일본군을 위해 인력과 시설을 제공하고 무기와 식량도 운반하는 등의 지원을 제공했다. 1894.8.26 일본의 강요로 체결된 조일맹약朝日盟約에 근거한 것이었다.

루스벨트 대통령은 러일전쟁이 시작되자 겉으로는 엄정 중립을 선언했다. 그러나 내면적으로는 완전히 일본 편이었다. 그는 듀랑드 영국공사에게 "만일 일본이 계속해서 러시아와 대항한다면 일본이 뤼순을 획득하고 조선에서 월등한 힘을 유지하는 것을 허락해야 한다"고 말했다. 독일과 프랑스에 대해서는 이들 나라가 러시아를 지원하면 미국은 즉각 일본 편을 들것이라고 통보했다. 일본과 군사동맹 관계에 있었던 영국보다 오히려 더 적극적으로 일본을 지원했다.

* 루스벨트는 1905.4.20 태프트 육군장관에게 보낸 메모에서 "일-러 강화 조약에 일본이 한국을 지배한다는 조항이 포함되는 한 ,나는 日 측 조약안에 전적으로 동의한다"라고 썼다.

루스벨트 대통령은 1905년 6월 러시아와 일본을 강화협상에 초청했 다. 루스벨트는 그의 아들에게 보낸 편지에서 "내게 평화협상을 중재 해달라는 요청을 한 것은 일본이었다. 나는 물론 이 사실을 아무도 모 르게 했다. 너도 누구한테든 이 사실을 공개해서는 안 된다. 내가 한 모든 조치는 일본이 원하는 대로 그리고 일본에게 미리 알려주면서 한 것들이다"라고 실토했다. 포츠머스 강화협상은 미국과 일본이 한통속 이 되어 러시아를 압박한 협상이었다.

대한제국은 이 전쟁으로 막대한 피해를 입었고 강화협상 결과가 향 후 운명에 결정적인 영향을 미치게 됨에도 포츠머스 협상에 일체 관여 할 수 없었다. 고종은 이승만을 루스벨트 대통령에게 보내 대한제국의 입장을 반영시키려 했으나 루스벨트가 교묘히 피함으로써 이런 노력은 무위로 돌아갔다.

배상금 문제로 협상이 난항을 겪고 있을 때 루스벨트는 가네코 일본 특사에게 "조만간 일본은 한국을 손에 넣을 수 있다"고 말했다. 가네 코는 훗날 자서전에서 "이때 한국 병합의 청신호가 켜졌다"고 썼다. 루스벨트는 1904년 6월 그리고 1905년 4월 다카히라 駐美 일본대사 에게도 "일본이 한국을 차지해야 한다"고 말했다. 이 문제에 관한한 일본은 미국을 의심할 필요가 없었다.

강화협상은 1905.9.5 끝났다. 협상의 주요 이슈였던 한반도 문제는 "러시아 정부는 코리아에 대한 일본의 정치·경제·군사상의 월등한 지위를 인정하며, 일본 정부가 코리아에서 필수적으로 취해야 할 조치 로서 지도·보호·감리에 대해 방해하거나 간섭하지 않을 것을 약속한 다"는 문구로 정리되었다. 청일전쟁 강화조약의 경우와 마찬가지로 이 를 제1항에 넣었다. 일본이 왜 러시아와 전쟁을 했는지가 확연히 드러 난다.

* 이 문안은 2차 영일동맹조약(1905.8.12) 제3조 문안과 동일했다.

루스벨트 대통령은 공정한 중재자가 아니었다. 그는 러시아인에 대해서 인종적 편견이 심했다. 1905년 8월 "흑인, 황인, 백인을 막론하고 러시아인처럼 불성실하고, 위선적이고, 오만한 인종은 없다. 한마디로 말해 러시아인처럼 믿지 못할 인종은 없다. 일본인은 다르다. 그들은 훌륭하고 문명화된 사람들로 세계의 모든 문명인들과 완전히 동열에 설 수 있는 사람들이다"라고 말했다.

  * 루스벨트는 러·일 강화협상을 중재한 공로로 1906년 미국인 최초로 노벨 평화상을 받았다.

일본이 러시아와의 전쟁에 쓴 비용은 정부 예산 6년 치에 달했다. 청일전쟁 때의 10배가 넘는 규모였다. 일본 정부는 이 비용의 절반은 영국·미국·독일 금융시장에서 조달했다. 러시아로부터는 단 한 푼의 전쟁보상금도 받아내지 못했다. 이로 인해 국민들의 분노가 폭발해 폭동이 일어났다. 도쿄 시내 파출소의 70%가 불타고 1천 명이 넘는 사상자가 발생했을 정도였다.

  * 일본은 1907년 6월 파리 금융시장에서 전쟁 차관借款을 얻는데도 성공해 이 돈으로 국내산업 육성, 한국·중국에 대한 경제 침투, 대륙에 대한 세력권 확보 등을 도모했다. 미국과 서유럽 열강이 일본에 막대한 차관을 제공함으로써 일본의 군비강화와 제국주의 팽창을 도운 셈이다. 최덕규 동북아재단 연구원은 일본의 한반도 강점이 후발 제국주의 국가 일본이 선발 제국주의 국가 영국과 협업해 만들어낸 것이라고 주장한다.

전쟁에서 이긴 일본은 포츠머스조약에 입각하여 南만주 지역에 진출하면서 淸에 남만주 전체에 대한 독점권을 요구했다. 무려 21번의 협상 끝에 1905년 12월 뤼순旅順·다롄大連을 조차했고 철도·광산도 획득했다. 1906년에는 러시아로부터 뤼순-창춘 간 동청철도를 양도받아 南만주철도주식회사를 설립했다.

러시아와 일본은 1907년 7월 비밀 협상을 통해 南만주는 일본의 세력권으로, 北만주와 외몽고는 러시아의 세력권으로 한다는데 합의한다 (제1차 러일협약). 러시아는 1910년 7월 일본과 맺은 제2차 러일협약에서 일본의 대한제국 병탄에 동의한다.

가쓰라-태프트 면담

루스벨트 대통령은 1905년 7월 태프트 육군장관(오늘날의 국방장관)을 단장으로 하는 고위 사절단을 아시아에 파견한다. 이 사절단에는 연방 상원의원 7명과 하원의원 23명 그리고 루스벨트 대통령 딸 앨리스도 포함되어 있었다.

태프트 장관은 7월 27일 일본에 도착했을 때 가쓰라 총리(백작)의 요청으로 그를 면담했다. 이 면담에서 가쓰라는 "조선이 러일전쟁의 직접적인 원인이었다"고 하면서, "한반도 문제의 완전한 해결이 전쟁의 논리적 귀결이며, 이는 일본에 실로 중대한 문제다. 만약 전쟁 이후에도 조선을 아무런 조치 없이 놔둔다면 조선이 또다시 전쟁 이전과 같은 복잡한 상황을 유발시킬 것이므로 일본은 이러한 상황을 방지하기 위해 모종의 확고한 조치를 취해야 한다고 생각한다"고 말했다.

태프트는 이러한 가쓰라의 의견에 전적인 동의를 표시하면서, "사견으로는 조선이 일본의 동의 없이 외국과 조약을 체결하지 못하게 하는 범위 내에서 일본 군대로써 조선에 대해 종주권을 확립하는 것은 전쟁의 필연적 결과이며, 극동의 항구적 평화에 직접적으로 이바지 할 것으로 본다"는 의견을 개진했다.

가쓰라와 태프트는 이런 대화를 기록으로 옮겨 이상이 없는지 확인하고 이 기록물의 명칭을 'Agreed Memorandum of Conversation'으로 붙였다. 태프트는 이 문건을 7월 29일 전문電文으로 루트 국무장관과 루스벨트 대통령에게 보낸다. 루스벨트는 이 기록을 읽고 7월 31일 "당신이 가쓰라와 나눈 대화는 모든 면에서 정확하다. 당신의 모든 발언을 내가 확인한다(confirm)고 가쓰라에게 전하라"고 한다.

루스벨트는 일본 언론이 태프트-가쓰라 회담에서 일종의 거래가 있었던 것처럼 보도하자 매우 불쾌한 반응을 보이며, "미국은 영토보전을 위해 어느 누구의 지원이나 보증을 필요로 하지 않는다"고 말했다. 루스벨트 대통령은 1905.10.5 그리고 10.7 태프트에게 보낸 편지에서 美·日 양측이 작성한 Agreed Memorandum of Conversation이 "미

· 일이 무엇을 주고받은 거래가 아니다"라고 말했고, 가쓰라 총리도 이런 사실을 공식 확인했다.

* <고쿠민신분國民新聞>은 1905.10.04., 日-美 간 비밀 거래가 있었다는 기사를 실었다. 가쓰라-태프트 회담 3개월, 포츠머스 강화협상 1개월 지난 시점이었다. 러시아와의 강화협상에서 막대한 배상금과 영토를 얻어낼 수 있을 것으로 기대했던 일본 국민들은 정부가 전쟁 배상금을 포기한데다 일본군이 점령한 사할린 섬의 북쪽 절반을 러시아에 되돌려주기로 합의한 사실이 알려지자 1905.9.5 도쿄 한복판에서 폭동이 일어났다. 그러자 일본 정부는 이런 상황에서 벗어나기 위해 미국과 필리핀·한반도를 서로 주고받는 거래가 있었다는 식으로 언론에 흘렸다.

앞에서도 지적했듯이, 루스벨트는 1900년 이래 기회 있을 때마다 일본의 한반도 지배에 동의한다고 말했고, 이런 입장은 태프트-가쓰라 면담 수년 전 부터 여러 차례 일본 측에 전달되었다. 루스벨트는 1905년 3월 조선을 포기한다는 개인적인 결심을 일본 측에 말했다. 로지 駐英 美 대사도 1905년 6월 '미국이 일본의 한국 지배를 용인했다'고 언급한 바 있다. 이처럼 미국이 일본의 한반도 보호국화에 반대하지 않는다는 입장은 이미 오래전 내려진 결론이었기 때문에, 태프트-가쓰라 회동 시 미국이 필리핀을 보장받기 위해 조선을 일본에 넘겼다는 서술은 잘못된 것이다.

* 한국 역사서들은 '미국과 일본이 가쓰라-태프트 밀약을 통해 한국과 필리핀을 서로 주고받았다'는 식으로 기술하지만, 이는 잘못된 것이다. 'Agreed Memorandum of Conversation'은 단순한 면담기록에 불과했다. 타일러 데넷이라는 역사학자가 1924년 美 의회도서관에서 이 기록물을 발견해 '루스벨트의 일본과의 비밀조약'(Theodore Roosevelt's Secret Pact with Japan)이라는 제목으로 논문을 써 발표한 것이 이러한 오해의 발단이었다. 하지만 1959년 美 역사학자 레이몬 에스더스에 의해 그런 주장이 전혀 근거 없는 것임이 밝혀졌다. 그럼에도 불구하고 일본 외무성은 '가쓰라-태프트 면담기록'을 협정(Agreement)으로 칭하면서 이 기록이 협정문으로 보이도록 문안을 편집해 외교문서집에 수록했다. 역사 조작 행위였다.

일본과 한통속이 된 영국

일본은 1905년 5월 2차 영일동맹을 제의한다. 한국에 대한 지도·감독·보호권을 확실히 보장 받으려는 것이 主목적이었다. 이에 랜스다운 영국 외상은 2차 영일동맹 체결에 앞서 관련 국가에 주재하고 있는 공사들의 견해도 들었다. 조던 駐韓공사는 맥도닐드 駐日공사에게 "대한제국 지도자들에게는 통치능력이 없어 최근 10년 동안 명목상 독립국이었다. 하지만 이대로는 독립국으로 지탱하기 어렵다. 따라서 대한제국은 일본에 의해 지배되는 것이 대한제국 자신을 위해서도 좋다"라고 말했다(1905.7.7). 맥도닐드는 '동양의 평화를 위해서도 대한제국의 보호국화는 불가피하다'는 고무라 외상 주장에 동조, 일본에 의한 대한제국 보호국화에 동의할 것을 본국 정부에 건의한다.

당시 영국 외교관들은 대한제국을 형편없는 나라로 보았다. 예컨대, 그리스 신화에 나오는 '아우게아스Augeas왕의 마구간'으로 비유하기도 했다. 3천 마리의 소를 키우며 30년 동안 한 번도 청소한 적이 없는 것이 '아우게아스 마구간'. 이들 눈에는 대한제국의 현실이 그토록 엉망진창이었으며, 이런 상태를 벗어나게 해줄 수 있는 나라는 일본뿐이었다.

 * 〈뉴욕트리뷴〉은 1907.7.26 "적자생존의 법칙은 식물이나 동물뿐만 아니라 국가들에게도 적용된다. 대한제국은 분명히 생존에 적합하지 않다"고 쓰기도 했다.

親日·反러 성향의 조던 공사는 대한제국은 미래가 없다고 보았다. 그는 고종을 비롯한 지도자들이 부패하고 무능하며 개혁의지가 부족해 자주적으로 독립을 유지할 수 없다고 확신했다. "(고종) 황제는 정말 희망이 없다. 조선 궁정에서 일어나고 있는 일과 비교하면 로마가 불에 탈 때 네로가 바이올린을 켠 것은 차라리 위엄 있는 행동이었다"고 비판했다.

랜스다운 외상은 1905년 7월 말 런던을 방문한 루미스 美 국무부 차관보와 로지 연방 상원의원에게 영국은 일본의 대한제국 보호국化를 지지한다고 하면서, 미국도 이런 영국 입장에 동조해 줄 것을 요청했다.

영국이 이런 행동을 한 것은 일본의 반대급부가 있었기 때문이다. 영국은 러일전쟁 종료 후 러시아가 인도를 넘볼 경우 일본이 영국의 인도 방위를 돕기 위해 육군을 파견한다는 약속을 받아냈다. 영국이 일본의 대한제국 보호국화를 지지한다는 것은 일본군이 러일전쟁 이후에도 한반도에 계속 주둔해도 좋다는 의미를 포함했다.

최덕규 동북아역사재단 연구원은 일본의 대한제국 병탄併呑 과정을 파고 들어가 보면 그 뿌리가 영국의 세계전략에서 발견된다고 하면서, 영국은 "인도를 포함한 동아시아의 방위부담을 일본에게 전가하고 극동 병력을 유럽으로 이동시키는 대가로 일본의 대한제국 보호권을 승인했다"고 분석했다.

 * 이런 점에서 일본의 한반도 침탈을 보다 더 실질적으로 지원한 것은 미국이 아니라 영국이었다.

제2차 영일동맹은 1905.8.12 성립되었다. 가쓰라-태프트 면담 두 주일 후였다. 이 조약의 제3조는 "일본은 한국에서 정치·경제·군사적으로 단연코 월등한 이익을 가지며, 영국은 일본이 제반 이익을 보호·증진하기 위해 정당하며 필요하다고 인정하는 지도·감리·보호 조치를 취할 수 있는 권리를 인정한다"고 했다. 이로써 영국은 일본의 대한제국 보호국화 정책에 명시적으로 동의했다. 이후 영국은 국제사회에서 일본의 한반도 공략을 일관되게 지지하고 옹호한다.

일본 정부는 조약 서명 두 달여 지난 1905.10.5 하야시 주한공사를 통해 대한제국 외부外部에 영국과의 조약 체결 사실을 통보했다. 이에 외부대신 박제순은 10월 14일 하야시에게 한·일 관계에 제3자를 개입시키는 것은 1876년 '한·일 수호조약'에 위배된다는 입장을 전달했다.

대한제국은 영국에 대해서도 항의했다. 10월 15일 조던 공사에게 2차 영일동맹이 1883년 '조·영 수교조약'에 명시되어 있는 "조약 체결 국가가 제3국과 분쟁이 발생할 경우 중재한다"는 조항에 위배되므로 이를 취소하라고 요구했다. 이에 조던은 2차 영일동맹에서 대한제국에 대한 일본의 특권을 인정한 것은 이미 대한제국이 1904.2.23 '한·일 의정서'에서 승인한 것이기 때문에 문제가 되지 않는다고 반박했다. 영국이 취한 조치에는 하등의 하자가 없으며 이런 결과에 대한 책임은 대한제국에 있다는 주장이었다.

영일동맹은 미국의 對韓 정책에도 영향을 주었다. 일본이 한반도 지배를 지지하는 입장에 조금도 흔들림이 없도록 만들었다. 루스벨트 대통령은 1906년 초 두랑 駐美 영국대사에게 "미국이 주한공사관을 신속히 폐쇄한 것은 영일동맹을 전폭적으로 인정하고 충실히 지지하겠다는 의사를 전 세계에 보여주기 위한 것이었다"고 말했다.

총 한 방 쏘지 못하고

일본은 러시아와 전쟁을 개시했을 즈음에는 이미 군사적으로 대한제국을 장악한 것이나 다름없었다. 전쟁에서 이겼으니 이제 외교권을 박탈하는 것이 다음 순서였다. '3국간섭'의 악몽을 잊지 않고 신중하고 용의주도하게 접근했다. 고종은 1905년 8월 미국의 도움을 받기 위해 이승만을 루스벨트 대통령에게 보냈으나, 루스벨트는 '대한제국은 외교권이 없으니 일본을 통해 이 문제를 제기하라'면서 접견을 회피했다. 일본 외무성이 미리 손을 써 놓은 결과였다.

이토 히로부미는 1905.11.9 조약 체결을 강요하기 위해 전황 특사 자격으로 서울에 왔다. 이즈음 일본에서는 러시아로부터 전쟁 배상금을 한 푼도 받지 못한데 대한 불만이 들끓고 있었다. 포츠머스 강화협상 시 한반도에 대한 보호권을 인정받았지만 미국을 비롯한 열강들의 움직임에 따라서는 상황이 바뀔 가능성도 배제할 수 없었다. 보호조약을 신속히 성립시키려고 서둘렀던 배경이다.

이토 일행은 매일 수 시간 고종을 면담해 보호국 지위를 인정할 것을 요구했다. 러시아와의 전쟁은 형식상으로 끝났을 뿐 실제로는 끝나지 않았기 때문에 대한제국은 강력한 일본의 비호를 받아야 한다고 설득했다. 고종은 이런 주장을 받아들이지 않았다.

고종의 반대에 부딪친 이토는 미국·영국 공사와 만나 대한제국을 보호국化 하려는 이유를 설명했다. 이토는 포츠머스조약과 영일동맹에 명시된 일본의 권리를 강조하면서 일본-대한제국 간 공식적인 협정을 통해 일본의 권리를 확실히 보장받으려 한다고 말했다. 이토는 일본이 준비한 협정 문안은 대부분 1904년 2월 이래 일본-대한제국 간 서명된 문건에 나타난바와 같으며, 다만 통감부 설치를 통해 기 합의한 사항을 공식화하려는 것이라고 했다.

1905.11.17 오후 3시 하야시 공사는 중명전重明殿에서 대한제국 대신들을 만나 협정문에 서명할 것을 강요했다. 대신들은 고종의 승인이 없이는 그렇게 할 수 없다고 버텼다. 하야시는 수차례 고종 면담을 요구했지만 거부되자 밤 11시 이토가 직접 나섰다. 중명전 부근에는 일본 군인들이 삼엄하게 배치되어 있었고, 이토는 자정 직전 일본군 병사들의 호위를 받으며 중명전에 들어섰다. 당시 서울에는 대포와 기관포로 무장한 2,200명의 일본 군인들이 배치되어 있었고, 전국적으로는 18,000명의 일본군이 체류하고 있었다. 살벌한 분위기였다.

이토가 조약안(일·한 병합조약)을 내밀자 고종은 대신들에게 떠넘겼다. 일부 대신들은 황실의 안녕을 보장하는 조항을 넣어 달라고 했다. 이토는 즉석에서 "일본은 대한제국 황실의 안녕과 존엄 유지를 보장한다"는 조항(5조)을 추가했다.

> * 강성학 교수는 고종-이토 간 대면對面 순간을 "우리 민족이 처했던 최초의 '근대적인 진실의 순간'이었다"고 했다. '진실의 순간'moments of truth이란 단 한 번의 실수도 허용되지 않는 결정적인 순간'을 의미한다.

문건은 하야시 일본공사와 박제순 외부대신外部大臣 명의로 되어 있었다. 대한제국 외부대신은 일본과 협상할 권한은 있으나 서명할 권한은 없었다. 당시 독일공사가 본국에 보고한 바에 의하면, 박제순은 인준하지 않고 폭력이 개입되었으며 일본 헌병들이 들어온 상황에서 外部에 보관 중인 국새를 가져다 문서에 날인했다. 총 한 방 쏘지 못하고 나라를 빼앗기는 순간이었다.

＊ 고종은 늑약을 성사시키고 귀국하는 이토에게 "경의 머리와 수염을 보니 반백인데, 흰 것은 일본 황제를 보필하다 생긴 것이겠지만, 나머지 검은 것이 희게 될 때까지 짐朕을 위해 일해주기 바란다"면서 조선통감으로 오라고 청했다 한다. 이토는 실제 1906.3.2 조선통감으로 부임한다.

일본은 대한제국의 국권國權을 완전히 탈취하기 위해서는 고종을 퇴위시켜야 했다. 그래서 러시아와의 전쟁이 유리하게 전개되던 1905년 1월 고종을 퇴위시킨다는 방침을 정했다. 2월에는 고종을 일본으로 압송하려고까지 했고, 5월에는 이를 위해 영국과 미국 정부에 양해를 구하기도 했으나 미국의 반대로 실행에 옮기지 못했다.

일본은 1905.11.17부로 대한제국의 외교권을 박탈했다(제2차 한·일 의정서, 을사늑약). 외교권이 없는 나라는 더 이상 국가가 아니었다. 대한제국은 지구상에서 사라졌다.

그러자 미국은 바로 다음 날 주한공관을 폐쇄했다. 놀라울 정도로 신속했다. 일본이 사전에 미국과 협의해 놓은 결과였다. 루스벨트 대통령은 일본과의 합의를 이행하는데 한 치의 오차도 없었다. 구미 열강 중 가장 먼저 공관을 개설했던 미국이 가장 먼저 공관을 폐쇄한 나라가 되었다. 국무부가 발간하는 외교사료집에서도 '코리아'편을 없앴다.

당시 주한 美 공사관 부영사로 근무했던 스트레이트는 공사관 철수를 "침몰해 가는 배에서 도망치는 생쥐 떼"에 비유하면서 "수치스런 처사"였다고 비난했다. 미국인 선교사 헐버트도 "미국은 작별 인사도 없이 가장 모욕적인 방법으로 대한제국을 가장 먼저 버렸다"고 꼬집었다.

영국도 1905.12.2 주한 공관의 명칭을 총영사관으로 변경했다. 대한제국은 외교권이 없는 나라라는 의미였다. 영국 정부는 러시아·프랑스에 이런 조치의 당위성을 적극적으로 설명하기까지 했다. 영국은 일본의 대한제국 지배를 인정한 대가로 거문도와 제주도를 획득하려 했다.

일본은 1906년 1월 주한 공사관을 폐쇄하고 2월 통감부를 설치했다. 초대 통감으로 이토 히로부미가 부임해 식민지化를 착착 진행시켜 나갔다. 이즈음 일본의 해외주재 공사관과 일본주재 외국 공사관들은 모두 대사관으로 격상되었다. 일본이 열강 대열에 합류했음을 말해주었다.

일본이 제2차 한·일의정서 성립을 위해 대한제국의 숨통을 조이고 있을 때 고종은 평소 신임해온 헐버트를 미국에 보내 루스벨트 대통령에게 '주권수호'를 도와 달라는 친서를 전달하려 했으나 미국은 외교권이 일본에 넘어갔다는 이유로 친서 접수를 거부했다(1905년 11월). 이때에도 일본 정부는 관련 정보를 사전 입수해 미국과 공동 대응했다.

고종은 1906.6.22자로 주요국에 친서를 보내 제2차 한·일 의정서에 대한제국 정부 대신이 조인했다는 것은 사실이 아니며 위협 가운데 강제로 이루어진 것이고 자신은 내각에 조인을 허가한 적이 없다고 하면서 이 협정의 무효를 주장했다. 하지만 대한제국의 입장을 이해해주는 나라는 단 하나도 없었다.

국권을 되찾기 위한 노력

러시아는 포츠머스 강화협상 결과에 불만이 많았다. 니콜라이 2세 황제는 1905년 9월 루스벨트 대통령에게 친서를 보냈다. 러일전쟁 과정에서 1899년 제1차 헤이그 평화회의 결과에 反하는 문제들이 야기되어 제2차 헤이그 평화회의를 소집하고자 한다는 내용이었다.

고종은 포츠머스 강화협상이 한창 진행되고 있던 1905.8.22 니콜라이 2세에게 친서를 보냈다. 이 친서에서 고종은 일본이 겉으로는 대한제국의 독립을 말하지만 속으로는 식민지를 만들려는 것이라고 했다. 러시아 정부는 1905.10.9 이범진 공사에게 헤이그 평화회의에 대한제국도 초청하기로 결정했다고 공식 통보했다. 고종에게는 말할 수 없이 기쁜 소식이었다. 제2차 한·일 의정서의 무효를 주장할 수 있는 절호의 기회였기 때문이었다.

그런데 이러한 러시아 입장은 1년 후 바뀌었다. 1906년 6월 취임한 이스볼스키 외상은 러일전쟁 패전과 혁명의 소용돌이 속에서 국내개혁을 완수하기 위해서는 평화적인 대외환경이 필요하다고 생각해 일본·영국과 대립하는 것을 피하려 했다. 이와 같은 입장 변화는 일본에게는 만주 문제와 한반도 문제를 동시에 풀 수 있는 기회를 제공해 주었다. 러시아는 1906.10.9 헤이그 평화회의에 한국대표를 초청하지 않을 방침이라고 일본 정부에 통보했다.

헤이그 평화회의는 1907.6.15 45개국에서 239명의 대표가 참석해 4달 동안 열렸다. 고종은 이 회의에 이상설(단장)·이준·이위종을 파견했다.

대한제국 대표단은 6월 29일 평화회의 의장으로 선임된 넬리도프 러시아 대표에게 대한제국이 회의에 참석할 수 있도록 도와달라고 했다. 넬리도프는 이 문제는 주최국인 네덜란드 정부소관 사항이라고 하면서 면담을 거절했다. 그러자 대표단은 평화회의 부의장이며 네덜란드 수석대표인 보폴드를 면담했다. 그 역시 "나 개인적으로는 동정한다. 그러나 제2차 한·일 의정서로 대한제국의 외교권이 일본에 이양되었고 각국이 이를 인정해 대한제국과 단교斷交한 사실이 있다. 나로서는 이 문제를 어떻게 할 수 없다"고 했다. 외교권이 없으므로 참석이 불가능하다는 말이었다. 이상설 일행은 이번에는 고드리안 네덜란드 외무장관을 면담했다. 그 역시 냉담했다. 대한제국 특사단은 미국·프랑스·영국·독일 등 각국 대표들을 찾아다니며 호소했으나 아무 소용이 없었다. 미국 수석대표는 "미국은 대한제국에 대해 항상 우호적이었다. 그러나 이제부터는 어떻게 할 수 없다"고 했다. 국제법에 충실한 태도였다.

 * 일본 수석대표는 대한제국이 모든 외교권을 일본에 위임했기 때문에 이 회의에 대표단을 파견할 수 없다는 성명을 냈다. 당시 국제사회는 일본의 대한제국 지배를 러일전쟁의 필연적인 결과로 이해하면서 대한제국에 대해서는 일말의 동정심도 없었다.

헤이그에서 냉대 받고 무시당한 특사들은 미국으로 향했다. 이 소식을 들은 루트 국무장관은 대한제국은 외교권이 없다면서 미국 정부 관리들과의 면담을 금지시켰다. 대한제국은 더 이상 국제법상의 주체가 아니므로 면담이 불가하다는 것.

이처럼 고종은 특사 파견을 통해 대한제국의 자주·독립을 국제사회에 호소하려 했지만, 모든 나라들이 대한제국은 외교권이 없는 나라라고 하면서 상대를 해주지 않았다.

일본은 1907.7.19 고종이 헤이그 평화회의에 대표단을 보내 물의를 일으켰다는 이유로 그를 강제로 퇴위시키고, 이어 7월 24일에는 정미7조약으로 내정권內政權을 박탈했다. 7월 31일 군대도 해산했다. 1909.7.12에는 사법권을 빼앗았다. 1910.8.22 대한제국을 강제 병탄하는 조약을 서명시켜 8월 29일자로 이를 공포했다.

고종이 외교에 실패한 배경

① 외교 지식과 경험이 없었다

조선이 외교를 못했던 데에는 유교적 세계관世界觀도 역할을 했다. 고종이나 지배층의 머리에는 '예禮의 논리'만 있었지 '힘의 논리'는 없었다. 국가관계를 개인관계와 동일시했다.

高宗 자신이 외교 지식과 경험이 없었던 것은 두말할 것도 없다. 인재 부족 등 외교 인프라가 없었다. 인재를 양성할 수 있는 시간은 있었으나 그렇게 하지 못했다.

- 1866년 독일 상인 오페르트 일행이 통상을 요구해오자 조선 정부는 "조선의 외교는 모두 淸의 지시에 따라 하게 되어 있으니 조선과 통상하기를 원한다면 淸 정부와 교섭하여 지시문서를 받아오라"고 했다.
- 高宗은 조선에 나와 있는 미국 외교관이나 선교사들이 하는 말을 미국 정부 입장인 것으로 착각했다. 이들의 외교적 언사를 곧이곧대로 받아들였던 것이다.
- 高宗은 1897년 9월 신임 미국공사를 접견하면서 "미국은 우리의 맏형과

같은 존재"라고 했다. 그의 인식이 이 정도였다.

 - 알렌 미국공사 지적대로(1904.4.14) 고종은 러일전쟁이 끝나면 미국이 대한제국 독립 유지를 위해 뭔가 해줄 것으로 기대했다. 미망迷妄이었다. 루스벨트 머리에는 이런 생각은 추호도 없었다.

 - 군부軍部 대신 이용익은 맥킨지 영국 기자에게 "우리 황제는 이미 중립을 선포했다. 우리는 이를 준수할 뿐이다. 만약 우리의 중립이 깨어지면 열강은 지체 없이 행동을 개시해 우리를 보호해줄 것이다"라고 했다. 이에 맥킨지가 "당신들이 스스로를 보호하지 않는데 남들이 보호해주겠는가"라고 반문하자, "미국이 우리한테 약속한 바가 있다. 무슨 일이 있어도 미국은 우리 편이 되어 주겠다고 했다"라고 했다.

 - 1905년 9월 루스벨트 대통령의 외동딸 앨리스가 서울에 들렀을 때 대한제국 정부는 보기 민망할 정도로 환대했다. 루스벨트를 몰라도 너무 몰랐다.

② 知力이 없었다

高宗과 그의 측근들은 국제정치가 작동하는 원리라던가 근대 국제법의 속성 등에 관해 아는 것이 없었다. 근대 외교제도나 관행에 관해서도 마찬가지였다. 서양 제국을 열심히 배우고 익힌 일본의 경우와는 극과 극의 차이였다. 프랑스 <르땅>지는 1907.7.29 "대한제국이 독립을 원한다면 이를 위해 가장 먼저 해야 할 일은 지식과 힘을 갖추는 일이다"라고 썼다.

 - 알렌 공사는 "고종은 병적으로 미신에 빠져 있으며, 1895년 갑오개혁(갑오경장) 때 궁중에서 쫓겨났던 무낭늘이 궁중의 노는 일에 녕향력을 미치고 국고로 들어가야 할 세금까지 가로챘다"고 적었다.

 - 김홍집은 수신사로 일본을 다녀온 후 고종에게 "서양의 공법은 남의 나라를 완전히 멸망시키지 못하게 되어 있다"고 하면서, 국제법이 마치 한 나라의 안전을 보장해주는 듯 보고했다. 국제법의 본질을 잘못 이해했던 것이다.

 - 高宗은 '균세'라는 것은 강대국들이 서로 침범함이 없고 약소국은 이에 의탁해서 안녕을 얻는 전략인 것으로 착각했다. 국제정치와 지정학의 기본을 몰랐다. 자력自力으로는 할 수 있는 일이 거의 없었던 조선은 '균세'나 '중립'으로 안전을 확보할 수 있는 나라가 아니었다.

 - 高宗은 1902년 영일동맹조약이 체결되었을 때 이 조약이 대한제국의 독립

과 영토 보전을 인정한 것으로 오해했다. 조약문에 사용된 외교수사를 곧이곧대로 이해했던 것이다. 고종은 1905.6.19 조던 영국공사를 통해 영국 정부에 영일동맹조약에 근거한 '거중조정'을 요청했으나, 조던은 난센스라고 하면서 본국 정부에 보고도 하지 않았다.

-대한제국은 1904.1.21 이지용 외부대신 명의로 전시중립을 선언하고, 영국·프랑스·독일 공사관에 이를 알리는 외교공한을 보냈다. 이들 공사관은 외교관행에 따라 이 문서를 받았다고acknowledged 회신했다. 그러자 대한제국 정부는 이 통보가 전시중립을 승인한 것으로 이해해 이제 전쟁의 위험에서 벗어났다고 믿었다. 'acknowledge'라는 단어에 '~을 받았음을 알린다'는 의미가 있음을 몰라서 생긴 어처구니없는 일이었다.

③ 국제정세에 어두웠다

高宗과 지배층 인사들은 중국 중심의 질서가 서세동점에 의해 파괴되고 있음을 감지하지 못했다. 淸 외교관 황쭌셴은 1880년 이런 상황을 집에 불이 난 줄도 모르고 처마 밑에서 재재거리는 제비나 참새에 비유했다. 다른 나라 사람들은 조선이 위태로운 상황이라고 보고 있는데 정작 조선인들은 이런 사실을 모르고 있는 것처럼 보였던 것이다.

-영국이 1885년 4월 거문도를 무단 점거했을 때 조선 대신들 중 영국이라는 나라에 대해 제대로 아는 사람이 한 사람도 없었다.

-조던 영국공사는 1896년 "고종은 선천적으로 가장 나약한 사람이다. 그가 나라를 다스리는 유일한 기술이란 적대적인 세력을 대립시켜 균형을 유지함으로써 자신의 안전을 도모하려는 것뿐이다. 그 결과 고종은 국제정세를 정확히 판단하지 못하고 정치적으로 망상의 세계에 살고 있다"고 했다.

-高宗은 러시아가 1895년 4월 '3國간섭'을 주도해 일본의 랴오둥반도 진출을 무산시키는 것을 보고 러시아가 국제적으로 대단한 영향력을 갖고 있는 나라로 착각했다. 1896년 2월 아관파천 배경이다.

-두 차례의 조·러 밀약설 사태는 영국·일본의 對러시아 경계를 강화시켰다. 모든 열강들이 러시아의 동아시아 진출을 경계하고 있는 상황에 조선은 러시아를 끌어들였다.

-알렌 공사는 "고종은 전투가 일본에게 유리하게 전개되고 있던 1904년 11월에도 러시아가 승리할 것이라는 무당들의 말을 믿고 안심했다"고 썼다.

④ 지나치게 외세에 의존했다

국가의 안전을 남의 나라에 의지하는 것은 동서고금을 막론하고 위험하고 어리석은 일이다. 고종의 경우 특히 한심한 것은 외세를 끌어들여 지키려 했던 것이 '국권'이 아니라 '왕권'이었다는 사실이다. 외세는 외세대로 이런 고종을 자기들 목적에 맞게 이용했다. 내부 분열을 조장해 서로 싸우게 만들었다.

-1896년 결성된 독립협회와 이 협회가 1898년 개설한 만민공동회는 외교에 결정적 우군 역할을 할 수 있는 조직이었는데 고종은 1898년 말 이런 조직을 강제 해산시켰다. 왕권을 약화시킨다는 판단에서였다.

-쇠퇴하는 淸에 계속 생명줄을 대고 있는 것은 어리석기 짝이 없었다. 高宗은 미국 등 열강과 수교하는 과정에서 淸과의 속방 관계에 종지부를 찍었어야 했다.

-1882년 7월 임오군란이 발생했을 때 조선은 즉각 淸에 파병과 사태수습을 요청했다. 자체적으로 해결해야 할 일에 외세를 끌어들였다. 1894년 같은 실수를 반복했다. 동학농민혁명이 일어났을 때 이를 진압하기 위해 또 淸에 파병을 요청했다.

대한제국 패망의 원인

① 高宗이 무능했다

高宗은 근대적 통치자가 갖추어야 할 자질과 능력이 부족했다. 이것이 가장 큰 문제였다. 국론을 모아 난관을 헤쳐 나갈 수 있어야 했는데 그러지 못했다. 주변 정세를 읽어내는 안목과 통찰력이 부족했음은 말할 것도 없다. 高宗은 "왕권에 집착해 국권을 잃어버린 망국亡國의 황제"였다. 그에게는 왕권王權과 국권國權이 하나였다. 개혁이 왕권을 제약하면 그 개혁을 그만두었다.

　＊ 갑신정변에서 청일전쟁까지 10년 그리고 청일전쟁에서 러일전쟁까지 10년은 고종이 잘만 했으면 자강을 도모할 수 있는 골든타임이었다.

영국 최고의 동아시아 전문가로 駐日공사를 역임한 사토(1843~1929)
는 "많은 부분, 조선을 둘러싼 국제적 갈등은 조선 조정의 허약함과
부패·분열에 의해 조장되었다"고 분석했다. 그는 터키가 '유럽의 환
자'라면 조선은 '동아시아의 환자'라고 했다.

알렌 미국공사는 1904년 1월 "로마시대 로마가 불타고 있는 가운데
네로 황제가 무희들과 노닥거리고 있는 것처럼 대한제국 황제도 기생
들과 어울려 빈둥거리며 시간만 허송하고 있다"고 개탄했고, 스트레이
트 부영사는 "조선은 구제가 불가능한 나라다. 고종은 열강 사이의 분
열을 이용해 독립을 유지하려는 나약한 거간꾼이고 양반 계층은 음모
를 통해 사적私的인 이익을 추구하는 집단이다. 이러한 상황에서 조선
이 발전하기 위해서는 자치권을 포기하고 대신 일본의 지배를 수용해
야 한다"고 했다.

高宗은 뒤늦게 후회했다. 1905년 8월 러시아 황제에게 보낸 친서에
서 "현재 우리나라가 이리도 슬픈 정황에 처한 원인은 허약성, 하찮은
존재감, 그리고 자기의 권리를 보호할 능력이 없는 무능과 무방비 때
문이다. 그 잘못은 우리의 통치에 있다"고 털어놓았다.

高宗이 아닌 그 어떤 사람이 국왕의 자리에 있었더라도 당시의 위기
상황을 극복하기 어려웠을 것이라는 주장도 있다. 고종에게만 모든 책
임을 돌릴 수 없다는 것. 당시 통치 환경을 보면 일리 있는 주장이다.
뿌리 깊은 화이론적 명분론이 지배층의 의식세계를 지배하고 있었고,
공론 정치라는 강력한 왕권 견제 전통이 작동하고 있었으며, 정파 간
갈등과 투쟁이 국력을 쇠잔시키고 있었기 때문이다.

하지만, 高宗은 30년 넘는 기간을 국가최고지도자의 자리에 있었다.
당시 국내외 상황이 급변하고 있었던 만큼, 최고지도자가 비상한 의지
로 비상한 노력을 경주했어야 하나 그러지 못했다. 동아시아에서 세력
전이 현상이 나타날 때 한반도는 태풍의 눈이 되었다. 구한말이 대표
적이다. 이때 가장 중요한 것은 최고지도자의 국가운영능력이나, 고종
에게는 그런 것이 없었다.

② 문명사적 전환기에 제대로 대응하지 못했다

高宗을 비롯한 지배층은 문명사적 전환기를 대처해 나갈 수 있는 사람들이 아니었다. 그들에게서 내우외환의 혼란을 수습할 수 있는 역량과 경륜을 도무지 찾아 볼 수 없었다. 외부로부터의 도전을 이겨내기 위해서는 내부적인 단결이 긴요했으나 오히려 분열과 권력다툼만 일삼았다. 효율적인 국가운영이 불가능했다. 국본을 결집해 개혁을 신행시켜 나갈 수 있는 정치적 리더십도 없었다. 그러니 일본은 한반도와 대륙 진출을 국가적 목표로 추구했고, 전략적 이해를 같이하는 영국과 미국은 이런 일본을 확고하게 밀어주었다.

③ 힘이 없었다

무정부 상태의 국제사회에서 나라의 생존과 안전은 힘이 있어야 지킬 수 있다. 조선이 망한 것도 힘이 없었기 때문이다. 구한말 조선 경제는 경제라고 할 만한 것이 없었다. 지도층의 무능과 부패가 주된 원인이었다. 강병强兵을 하고 싶어도 돈(재원)이 없었다. 스스로를 지킬 수 있는 힘과 의지가 없는 나라가 망하는 것은 이상한 일이 아니었다.

> * 1897년 조선의 병력 규모는 약 4,000명이었고 1905년에는 8,000여 명이었다. 이들의 임무도 치안이 전부였다. 이즈음 일본은 1백만 명에 달하는 병력을 보유하고 있었다.

④ 지배층의 부패·분열이 심했다

高宗은 지배층의 부패를 막기는커녕 스스로 부패했다. 권력다툼에 몰두했다. 통치 권력이 사유화되고, 가렴주구가 심해 민심이 떠났다. 백성들의 지지를 얻지 못하는 정부가 힘을 발휘할 수 없는 것은 당연했다. 이삼성 교수는 "국가는 사회지배층에 사유화된 폭력조직일 뿐 외세로부터 나라와 민중을 보호할 능력을 갖고 있지 못했다"고 분석했다.

조던 영국총영사는 "고종은 금광이나 전차 사업 등의 이권을 줄 때에도 자기에게 돌아올 리베이트를 중시했다"고 썼다. 힐리어 영국총영사는 1894년 11월 본국 정부에 보낸 전문에서 "조선 정부는 부패가 너무 만연하기 때문에 모든 공공기관을 일본이나 여타 나라의 엄격한 감독 아래 두지 않는 한 나아질 희망이 없다. 그렇게 하는 것이 조선 문제의 유일한 해결방안이다"라고 썼다. 알렌 미국공사도 1904년 1월 "근자들어 관리들의 부패가 너무 심하다"면서 스스로는 이 문제를 해결할 수 없다고 단언했다.

조선을 네 차례 여행한 바 있는 영국인 이사벨라 버드 비숍은 조선 관리들의 부정행위를 히드라에 비유했다. 그리스 신화에 나오는 히드라는 머리가 아홉 개 달린 괴물인데 이 머리를 아무리 잘라내도 끝이 새로 나온다. 비숍은 또한 대한제국 관리들이 나라의 월급이나 축내고 뇌물을 받는 일 외에는 하는 일이 없다고 관찰했다.

* 고종 통치 기간 중 한성부윤(오늘날의 서울시장)의 평균 재직 기간이 29일에 불과했다. 매관매직賣官賣職이 얼마나 심했는지를 말해준다.

3장. 스탈린·마오쩌둥·김일성과
6·25전쟁

6·25전쟁의 기원에 대해서는 다양한 說이 있었으나, 냉전 종식 후 공산권에서 공개된 자료들에 의해 계속 밝혀지고 있듯이, 이 전쟁은 북한 김일성이 발의하고, 소련 스탈린이 승낙했으며, 중국 마오쩌둥毛澤東이 지원한 전쟁이었다. 김일성은 단시일 내 남한 전역을 자신의 손아귀에 넣을 수 있을 것으로 판단했다. 스탈린은 한반도에서 미국과 중국이 싸우도록 만들어 이득을 챙기려 했다. 맥아더는 중국을 대수롭지 않게 보았다. 모두 오판이었다. 6·25전쟁은 이런 오판으로 점철된 전쟁이었다.

　* 6·25를 지칭하는 용어는 '한국전쟁' '6.25사변' '6.25동란' '6.25한국전쟁' 등 다양하다. 김명섭 교수는 "역사적으로 주요 사건들은 발발시점에 따라 이름 붙이는 것이 일반적인 관행이므로 올바른 명칭은 '6.25전쟁'뿐"이라고 수장한다. 그는 "주로 좌파 진영에서 주장하는 '한국전쟁'이라는 용어는 남한을 지칭하는 '한국'이란 단어를 사용해 전쟁 발발 책임이 전도될 우려가 있다"고 본다. 그는 또한 '베트남전쟁'은 'Vietnamese War'로 부르지 않고 'Vietnam War'로 부르면서 6·25전쟁을 'Korea War'라 부르지 않고 'Korean War'로 칭하는 사실을 지적하면서, 이는 이 전쟁의 원인과 책임을 '코리언'들에게 귀속시키려는 의도에서 나온 것이라고 주장한다.

스탈린에 매달린 김일성

김일성(당시 37세)은 1949.3.7 모스크바를 방문해 스탈린에게 자신의 남침南侵 계획을 설명하고 승낙을 요청한다. 美軍이 남한에서 완전 철수하기 3개월 전이었다. 이때 스탈린은 세 가지 이유를 들어 거절한다. 1)북한 군사력이 아직 속전속결로 남한軍을 제압할 수 있을 정도가 아니며, 전쟁과 같은 중대한 일을 하기 위해서는 많은 준비가 필요하다. 2)美軍이 남한에 주둔하고 있어 충돌 시 미군이 개입할 것이다. 3)38선 분할에 관한 美·蘇 합의를 위반하면 미국의 개입을 초래할 수 있다.

金日成이 스탈린의 승낙을 받으려 한 것은 1)북한의 소련에 대한 의존이 정치·경제·군사적으로 압도적이었고 2)'스탈린의 명령은 법'이라고 말했을 정도로 스탈린의 의사에 反하는 일을 할 수 없는 상황이었기 때문이다. 당시 김일성은 스탈린의 사전 허락 없이는, 예컨대 연설 하나도 마음대로 하지 못했다.

스탈린은 김일성의 요청을 거절했지만 남침 자체에 반대한 것은 아니었다. 다만 때가 아니라고 생각했고, 미국과 충돌할 수 있는 피하려 했다. 마오쩌둥의 중국 공산화가 어떻게 귀결될지도 기다려보아야 했다.

이로부터 3개월 지난 1949년 6월 미국은 남한에 잔류 중이던 45,000명의 미군을 일거에 철수시켰다. 남한이 전략적인 가치가 별로 없다고 판단한 결과였는데, 엄청난 실수였다. 이 조치는 한반도에서의 전쟁 가능성이 전혀 없다고 보고 취한 것은 아니었다. 중앙정보국CIA은 1949.2.28자 정세보고서에서 "1949년 봄에 이뤄질 미군 철수는 북한軍이 단독 혹은 공산진영의 도움을 받는 형태로 남한을 공격하는 상황을 초래할 수 있으며, 남한을 소련 통제 아래 두는 결과로 이어질 것"이라고 지적한 사실에서도 나타난다. 그러나 이 CIA보고서는 정책결정자들의 관심을 끌지 못했다.

트루먼 행정부는 ▶설사 김일성이 남침을 원하더라도 스탈린이 이를 허락하지 않을 것이고 ▶김일성은 스탈린의 허락 없이는 도발을 감행할 수 없으며 ▶소련은 2차 세계대전 후유증 때문에 또 다른 전쟁을 일으킬 상황이 아니고 ▶북한이 스탈린의 허락 없이 전쟁을 일으키면 중국도 개입하지 않을 것으로 판단했다. 모두 오판이었다.

김일성은 미군이 남한에서 완전히 철수하자 더욱 남침 야욕에 불탔다. 1949.8.12 슈티코프 평양주재 소련대사人(使)를 통해 스탈린에게 남침을 허락해 줄 것을 또다시 간청한다. 김일성은 이번에는 남한이 북침할 가능성이 있다고도 했다.

김일성이 남침하려는 배경에는 당시 북한 내부의 파워게임과도 관련이 있었다. 김일성은 박헌영(부총리 겸 외무상)과 경쟁관계에 있었다. 소련은 이 두 사람을 놓고 누구를 선택할지 저울질하기도 했다. 박헌영은 남조선로동당 책임자로 자신의 권력 기반인 남한을 하루속히 해방시켜야 한다는 강박관념에 사로잡혀 있었다. 그는 남침 시 남한에서 이승만에 반대하는 대규모 봉기가 일어날 것이라고 철석같이 믿고 있었다.

스탈린은 이번에는 5개월 전과는 다소 달라진 반응을 보였다. 美軍이 남한에서 완전 철수한 것도 이러한 달라진 태도의 원인이었다. 김일성은 1949.9.13 다시 한 번 슈티코프 대사를 통해 스탈린에게 이 문제를 환기시켰으나 스탈린은 반응을 보이지 않았다.

김일성은 1950.1.17 평양주재 소련대사관을 통해 스탈린에게 빠른 시일 내 모스크바를 방문해 이 문제에 대한 결론을 내리고 싶다는 메시지를 전달한다. 스탈린과의 면담이 이뤄지면 베이징에 들러 마오쩌둥도 만나겠다고 했다. 스탈린이 계속 결정을 미루면 마오와 상의할 수도 있음을 암시했다. 일종의 압박이었다. 이즈음 김일성은 중국에서 공산화가 완료되어 중화인민공화국이 수립된 것과 중공軍이 중국 동북東北지역을 장악한 결과에 크게 고무되어 있었다.

스탈린은 1950.1.30 슈티코프 대사에게 전보電報를 보내 "남한에 대하여 이렇게 중대한 행동을 실행하는 일은 충분한 준비가 필요하다. 이 일을 조직하는데 너무 큰 위험을 무릅써서는 안 된다. 만약 김일성이 나와 함께 이 문제를 의논하고 싶다면 언제든 그를 접견하고 대화할 수 있다. 이를 김일성에게 통보하고, 또한 이 문제에 관해 내가 그를 도울 준비가 되어 있다고 말하라"고 지시했다. 상당히 진전된 메시지였다.

* 스탈린은 당시 모스크바 교외에 머물고 있던 마오쩌둥에게는 김일성에게 이런 메시지를 전달한 사실을 절대 비밀로 했다. 김일성에게도 극비에 부치라고 요구했다.

마오쩌둥, 소련과 동맹조약 체결에 성공

마오쩌둥은 내전에서 자력으로 승리하고 1949.10.1 중화인민공화국을 탄생시켰다. 이는 스탈린에게는 '양날의 칼'이었다. 아시아에서 공산주의를 확산시키는 계기가 될 수 있었지만, 다른 한편으로는 강력한 경쟁국이 등장하는 것을 의미했다. 스탈린은 내심 중국 공산화가 성공하는 것을 원치 않았다. 원치 않았던 일이 현실이 된 것이다. 중국을 소련 영향권에서 벗어나지 못하도록 만드는 일이 중대 사안으로 떠올랐다.

아니나 다를까. 마오쩌둥은 신新중국을 탄생시키자마자 스탈린의 70세 생일을 축하한다는 명목으로 1949.12.16부터 소련을 방문한다. 그가 중국 땅을 떠난 것도 그리고 스탈린을 만난 것도 처음이었다. 중차대한 목적이 있었다. 하나는 소련과 새로운 동맹조약을 체결하는 것이고, 다른 하나는 얄타협정(1945)에 따라 소련이 차지하고 있던 만주(滿洲, 동북3성)에 대한 주권을 되찾는 일이었다.

마오쩌둥의 속셈을 알아차린 스탈린은 새로운 동맹조약 체결이 미국·영국의 간섭을 초래할 것이라며 반대했다. 이에 마오는 저우언라이(周恩來, 총리 겸 외상)를 모스크바로 부르고 자신의 체류도 무기한 연장했다. 과거 국민당 정부와 체결했던 우호동맹조약을 파기하고 新중국과 새로운 조약을 체결하기 전에는 소련을 떠나지 않겠다는 결연한 자세였다.

미국은 이런 상황을 이용해 新중국을 소련으로부터 떼어 놓기 위한 책략을 구사한다. 트루먼 대통령은 1950.1.5 기자회견을 통해 대만 방어 포기를 선언했다. 1주일 후인 1월 12일 애치슨 국무장관은 내셔널 프레스클럽 연설에서 한국과 대만을 미국의 태평양방어선에서 제외시켰다.

미국의 이런 움직임은 스탈린을 크게 자극했다. 미국과 중국이 가까워지는 것을 막는 일이 시급하다고 생각하게 되었나. 이는 스탈린의 마음을 돌려놓아야 할 마오쩌둥에게는 대단한 행운이었다. 결국 스탈린은 중국과 새로운 동맹조약을 체결하는 쪽으로 마음을 바꾼다. 양측은 피를 말리는 협상 끝에 1950.2.14 '中·蘇 우호동맹상호원조조약'을 체결했다. 마오는 자신이 설정한 최대의 목표를 달성했다.

마오쩌둥은 70일 이상을 모스크바에 머물면서 소련이 만주에 대한 지배권을 포기하도록 만든다. 소련은 1945년 2월 얄타회담에서 對日 참전 대가代價로 만주에 대한 지배권을 획득했었는데 이를 내놓은 것이다. 스탈린 외교의 금자탑이 무너진 셈이다. 만주를 소련 위성국으로 만들려던 야심을 접어야 했다.

새로운 우호동맹상호원조약 성립으로 1945.8.14 국민당 정부의 장제스蔣介石와 체결했던 우호동맹조약은 종료되었다. 이로 인해 소련이 갖고 있던 南만주철도 관할권·뤼순항 조차권·다롄항 사용권이 모두 소멸되었다. 전략적 이익이 엄청나게 손상되었다. 스탈린은 묘수를 찾아 이를 만회해야 했다.

사실 이런 결과는 어쩔 수 없이 초래된 일이었다. 앞서 언급했듯이, 마오쩌둥은 미국이 던지는 주파를 대소對蘇 협상에 십분 활용했나. 아주 강력한 지렛대였다. 스탈린은 마오를 계속 억누를 경우 중국이 미국에 달라붙을 것을 우려했다. 미국과의 패권경쟁에서 결정적 승기를 잡기위해서는 이 정도의 손실은 감수해야 한다고 생각했다.

동맹조약 체결 과정에서 스탈린과 마오쩌둥은 서로 깊은 불신과 원한을 갖는다. 이는 이후의 蘇·中 관계와 이들의 대외전략에 지대한 영향을 주게 된다.

스탈린, 김일성의 남침을 승낙

김일성과 박헌영은 1950.3.30~4.25 비밀리에 모스크바를 방문, 스탈린을 세 차례나 만난다. 이들은 남침계획과 관련하여 ▶북한은 결정적인 기습공격으로 전쟁을 3일 내에 끝낼 수 있고 ▶남침 시 남한에서 20여만 명의 공산당원들이 봉기할 것이며 ▶남한 내 게릴라들이 북한군을 지원할 것이고 ▶미국에게는 개입할 수 있는 시간적인 여유를 주지 않을 것이라고 자신 있게 설명했다.

스탈린은 드디어 남침을 승낙했다. 하지만 전제조건을 달았다. 최종 결정은 김일성과 마오쩌둥이 함께 내려야 한다는 것이었다. 소련으로부터는 지원군을 절대 기대하지 말라고도 했다. 소련은 전쟁에 직접 참여하지 않을 것이라는 것. 여기서 스탈린의 의중을 읽을 수 있다. 하나는 남침 전쟁에 중국을 끌어들여야 한다는 것이고, 다른 하나는 소련은 이 전쟁에 직접 개입하지 않을 것이라는 메시지였다.

스탈린이 남침을 승낙한 배경에 대해서는 다음과 같이 다양한 분석이 있다.

① 6·25전쟁에 조예가 깊은 중국의 션즈화 교수는 스탈린이 對한반도 정책을 근본적으로 바꾼 시점은 1950년 1월이었다고 하면서, 이 시점 전후에 일어난 일들에 주목하여 다음과 같이 분석한다.

▶'蘇·中 우호동맹상호원조조약'이 서명되어 소련은 태평양으로 통하는 유일한 항구와 부동항을 잃게 됐다. 전략적으로 중대한 손실이 발생한 것이다. 스탈린은 한반도에서의 무력충돌은 그 결과와 상관없이 소련에게 태평양으로 나가는 항구와 부동항 획득을 보장할 것으로 판단했다. 북한이 승리하는 경우에는 인천·부산 등의 항구 사용이 가능해짐은 물론이다.

▶스탈린은 유럽에서 미국에 밀리자 극동에서 기회를 찾으려 했다.

▶스탈린은 국제공산주의 운동에서 중국이 소련의 지위를 위협하게 될 가능성이 있다고 보고, 김일성에 의한 남침은 이런 가능성에 대비하는데도 도움이 될 것으로 보았다.

▶마오쩌둥이 대만 '해방'에 성공한다는 것은 소련의 이익에 반한다. 김일성에 의한 남침은 마오의 대만 공격계획을 수포로 돌릴 수 있다. (※마오는 1950년 초 대만 침공을 위해 15만 명의 상륙 병력과 4천 여 척의 선박을 집결시켜 놓고 있었다)

② 웨더스비 美 우드로윌슨센터 연구원은 다음과 같이 분석했다.

▶스탈린은 新중국과의 관계에 대해 불안감을 갖고 있었다. 한반도에서 군사적 충돌이 발생하면 미국이 대만을 지원하게 되고 그렇게 되면 중국은 소련과의 경제·군사관계의 틀 안에 계속 머물 것이다. 김일성의 남침은 중국을 소련 영향권에 묶어두는데 도움이 된다. 중국이 미국과 화해하는 것을 막을 수 있는 기회를 제공해 줄 수 있다.

▶소련이 한반도 남반부에 대한 통제력을 확보하면 일본이 소련의 극동지역을 위협하는 상황을 예방할 수 있다.

▶김일성의 남침과 관련하여 마오쩌둥에게 주도권을 내주면 자신의 위상이 훼손된다.

③ 미국의 저명한 소련 전문가 조지 케난은 스탈린이 김일성의 남침을 승낙한 결정적인 배경은 미국이 1949년 가을 소련의 동의나 참여 없이 일본과 평화협정을 맺으려한데 있었다고 생각한다. 미국은 1950년 4월 소련이 對日 강화협상에 참여하지 않자 단독으로 강화를 추진한다. 그러자 스탈린은 일본이 미국과 결속해 재무장함으로써 소련에 대한 위협세력으로 등장할 가능성을 우려했다.

'애치슨 선언'에 대한 오해

애치슨 국무장관은 1950.1.12 내셔널프레스클럽 연설에서 "미국의 태평양방어선은 알류산 열도로부터 일본을 거쳐 류큐열도에서 필리핀까지 이어진다"고 했다. 한국과 대만이 방어선 밖에 있다는 의미였다. 애치슨을 비롯한 당시 워싱턴의 정책결정자들은 한국이 희생되는 일이 발생해도 별 문제가 없다고 생각했다. 일본만 우방으로 묶어 놓으면 서태평양 방위에 문제가 없을 것으로 보았던 것.

한데 이 연설의 초점은 한반도가 아니라 중국이었다. 모스크바에서 새로운 동맹조약을 협상하고 있던 마오쩌둥을 겨냥한 것이었다. 중국이 소련보다 미국과 협력하는 것이 향후 더 큰 전략적 이익을 얻을 수 있을 것이라는 메시지를 간접적으로 전달했던 것.

하지만 이 선언이 한국을 미국의 태평양방어선에서 제외함으로써 스탈린과 김일성의 남침을 조장했다는 주장이 나왔다. 실상은 '애치슨 선언'은 김일성의 남침계획과 관련하여 소련과 북한의 희망적 사고를 강화시킨 것은 사실이나, 이 선언이 스탈린의 남침 승낙에 '직접적이고 결정적인 영향'을 주지는 않았다.

그렇다고 이 선언이 6·25 남침 전쟁과 무관한 것도 아니었다. 스탈린이 이 선언에 대응하는 차원에서 김일성의 남침계획을 이용한 것이 사실이기 때문이다. 미국은 이 선언을 통해 中·蘇 이간을 획책했지만, 스탈린은 미국의 의도를 간파하고 이를 역이용했다. 물론 마오쩌둥도 이 선언을 스탈린과의 협상 과정에서 지렛대로 이용했다. 미국만 이 선언을 통해 아무것도 얻지 못한 결과가 되었다. 트루먼 행정부의 실책이었다.

마오쩌둥도 남침에 동의

김일성은 박헌영과 함께 1950.5.13 비밀리에 베이징을 방문, 마오쩌둥을 면담하고 남침 동의를 요청한다. 김일성은 마오에게 남침을 하게 되면 2~3주 내로 전쟁을 끝낼 것이기 때문에 미국이 개입하고자 해도 시간적인 여유가 없을 것이라고 했다. 마오가 군사적 지원이 필요하냐고 묻자 "중국의 어떠한 도움도 원치 않으며, 중국은 자신의 계획에 동의만 해주면 된다"라고 했다. 마오는 이렇게 말하는 김일성이 오만하다고 생각했다.

> * 1년 전인 1949년 5월 金─ 북한인민군 總정치국장이 김일성 특사로 베이징을 방문, 마오를 면담했을 때 마오도 스탈린과 마찬가지로 지금은 때가 아니라면서 "상황이 유리해질 때까지 기다려라"고 했다. 그러면서 "1950년 초 남한을 공격할 수 있는 유리한 국제정세가 조성되면 행동이 가능할 것"이라고 말한바 있다.

마오는 저우에게 스탈린의 남침 승낙 사실을 확인해보라고 했다. 저우는 5월 13일 밤늦게 로션 소련대사를 만나 사실 여부를 확인해 달라고 한다. 소련 측은 즉각 비신스키 외상外相 명의 전보電報를 통해 "국제정세 변화로 조선반도 통일에 관한 김일성의 제의에 동의했다"고 하면서, "그러나 최종 결정은 반드시 조선과 중국 동지가 내려야 한다"고 했다. 마오쩌둥의 동의가 남침 승낙의 전제조건임을 분명히 한 것이나.

마오는 스탈린이 승낙한 이상 '안 된다'라고 할 수 없었다. 세계 공산혁명 운동에서 스탈린이 차지하는 권위가 절대적이었고, 마오는 스스로를 '스탈린의 제자'라고 자처할 정도로 공산주의 혁명운동에 충실했기 때문에 스탈린의 방침을 따르는 것은 당연했다. 물론 갓 태어난 나라의 생존과 발전을 위해서는 스탈린의 도움이 절대적으로 필요하기도 했다.

5월 13일 면담에서 마오쩌둥은 김일성에게 의미 있는 언급을 한다. 즉 ▶소련은 미국과 군사분계선협정에 묶여 있으므로 남한에서 미국과 직접 충돌이 쉽지 않지만 新중국은 그와 같은 의무가 없으므로 북한에 대한 군사적 지원이 가능하다 ▶남침 시 美軍이 개입하더라도 38선을 넘지 않는다면 중국은 개입하지 않을 것이다.

마오의 이 같은 언급은 두 가지 점에서 의미가 있었다. 하나는 김일성의 남침에 확실한 동의를 표시했다는 것이고, 다른 하나는 미군 개입 가능성을 중국 개입 가능성과 연계시켰다는 것.

  * 1950.7.1 美 지상군 선발부대가 부산에 도착한 바로 다음날 저우언라이는 로션 소련대사를 통해 미군이 38선을 넘을 경우 중공군은 북한군으로 위장해 싸울 것이며, 이때 소련이 중공군 부대를 공중엄호해 줄 것을 요청했다.

김일성은 스탈린으로부터 승낙을 받을 때에도 "한반도 통일은 자신의 힘만으로 이뤄질 것이므로 중국의 지원을 요청할 생각이 없다"고 말했는데, 5월 13일 마오쩌둥과의 면담에서도 "중국의 지원을 요청할 생각이 없다"고 했다. 이런 사실로 미뤄보아 김일성은 자력 승리를 확신했음이 분명하다. 오판이었다.

중국의 6·25전쟁 참전과정 연구로 옥스퍼드대학에서 박사학위를 받은 쉬쩌룽(일명 데이비드 추이) 교수는 중국 공산주의자들의 소련에 대한 정치적 종속이 6·25전쟁과 관련한 중국의 제반 결정에 막대한 영향을 주었다고 분석했다. 그에 의하면 중국은 1949년 이전까지 소련의 전반적인 지원에 크게 의존하고 있었다. 스탈린이 원하는 바에 따르는 것이 스탈린에게 진 신세를 갚는 것이었고 다른 한편으로 중국공산당과 軍의 기반을 잡는데 필요한 지원을 이끌어 내는 길이었다.

트루먼 대통령의 즉각적인 대응

1950.6.25 북한군 남침에 트루먼 행정부는 이는 스탈린이 서방의 의지를 떠보기 위해 감행한 도발로서 가만 놔두면 향후 공산세력들이 유럽이나 아시아에서 또 다른 공격을 감행하게 될 것으로 판단했다. 신속하고도 단호한 대응을 하게 된 배경이다.

당시 백악관의 이러한 판단에 가장 큰 영향을 준 사실은 '역사의 교훈'이었다. 1938년 히틀러에 대한 유화정책이 2차 세계대전의 단초가 되었던 사실이 워싱턴 정책결정자들의 머릿속을 지배하고 있었다. 그렇다면 또 다른 세계대전을 방지하기 위해서는 북한의 침공에 결연히 맞서야 한다. 이는 트루먼 대통령과 애치슨 국무장관의 흔들리지 않는 신념이었다.

북한에 의한 남침이 성공하면 마오쩌둥이 대만을 공격하는 일이 발생할 수 있고, 이렇게 되면 동북아에서 힘의 균형이 깨지게 된다. 극동에서의 이러한 상황은 유럽에 영향을 미쳐 유럽 동맹국들이 공산세력의 도전을 받게 된다. 상황이 이렇게 발전하는 것을 막아야 한다는 것이 그들의 판단이었다.

트루먼 대통령은 1950.6.27 美 제7함대를 대만해협에 파견한다고 발표하면서, 마오쩌둥이 대만을 공격하면 무력으로 저지할 것이라고 선언했다. 이와 함께 베트남·필리핀 등 동남아시아 국가들에 대한 지원을 강화했다.

  * 6·25전쟁 발발과 美 7함대 대만해협 파견 발표는 중공의 경제적·정치적

혼란을 유발했다. 이로 인해 마오쩌둥은 한반도 사태가 빠른 시일 내 종결되기를 원했다.

소련의 1950.6.27 안보리 불참 미스터리

소련은 1950.6.27 유엔 안보리의 파병 결의안 토의에 불참했다. 회의에 참석해 거부권을 행사하면 유엔군이 파견될 수 없음에도 그렇게 하지 않은 것은 오랫동안 풀리지 않는 미스터리였다. 소련이 거부권을 행사해 미군을 중심으로 한 유엔군 파견을 막았더라면 이후 상황은 사뭇 달라졌을 것이다.

종래 많은 사람들은 이를 스탈린의 실수로 보았다. 당시 소련은 중국을 유엔에 가입시키자는 제안이 안보리에서 부결된 것(1950.1.13)을 트집 잡아 안보리 참석을 거부하고 있었다. 6월 27일 회의 불참도 이런 맥락에서 이해되었다. 이날 말리크 소련대사는 뉴욕에 있었다. 트리그베 리 유엔사무총장과 오찬 후 헤어지면서 리 사무총장이 오후 2시로 예정된 안보리 회의에 참석할 것인지 물었을 때 그는 '노'라고 했다. 모스크바로부터 불참 지시를 받고 있었음이 분명했다.

소련의 안보리 불참 미스터리를 풀어준 것은 러시아 학자 레도프스키였다. 그는 2005년 러시아국립문서보관소에서 스탈린이 1950.8.27 체코슬로바키아주재 소련대사에게 보낸 전문을 발견한다. 스탈린은 이 선문에서 고트발트 체코 대통령에게 다음과 같은 메시지를 전히리고 지시했다.

 * 스탈린이 이 메시지를 전한 것은 고트발트가 스탈린에게 소련의 안보리 불참 이유를 따져 물은 데 있었다.

「우리는 네 가지 이유로 안보리에 불참했다. 1)新중국과 소련의 단결을 과시하기 위해서였다. 2)미국이 안보리에서 新중국을 중국의 진정한 대표로 인정하지 않는 정책의 바보스러움과 어리석음을 강조하기 위해서였다. 3)두 강대국이 불참하면 안보리 결의가 정당성이 없음을 드러낼 수 있다. 4)미국이 안보리 다수결을 이용해 프리핸드를 갖고 어리석은 짓을 마음대로 저지르도록 만들어 미국의 진면목이 드러나도록 하려는 것이었다.」

하지만 션즈화 교수는 소련의 안보리 불참 배경을 달리 분석한다. "소련이 회의에 참석하면 난처한 상황에 놓이게 된다. 즉 거부권을 행사하지 않으면 이는 북한 더 나아가 사회주의 진영에 대한 배반이 된다. 반대로 거부권을 행사하면 북한의 배후에 소련이 있다는 것을 인정하는 것이 되고, 이는 미국 및 세계 여론과의 직접적인 대결을 야기하는 것이다. 이 모두 스탈린이 원하는 것이 아니었다."

김일성, 서울 점령 후 남진南進 지체를 통탄

북한군은 남침 사흘만인 6월 28일 서울을 점령했다. 곧바로 한강을 건너 남진해야 하는데 이일이 무려 6일이나 지체되었다. 소련이 지원하기로 한 무기와 장비들이 도착하지 않은 것이 주요 원인이었다.

* 북한군이 한강을 건너 본격적인 남진을 시작한 것은 7월 3일이었다. 미군 선발대가 부산에 도 착한 이틀 뒤였다.

슈티코프 소련대사는 1950.6.20 김일성의 요청으로 모스크바에 긴급 전문을 보낸다. 공격·상륙을 위한 선박이 필요하며 10명의 고문관을 즉시 지원해 달라는 내용이었다. 그러자 스탈린은 미국이 개입할 구실을 줄 수 있다면서 거절했다. 오히려 스탈린은 전선에 나가있던 소련 고문관들을 통신장비와 함께 모두 철수시켰다. 북한군은 서울 점령 후 각 지역·병력 간 통신이 끊긴 채 우왕좌왕해야 했다.

스탈린의 이런 조치에서 알 수 있는 것은 그가 김일성의 신속한 승리를 원치 않았다는 것이다. 황장엽 前 북한노동당 비서는 작고하기 얼마 前 조갑제 조갑제닷컴 대표에게 다음과 같은 비화를 들려주었다.

「김일성은 자신이 남침에 승리하지 못한 것은 서울 점령 후 근 1주일을 머뭇거리면서 한강을 건너지 못한 때문이고, 그 원인은 스탈린이 도하渡河 장비 등 군수지원을 해주지 않아 한강을 건너 남진하는 것이 늦어진 데 있었다고 했다. 김일성은 스탈린이 북한군 남진을 고의로 늦췄다고 믿었다.」

탈북 시인 장진성의 증언도 유사하다. 그는 1976년 경 북한 외교부가 기록·정리한 '김일성 교시'라는 문건을 읽은 적이 있는데, 여기에는 다음과 같은 김일성의 언급이 들어있었다.

「스탈린은 조국 통일을 방해하고 가장 치명적 상처를 남긴 제일 나쁜 사람이다. 내가 늘 남조선을 해방시킬 수 있었는데 하고 가슴을 치며 통탄하는 것이 바로 서울 점령 3일이다. 그때 우리가 서울에서 3일 동안 쉬지 않고 그 기세로 쭉 밀고 나갔다면 미국놈들의 생각도 바꿔놓을 수 있었다. 그런데 소련이 주겠다고 했던 무기를 주지 않았다. 그때 가진 것으로 밑에까지 쭉 내려가기엔 도무지 타산이 맞지 않았다. 소련놈들은 서울이 그렇게 빨리 점령당할지 몰랐다고 후에 변명을 했지만 그것은 새빨간 거짓말이다. 애당초 스탈린은 미국이 무서워 무기를 줄 생각을 하지 않았다. 그 무기를 기다리며 3일 동안 서울에서 엎어져 있는데 피가 마르는 것 같았다.」

미국은 중공군 참전 가능성을 낮게 보다

미국은 중공군 참전 가능성을 낮게 보았다. 오판이었다. 러스크 국무부 극동담당 차관보는 그의 회고록(1990)에서 "중공군 개입 가능성을 예상하지 못한 것을 후회한다"고 말함으로써 오판을 시인했다. 여기에는 여러 원인이 있었다.

애치슨 국무장관은 미국이 중국에 대해 적대적인 의도가 없으므로 중국도 미국과 맞서 싸우려 하지 않을 것으로 믿었다. 중국을 잘못 읽은 것이다. 중앙정보국CIA의 판단도 맞지 않았다. CIA는 1950년 10월 중순 "소련이 全 지구적 전쟁을 일으킬 결심을 하지 않는 한 중국은 1950년 내에는 전쟁에 개입하지 않을 것"이라고 분석했다.

맥아더 사령관의 오판은 "세계 전사상戰史上 최악의 오판 중 하나"로 불렸다. 그는 1950.10.15 트루먼 대통령이 중공군 개입 가능성을 물었을 때, "중공군이 개입할 시점은 지났다. 개입하더라도 소규모일 것이고, 공군력으로 이를 격멸시킬 수 있다. 한국戰은 사실상 끝났다"고 단언했다.

중공군은 이로부터 불과 나흘 후인 10월 19일 압록강을 건너기 시작한다. 맥아더는 11월 5일 "자신은 중국의 무력 개입 가능성을 믿지 않는다"고 합참에 보고했다. 중공군의 기습을 받아 궤멸적인 타격을 입은 11월 28일에 이르러서야 "참전한 중공군이 20만 명이고 새로운 양상의 전쟁에 접어들었다"고 보고했다. 당시 북한지역으로 넘어온 중공군 수는 실제로는 30만 명이 넘었던 것으로 추산된다.

'맥아더의 오판'에는 배경이 있었다. 당시 맥아더는 중국을 수복해야 한다는 생각을 갖고 무력을 사용할 구실을 찾고 있었다. 이 상황에서 '중공군이 개입할 것이다'라고 하면 트루먼 대통령이 북진을 중단시켜 이런 기회가 사라질 것으로 예상했다. 맥아더는 10월 하순 수십만 명의 大병력이 한반도에 들어왔음에도 수만 명에 불과하다고 보고했다. 의도적으로 축소했을 가능성이 있다.

> * 당시 육군참모총장이었던 정일권은 그의 회고록에서 맥아더 장군이 겉으로는 중공군 개입 가능성을 부인했지만 이는 트루먼 대통령의 북진 저지 책략을 막기 위한 위장된 제스처였다고 했다. 그는 또 이 회고록에서 맥아더는 중공군의 한반도 진입을 막기 위해 만주를 폭격해야 하며 이 경우 핵무기 사용 가능성까지 염두에 두었다고 썼다.

맥아더는 지나치게 자신만만하고 오만했다. 중국을 얕잡아 봤다. 중국을 한 번도 가본 적이 없으면서도 중국을 잘 안다고 생각했다. 6·25전쟁 영웅 백선엽 장군은 "맥아더는 위대한 군인이었지만, 세련되고 치밀하지 못했다. 맥아더는 방심과 자만, 자부심이 너무 커 적정敵情을 간과하는 실수를 범했다"고 평했다.

맥아더의 오판에는 참모들의 태도도 일조—助를 했다. 그들은 맥아더가 듣기 싫어하는 보고는 하지 않았다. 일례로, 맥아더의 정보참모는 1950년 10월 말 중공군이 나타나고 있다는 정보가 들어오고 있었지만 중공군이 아니라고 하거나 소규모 지원군일 뿐이라고 보고했다. 맥아더는 국경을 넘어 북한지역으로 들어온 중공군의 규모를 과소평가했다. 중공군이 워낙 위장과 은폐를 잘한 것도 하나의 원인이었다.

　*　맥아더는 중공군이 전면적 대규모 개입을 했다고 보고하면 북진을 중단시
킬 것으로 보았다. 맥아더는 중공군의 대공세를 빌미로 중국 본토에로의 확
전을 건의했으나 트루먼은 이를 재가하지 않았다.

　맥아더가 중공군 개입 가능성을 낮게 본 데에는 중국식 전략개념에
대한 몰이해沒理解도 한 몫을 했다. 그는 중국은 열악한 경제상황, 보잘
것 없는 군사력, 훈련된 병력 부족으로 참전할 처지가 못 된다고 보았
다. 패하는 것이 번한 전쟁을 하지 않을 것이라고 보았던 것. 이는 서
구적 사고방식에서 나온 것으로 중국의 그것과 달랐다.

유엔군 38선 돌파

　마오쩌둥은 전쟁 발발 2주일 만인 1950.7.7 '동북변방군'東北邊防軍
을 편성하고 중국 동북지역 일대에 대규모 병력을 배치하기 시작했다.
1950.10.19 압록강을 넘은 主병력은 바로 이들이었다. 마오는 1950.
8.4 공산당 정치국 회의에서 지원병을 보내 북한을 도와야 한다고 하
면서, 9월 초순까지 한반도에서 작전 수행이 가능하도록 준비하라고
지시했다.

　*　1949년 말 경 중국 인민해방군 4군단 소속 2개 사단 병력이 장비와 함께
북한으로 보내졌다. 이 병력의 대부분은 조선인들이었다. 이어 1950년 1월에
는 해방군 內 잔여 조선인 병력 4만여 명이 북한으로 보내졌다. 이렇게 한 것
은 전쟁을 염두에 두고 한 일은 아니었으나, 1950년 6월 남침 병력의 절반이
이들로 구성되었다.

　맥아더 장군의 1950.9.15 인천상륙작전이 성공해 전세戰勢가 역전되
자 트루먼 행정부는 38선을 넘어 북으로 진격하는 문제를 놓고 심각한
고민을 하게 된다. 반대 의견도 만만치 않았다. 소련 전문가 조지 케난
같은 사람은 북진北進을 매우 부정적으로 보았다. 가장 큰 이유는 소련
과 중국이 개입해 전쟁이 확대될 수 있다는 것이었다.

* 한국군 제3사단은 1950.10.1 동해안으로부터 38선을 넘어 진격하기 시작했고, 미군은 10월 8일 38선을 넘었다. 중공군은 유엔군이 38선을 넘은 지 11일 만에 개입을 시작했다.

중국은 다양한 방법과 채널로 미국에 북진을 좌시하지 않겠다는 신호를 보냈다. 그러나 워싱턴은 이를 대수롭지 않게 여겼다. 애치슨 국무장관은 중국이 북한과의 국경지역에 대규모 병력을 운집시키는 것을 '비열한 계략'이라고 하면서, 중국의 참전은 '미친 짓'이 될 것이라고 했다. 마셜 국방장관도 맥아더 사령관에게 전술적으로나 전략적으로 북진하는 것에 제한을 느끼지 말라고 했다. 중앙정보국CIA은 "중국은 의심할여지 없이 미국과의 전쟁이 초래할 결과를 두려워하고 있다"는 보고서를 냈다.

* 이런 사실에 비추어 트루먼 행정부는 중국의 전쟁 참여 의지나 능력이 무시해도 좋을 정도로 보았다. 오판이었다.

그러나 중국은 유엔군의 북진을 좌시할 수 없었다. 그래서 미국에 분명하고 강력한 메시지를 보낸다. 중국 외교부는 9월 22일 대변인 성명을 통해 "우리는 언제나 조선인들 편에 설 것임을 분명히 재확인한다. 우리는 美 제국주의자들의 조선 침략이라는 범죄행위와 전쟁 확대 음모에 결연히 반대한다"라고 경고했다.

저우언라이 총리는 1950.9.25 파니카 주중駐中 인도대사를 통해 미군이 북진하면 중국은 가만있지 않을 것이라는 메시지를 미 측에 전달했다. 저우는 9월 30일에는 "중국 인민은 어떤 외부로부터의 침략도 용인하지 않을 것이다. 중국 이웃의 영토가 제국주의자들에 의해 이유 없이 침략을 당하면 좌시하지 않을 것이다"라고 선언했다.

* 중국이 인도 정부를 통해 미국에 메시지를 보낸 것은 미국과 외교관계가 없었기 때문이다.

미국은 이런 경고에 귀를 기울이지 않았다. '말로만 하는 위협' 정도로 생각했다. 그러자 저우언라이는 10월 3일 새벽 1시 파니카 대사에게 "미군은 현재 조선에서의 분쟁을 확대시키기 위해 38선을 넘으려

하고 있다. 만약 미군이 38선을 넘으면 우리는 가만히 있을 수 없다. 틀림없이 적절한 방법으로 대응할 것이다"라고 하면서 이를 긴급히 워싱턴에 전달해 달라고 한다. 파니카 대사를 새벽 1시에 부른 것은 사안의 긴급성과 위중함을 전달하기 위해서였다.

이런 점에서, 유엔군이 38선을 돌파하지 않았더라면 중공군의 참전도 없었을 것이라는 추상은 타당성이 있나. 하시만 중공군 참전은 나른 요인에 의해서도 영향을 받았다. 이것이 유일한 요인은 아니었다. 마오는 1950.7.12 이상조 북한군 副총참모장에게 "만일 (북한이) 호소해오면 중국은 군대를 파견할 수 있고, 이를 위해 이미 32만 명 4개 군단이 준비되어 있다"고 말한바 있다. '미군의 38선 돌파'가 중공군 참전의 유일한 원인은 아니었음을 말해준다.

저우가 파니카에게 "미군이 38선을 넘으면" 중국으로서도 어쩔 수 없지 않느냐는 식으로 말한 것은 미군이 38선을 넘을 경우 중국이 원하는 대로 행동할 수 있는 구실을 만들려는 것이었다. 참전의 정당성을 확보하고 참전의 귀책사유를 미국에 돌리려는 술책이었다.

중공군 참전 결정

스탈린은 중국을 한국전에 끌어들이는 문제를 놓고 시종 용의주도했다. 마오쩌둥도 마찬가지. 이들은 서로 불꽃 튀기는 머리싸움을 했다. 이세기 한중친선협회 회장은 "중국의 참전은 마지막 순간까지 반전反轉에 반전을 거듭한 한편의 드라마와 같았다"고 묘사했다. 키신저는 중공군 참전은 "오랜 검토와 한참 동안의 망설임 끝에 이뤄진 것"으로, "위험 요인들을 선제적으로 제거하는 조치의 성격을 띠었다"고 분석했다. 마오가 긴 안목으로 결심한 일이라는 것.

유엔군이 북진北進하고 있는 동안 중공군 개입 가능성을 예고하는 신호가 계속 워싱턴으로 들어왔다. AP통신은 모스크바 發로 "유엔군이 38선을 넘으면 중국과 소련은 이를 심각한 사태로 간주할 것"이라고 보도했다. 모스크바주재 미국대사는 "유엔군이 38선을 넘으면 중국이 개입하게 될 것"이라는 믿을만한 정보를 입수해 보고했다. 저우언라이는 중화인민공화국 수립 1주년 기념 연설에서 미국을 "중국의 제1의 적敵"이라고 하면서 "중국의 이웃이 침략당하는 것을 허용하지 않을 것"이라고 말했다.

저우언라이는 1950.7.2 로쉰 주중駐中 소련대사를 불러 이렇게 말한 바 있다. "만약 미군이 38선을 넘으면 중공군은 조선인민군으로 위장하여 미군에 대항하는 일종의 의용군 역할을 할 것이다. 이 목적을 위해 이미 봉천奉天지구에 12만 명으로 구성된 3개 軍을 집결시켰다. 소련 공군이 이 부대들에게 공중엄호를 제공해주어야 한다." 중공군 참전 가능성이 처음으로 표명되었다.

중국공산당 지도부는 7월 중순 참전 여부를 토의했다. 이에 앞서 7월 5일 스탈린은 저우언라이에게 전문을 보내 "적군(한국군·유엔군)이 38선을 넘게 될 경우 북한을 돕기 위해 중공군 9개 사단을 만주-북한 국경지역에 집결시킬 필요가 있다"고 하면서, 그럴 경우 이들에게 공중엄호를 제공해주겠다고 한다. 이어 7월 13일에는 마오쩌둥에게 전문을 보내 중공군 9개 사단 엄호를 위해 제트기 124대로 구성된 1개 항공사단을 보내주겠다고 한다.

마오쩌둥은 8월 4일 정치국 회의에서 "美 제국주의자들이 한반도에서 우위를 차지하면 콧대가 높아져 중국 본토를 넘보게 되므로 의용군을 보내 북한 동지들을 도와야 한다"고 말했다. 美軍 참전이 한반도 통일에 그치지 않고 궁극적으로 중국을 위협하는 상황으로 이어질 것으로 본 것이다. 한편 이 회의에서 저우언라이는 "조선에서 승리를 쟁취하기 위해서는 중국이 개입해야 하고 그렇게 되면 세계혁명을 고무시키는 결과를 가져올 것"이라고 말했다.

저우언라이는 8월 26일 중앙군사위에서 "우리는 이 문제를 북한이라는 형제국가 혹은 동북아 이해관계가 걸린 문제 차원에서 보지 말고 중요한 국제문제로 보아야 한다. 미국은 한반도를 점령한 후 베트남과 여타 식민지 국가들로 향할 것이다"라고 했다.

마오는 8월 27일 펑더화이 사령관에게 전통電通을 보내 中-北 국경지대에 배치되어 있는 4개 部隊로는 부족하니 이를 12개로 늘리라고 지시한다. 한편, 저우는 8월 31일 군사위원회를 소집, '북동방위군' 병력을 70만으로 강화한다는 결정을 한다. 이어 9월 9일 군사위원회는 상하이 9군단과 북서지역 19군단이 언제든지 만주지역으로 이동할 수 있도록 철도역을 따라 집결하도록 지시한다.

김동길 교수는 중국지도부가 1950년 8월 말 시점에 파병을 원한 것은 ▶미군의 대규모 개입과 전쟁 장기화는 신생 중국공산당의 집권 기반을 흔들고 ▶당시 중국 경제가 큰 혼란에 빠져 있었기 때문으로 분석한다. 중국으로서는 북한의 신속한 승리가 절실했다는 것이다. 또한 북한군이 파죽지세로 남진하던 7~8월은 미군의 대규모 병력과 무기가 들어오기 전이어서 타이밍이 아주 좋았다. 하지만 중공군의 조기 파병은 스탈린이 동의하지 않아 실현되지 못했다.

> * 김동길·박다정은 스탈린이 김일성과 마오쩌둥의 조기 지원 요청을 질질 끌다가 거절한 배경으로 스탈린은 1)중국의 조기 참전이 6·25를 세계대전으로 비화시킬 가능성이 있음을 우려했고 2)중공군 조기 참전으로 6·25전쟁이 속결되면 더 큰 전략적 이익을 추구할 수 없게 된다고 보았다. 션즈화 교수는 스탈린은 중국의 조기 참전이 한반도에서 중국의 영향력이 확대되는 결과로 이어지는 것을 우려했다고 보았다.

참전에 대한 중국 측 생각은 미군이 38선을 돌파하기 직전까지는 이것이 공산당 정권의 기반을 공고히 하는데 도움이 될 것인가 여부에 영향을 받았다. 참전 목적도 북한의 조기 승리로 중국공산당의 기반을 강화하는데 있었다.

유엔군은 중국의 거듭된 경고에도 불구하고 북진을 계속했다. 그러자 김일성은 10월 1일 마오쩌둥에게 긴급 전보를 보낸다. 스탈린도 같은 날 마오에게 파병을 요청하는 전문을 보냈다. 마오는 스탈린에게 이러 저런 사정으로 파병이 어렵다고 했다. 10월 4일 정치국 확대회의가 열려 이 문제를 논의했는데 대부분의 당 지도부 인사들은 반대의견을 표시했다. 미국을 상대로 하는 전쟁에 자신이 없었기 때문이다.

> * 마오가 파병이 어렵다고 하면서 내세운 구실은 "중국이 갖고 있는 군사장비가 열악하고, 중국 참전으로 3차 대전으로의 비화될 가능성이 있으며, 파병

이 국내적으로 곤란한 상황을 초래할 수 있고, 당 정치국원 다수가 반대한다" 등이었다.

스탈린은 10월 1일 마오에게 최소한 5~6개 사단의 의용군을 38선 방향으로 진격시켜 북한군을 지원해 달라고 한다. 10월 5일에는 소련 공산당 중앙위원회 정치국 회의를 소집, 소련이 북한을 버리는 한이 있더라도 미국과의 군사 대결을 피해야 한다는 결정을 한다. 스탈린은 이날 마오에게 다음과 같은 내용의 전보를 보냈는데, 여기에는 중국이 참전하면 어떤 이득을 얻을 수 있는지 구체적으로 예시하고 있다. 중국을 유인해 한반도에서 미국과 충돌하게 만들려는 저의를 엿볼 수 있다.

「맥아더가 지휘하는 유엔군이 38선을 넘을 경우 중국이 5~6개 사단을 투입할 것을 강력히 권고한다. 미국은 지금 아시아에서 큰 규모의 전쟁을 수행할 준비가 되어 있지 않으며, 일본도 한반도에서 미국을 지원할 수 있을 만큼 군사적인 능력을 회복하지 못한 상황이다. 만약 전쟁이 불가피하다면 지금 해야 한다. 몇 년 지나면 일본의 군국주의가 부활되고 한반도는 미국과 일본에 의한 대륙 진출의 발판이 될 것이다. … 중국이 힘으로 개입하면 미국은 한반도 문제에서 양보를 하지 않을 수 없게 된다. 그렇게 되면 그들이 한반도를 교두보로 만들 수 없게 된다. 미국은 대만을 중국에 돌려주지 않을 수 없게 될 것이며, 궁극적으로 일본과 별도 조약을 체결하거나 일본을 위성국으로 만드는 일을 포기하지 않을 수 없게 될 것이다. …중국은 참전으로 얻는 것이 많을 것인바, 미국은 중국의 유엔 안보리 진출에 동의하지 않을 수 없을 것이며, 이는 중국의 정통성을 강화시켜줄 것이다.」

10월 6일 저우언라이는 자신이 주재한 최고군사회의에서 "조선은 반드시 승리해야 한다. 조선이 패배할 경우 중국의 동쪽 방어선에 큰 구멍이 뚫리게 된다"고 하면서 참전을 역설했다.

중국공산당은 10월 8일 참전 방침을 최종 결정한다. 공산당 지도부 내에서는 찬반의견이 백중지세였으나 최종 결정은 마오쩌둥이 했다. 마오는 한반도에서 미국의 위협에 굴복한다면 국내적인 안정이 흔들릴 가능성이 있다고 생각했다. 여기에 국민당 세력이 다시 미국의 지원을 받아 빠른 속도로 일어날 가능성도 염두에 두었다. 뿐만 아니라 新중국의 생존과 발전을 위해서는 스탈린의 신뢰와 지원을 얻는 것이 무엇보다도 중요하다고 판단했다.

중국은 평양주재 대사를 통해 참전 결정을 김일성에게 통보하고 軍에 명령을 내렸다. 이즈음 유엔군은 38선을 넘고 있었다.

저우언라이는 마오의 시시에 따라 10월 8일 흑해 연안에서 휴가 중이던 스탈린을 면담한다. 공동 대응방안을 협의하기 위해서였다. 중국으로서는 소련 공군의 공중엄호가 긴요했다. 중국은 공군력이 약했기 때문이다. 스탈린은 소련 공군이 아직 준비가 안 되었다고 하면서 발을 뺐다. 실제 이유는 미군과의 충돌을 우려해서였다. 공중엄호를 지렛대로 삼으려는 의도도 있었다.

스탈린은 10월 8일 마오에게 전보를 보내 마오가 요청한 군수물자와 공중엄호를 제공할 수 없다고 하면서 미군에 대한 대규모 반격을 시도하지 말라고 했다. 이렇게 되면 美·蘇 간 전쟁으로 비화될 것이라고 했다. 소련이 미국과 직접 부딪치는 일은 무슨 일이 있어도 피하고자 했음을 여기서도 알 수 있다.

마오쩌둥은 스탈린의 이런 태도에 몹시 화가 났다. 중공군이 소련 공군의 공중엄호 없이 미군과 싸운다는 것은 불가능했다. 마오는 10월 12일 스탈린에게 북한에 군대를 보낼 수 없다고 통보한다. 그러자 스탈린은 즉시 김일성에게 전보를 친다. "중국이 재차 파병을 거부했다. 귀하는 북조선을 철퇴하는 게 좋겠다." 김일성에게 만주滿洲로 들어가 빨치산 투쟁을 준비하라는 지시였다.

이는 모험이 따르는 일이기는 하지만 스탈린이 중국에 대해 쓸 수 있는 메가톤급 카드였다. '만주에 김일성 망명정부를 세울 수도 있음'을 내비친 것이다. 중국 동북지방에 김일성 망명정부가 들어선다는 것은 만주에 대한 소련의 개입과 美軍 진입 가능성을 의미하는 것이었다. 마오쩌둥에게는 악몽과 같은 일이었다.

중국은 10월 8일 참전을 결정했지만 병력 투입은 두 번이나 연기되었다. 중공군이 압록강을 건넌 것은 10월 19일이었는데 이 날은 유엔군이 평양으로 진격을 개시한 날이었다. 저우언라이는 10월 14일 스탈린에게 전보를 보내 중공군 참전 시 소련이 폭격기를 지원해줄 것을 재삼 요청했다. 중공군이 압록강을 건너는 계획이 두 번이나 연기된 것도 이와 관련이 있었다.

마오쩌둥은 10월 13일 공산당 중앙정치국 회의에서 "한마디로 말해 나는 우리가 참전해야 한다고 생각한다. 반드시 참전해야 한다. 참전하면 우리 이익에 큰 보탬이 될 것이다. 만약 참전하지 않는다면 우리에게 큰 불이익이 될 것이다"라고 강조했다.

스탈린은 10월 29일 드디어 공군 파병에 동의한다. 11월 15일 M-5 제트기 120대 지원을 약속했다. 모든 소련군 조종사들에게 중공군 유니폼을 입히고, 만약 유엔군에게 생포되는 경우에는 러시아계 중국인으로 가장하라고 지시했다.

저우언라이는 10월 24일 중국인민정치협상회의 상무위원회 보고에서 "만일 조선이 무너지면 동방東方 전선戰線에 큰 구멍이 뚫리는 것이고, 적들은 우리의 대문을 열고 들어올 것이다. 중국과 조선은 입술과 치아의 관계다. 입술이 없어지면 곧 치아가 시리게 된다. 조선이 만일 美 제국주의에 무릎을 꿇는다면, 우리나라 동북東北지역의 안정이 곧 깨진다. 우리 중공업의 반半이 동북에 있고, 동북지역 공업의 半이 남쪽에 있다. 이 모두가 적군의 위협 아래 놓이게 된다. 입술과 치아가 서로 의지하는 관계라는 말이 있듯이, 우리는 조선을 원조해 주어야만 한다"고 역설했다.

쉬쩌룽 교수는 1990년代 공개된 공산 측 자료에 근거하여 중국의 참전과 관련하여 다음과 같은 사실을 밝혀냈다.

「중국은 우리가 생각해 온 것보다 훨씬 더 일찍 그리고 훨씬 더 깊숙이 한국전 참전을 준비했다. 중국은 1950년 1월부터 남한에서 정보수집에 들어 갔고, 전쟁발발 前 조선족 통역요원 2천여 명을 참전대기 부대에 배치했다. 8월에는 중공군 지휘관들을 북한인으로 위장시켜 북한 지역을 정찰했다. … 중국은 미군의 38선 북진에 대해 경고를 보냈지만, 유엔군의 인천상륙작전과 38선 돌파 그리고 북한 지역으로의 깊숙한 진출을 오히려 유인하려 했다. … 중국은 참전을 통해 다양한 목적을 추구했다. 북한 구조, 스탈린 의심 제거, 중공군 현대화 촉진 및 현대전 경험 축적, 중국 경제재건 활성화, 대만 해방에 필요한 역량강화, 유엔 가입 등이 그것이었다.」

유엔군 북진은 실수였나?

조지 케난은 美軍(유엔군)이 38선을 넘어 진격해 올리기면 이는 큰 실수가 될 것이라고 예측했다. 소련이 극동지역 안전을 취약하게 느끼고 있어 미국이 완전한 군사적 승리를 추구하면 소련의 개입을 초래, 3차 세계대전이 발발할 수도 있다고 보았다. 그는 6·25전쟁은 제한된 목적을 위해 수행되고 이러한 목적이 달성되면 곧 멈춰야 한다고 믿었다.

국무부 관리들도 미군이 38선을 넘어 북진하는 것은 복잡한 문제를 야기할 것으로 우려했다. 그러나 트루먼 대통령의 생각은 달랐다. 6·25 발발 이전 상태에 머무는 것을 원치 않았다.

저우언라이는 1972년 6월 베이징에서 키신저에게 다음과 같은 말을 한바 있는데, 이런 발언은 앞서 지적했듯이 자신들의 참전을 정당화하려는 목적이 있었다.

> 「한국전쟁 때 미군이 38선 약간 북쪽에서 진군을 멈췄더라면 중공군은 한반도에 들어가지 않았을 수도 있다. 미군이 38선을 넘기 전까지만 해도 마오쩌둥은 병력을 압록강 지역에 배치해놓고 있었지만 최종 결정은 내리지 않은 상태였다. 그러나 유엔군이 평양을 점령하니 중국도 선택의 여지가 없었다.」

키신저는 그의 저서 〈Diplomacy〉에서 6·25전쟁 초기 트루먼 행정부가 중국과 협상할 수 있는 기회를 놓친 것은 실책이었다고 하면서 이런 주장의 근거를 다음과 같이 설명했다. 미국이 절대적인 승리가 아닌 상대적인 승리를 추구 했어야 한다는 주장이다.

> 「당시 미군이 선택할 수 있는 최선의 정책은 중국 국경으로부터 100마일 떨어진 지역, 즉 평양에서 원산을 잇는 39선(소위 平壤-元山라인) 정도에서 북진을 멈추는 것이었다. 그럴 경우 한반도 전체 인구의 90%와 북한의 수도

평양까지를 포함하는 방어선을 구축할 수 있었다. 또한 중국의 개입을 유발하지 않으면서 결정적인 정치적 승리를 성취할 수 있었다. 다시 말해, 중국의 개입을 방지할 수 있었던 방법 중의 하나는 미군이 한반도의 좁은 목 지역에서 北進을 멈춘 다음 국제적 조정 하에 한반도의 나머지 지역을 비무장 지대化 하자고 제안하는 것이었다.」

김동길·박다정의 견해는 키신저와 다소 다르다. 이들은 러시아와 중국에서 공개된 자료들을 근거로 ▶중국은 미군의 38선 돌파 때문에 참전하지 않았다. 38선 돌파는 파병에 결정적인 요인이 아니었다 ▶파병 목적도 북한의 조기 승리를 도와 중국공산당의 정권 기반을 공고하게 하는데 있었다고 주장한다.

6·25 남침 전쟁은 '스탈린 전쟁'이었다

스탈린은 6·25전쟁에서 빠른 승리보다 최대 지연전술을 썼다. 김일성은 1952년 8월 저우언라이를 통해 스탈린에게 전쟁의 피해가 너무 크니 조속히 휴전을 성립시켜 줄 것을 요청했다. 마오쩌둥도 전쟁의 조기 종결을 원했다. 스탈린은 꿈쩍도 하지 않았다. "북한은 전쟁 사상자들 말고는 잃은 것이 없다"고 하면서 휴전을 일축했다. 휴전협상은 끝이 보이지 않았다. 1953.3.5 스탈린이 사망하고 나서야 협상이 진전되었다. 스탈린은 美·中의 손실을 극대화하기 위해 온갖 술수를 다 썼다.
   * 여기서 6·25전쟁이 '스탈린 전쟁'이었다고 하는 것은 스탈린이 이 전쟁에서 한 역할을 강조한 표현이다.

美 조지워싱턴大 소른턴 교수는 스탈린이 다음과 같은 흉계를 갖고 있었다고 하면서, 6·25 남침 전쟁의 주역은 김일성이 아닌 스탈린이라고 했다.

「김일성을 앞세워 전쟁을 일으킨 뒤 미군을 불러들이고 여기에 중국을 끌어들여 한반도를 美·中 대결장으로 만든다. 이런 형국이 만들어지면 중국은 미국과 적수가 되면서 소련에 의존하게 된다. 미-중 접근을 원천적으로 차단시킬 수 있다. 이런 시나리오가 성공하기 위해서는 북한군이 남한을 점령하는 일이 성공해서는 안 되었다.」

소른턴 교수는 이런 주장의 근거를 다음과 같이 제시한다.

「1)소련이 만들어준 전쟁 계획, 전쟁의 수행, 제공한 무기와 제공하지 않은 무기, 그리고 이들 무기의 제공 시점 등에 관한 자료들을 분석해보면 스탈린이 북한군의 승리를 막으려 했음이 명백히 드러난다.
2)북한군이 승리에 가까이 갈수록 스탈린은 자신의 의도가 성공할 가능성이 낮아진다. 스탈린은 북한군의 약점을 보완해주기 위한 일을 일체 하지 않았다. 공군력을 제공하지 않았고, 방공防空 무기나 新무기, 그리고 도하渡河 장비 등을 보내주지 않았다.
3)전쟁이 시작되자마자 스탈린은 마오쩌둥에게 파병 준비를 압박한다. 스탈린은 북한군이 부산 교두보 공격에만 집중케 하고, 미군의 후방 공격에는 대비하지 않도록 유도했다. 인천상륙 후에도 스탈린은 북한군을 지원하지 않고 중공군 파병만 요구했다.」

스탈린은 6·25전쟁 내내 신중한 고려와 면밀한 계산 가운데 행동했다. 한반도에서 미-중 충돌을 유도하여 新중국을 미국으로부터 떼어놓음으로써 중국을 제어하고 억압한다는 목적을 달성했다.

션즈화 교수도 "한반도에서의 전쟁은 스탈린이 사전에 모의한 것"으로, "한국전쟁은 김일성 전쟁이라기보다 스탈린 전쟁이라고 보는 편이 맞다"고 주장한다. 다만, 션 교수는 스탈린이 김일성의 남침을 승낙할 시점에 이미 중국의 참전과 미-중 충돌을 계산에 넣고 있었다는 소른턴 교수의 주장은 "역사적 사실에 전적으로 어긋나는 허황되고 터무니없는 주장"이라고 반박한다.

쉬쩌룽 교수도 "스탈린은 한국전쟁의 연출자이자 감독이었다. 그는 육상선수를 훈련시켰을 뿐 아니라 제1주자인 김일성의 바통을 이어받을 제2주자 마오쩌둥까지 예비해 두었다"고 지적했다.

마오쩌둥은 참전을 통해 무엇을 얻었나

마오쩌둥은 참전 과정에서 "중공군 참전은 얻을 것은 많아도 잃을 것은 없다"고 말한바 있다. 마오가 엄청난 대가를 지불하고 얻은 것은 무엇이었나? 그는 의도했던 바를 달성했나?

키신저는 "한국전쟁은 新중국을 군사대국이면서 아시아 공산혁명의 중심국가가 되도록 했다"면서, "한국전쟁에서 가장 많은 것을 얻은 나라는 중화인민공화국이었다"라고 했다.

중국은 1945~55년 사이 육군 200개 내지 300개 사단을 무장시키는 일에 소련의 지원을 얻어냈다. 국가재건 프로젝트 156개에 대한 지원도 확보했다. 중국은 북한 및 한반도에 대한 영향력을 높였다. 북한과의 관계를 순망치한脣亡齒寒의 혈맹관계로 만들었다. 중국의 동북東北 '울타리'를 탄탄하게 구축한 것이다.

마오쩌둥은 또한 참전을 계기로 만주에 그의 주력인 심복부대를 대량으로 투입해 이 지역을 항미원조抗美援朝의 전초기지로 삼으면서 다른 한편으로 친소파親蘇派 거두 가오강에 대한 압박 작전을 구사해 그의 독립왕국을 와해시키고 소련의 만주 위성국화를 좌절시켰다. 스탈린을 배후로 친소親蘇세력이 장악하고 있던 동북지역을 완전히 회복한 것은 新중국 안보의 기초를 다져준 대단히 의미 있는 일이었다.

하지만 잃은 것도 많았다. 미국과는 불구대천의 원수怨讐로 30여 년 가까이 담을 쌓아야 했고, 대만 상륙작전을 단념할 수밖에 없었다. 한반도 사태로 대만 점령 계획이 무한정 연기되었다.

시사점

① 김일성은 꼭두각시에 불과했다

스탈린은 폭력을 신봉한 권력정치의 대가大家였다. 소련의 이익을 전략적으로 추구한 교활하기 짝이 없는 독재자였다.

스탈린과 마오쩌둥은 서로 상대방을 이용해 나름대로의 이익을 극대화했다. 빨치산 활동 경력이 전부인 김일성은 이들과 상대가 안 되었다. '헛똑똑이'였다. 스탈린은 이런 김일성을 갖고 놀았다. 식견이 없고 시야가 좁아 스탈린의 계략에 당했다.

한반도 같은 험악한 환경에서 생존하기 위해서는 국제정치와 세계정세를 읽어낼 수 있는 사람이 국가지도자가 되어야 한다. 이승만 대통령이 그런 사람이었다.

② 6·25전쟁은 냉전체제로 인한 대리전代理戰이었다

남시욱 교수는 6·25전쟁이 "3차 세계대전의 대체물인 소규모 세계대전"이었다고 했고, 이세기 한중친선협회 회장은 6·25전쟁을 "美·中 전쟁"으로 규정했다. 청일전쟁·러일전쟁에 이어 한반도가 또다시 국제적 쟁투의 현장이 되었다는 것이다.

왜 이렇게 되었나? 답은 간단하다. 한반도의 지정학적 위치 때문이다. 6·25전쟁이 승자도 패자도 없는 전쟁으로 끝난 것도 마찬가지다.

아이러니컬하게도 한반도는 분단된 상태가 더 안정적이다. 한반도에서의 현상변경은 평화적이기 보다 폭력적일 가능성이 더 크다.

1991년 소련이 소멸됨에 따라 全 세계적 규모의 냉전은 끝났으나 한반도에서는 여전히 진영 간 대립이 계속되고 있다. 그런데도 많은 사람들이 한반도에서도 냉전이 끝난 것으로 착각한다. 한반도가 통일이 될 때 까지 냉전은 계속될 것이다.

6·25전쟁에서 나타났듯이 중국은 한반도의 안정을 자국의 안전과 동일시한다. 한반도에서 모나시 무력 분쟁이 발생할 경우 중국은 6·25때와 유사한 행동을 보일 가능성이 크다.

③ 믿을 것은 스스로의 힘뿐이다

6·25전쟁에서 얻을 수 있는 교훈의 하나는 힘이 있어야 불행한 사태를 막을 수 있고, 설사 불행한 사태가 발생해도 대응이 가능하다는 것이다. 북한의 또 다른 '실수'를 예방하려면 억제deterrence 차원에서도 압도적인 힘의 우위를 유지해야 한다.

여기서 말하는 힘은 총체적으로 발휘될 수 있는 힘을 말하나, 특히 군사·경제·외교력을 의미한다. 한반도 국제정치의 현실에서 대한민국이 의지할 수 있는 것은 오직 스스로의 힘이다. 이런 점에서 부국강병을 도외시하는 정치인은 무책임하고 위험하다.

　대한민국이 자유민주주의와 시장경제를 지향하는 통일을 달성하기 위해서는 서독의 경우와 같이 강력한 경제력이 있어야 한다. 그렇지 않을 경우 기회가 생기더라도 이를 잡지 못할 것이다.

4장. 북한의 청와대 습격·푸에블로호 나포

북한 김일성은 1968년 두 번에 걸쳐 한반도 정세를 일촉즉발의 상황으로 몰아넣는 도발을 자행한다. 이로 인해 서울과 워싱턴은 심한 갈등을 겪었다. 박 대통령은 강력한 對北 응징을 원했으나, 존슨 행정부는 이를 극구 피하려 했다. 한반도에서 또 다른 무력 충돌이 발생하는 것을 절대 원치 않았기 때문이다. 북한은 이런 과정에서 사상 처음으로 미국과 회담 테이블에서 마주앉는데 성공했다.

* 북한의 청와대 습격과 푸에블로호 나포를 하나로 묶어 '1968년 위기'로 부르는 학자도 있다.

상상을 뛰어 넘은 북한의 도발

북한 해군 초계정 4척과 미그기 2대가 1968.1.23 오후 1시45분 미 해군 정보수집함 푸에블로호USS Pueblo를 원산 앞바다에서 나포했다. 푸에블로호는 1월 11일 일본 큐슈의 사세보港을 떠나 북한·소련 등의 무선 통신을 감청하는 임무를 수행하고 있었다. 충돌 과정에서 푸에블로호 승무원 83명 중 1명이 사망했다.

북한은 푸에블로號가 북한 영해를 침범했으므로 정당한 나포라고 주장했고, 미국은 이 함정이 원산항에서 40Km 떨어진 공해상에 있었기 때문에 이는 납치행위이며 군사적 도발이라고 맞섰다. 사건이 발생한 지점은 북위 39도25분, 동경 127도54분3초였는데 해안의 어느 곳을 기점으로 잡느냐에 따라 공해가 될 수도 영해가 될 수도 있었다. 미국은 공식적으로는 푸에블로호가 북한 영해를 침범하지 않았다고 주장했으나, 내부적으로는 영해 침범 가능성을 배제하지 않았다.

* 미군 함정이 다른 나라에 의해 나포된 것은 1815년 프레지던트호가 뉴욕 해안에서 영국군에 의해 나포된 이래 처음이었다.

북한은 1968.1.21 124군부대 소속 특수부대원 31명을 남파, 청와대 습격을 시도했다('1 · 21사태', '김신조 사건'). 박정희 대통령의 생명을 노린 작전이었다. 게릴라들은 밤 10시 15분 경 청와대에서 불과 300m 떨어진 지점에서 저지되어 총격전 끝에 29명이 사살되고 1명은 생포되었다. 이 과정에서 민간인 5명을 포함해 총 30명이 목숨을 잃었다.

* 생포된 대원(김신조)은 "박정희 모가지 따러 왔수다"라고 말했다. 당시 북으로 도주했던 1명은 훗날 박재경 인민무력부 부부장으로 밝혀졌다.

당시 북한은 남한에 대해 크고 작은 도발을 자행하고 있었다. 1965년에는 17건이었으나 1967년 121건으로 증가했다. 미군 11명이 비무장지대DMZ 서부지역에서 북한군 공격으로 사망한 일도 있었다. 1967년은 북한의 도발이 고조되어 전쟁이 일어날 수도 있다는 우려가 나올 정도였다. 북한은 '1 · 21사태' 9개월 후에는 무장공비 120명을 울진 · 삼척 지역에 침투시켜 양민을 학살하는 만행을 저지르기도 했다.

* 비무장지대에서 일어난 남-북한 교전은 1965 · 1966년에는 한 해 30~40건이었으나, 1967 · 1968년에는 400~500건으로 증가했다.

미국은 사건 배경을 오인

대부분의 美 행정부 인사들은 푸에블로호 나포를 공산진영이 미국의 영향력과 위상을 약화시킬 목적으로 일으킨 사건으로 추정했다. 북한이 독자적으로 이런 도발을 했을 것으로 생각한 인사는 거의 없었다. 북한이 미국으로 하여금 베트남에서 다른 곳으로 관심을 돌리도록 만들기 위해 소련과 공모했을 가능성이 높다고 보았다.

헬름스 중앙정보국CIA 국장은 "이 사건은 북한과 소련이 결탁한 사건으로 소련은 베트남에서 미국의 힘을 약화시키기 위해 북한에 압력을 가하고 있다"고 했다. 맥나마라 국방장관도 "이 사건은 미리 계획된 것으로 소련이 사전에 알고 있었다"고 분석했다. 로스토우 국가안보보좌관도 이 사건의 배후에 소련이 있다고 확신하고 소련 선박 나포로 대응하는 것이 적절하다는 의견을 냈다.

푸에블로호 사건 1주일 후 남베트남민족해방전선(베트콩) 게릴라들은 음력설을 기해 대대적인 공격을 감행했다. 구정공세Tet Offensive로 불린 이 작전은 존슨 행정부가 푸에블로호 사건을 더욱 냉전적 관점에서 인식하도록 만들었다. 이 두 사건이 서로 관련이 있을 것으로 보았다.

사건 발생 직후 미국이 가장 먼저 주목한 나라는 소련이었다. 소련의 반응이나 소련이 이 사건에 대해 어떤 입장을 갖고 있느냐가 중요하다고 봤다. 존슨 대통령은 처음에는 이 사건이 베트남에 이은 제2의 전선戰線을 만들기 위해 소련이 북한을 사주해서 일어난 것으로 의심했다. 존슨은 또한 이 사건이 당시 미국과 소련 간에 진행되고 있던 데탕트(긴장완화) 분위기에 부정적인 영향을 줄 가능성을 우려했다.

미국은 소련의 역할이 중요하다고 판단했다. 소련의 도움을 받아 승무원들의 빠른 석방을 이끌어내야 한다고 생각했다. 그러나 소련은 미국의 요청을 한마디로 거절하면서, 북한과 직접 협상하라고 했다.

미국은 소련과 북한 우방국들과도 접촉해 협조를 요청한다. 유엔이나 국제적십자사의 도움도 청했다. 그러나 이런 노력들은 아무 효과가 없었다. 북한이 미국이외 어느 나라와도 이 문제에 관해 대화하려 하지 않았기 때문이다.

미국은 이 사건의 배경을 오인했다. 사건 배후로 소련을 지목한 것은 오판이었고, 이 오판 때문에 많은 시행착오를 겪었다. 북한이 단독으로 일으킨 사건으로 판단했더라면 소련을 통해 북한에 압력을 가하는 방식을 택하지 않았을 것이다. 소련은 자기들이 이 문제에 개입하면 북한과 결탁한 것으로 오해를 받게 된다. 김일성에게 얘기를 해도 그가 들으려하지 않을 것으로 예상했다.

미 측이 이 사건의 배경을 오인한 것은 선입견과 고정관념 그리고 북한에 대한 정보부족·무지 때문이었다. 존슨 대통령을 비롯한 행정부 고위인사들은 대부분 냉전이라는 프리즘을 통해 이 사건을 인식했다. 김일성이 소련·중국과 상의 없이도 이런 도발을 감행할 수도 있다는 생각을 조금도 하지 못했다.

소련은 관여하지 않았다

존슨 행정부는 사건 발생 직후 소련이 배후에 있다고 믿었으나, 실은 소련은 이 사건에 관여하지도 않았고 아는 바도 없었다.

　＊ 옛 소련이나 동구권 국가에서 비밀 해제된 문서에 의하면 북한이 소련 등과 이 사건을 공모한 바 없음이 확인되었다. 사건 발생 3개월 후 코시긴 소련 수상은 모스크바주재 북한대사에게 "왜 사전에 알려주지 않았느냐"고 따져 물었다.

톰슨 소련주재 미국대사는 워싱턴으로부터 긴급 지시를 받고 1월 23일 쿠즈네초프 외교부 1차관을 면담, 푸에블로호 선박과 승무원이 조기 송환될 수 있도록 협력해줄 것을 요청한다. 소련은 평양주재 대사를 통해 북한 외교부에 미국의 요청을 전달하면서 사건 내용을 파악하려 했으나 북한 측은 어떤 정보도 주지 않았다.

존슨 대통령은 1월 25일 코시긴 수상에게 서한을 보낸다. 선박과 승무원의 조속한 송환을 도와달라는 내용이었다. 코시긴은 답신에서 소련은 이 사건에 대해 미국과 견해를 달리한다고 했다. 소련이 북한에 압력을 가하면 이 사건 해결이 더욱 어려워질 것이라고 하면서, 존슨 행정부가 성급하게 행동하지 말 것을 주문한다.

　＊ 당시 평양주재 루마니아 대사는 "소련은 북한의 도발적 행동을 못마땅하게 생각하고 있다. 소련은 또한 푸에블로호 사건으로 야기된 위험한 상황이 조기에 수습될 수 있도록 북한에 몇 가지 제의를 했는데 김일성이 이를 무시해 불쾌하게 생각하고 있다"는 전문을 본부에 보냈다.

1월 28일 평양주재 소련대사는 이 사건과 관련하여 김일성을 면담했다. 김일성은 사건 발생 당시 북한은 이 선박의 국적을 몰랐으며 이 선박이 군사목적을 띠고 있는지도 몰랐다고 하면서 나포할 의도도 없었다고 말했다. 거짓말이었다.

이번에는 러스크 국무장관이 1월 29일 그로미코 소련 외상에게 서한을 보내 모든 판민국들의 이익을 위해 이 사건이 최내한 소속히 해결되어야 한다는 입장을 전달했다.

김일성은 1월 31일 코시긴에게 친서를 보낸다. 이 친서에서 김일성은 "존슨 도당은 한반도에서 호시탐탐 군사적 모험을 자행하려 하고 있다. 만약 미국이 조선민주주의인민공화국을 공격해 온다면 평양은 1961년 체결된 朝·蘇 우호협력상호원조조약에 의거해 소련의 지원을 기대할 것"이라고 하면서, 긴급히 군사적 지원을 제공해 달라고 한다. 소련으로서는 뜬금없는 얘기였다. 평양주재 대사가 김일성을 면담해 무슨 일인지 확인하고자 했으나, 김일성은 소련에 그런 요청을 하게 된 배경에 대해 언급을 피했다.

코시긴 수상은 2월 3일 존슨 대통령에게 서한을 보내 미국이 군사력을 동원해 북한을 압박하는 것은 위험한 일이라고 강조했다. 이에 대해 존슨은 소련의 우려를 이해한다고 하면서도 모든 책임은 북한에 있다고 회신했다. 당시 소련 지도부는 북한 군부가 극단적인 입장을 고수하고 있으며 사태 해결을 위한 어떠한 의향도 내비치지 않고 있어 미국이 신중하게 이 문제를 다루지 않으면 충돌이 일어날 수 있다고 판단하고 있었나.

* 이즈음 북한 외교부는 평양주재 소련대사관 측에 청사 내에 방공호를 구축할 것을 권고했다.

소련 최고지도자였던 브레즈네프 공산당 서기장은 2월 26일 김창봉 북한 국방장관을 접견한 자리에서 "소련은 이 문제 해결이 지연되는 것을 원치 않는다"고 하면서, 북한 지도부에 대해 핵심적으로 중요한 메시지를 보냈다. 그것은 데탕트 분위기하에서 소련이 북한에 대한 군사동맹 의무를 다하기 어렵다는 것이었다. 북한으로서는 대단한 충격이었다. 최고지도자가 직접 표명한 입장이어서 더욱 그러했다. 브레즈네프는 북한이 보인 태도에 대해서도 불쾌감을 표시했다. 소련이 모르는 가운데 이 사건을 일으켰고, 이후에도 관련 정보를 공유하지 않고 있는데 대해 불만이 폭발했던 것이다.

> * 이즈음 소련 당국은 유사시 蘇-北 상호원조조약에 의거 북한에 지원을 제공할 의무가 있는지를 검토한 결과 그런 의무가 없다는 결론을 내렸다.

브레즈네프 서기장은 1968년 4월 소련공산당 중앙위원회에서 북한을 강도 높게 비판하면서도 푸에블로호 문제를 놓고 미국과 충돌하지 않겠다는 뜻을 분명히 했다.

미국의 목표는 승무원 조기 송환

존슨 대통령 등 고위 정책결정자들은 사건 발생 직후 북한에 대해 엄청난 군사적 위협을 가했다. 주한미군사령관이나 태평양함대사령관 등은 북한에 대한 핵공격도 불사해야 한다고 했다. 핵 항공모함 엔터프라이즈호를 원산 앞바다에 출동시킨데 이어, 항공모함 2척을 추가로 배치했다. 또한 오키나와에 있는 공군 전투기 360대를 한반도 주변으로 이동시켰다. 언제라도 무력을 사용할 태세였다. 그러나 이는 시위에 불과했다. 미국의 목표는 승무원 조기 송환이었고, 이러한 무력시위는 압박 수단에 불과했다.

북한은 미국의 무력 사용 가능성을 낮게 보았다. 이런 판단의 배경은 이렇다. 미국은 한반도에서 또 다른 무력 충돌을 감당할 수 없는 상황이었다. 베트남에서의 상황이 악화되어 국내적으로 반전反戰 여론이 비등해 있었고, 흑백 갈등 문제가 심각했다. 이런 가운데 1968년은 대통령 선거의 해여서 레임덕 현상이 시작되었다. 국제적인 여론도 미국에 유리하지 않았다. 푸에블로호가 북한 영해를 침범하지 않았다고 명백히 주장하기도 어려웠다. 무엇보다도 북한에 대해 군사적인 행동을 감행한다면 억류되어 있는 승무원 82명의 생명이 위태롭게 된다.

선원들의 무사 송환을 위해서는 협상 외에 대안이 없었다. 미국으로서는 이런 상황이 아니라면 북한을 상대해야 할 이유가 없었다. 북한과 같은 집단과 대화하는 것은 미국인들의 정서에도 맞지 않았다. 반면 북한에게는 미국을 직접 상대할 수 있는 절호의 기회였다. 북한으로서는 미국과 협상 테이블에 마주 앉는다는 것 자체가 중요했다. 이는 남한과의 치열한 정치·외교적 경쟁에서 실점타를 날릴 수 있는 소재였기 때문이다.

박 대통령, 미국 태도에 격분

'1·21 청와대 습격사건'은 김일성이 남한 대통령의 생명을 노렸다는 점에서 전쟁행위나 다름없었다. 박 대통령(당시 51세)이 느낀 분노는 하늘을 찌를 듯 했다. 그러나 존슨 행정부는 이를 무장공비 침투 사건의 하나 정도로 보았다. 박 대통령은 분노했다. 우방이 이럴 수는 없다고 생각했다.

박 대통령은 차제에 북한에 대해 강력한 경고와 압박을 가해야 한다고 믿었다. 그러나 미국은 사정이 달랐다. 박 대통령은 미국의 이런 태도가 몹시 못마땅했다. 자신의 목숨까지 노린 만행에는 관심이 없고 북한과의 협상에만 매달리려 하니 불만스러울 수밖에 없었다. 미국이 이 사건을 더 심각하게 다루거나 아니면 최소한 청와대 습격사건과 푸에블로호 납치 사건을 비슷한 비중으로 다뤄야 한다고 생각했다.

김성은 국방장관은 1월 23일 본스틸 주한미군사령관에게 미국이 이틀 전에 발생한 청와대 습격 사건에는 아무런 반응이 없다가 푸에블로호가 나포되자 한국에 사전 통보도 없이 전투기와 항공모함을 배치하는 것은 납득하기 어렵다는 입장을 전달했다. 박 대통령은 포터 주한대사를 불러 북한에 대한 보복행동을 하지 말아 달라는 미국에 대해 불만을 토로하면서, 미국이 북한으로부터 군사적 도발에 대한 사과와 재발 방지 약속을 받아내야 한다고 강조했다. 박 대통령은 미국의 동의 없이 단독으로 보복행동을 취하지는 않겠지만 북한군 특수부대 훈련 거점을 폭격해야 한다고 격앙된 반응을 보였다. 박 대통령은 포터 대사와 면담에서 '전쟁'이라는 용어를 여러 번 사용했다.

* 박 대통령은 김일성 참수대원을 북한에 침투시키는 것도 고려했다고 한다. 당시 공군 작전사령관이었던 권성근은 2010.11.9 <주간조선>과의 인터뷰에서 "청와대 습격 사건 직후 박 대통령이 북한에 대한 보복 방안을 마련하라는 지시를 내렸고, 이에 따라 공군은 F-86(세이버) 전투기 8대로 124군부대를 외과수술식으로 정밀 타격하는 계획을 세웠었다"고 증언했다.

1월 24일 청와대에서 열린 軍 수뇌부 회동은 북한에 대한 강력한 응징의 결의를 다지기 위한 것이었다. 실제로 2월 2일 이후락 대통령 비서실장은 포터 대사에게 한국 정부가 북한에 대해 군사적인 응징 계획을 갖고 있다고 말했다. 미국과 북한이 푸에블로호 사건과 관련하여 2월 2일 판문점에서 양자兩者 협상을 시작하자 박 대통령은 격노했다. 미국이 상처에 소금을 뿌린 격이었다. 청와대 습격 사건에는 무관심하면서 억류된 선원 송환에만 관심을 쏟는 미국 측 처사에 대한 분노가 이만저만이 아니었다. 미·북 협상을 규탄하는 시위도 일어났다.

미국과 북한이 협상 테이블에 1대1로 마주 앉는 문제는 박정희 정부로서는 지극히 예민한 문제였다. 한국 정부는 한국 영토 내에서 한국 정부의 참여 없이 미·북 회담이 진행된다는 것은 한국의 주권을 침해하는 행위라는 입장을 美 측에 전달했다. 박 대통령은 2월 4일 포터 대사에게 사태의 심각성을 설명하면서, 미국이 북한과 협상을 하려면 이를 공개적으로 하거나 아니면 이 협상에 한국 정부 대표도 참가시키는 형식이 되어야 한다고 했다.

박 대통령은 2월 5일 존슨 대통령에게 보낸 친서에서 선원과 선박의 송환도 중요하지만 북한으로부터 도발 행위를 하지 않겠다는 보장을 받아내는 것이 더 중요하고, 이를 위해 韓·美 양국이 결연한 태도와 의지를 보여야 한다고 강조했다. 박 대통령은 또한 푸에블로호 사건과 한국군 베트남 주둔을 연계시켰다. 한국군 철수 가능성을 미국에 대한 압박카드로 내밀었던 것이다. 그러나 워싱턴은 박 대통령의 이런 주장을 받아들이지 않았다. 이 문제로 북한에 대해 무력수단을 동원하는 것은 고려할 수 없는 일이었다. 미국에게 중요한 것은 선박과 승무원을 무사히 넘겨받는 일이었다.

미국은 2월 8일 박 대통령 친서에 대해 답신을 보내왔다. 존슨 대통령은 이 서한에서 美·北 협상에 한국대표가 참석하는 것은 미국으로서는 문제가 없지만 북한이 받아들이지 않을 것이라며 완곡하게 거절했다. 그러면서 3,230만 달러 상당의 침투작전용 장비를 15일 이내에 인도하고 한국이 희망했던 구축함 1척을 4월 30일까지 또 다른 한 척을 1년 내에 제공하며, 1969회계연도 중 1억 달러의 군사원조를 추가 제공하겠다고 했다.

美 측의 이런 약속에도 불구하고 박 대통령의 강경한 태도는 누그러지지 않았다. 박 대통령은 존슨 대통령에게 다음과 같은 내용의 서한을 또 보냈다.

▶푸에블로호 사건과 별도로 청와대 습격사건을 군사정전위원회에 제기할 것
▶북한이 청와대 습격사실을 인정하고 사과하며 재발방지를 약속하도록 할 것
▶북한이 이에 응하지 않거나 기존의 태도를 바꾸지 않을 경우 한·미 양국은 상호방위조약에 따라 즉각적으로 보복 행동을 취하고, 동시에 북한이 침략행위를 할 경우 즉각 보복하겠다는 입장을 공식적으로 표명할 것

미국은 박 대통령의 북한에 대한 무력 보복 가능성을 심각하게 받아들였다. 그래서 존슨 대통령은 사이런스 밴스를 특사로 서울에 급파했다. 밴스는 2월 12일 박 대통령을 5시간 반 동안이나 면담했다. 이 때 박 대통령은 격한 감정을 숨기지 않으면서 경우에 따라서는 북한에 대해 한국군 단독으로라도 응징조치를 취할 가능성이 있음을 시사했다. 미국으로서는 심히 우려되는 일이 아닐 수 없었다.

밴스는 사흘 후 박 대통령을 다시 만나 공동성명 발표와 관련된 사항을 조율했다. 그는 북한에 대해 보복 공격을 하지 않겠다는 박 대통령의 명시적인 약속을 원했으나 박 대통령은 이를 거부했다. 북한이

또다시 군사적 도발을 하면 한국이 단독으로라도 보복하겠다는 문구가 포함되는 선에서 문안이 합의되었다. 한·미 관계가 심각한 상태로 악화되는 것을 가까스로 면할 수 있었다.

* 이런 사실로 미뤄보아 당시 박 대통령은 수사가 아니라 실제로 북한에 대한 보복 조치를 원했던 것으로 보인다.

밴스 특사는 귀국 후 존슨 대통령에게 한국이 북한에 대해 독자적인 행동을 취할 가능성이 높다고 보고했다. 그러면서 차제에 국무부·국방부·CIA·백악관 등이 참여하는 태스크포스를 만들어 對韓 정책 전반에 대한 검토를 단행할 것을 건의했다. 후에 알려진 사실이지만, 당시 미국 관리들은 박 대통령에 대해 적지 않은 우려를 갖고 있었다. 박 대통령이 심리적으로 불안정한 상태라고 보았다.

朴 대통령이 밴스 특사를 접견했을 때 배석했던 사람들에 의하면 박 대통령은 손이 떨려 커피 잔을 제대로 잡을 수 없었다 한다. 박 대통령은 밴스를 만나기 前 두 주 가까이 잠적해 있었다. 당시 박 대통령의 심리상태가 불안정하다고 본 근거가 이런데 있었던 것으로 보인다. 밴스는 존슨 대통령에게 "박 대통령은 기분에 따라 행동하고 쉽게 격해지며 술을 심하게 마신다. 그는 위험하고 다소 불안정하다"고 보고했다.

한국은 美·北 협상이 진행되는 내내 미국에 대해 불만을 제기했다. 미국의 처사에 일종의 배신감을 느꼈고, 對韓 방위공약을 믿을 수 있을 것인가 하는 의구심을 가졌다.

미국이 판문점에서 직접 협상하는 상황은 한국으로서는 여간 신경을 곤두세우는 일이 아니었다. 그럼에도 미국 정부는 진행 상황을 한국 측에 조금도 알려주지 않았다. 협상 과정에서 비밀을 유지해야 할 필요성도 있었겠으나, 한국 정부에 대한 세심한 배려가 없었던 것도 사실이다.

푸에블로호 사건은 韓·美 간 갈등의 골을 깊게 팠다. 박 대통령은 미국을 적이 못마땅하게 본 반면, 미국은 박 대통령을 불안한 시선으로 바라보았다. 미국으로서는 북한도 골치 아픈 존재였지만 이에 못지 않게 한국도 그러했다.

　존슨 대통령 지시로 시작되었던 對韓 정책 재검토가 1969.6.18 완료되었다. 여기에는 1970년부터 1973년까지 단계적으로 주한미군 2개 사단을 철수하는 대신 1975년까지 한국군 현대화 작업을 완료하며 주한미군이 갖고 있던 전술핵 무기도 철수한다는 내용이 들어있었다. 한반도에서의 전쟁 발생 가능성에 미리 대비해야 한다는 생각이 워싱턴 정책결정자들의 머릿속에 짙게 깔려 있었음을 알 수 있다.

　朴 대통령은 미국이 제공한 1억 달러 중 절반을 공군 전력 현대화에 돌렸다. 1969.8.29 6대의 F4D 팬텀 전투기가 대구 공군기지에 도착했다. 한국은 미국·영국·이란에 이어 세계에서 4번째로 최강의 전투기를 보유하는 나라가 되었다. 나머지 5,000만 달러는 막 창설된 250만 향토예비군에 지급될 M16소총 구입에 사용되었다.

　북한도 이 사태를 이용해 소련으로부터 군사·경제 원조를 두둑이 챙겼다. 그해 소련의 원조로 북창화력발전소를 착공했다. 김일성은 푸에블로호 사태와 관련된 정보를 소련에 제때 제공하지 않음으로써 소련 지도부를 불안하게 만들었다. 그는 남한이 이 사태를 계기로 미국으로부터 많은 원조를 받고 있는 만큼 자신도 소련으로부터 상응하는 규모의 원조를 받아내려 했다.

북한, 미국과의 대좌에 성공

　김일성은 진작부터 미국이 무력을 사용하지 않을 것으로 판단했다. 국내사정이 어렵고 베트남전에서 곤욕을 치루고 있기 때문에 또 다른 군사 행동을 취할 수 없을 것으로 예상했다. 정확한 판단이었다. 미국이 선박과 승무원의 조기 송환을 가장 중요한 목표로 생각하고 있다는 사실은 북한에게는 더 없이 강력한 지렛대가 되었다. 따라서 북한도 對美 협상 목표를 높게 잡았다. 미국으로부터 자신에 대한 '사실상의 승인'de facto recognition을 이끌어내려 했다.

북한은 중립국 감시위원회를 통해 유엔군 수석대표에게 메시지를 보낸다. 푸에블로호 사건과 관련된 문제를 논의하기 위해 회담할 의사가 있다는 것. 이에 2월 2일 스미스 장군과 공산 측 수석대표 박중국 사이에 첫 대좌對坐가 이뤄졌다. 박중국은 테이블에 앉자마자 미국이 협상하자고 해서 나오게 되었다면서 거들먹거렸다. 북한으로서는 아무것도 아쉬울 게 없다는 태도였다.

스미스 장군이 박중국에게 "억류된 승무원을 즉각 돌려보낼 것과 공해상에서 선박을 불법 나포한 것에 대해 사과하라"고 하자, 박은 "달밤에 개 짖는 소리라는 게 있소"라고 응수했다. 그러면서 박은 "이 사건은 북-미 간의 문제이며, 당신은 미국 정부를 대표하고 있다"고 했다. 북한이 미국과 국가 대 국가로 협상하고 있는 것이니 그쯤 알라는 의미였다.

북한은 미국과 협상 테이블에 마주앉은 것만으로도 1차적인 목표를 달성했다. 군사정전위원회 틀 밖에서 미국을 1대1로 상대함으로써 미국이 북한을 대등한 상대로 인정했다고 국내외에 과시했다. 이는 박정희 정부로서는 부아가 치미는 일이었다. 북한과 첨예한 체제우위 경쟁을 벌여오던 중 호되게 뺨을 얻어맞은 격이었다. 박 대통령의 권위에도 흠집이 났다.

협상에 임하는 북한 측 태도는 시종 거만했다. 미국의 약점을 이용해 최대한 괴롭혔다. 억류 승무원의 무사 송환이 가장 중요했던 미국으로서는 참는 수밖에 없었다. 북한은 누가 보아도 유리한 입장에서 협상하고 있었다.

이런 배경에서 북한은 '3A'를 요구했다. 푸에블로호의 북한 영해 침범 사실을 시인하고admission, 사과하며apology, 재발 방지를 약속하라assurance는 것이었다.

북한은 5월 8일 16차 협상에서 미국이 푸에블로호의 영해 침범 및 간첩활동을 인정하고 사과한다는 내용의 사과문 초안을 제시하면서, 이런 주장을 뒷받침하기 위해 억류중인 승무원들이 영해를 침범했다고 시인한 '자백서'란 것을 내놓았다. 미국은 이 자백서를 인정하지 않았다.

푸에블로호 문제는 8월에 접어들면서 미국 대선 이슈의 하나가 되었다. 그러나 미-북 협상에는 아무런 진전이 없었다. 10월 31일 25차 협상을 계기로 완전히 교착상태에 빠졌다. 이때 미국 측은 크리스마스를 최종 협상 시한으로 정했다. 크리스마스가 지나면 더 이상의 협상은 없을 것이라고 선언한 것이다. 그때까지 타결을 보지 못하면 새로 들어서는 행정부와 협상해야 할 것이라고 압박했다.

희한한 방식으로 합의에 도달

11월 4일 대통령 선거에서 공화당의 닉슨 후보가 당선되었다. 닉슨은 자타가 공인하는 반공주의자였다. 북한은 긴장했다. 닉슨을 피해야 했다. 미 측은 이 단계에서 북한에 대해 채찍도 들었다. 북한의 발주로 네덜란드에서 건조되고 있던 선박 4척이 인도되는 과정에서 이들 선박에 대한 군사적 조치 가능성을 내비쳤다. 이 선박들은 그해 10월과 그 다음해 7월 건조가 완료되어 북한에 인도될 예정이었다. 이 선박들이 예정대로 인도되는 것은 북한에게는 대단히 중요한 일이었다.

美 측은 12월 11일 재개된 26차 협상에서 두 가지 옵션을 최종안으로 내놓았다. 하나는 '덧쓰기 방식'이었다. 이는 미 측이 16차 협상에서 제시했던 것인데, 북한이 제시한 사과문에 서명하는 대신 미국대표가 선원을 인수했다는 덧쓰기를 하고 서명하는 아이디어였다. 다른 하나는 북한이 원하는 사과문에 미국이 서명은 하되 서명 바로 전에 이 사과문의 내용을 인정하지 않는다는 발언을 한다는 것이었다(소위 '거짓 사과문 방식'). 북한은 덥석 두 번째 방식을 선택했다.

12월 23일 29차 협상에서 미국대표는 선원들을 구출하기 위해 사과문에 서명은 하지만 그 내용을 인정할 수 없다는 발언을 한 후 북한 측이 인쇄해 내놓은 사과문에 서명을 했다. 군사정전위원회 유엔군 측 수석대표 우드워드 소장(스미스 제독 후임)이 서명했다. 군사정전위 수석대표 명의가 아니라 미합중국을 대표한 미국 소장 자격으로 서명했다.

북한에 334일 동안 억류되어 있던 승무원 82명은 1968.12.23 '돌아오지 않는 다리'를 건너 송환되었다. 미국은 승무원이 모두 풀려나자 푸에블로호가 북한 영해를 침범했다는 것과 미국이 북한에 사과했다는 것을 모두 부인했다.

북한은 푸에블로호 선체와 장비는 돌려주지 않았다. 이 배를 1998년 대동강 '충성의 다리' 근처로 옮겨 '對美 전승기념물'로 전시했다. <로동신문>은 "미국과 전투를 벌여 19세기에는 제너럴셔먼호를 20세기에는 푸에블로호를 전리품으로 만들었다. 21세기의 전리품도 여기에 가져다 놓으리라. 미제야 함부로 날뛰지 마라"고 기염을 토했다.

* 크리스토프 <뉴욕타임스> 칼럼니스트는 2005년 7월 방북 취재 중 평양 대동강 강변에 전시되어 있는 푸에블로호를 보고 '미국의 수치'라는 느낌이 들었다고 썼다.

미국은 이 '사과문' 문건에서 조선민주주의인민공화국DPRK이라는 북한의 정식 국명을 사용했다. 북한의 존재를 공식 인정한 셈이다. 한국 입장에서는 결코 받아들일 수 없는 일이었다. "조선민주주의인민공화국 령해"territorial waters of DPRK라는 용어를 4번이나 사용했다. 이 역시 "대한민국의 영토는 한반도와 그 부속도서로 한다"는 대한민국 헌법 제3조에 반하는 것이었다.

'거짓 사과문 방식'(일명 'Leonard Proposal')은 당시 미국 대표단 일원이었던 레너드 국무부 한국과장이 낸 아이디어였다. 승무원 석방을 조건으로 북한 측이 원하는 사과문에 서명은 해 주되 서명하기 전 이 사과문에 내용을 전면 부인함으로써 이 문건을 거짓으로 만든다는 희한한 아이디어였다.

美 측은 이런 방식을 제안하면서 조건을 달았다. 나중에 이 문건 내용이 완전히 그리고 총체적으로 조작된 것이라고 공개적으로 비난할 수 있고, 뿐만 아니라 오로지 승무원의 석방을 위해 '사과문'에 서명했다고 언론에 밝혀도 무방하다는 조건을 단 것이다. 놀랍게도 북한은 이 안을 망설임 없이 수락했다.

북한이 이 안을 받아들이자 존슨 행정부 관리들은 어리둥절했다.

로스토우 국가안보보좌관은 북한 측을 "등신들"(nuts)이라고 했다. 과연 "등신들"이었을까? 그렇지 않다. 미 측이 제안한 이 방식은 북한 측이 빠져나갈 틈을 만들어 준 것이다. 북한은 얼마 후 닉슨 행정부가 들어서면 상황이 절대적으로 불리해질 것으로 판단했다. 머뭇거릴 여유가 없었다. 북한은 '여우'였다.

푸에블로호 나포와 '주체사상'

김일성은 푸에블로호 나포 얼마 전 제4차 최고인민회의에서 '주체사상'의 역할을 선포했다. 미국과 같은 강대국의 함정을 나포했다는 사실은 김일성에게는 '주체가 이런 것'이라고 북한 주민들에게 선전할 수 있는 최상의 소재였다. 아니나 다를까. 김일성은 북한이 미국과 같은 강대국도 무릎을 꿇릴 수 있는 나라이며 이것은 북한이 주체사상으로 무장되어 가능한 일이라고 대내외에 선전했다.

북한은 억류중인 승무원들을 조사하는 과정에서 이들로부터 군사정보를 입수하려는 노력은 조금도 하지 않았다. 베트남이나 남한과 관련 정보에는 아예 관심이 없었다. 그저 이들에게 북한의 위대함을 선전하고 김일성을 찬양하기에 바빴다.

1968.12.23 승무원들이 석방되었을 때 북한은 "초강대국인 美 제국주의자들을 불굴의 용기로 굴복시킨 것은 오로지 위대한 주체사상 덕분"이라고 했다. <평양 라디오>는 "美 제국주의자들이 북한에게 엄숙하게 사죄하였으며 조선인민들의 위대한 승리의 역사로 영원히 기록될 것"이라고 했다. <조선중앙통신>은 "美 제국주의자들이 조선인민들 앞에 다시 한 번 무릎을 꿇었다. 사과문서에 서명을 한 것은 美 제국주의자들의 침략의 참패를 의미한다"고 보도했다.

북한은 1966년 시작된 중국의 문화혁명으로 큰 타격을 받았다. 중국은 문화혁명 과정에서 북한을 소련과 마찬가지로 '짝퉁 사회주의자'라고 비판했다. 김일성 정권의 정통성이 직격탄을 맞았던 것이다. 김일성은 그해 12월 소련공산당 서기장 브레즈네프를 만났을 때 문화혁명은 "대단히 어리석은 일"이라고 말했다. 그러나 중국이 싫다고 소련에 기댈 수도 없었다. 김일성은 중국과 소련의 틈바구니에서 독자적인 노선을 모색했다. 대내외적으로 '주체'를 과시해야 했다.

승자는 북한이었다

1968년 11월 미국 대통령 선거는 이 협상의 종결을 도왔다. 강성强性의 닉슨 후보가 당선되자 북한은 긴장했다. 서둘러 협상을 마쳐야 했다. 협상은 이와 같이 협상 이슈와 전혀 관계없는 요인에 의해서도 결정적인 영향을 받는다. 북한은 자기들이 원하는 목적을 대부분 성취했기 때문에 더 이상 시간을 끌 필요가 없었다. 승무원들을 계속 억류하는 것은 이래저래 부담만 된다.

북한은 이 사건을 계기로 미국과 협상 테이블에 마주 앉을 수 있었다. 미국으로부터 국가로 사실상의 인정을 받았다. 김일성 정권이 자신들의 승리라고 주장할만한 성취였다.

북한은 이 사례를 통해 미국과 직접 대화하기 위해서는 트러블을 일으켜야 한다는 '이상한 공식'을 만들어냈다. 이후 북한은 이 방식을 필요할 때 유용하게 써먹었다. 한국을 왕따 시키면서 미국과 협상하는 선례가 이 때 만들어졌다.

'한반도에서 또 다른 무력충돌은 안 된다'

한국 정부는 푸에블로호 사태를 남북한 관계의 관점에서 인식했다. 이런 사태를 놓고 단호한 대응조치를 취하지 않으면 북한은 이에 고무되어 향후 더욱 극악한 도발을 자행할 것이라고 보았다. 그러니 미국이 보인 태도에 실망할 수밖에 없었다.

미국은 달랐다. 국제정치적 관점에서 인식했다. 베트남 문제를 풀어나가는 것이 무엇보다도 중요했다. 그런 마당에 푸에블로호 문제로 북한에 대해 군사적인 조치를 취한다는 것은 생각하기 어려웠다. 베트남 상황이 어려운데 한반도에서 분쟁이 생기면 미국으로서는 감당하기 어렵다.

이런 상황에 한국이 북한에 대해 보복 조치를 취하면 미국으로서는 심각한 상황에 놓이게 된다. 어떻게든 막아야 할 일이었다. 그런데 박 대통령이 강경한 입장을 밀어붙이니 난감했다. 존슨 대통령은 두 달 후에는 호놀룰루에서 박 대통령과 정상회담을 갖기까지 한다.

미국은 이때부터 한반도에서의 무력 충돌 사태에 연루될 가능성에 대비한 대책을 세우기 시작했다. 한반도 정책 전반을 종합적으로 검토한다. 한국에 대한 군사적 지원을 당장 중단하지는 않되 군사적 개입과 지원을 줄여나갈 대책을 세우기 시작했다. 박정희 정부가 보인 험악한 반응이 이런 움직임을 유발시켰다. 보복공격 운운하며 감정적인 반응을 보인 것이 역효과를 가져왔던 것이다.

당시 박정희 정부가 미국 사정도 감안하면서 좀 더 유연성을 보일 수는 없었을까 하는 생각도 든다. 박 대통령은 한국 입장만 내세웠다. 미국으로부터 더 많은 지원을 얻어내기 위한 목적도 있었겠으나, 서울이 취한 태도나 입장은 적절한 수준을 넘어서는 것이었다. 워싱턴은 '1968년 사태'에 자극을 받아 주한미군의 규모를 줄여야 한다고 결심하게 된다. 제2의 한국전쟁 발생 가능성에 대비했던 것이다.

朴 대통령이 1·21사태를 놓고 감정적인 태도를 보인 것은 워싱턴 정책결정자들을 불안하게 만들었다. 박 내통령이 지나친 음주로 심리적인 불안정 증세가 있다고 본 것이나 對北 도발 등 비이성적인 행동을 할 가능성이 있다고 본 것은 결국 한국에 부정적인 영향을 주었다.

본스틸 유엔군사령관은 당시 상황을 "감정의 광란"이라고 묘사했고, 밴스 특사는 "상황이 극도로 위험하다"고 존슨 대통령에게 보고했다. 美 측은 한반도에서 또다시 전쟁이 발생할 가능성을 심히 우려했다.

朴 대통령이 받았던 심리적 충격은 이해할만 하다. 문제는 美 측이 박 대통령을 '이성적이지 않다' '지나치게 감정적이다' '무슨 행동을 할지 예측할 수 없다'는 등으로 인식했다는데 있다. 당시 상황에서 한반

도에서 무력 충돌이 발생하는 것은 정말 피하고 싶은 일이었다. 그럼에도 박 대통령은 미 측에 미국이 원치 않는 일을 할 수도 있다는 인상을 주었다. 미국은 이승만 대통령 시절에도 유사한 경험을 한바 있다.

닉슨 대통령은 1972년 "세상을 바꾼" 중국 방문 시 저우언라이 총리에게 다음과 같은 말을 했다.

> 「한국 사람들은 북한이건 남한이건 감정적이고 충동적이다. 그 충동성과 호전성이 우리 두 나라를 곤란하게 만드는 사건을 일으키지 않도록 우리가 영향력을 행사하는 것이 중요하다. 그런 일은 한번으로 족하다. 다시 있어서는 안 된다.」

시사점

① 미국은 전 세계적 차원에서 한반도 문제를 다루나 한국은 한반도 차원에서 남북한 문제를 다룬다. 한국은 북한의 위협이 심각하다고 보는데 미국은 그렇지 않다고 보는 경우가 자주 있었다. 미국은 한국 측 요구를 다 들어줄 수 없고, 한국은 미국 측 입장을 다 이해할 수 없다.

對北韓 인식이나 정책의 차이는 늘 한·미 갈등의 주요 원인이 되었다. 김대중·노무현 정부가 부시 행정부와 부딪힌 것도 이런 사례에 속한다.

미국으로서는 북한과의 협상 못지않게 한국의 행동을 제어하는 일도 중요했다. '1968년 위기'는 美 정책결정자들에게 이런 믿음을 강화시켰다.

② 朴 대통령은 '1968년 사태'를 기회로 만들어 중요한 성과를 만들어 냈다. 그 중의 하나가 한·미 안보협력의 제도화였다. 한·미 양국은 연례 국방장관회의를 개최하기로 합의했고, 1968년 5월 워싱턴에서 1차 회의를 가졌다. 1971년에는 이 회의체를 '한·미 연례안보협의

회의'SCM로 발전시켰다.

③ 朴 대통령이 북한에 대해 단호한 응징을 하려 했던 것은 옳은 판단이었다. 이때 단호하고 강력한 응징을 했더라면 이후 북한의 각종 테러나 도발 행동 의욕을 약화시켰을 수 있다. 이후 북한의 對南 도발 사史를 살펴보면 알 수 있듯이 한국은 북한의 도발에 소극적·방어적으로 대응해 북한의 계속되는 도발을 막지 못했다. 2010년 천안함·연평도 도발도 이런 사례에 속한다.

④ 북한은 푸에블로호 사건을 계기로 소위 '통미봉남通美封南'이라는 방식을 개발했다. 한·미 간 '동맹의 딜레마'를 이용해 남한을 따돌리고 미국만 상대하는 전술이었다. 이때부터 북한은 미국을 직접 상대하기 위해 '위기 상황'을 만들었다. '벼랑 끝 전술'도 썼다. 일례로, 1994년 핵 위기를 조성한 다음 미국과의 직접 협상을 통해 '제네바 합의'에 도달했다. '통미봉남'과 '벼랑 끝 전술'이 또다시 성공한 사례다.

5장. 주한미군 철수와 박정희 대통령

박정희 대통령은 집권(1961~1979) 내내 주한미군 철수 문제로 시달 렸다. 對美 관계에서 가장 어렵고도 중요한 문제가 이 문제였다. 한미 상호방위조약에 유사시 자동개입 조항이 없어 미군이 실제 주둔하지 않으면 제2의 6·25와 같은 사태가 발생했을 때 미국의 개입이 보장 되지 않았다. 하지만 이는 미국 입장에서 볼 때는 '행동의 자유'를 제 약받는 일이었다. 따라서 워싱턴에서는 행정부가 바뀔 때마다 주한미 군 철수 문제가 검토 대상이 되었다. 박 대통령은 주한미군으로 대북 억지력을 유지하는 가운데 경제건설에 매진하려 했다. 미군을 잡아두 기 위해 고군분투한 배경이다.

> *6·25전쟁 직후에는 美 육군 7개 사단과 해병 1개 사단 총 36만 명의 美 軍이 한국에 주둔하고 있었다. 이들 병력은 아이젠하워 행정부의 철군계획에 따라 대부분 철수했고, 1957년 즈음에는 2개 사단 5~6만 명 정도가 남아 있 었다. 1958년에는 주한미군에 전술핵무기가 배치되었다.

베트남 파병으로 주한미군 감축 방지

케네디·존슨 행정부는 1960년代 전반 주한미군 규모의 적정성을 심도 있게 검토한다. 이러한 검토를 실시한 배경에는 크게 두 가지 이 유가 있었다. 하나는 군사전략적 차원에서 전력 운용의 탄력성과 효율성을 제고하려는 것이었고, 다른 하나는 주둔에 소요되는 예산을 절감하려는 것이었다. 1963년 말 이후 미국의 베트남전 개입이 강화되면서부터는 주한미군 병력 일부를 베트남에 투입할 수 있는 예비전력으로 활용하려는 생각도 있었다.

펜타곤(국방부)과 백악관 참모들은 1963년 이후 주한미군 철수를 적극 주장했다. 중국과 북한의 연합공격 가능성이 높지 않다고 판단했기 때문이다. 그러나 합참은 낮은 가능성에도 대비해야 한다는 차원에서 철수에 반대했다. 그러던 합참도 1963년 4월 유사시 핵사용 의지를 명시한다는 조건으로 주한미군 철수에 찬성했다.

펜타곤과 백악관의 즉각적인 철군 실행 주장에 제동을 걸고 나선 것은 국무부였다. 국무부는 이런 조치가 동아시아 지역 정세에 미칠 다음 세 가지 영향을 우려했다. 1)주한미군 철수가 미국의 동아시아 개입 의지 약화 징후로 인식되어 이 지역에서 중국의 정치적 영향력이 커질 수 있다. 2)주한미군 철수로 미국의 안보 공약에 대한 일본의 신뢰가 저하되어 미일동맹에 균열이 생길 가능성이 있다. 3)주한미군 철수는 한국의 국내 상황을 불안하게 만들 수 있다. 국무부가 내린 결론은 박정희 군사정권이 1963년 말 까지 민정이양을 앞두고 있는 상황에 주한미군 철수가 미칠 부정적인 영향은 미국의 이익을 해칠 수 있을 정도라는 것이었다.

이런 배경에서 주한미군 철수 계획은 1965년 5월에 이르러 사실상 무기한 연기된다. 존슨 대통령은 1965.5.17 박정희 대통령과의 워싱턴 정상회담에서 "미국은 주한미군을 감축할 계획이 없다. 만일 조정이 필요하다면 박 대통령에게 가장 먼저 알릴 것이고 사전에 충분한 협의를 거칠 것"이라고 말했다. 존슨 대통령은 1966.10.31 방한 때에도 "한국 정부와 사전 협의 없이 주한미군 관련 정책을 바꾸지 않겠다"고 약속했다. 미 측은 1963년과 1966년 두 차례에 걸쳐 주한미군 감축을 검토했으나 한국군 베트남 파병 유도를 위해 실행되지 않았다.

* 박 대통령은 베트남 파병 對국민 설득 논리의 하나로 만약 파병을 하지 않으면 미국이 주한미군 일부를 베트남으로 이동시킴으로써 안보 불안이 초래될 것이라고 했다. 박 대통령의 베트남 파병 정책에 관하여는 졸저 『외교의

세계』 참고.

'닉슨 독트린'의 충격

닉슨 대통령은 1969년 1월 취임하면서 '외교대통령'이 되겠다고 다짐했다. 대외정책 분야에서 획기적인 업적을 달성한다는 목표를 세웠다. 협상을 통해 베트남전을 종결짓고, 적대관계에 있던 중국과의 화해를 시도하려 했다. 이 과정에서 對한반도 정책이 직접적인 영향을 받았고, 구체적으로는 주한미군 철수가 검토 대상이 되었다.

　*박 대통령은 美-蘇 긴장완화(데탕트)가 북한의 도발을 야기할 가능성이 있다고 생각한 반면, 닉슨 행정부는 그럴 가능성이 희박하다고 보았다.

이에 따라 한국 정부는 닉슨 행정부의 주한미군 감축 및 철수 가능성에 촉각을 곤두세웠다. 그러나 한국이 베트남에 2개 사단 이상의 병력을 파견해 놓고 있어 당분간은 주한미군을 베트남으로 빼가는 일은 없을 것으로 예상했다.

존슨 대통령 지시로 시작되었던 對한국정책 검토 작업이 1969.6.18 완료되었다. 닉슨 취임 후 5개월 된 시점이었다. 베트남 주둔 한국군이 철수하는 시점부터 그에 상응하여 주한미군을 단계적으로 감축한다는 내용이 포함되어 있었다. 주한미군의 단계적 철수가 닉슨 행정부 출범 이전부터 고려되고 있었던 것이다. 게다가 닉슨은 기본적으로 한국에 주둔하고 있는 美軍 규모가 너무 크고 예산이 과다하게 소요되고 있다는 인식을 갖고 있었다.

구체적으로는 1972 회계연도 중 제2사단을 철수시키고 1973 회계연도에 제7사단을 철수시킨다는 것이었다. 한국이 베트남에 2개 사단과 1개 여단이라는 대병력을 파견한 것은 2개 사단 규모의 미군이 한국에 주둔하고 있는 상황도 감안되었다. 주한미군 규모에 버금가는 한국군을 베트남에 보내지 않았을 경우 미국은 주한미군 일부를 베트남으로 이동시켰을 것이라는 추론이 가능한 대목이다.

박정희 대통령은 1969년 8월 샌프란시스코에서 닉슨과 회담했다. 그는 이 회담에서 미군을 한국에 계속 주둔시킨다는 약속을 받아내고 자 했다. 닉슨 대통령이 1969.7.25 괌에서 소위 '닉슨 독트린'을 발표, '아시아인에 의한 아시아'라는 캐치프레이즈로 향후 美 지상군의 직접 개입을 억제할 방침임을 천명했기 때문이다.

* '닉슨 독트린'은 공화당 정부의 일방주의적 외교를 상징했다. 이 독트린은 한마디로 아시아 국가들은 자국의 방위를 자기 스스로 책임지라는 것이었다. 이 독트린은 다른 한편으로는 미국이 관련 당사국과 사전 협의 없이 어떤 조 치도 취할 가능성이 있음을 암시했다.

朴 대통령은 닉슨과의 정상회담에서 북한의 위협을 강조하면서 미국 의 계속적인 군사지원과 미군 주둔 필요성을 역설했다. 이에 닉슨은 "김일성이 도발행위를 자행하고 있는 상황에 한국에 있는 미군을 철수 할 생각은 전혀 없다. 미국 내에서 여론이 어떻든 간에 한국으로부터 의 미군 철수는 예외로 취급할 생각이다"라고 말했다. 한국 측은 이 언급을 주한미군을 철수하지 않겠다는 약속으로 이해했다.

* 당시 닉슨은 "우리는 어떤 경우에라도 한국 정부와 협의 없이 주한미군 철 수에 착수하지 않을 것이다. …미국 내 여론이 해외주둔 미군 병력을 감축하 라고 주장하고 있지만 나는 대한민국에 주둔하고 있는 우리 병력을 줄이는 아이디어에 반대한다. 나는 김일성에게 경고하기 위해 이러한 견해를 일반 대중에게 분명히 알릴 것이다"라고 말했다. 한국 측은 이때 닉슨이 말한 "협 의"를 사전 협의prior consultation 즉 최종 결정 이전 단계에서 하는 협의로 이해했다.

닉슨은 박 대통령과의 정상회담 3개월 후인 1969.11.24 키신저 국 가안보보좌관에게 "나는 주한미군을 절반으로 감축할 때가 왔다고 생 각한다. 우리는 EC-121기 격추 사건 때문에 좀 더 이른 시기에 그렇 게 할 수 없었다"라고 하면서, 주한미군을 절반으로 줄이는 계획을 작 성해 연말까지 보고하라고 지시한다. 키신저는 행정부 고위인사 중에 서 주한미군 감축에 가장 적극적인 자세를 갖고 있었다.

朴 대통령은 샌프란시스코 정상회담에서 주한미군 계속 유지 방침이

확인되었음에도 미군 철수 또는 대폭 감축 가능성은 여전히 남아 있다고 보았다. 그는 1969.9.23 "미군이 무한정 한국에 주둔할 것이라고 기대할 수는 없다. 언젠가 미군이 철수할 경우에 대비해서 자주적 국방능력을 키워야 한다"고 말했다. '유비무환'이라는 용어를 일상적으로 쓰면서 독자적인 안보능력을 하루속히 갖출 것을 역설했다.

박정희 정부는 1970년 2월 닉슨 행정부의 새로운 아시아 정책에 대한 대응책을 마련하기위해 정일권 국무총리를 위원장으로 하는 특별대책위원회를 만든다. 이 위원회는 3개월 동안 거의 매일 회의를 열어 닉슨 행정부와의 협상 전략을 다뤘다. 1차적으로는 주한미군 철수 움직임에 강력히 반대하고, 다른 한편으로는 미국으로부터 자주국방을 위한 지원을 이끌어낸다는 것이었다. 미군 철수를 막을 수 없다면 군사원조를 최대한 받아 내야 한다는 결론이었다.

  * 이때 심지어는 일본과의 군사정보 협력, 군사훈련 확대, 상호방위조약 체결 가능성까지도 검토되었다.

닉슨 대통령의 독주: 일방적 감축 단행

닉슨 행정부는 1970.3.20 1971년 6월 말까지 주한미군 1개 사단 20,000명을 감축하고 나머지 43,000명은 잔류시키기로 최종 결정했다. 3월 27일 포터 주한대사는 박 대통령을 면담해 이런 방침을 통보했다. 박 대통령은 충분한 협의 없이 일방적으로 이런 결정이 내려진 데 대해 강한 불만을 표시했다. 닉슨 대통령이 샌프란시스코 정상회담에서 한국은 닉슨 독트린의 예외라고 하면서 주한미군을 철수하지 않겠다고 했음에도 그 약속을 지키지 않은 것은 미국에 대한 신뢰를 떨어트리는 행위였다.

  * 주한미군 감축 결정의 배경에는 다음과 같은 논리와 상황 평가도 있었다. 1)한반도 주변 어느 강대국도 북한의 전면적 공격을 지원하지 않을 것이다. 2)북한은 한국을 공격할 의도가 없으며 공격할 여건도 되지 않는다. 3)한국은 상당한 정도의 방위부담을 감당할 수 있을 만큼 경제적으로 성장했다.

이에 朴 대통령은 포터 대사에게 "당신들은 미군을 데리고 나갈 수 없다. 당신들은 그러한 권한이 없다"고 말했다. 감정적인 언급이었다. 박 대통령은 적어도 당분간은 '닉슨 독트린'의 적용이 늦춰질 수 있을 것으로 기대했는데 이런 기대가 무너지자 심한 좌절감을 느꼈던 것 같다.

朴 대통령은 1970.4.20 닉슨 대통령에게 친서를 보낸다. 이 친서에서 "현재의 주한미군 수준은 필요한 최소 규모로 이 규모가 아무리 빨라도 1975년까지는 유지되어야 한다"고 강조했다. 그는 "만약 주한미군을 반으로 줄이면 북한이 결정적인 순간이 왔다고 오판하게 될 것이고 그렇게 되면 전쟁 위험성이 높아질 것"이라고 주장했다.

당시 한·미 양국 간에는 북한의 위협에 대한 인식에 있어 큰 차이가 있었다. 미국은 박 대통령이 정치적 반대세력을 억압하기 위해 북한으로부터의 위협을 과장하고 있다고 믿었다. 美 측은 또 한국 측이 미군 철수에 강력히 반발함으로써 이를 빌미로 더 많은 군사지원을 얻어내려 한다고 보았다.

 * 이런 배경에서 닉슨은 1971년 한국 大選 시 야당 후보인 김대중을 지지했다.

1970.8.3 朴 대통령은 청와대에서 포터 대사를 만나 이렇게 말했다. "불과 1년 전 닉슨 대통령은 한국은 해외주둔 미군 철수정책의 예외가 될 것이라고 말했다. 나는 美 행정부가 사전 협의 없이 이렇게 갑작스럽게 주한미군 병력 수준을 감축할 것으로는 예상하지 못했다. 그래서 나는 미국이 이번에 2만 명을 감축한 다음 내년에 또다시 나머지 병력을 철수하지 않을까 걱정하는 것이다." 박 대통령은 기 결정된 감축보다 이후 이어질 추가 감축을 더 걱정하고 있었던 것이다. 포터 대사는 워싱턴에 면담 결과를 보고하면서 한국이 미국을 신뢰하지 못하고 있다는 평가를 포함시켰다.

한국의 반발이 예상보다 훨씬 강하자 닉슨 대통령은 8월 말 애그뉴 부통령을 서울에 파견한다. 박 대통령은 애그뉴와 회담하기 2주전부터 다른 일정을 갖지 않고 회담 준비에만 몰두했다. 박 대통령의 고민이 깊었음을 알 수 있다.

1970.8.25 당초 두 시간 정도 예정했던 회담이 6시간 넘게 계속되었다. 박 대통령은 북한에 의한 청와대 습격, 푸에블로호 나포, 100여 명의 무장공비 침투(1968.10월), 美 공군 EC121기 격추(1969.4.15) 등에서 보듯 북한의 무력 도발이 끊임없고 여기에 오판에 의한 남침 가능성이 있으며, 한국 안보가 동북아 특히 일본 안보와도 직결되어 있다는 점을 들어 주한미군 감축에 강력히 반대한다고 했다.

* 박 대통령은 회담 시 애그뉴 부통령의 기분이 상할 정도로 심하게 몰아붙였다. 키신저는 닉슨에게 박 대통령이 애그뉴와 회담 시 대단히 감정적인 태도를 보였다고 보고했다.

朴 대통령은 다른 한편으로는 기 결정한 2만 명 감축에 대해 전제조건을 제시하면서 협상의 여지를 남겨 놓았다. 즉 1)한국군 현대화를 지원할 것 2)軍 현대화를 통해 한국군의 방위력이 향상되기 전에는 주한미군을 추가 철수하지 않을 것을 요구했다.

朴 대통령은 또한 "앞으로 (북한의) 남침을 격퇴하는 데 있어 미 측의 공군과 해군의 지원만 있으면 한국군이 지상전투를 전담하고 美 제2사단과 제7사단은 후방만 맡아주면 된다"고 강조하면서, "(미국이) 필요하다면 2사단과 7사단을 평시에도 후방으로 이전배치해도 좋다"는 입장을 밝혔다. 여기서 알 수 있는 것은, 박 대통령이 미군 철수에 반대한 것은 유사시 미군이 최전선에 투입되는 것을 원해서라기보다 美 지상전투 병력이 주둔하고 있다는 사실만으로도 북한의 도발을 억제하는 효과를 거둘 수 있다고 믿었다는 것이다.

애그뉴는 "7사단만 철수하고 2사단은 계속 주둔하기 때문에 한국 안보에는 절대 염려가 없다. 앞으로 2만 명 이상의 감군은 없다"고 말했다. 그런데 그는 회담을 마치고 대만으로 가는 비행기 안에서 자신이 박 대통령에게 한 말을 뒤집었다. 그는 기자들에게 "한국이 장기계획으로 軍의 현대화를 완수해 미군의 지원 없이도 안전보장을 유지하자면 향후 5년 또는 그 이상의 시간이 필요하겠지만, 그때가 되면 주한미군이 완전 철수한다는 것은 명확한 사실이다. 이 같은 장기 철수

구상은 박 대통령도 잘 이해하고 있다"라고 말했다.

   * 애그뉴는 박 대통령과의 회담에서 "미국 외교사에서 가장 중요한 특징은 신뢰할 수 있음"이라고 말했다. 그렇게 말한 사람이 돌아서자마자 딴 말을 했던 것이다. 對美 신뢰를 더욱 저하시키는 일이었다.

이 사실을 보고 받은 朴 대통령은 "국방을 언제까지나 미국에 의존할 수는 없다. 이제는 자주국방이다"라고 말했다. 그는 1971년 신년사에서 "오늘날과 같이 세계의 모든 나라들이 국가이익을 위해서는 어제의 적국을 오늘의 우방으로 삼고 피도 눈물도 없는 적자생존의 논리를 내세우고 있는 냉혹한 생존경쟁의 시대에 있어서는 힘없는 민족은 세계무대에서 영원히 낙오되고 만다는 것을 우리들은 명심해야 한다"고 말했다.

경천동지의 대사건: '미·중 화해'

1970년 대 초반 미국은 아시아 특히 중국과의 관계에서 놀라운 방향 전환을 추진하면서 한국·일본 등 기존의 동맹국들에 대해서는 이렇다 할 배려를 하지 않았다. 급격한 정책 전환으로 이들 나라들이 갖게 될 충격과 불안은 고려대상이 아니었다.

1971년 2월 韓·美 간에 한국군 현대화 및 주한미군 감축 계획에 관한 회담이 열렸는데, 이때 한국 측은 향후 주한미군 감축 시 사전 협의가 있어야 한다는 사실을 공동성명 문안에 포함하자고 했으나 美 측의 반대로 성사되지 못했다. 미국은 자기들이 원할 때 언제든지 철수시킬 수 있어야 한다는 것이었다. 1971년 하반기 들어 美 국방장관이나 국무장관은 공·사석에서 한국군이 강화되고 남북한 관계가 개선되면 추가적인 감축이 검토될 것이라고 말했다.

애그뉴 부통령은 7사단 철수가 1971년 6월 말 경이 될 것이라고 했었는데 미 측은 이보다도 3개월 더 앞당겨 1971.3.27 제7사단 22,000명을 철수시켰다. 주한미군은 이제 41,000명으로 줄어들었다.

* 박정희 정부는 미군 철수를 1971년 4월 대선 이후로 해 줄 것을 요청했지만 워싱턴은 이 요청도 무시했다.

제7사단이 철수하자 제2사단은 제7사단이 주둔하던 후방 지역으로 이동되었다. 당초 2사단은 서부전선 약 18마일에 대한 방어임무를 맡고 있었는데 2사단이 재배치됨으로써 한국군이 휴전선 155마일 전부에 대한 방위를 맡게 되었다.

* 서부전선에 배치돼 있던 2사단은 전쟁이 발발했을 때 미국으로 하여금 자동개입하게 만드는 소위 인계철선trip-wire 역할을 하고 있었다. 한국은 그렇기 때문에 2사단의 서부전선 배치가 한국 안보에 긴요하다고 인식하고 있었던 반면, 미국은 또다시 6·25와 같은 사태에 개입해야 하는 상황을 우려하고 있었다.

후에 알게 된 사실이지만, 美 측이 이렇게 철수를 서두른 것은 중국과의 화해 프로세스와 관련이 있었다. 닉슨 대통령은 1971.7.16 자신이 1972년 5월 이전 중국을 방문하기로 중국 측과 합의했다고 발표해 세상을 깜짝 놀라게 만들었다.

키신저 국가안보보좌관이 1971.7.9 비밀리에 베이징을 방문, 저우언라이와 회담했을 때 저우는 주한미군의 전면적인 철수를 요구했다. 이에 대해 키신저는 베트남전이 끝나면 한국군이 베트남에서 철수할 것이고 그러면 닉슨 대통령의 다음 임기 말엽인 1976년 말에 이르러 주한미군이 전부는 아니더라도 일부는 철수될 수 있을 것이라고 말했다. 키신저가 1971년 10월 두 번째로 베이징에서 저우와 회담했을 때 저우는 또다시 주한미군의 즉각적인 철수를 요구했다. 이에 대해 키신저는 "우리의 계획은 우리 병력의 상당 부분을 내년에 남한으로부터 철수시킨다는 것이다"라고 답변했다.

미국은 중공(中共, Red China)과 화해하게 되면 북한의 무력 도발 가능성이 낮아진다고 보았으나, 박 대통령은 그렇게 생각하지 않았다. 미국은 한반도 문제를 세계 전략적 차원에서 다루기 때문에 한국과의 관계는 이러한 세계전략의 종속변수였다. 닉슨 대통령은 중공과의 화해를 위해 한국과의 관계가 훼손되는 것을 개의치 않았다.

닉슨의 1972년 2월 방중 계획이 발표되자 박 대통령은 이러한 사태는 만약 북한이 또다시 남침을 해도 미국이 개입하지 않을 것임을 예고하는 것이라고 생각했다.

   * 미국은 중국과의 화해를 추구하면서 관련 사항을 한국에 일절 알려주지 않았으나, 중국은 북한에 상세히 알려 주었고, 북한 입장을 적극적으로 대변해 주었다.

박 대통령의 대응: 자주국방

한국은 '美·中 화해'라는 태풍을 피할 수 없었다. 어떻게 대응하느냐가 문제였다. 1970.8.15 '8·15선언'으로 對北 화해 제스처를 취했고, 1971.8.7 공산권 국가들과도 외교관계를 맺을 용의가 있음을 표명했으며, 1972.7.4 '남북공동성명'을 발표하는 상황까지 갔다. 그러나 이러한 조치들은 어디까지나 외부 상황에 의해 강요된 것이었다.

닉슨 대통령의 일방적인 주한미군 철수가 한국 정부에 가한 충격은 실로 컸다. 박 대통령은 더 이상 미국의 방위공약을 믿을 수 없었다. 한국은 한·미 상호방위조약에 따른 미국의 즉각적인 군사개입이 북한의 침략을 저지할 것이라고 믿고 있었으나 이제 이런 공약을 신뢰할 수 없게 되었다. 설상가상으로 동맹국인 미국이 적대 세력인 중국과 화해를 추구하자 미국에 대한 신뢰는 더 떨어졌다. 박 대통령이 왜 핵 개발을 결심했는가가 이런 맥락에서도 충분히 이해된다.

   * 美 중앙정보국 한국지부 책임자로 있었고(1973~76), 주한대사를 지낸 (1989~93) 도널드 그레그는 2011년 5월 한 한국 언론과의 인터뷰에서 "한국이 1972년 무렵 핵개발에 착수했고, 미국은 1973년 이 사실을 알게 되었다"고 말했다.

美 의회는 1972-73 회계연도 對韓 군사원조를 행정부가 요구한 1억9600만 달러에서 6100만 달러를 삭감했다. 이로 인해 한국군 현대화 계획에 큰 차질이 생겼다. 한국 정부는 1972.3.7 유감과 우려를 전

달한다. 국무부 한국과장까지 나서서 "이렇게 되면 미국의 신뢰에 문제가 있으며, 우리가 한 말을 지키지 못해 한국의 국내안정을 심각하게 저해할 것"이라고 우려를 나타냈다. 박 대통령은 이때부터 안보 면에서 對美 의존을 줄이고자 하는 '자주국방'을 본격적으로 추진하기 시작한다.

朴 대통령은 1972.1.11 연두 기자회견에서 "북괴가 지금 당장 쳐들어 올 징후는 없다. 그러나 지금 북괴가 전쟁 도발을 할 것이다 안 할 것이다 이런 소리를 하는 것은 나는 어리석은 이야기라고 본다. 할지도 모르고 안할지도 모른다. 100가지 중에 하나라도 가능성이 있다면 거기에 대해서 그야말로 만전을 기하는 것 이것이 국방이다"라고 말했다. 박 대통령은 美 제7사단이 철수한 이후 '자위'自衛라는 용어를 자주 썼다. '대한민국은 우리 스스로 지킨다'는 의지가 담겨있었다.

1972년 봄 朴 대통령은 베트남주둔 한국군 2개 사단을 철수하려는 의향을 보였다. 닉슨 행정부는 파리평화협상을 유리하게 이끌기 위해 전세戰勢가 북베트남에 유리하게 돌아가는 것을 원치 않았다. 따라서 한국군 철수는 곤란했다. 닉슨 대통령은 한국이 베트남에서 2개 사단 병력을 철수할 경우 주한미군을 감축하겠다고 맞섰다.

키신저 국가안보보좌관은 1974.3.29 닉슨 대통령의 재가를 받아 국방부·국무부 등에 유엔군사령부 기능 종료를 추진하라는 공문(국가안보결정 251호)을 보냈다. 이 결정에 의하면 미국은 유엔군사령부 기능이 종료될 때까지 주한미군의 수준이나 임무를 변경시키지 않으나, 한반도 정세가 안정되면 이를 감축하고 궁극적으로는 철수할 것이라는데 대해 중국·소련이 암묵적 동의를 구하는 것으로 되어 있었다.

닉슨 행정부는 한국 정부의 북한 군사적 위협에 대한 인식과 평가에 동의하지 않았다. 미 측은 박 대통령이 반대세력을 억압하기 위한 방법의 하나로 북한의 도발 가능성을 과장하고 있다고 보았다. 또한 한국이 북한의 공격을 막아낼 수 있는 충분한 능력을 갖추고 있고, 북한도 섣불리 도발을 하지 않을 것으로 판단했다.

박 대통령의 대응 (1): 핵개발

닉슨 대통령이 워터게이트 사건으로 사임하고 1974.8.9 제럴드 포드가 대통령직을 승계했다. 이즈음 한반도의 안보상황은 날씨에 비유하면 '흐림'이었다. 8월 15일에는 박 대통령 부인 육영수 여사가 재일在日 조총련계 저격범의 총탄에 맞아 사망했고, 11월 15일에는 북한이 파놓은 남침땅굴이 발견되었다. 20여 개월 만에 처음으로 남북한 간 교전이 발생하기도 했다.

이러한 상황에도 불구하고 포드 행정부는 주한미군 개편 논의를 계속했다. 한반도 개입을 최소화하고자 주한미군의 규모·역할·작전통제권 등을 미국의 분쟁 개입 가능성과 연계시켜 검토했다.

포드 대통령은 취임 3개월 만에 한국을 방문했다. 이때 "한반도 안보상황 전반에 대한 변화가 있지 않는 한 주한미군의 현 수준을 그대로 유지하겠다"고 약속했다. 그는 또 "데탕트 시기에도 우리의 對韓 공약은 지속될 것이고, 한국과 상의 없이 한국의 이해에 반하는 결정을 하지 않을 것"이라고 했다.

포드 대통령의 이러한 공약에도 불구하고 美 행정부는 여전히 향후 주한미군 규모를 어느 정도로 유지할 것인지를 놓고 고민했다. 단기적으로는 현 수준을 유지하지만 결국 축소되어야 한다는 의견이 지배적이었다. 특히 국방부는 주한미군의 임무 영역을 확대해 한반도 이외 지역에도 동원할 수 있기를 원했고, 휴전선 인근에 배치된 병력의 후방 배치 또는 철수 가능성도 지속적으로 모색했다.

포드 행정부는 1975년 3월까지도 주한미군 일부 철수를 포함하는 일대 개혁을 시도할 가능성을 배제하지 않았다. 당시 미국은 전 세계적으로 전진 배치된 미군 사령부 축소를 검토하고 있었고, 이 연장선상에서 한미연합 1군단 해체 및 주한미군 감축을 고려하고 있었다. 그러나 베트남 사태가 악화되고 북한의 호전성이 더욱 격화되면서 이러한 생각은 백지화되었다.

이즈음 박정희 정부가 꺼내든 핵개발 카드도 주한미군 감축을 막는

데 직접적인 영향을 주었다. 포드 행정부는 한국의 핵개발은 동북아 안보에 불안정 요인이 될 것이므로 이를 막아야 한다는 입장을 정했다. 하지만, 다른 한편으로는 한국 정부가 그런 옵션을 선택한 원인에도 유의했다. 한국이 느끼는 안보 불안감을 어느 정도 덜어주어야 할 필요성도 느꼈던 것이다.

＊ 이즈음 국제정치학자 루돌프 럼멜 교수는 "주한미군을 철수시킴으로서 한국이 핵무장 하도록 하는 것은 주한미군이 계속 주둔하는 것보다 훨씬 더 나쁜 정책"이라고 주장했다.

1975.4.30 南베트남이 패망했다. 이로 인해 한국 정부가 느낀 위기감은 남달랐다. 박 대통령은 북한이 언제든지 남침을 감행할 가능성이 있다고 믿었다. 실제로 김일성은 중국을 방문해(1975.4.18~4.26) 남침 지원을 요청했으나 거절당했다. 김일성은 국무원 주최 만찬에서 "(한반도에서 전쟁이 일어나면) 이 전쟁에서 우리가 잃을 것은 군사분계선DMZ이요, 얻을 것은 조국의 통일"이라고 호언장담했다.

박 대통령은 4월 30일 스나이더 주한 미국대사를 접견한 자리에서, "미군이 모두 철수하기 전에 자립적인 군수산업을 건설할 계획"이라면서, 주한미군 철수를 전제로 이런 조치들을 취하고 있음을 시사했다. 그는 향후 3~5년 내 단거리 미사일 개발을 완료하도록 지시해 놓고 있다고도 밝혔다.

朴 대통령은 1975.8.20 〈뉴욕타임스〉와의 인터뷰에서 "북한이 소련·중공의 지원 없이 남침하면 남한 단독으로 대응할 수 있을 정도의 군사력을 향후 5년 이내에 갖추겠다"고 말하고, 이렇게 되면 1980년 이후에는 미군 철수가 가능한 상황이 될 것으로 내다보았다. 그는 이 인터뷰에서 한국이 미군의 영구 주둔을 원하지 않는다고 말했다. 수사 修辭가 아니라 진심으로 한 말이었다.

박 대통령의 대응(2): 방위산업 육성

김정렴 前 대통령 비서실장(1969~1978)과 오원철 前 청와대 경제2수석비서관(1971~79)에 의하면, 1973년 1월 시작된 박정희 정부의 중화학공업 육성은 방위산업도 염두에 둔 것이었으나 다른 한편으로는 주한미군 철수를 막기 위한 방책이기도 했다. 당시 중화학공업을 건실하자면 100억 달러에 달하는 엄청난 규모의 예산이 필요했다. 기술도 없었다. 無에서 有를 창조해야 하는 일이었다. 최고지도자의 결단이 없이는 생각할 수도 없는 일이었다.

朴 대통령이 중화학공업을 시작하기로 결정한 근본적인 이유는 그때까지 추진해 온 경공업 위주의 수출立國이 한계에 달했기 때문이었다. 수출주도에 의한 경제발전을 계속 추구하기 위해서는 경공업에서 중화학공업으로 전환해야 했다. 그렇다면 중화학공업 육성이 주한미군 철수와 어떤 관련이 있었나?

朴 대통령은 1971년 방한한 애그뉴 前 美 부통령으로부터 다음과 같은 말을 들었다.

「중화학공업국가는 어떤 일이 있어도 지켜주어야 한다는 것이 역대 미국 정부와 美 의회 지도자들의 굳은 내부적 결의와 합의이며 앞으로도 절대 변하지 않을 것이다. 따라서 한국과 같이 중화학공업이 발전하고, 특히 방위산업이 육성됐을 뿐 아니라 유사시 한국 국민이 일치단결해 북한의 침공에 결연히 맞서 싸우는 한 미국은 공산권과의 세력균형을 위해 끝까지 방위할 것이 틀림없다. 중화학공업 발전과 방위산업 육성이 국군 전력강화 못지않게 안보상 중요하다.」

애그뉴가 한 말은 미군 철수는 소련과의 힘의 밸런스를 고려해서 결정된다는 의미였다. 미국이 보기에 일본이 공산화되는 경우 일본의 공업이나 무기 정비 능력 등의 수준으로 볼 때 미국과 소련 사이의 파워 밸런스가 당장 깨진다. 그러므로 일본을 절대 포기할 수 없다. 한국은 미국이 한국을 잃으면 소련과의 파워 밸런스에 영향을 줄 수 있어야 한다. 방위산업을 포함하는 중화학공업 능력을 하루속히 키워야 한다. 이런 얘기였다.

朴 대통령이 중화학공업 정책을 밀어붙임에 따라 경남 창원에 초대형 기계공업단지가 완성되었고, 인근 옥포에는 항공모함 건조나 수리가 가능한 대형 조선소가 건설되었다. 창원기계공업단지가 제 모습을 갖추기 시작한 1975년부터 美 고위인사들의 시찰이 줄을 이었다. 1978년 11월 美 하원 군사위 프라이스 위원장을 단장으로 하는 13명 대표단이 주한미군 철수에 관한 의회 보고서를 최종적으로 마무리하기 위해 방한했다. 이들은 창원에서 대규모 병기창을 보고 깜짝 놀랐다. 이런 곳이 미국의 적대세력에 넘어갈 경우를 상상해 보았던 것이다. 이들은 출국 前 가진 기자회견에서 "한국은 이미 자기 나라를 지킬 수 있는 힘이 생겼으므로 한국을 우방으로 남겨두는 것이 미국의 이익에 부합할 것이라는 의견을 낼 것"이라고 말했다.

카터 대통령, 주한미군 완전 철수 추진

지미 카터 민주당 대통령 후보는 1976.3.17 <워싱턴포스트>와의 인터뷰에서 자신이 당선되면 4~5년 내에 주한 美 지상군을 완전 철수하겠다고 했다. 1976년 6월 시카고외교정책협회 연설에서도 1980년까지 주한 美 지상군을 완전 철수하겠다고 다짐했다. 그는 또 "지금 한국에 700개의 핵무기가 배치되어 있는데, 나는 단 한 개의 핵무기도 한국에 배치되어 있어야할 하등의 이유가 없다고 생각한다"고 말했다. 주한미군 완전 철수가 한국에 배치되어 있던 전술핵무기의 완전 철수도 의미했다.

카터 후보는 '조지아州 땅콩농장 주인'이라고 불렸듯이 국제정치·외교에 대해서는 문외한이었다. 그러니 한반도 상황의 특수성이라든가 한국이 미국의 안보이익에서 차지하는 비중 등에 관해 기본적인 인식이 결여되어 있었다.

카터 후보가 주한미군을 철수해야 한다는 소신을 갖게 된 원인은 분명하지 않다. 카터 자신도 "내가 이런 입장을 취하게 된 근원이 분명하지 않다"라고 말한바 있다. 그러나 당시 미국 內 여론 동향이 카터로 하여금 이러한 생각을 갖게 만들었음은 분명하다. 1975년 4월 실시된 한 여론조사에서 '북한이 남한을 침공하면 미국이 개입해야 한다'고 답한 사람은 14%에 불과한 반면, '개입하지 말아야 한다'고 답한 사람은 65%나 되었다. 카터는 여론 동향에 민감하게 반응하는 정치인 populist이었다.

카터 후보는 미군이 해외에 주둔할 이유가 없다고 생각했고, 특히 주한미군의 경우는 유사시 자동 개입으로 연결된다는 사실이 몹시 못마땅했다. 뿐만 아니라 그가 보기에 한국은 미국 이익에 그리 중요한 나라가 아니었다. 일본만 있으면 되었다.

이에 더하여 카터는 박정희에 대해 좋지 않은 감정을 갖고 있었다. 그는 이렇게 말했다. "내가 대통령에 당선되면 한국에서 美 지상군을 철수시키겠다. 반대자를 억압하는 朴 정권이 있는 한 한국의 안보는 재고되어야 한다. 도덕적으로 문제가 있는 정권과 손을 잡고 안보관계를 맺던 시대는 지났다." 이처럼 카터는 인권과 안보를 연계시키면서 한국의 경우에는 인권이 안보보다 우선한다는 논리를 내세웠다. 카터는 취임하자마자 대외정책에서 인권을 내세웠고, 한국은 이런 인권외교의 주요 타깃이 되었다. 앞에서 고종 재임 시 미국 대통령이 루스벨트였던 것이 불운이었듯, 박 대통령 시절 카터 같은 사람이 백악관 주인으로 있었던 것도 큰 불운이었다.

카터는 미군이 철수해도 한반도 안정에는 아무 문제가 없을 것으로 보았다. 미군 철수에 따른 군사력 균형상의 문제는 한국군 전력戰力 강화로 해결할 수 있다고 생각했다. 또한 중국 및 소련과의 관계를 통해 북한에 대한 견제력을 확보할 수 있다고 믿었다. 특히 중국의 對北 영향력은 기대할만한 것이라고 보았다.

또 다른 이유는 카터의 개인적인 성향에 있었다. 그는 '거듭난 크리스천'이었다. 도덕과 원칙을 중요하게 생각하면서 '권력정치' 현상을 생리적으로 싫어했다. 대외정책에서 힘을 사용하는 것에 대해 반감을 갖고 있었다. 비도덕적이라고 본 것이다. 그의 세계관은 이상주의였다. 그는 취임하면서 국방예산 5% 삭감, B-1 폭격기 개발계획 취소, 중성자탄 생산계획 연기 등의 조치를 취했다.

* 카터의 이러한 조치는 미국의 국제적 지위를 전반적으로 손상시켜 1980년 대선에서 레이건 후보에 대패하는 배경의 하나가 되었다.

설상가상으로 1976년 10월 '코리아게이트'Koreagate라는 것이 터졌다. 이 사건은 박동선이라는 사람이 박정희 정부의 지시에 따라 연간 50만 달러에서 100만 달러에 달하는 현금을 90여 명의 美 국회의원과 관리들에게 건넸다는 것이었다. 한국 정부가 주한미군 철수를 막기 위해 이런 불법 로비 활동을 전개했다 것. 미국 언론과 의회의 한국 때리기로 박 대통령은 곤욕을 치렀다.

카터는 1977년 1월 취임 1주일도 안되어 향후 4~5년 內 주한미군 (39,000명) 완전 철수를 검토하라고 지시했다. 말이 검토였지 철수 로드맵을 작성하라는 말이었다.

철 군 정 책 에 대 한 반 대 움 직 임

다수의 국무부·국방부 인사들은 카터 대통령의 주한미군 철수정책에 문제가 있다고 보았다. 그러나 이들은 카터에 따르거나 그렇지 않으면 공직을 떠나는 수밖에 없었다. 그만큼 카터의 입장이 확고했다.

카터 대통령 방침에 반대하는 사람들의 의견은 설득력이 있었다. 선거 공약을 그대로 이행하는 것은 위험할 뿐만 아니라, 일본 등 다른 동아시아 국가들에게도 불안감을 조성시켜 결국 미국의 이익을 해칠 것으로 보았다. 중국조차도 소련과의 적대관계 때문에 이 지역에서 美 군사력이 약화되는 것을 원치 않았다.

일본 정부도 주한미군 철수가 동북아의 군사균형을 깨트려 일본의 안전을 불안하게 만들 것으로 판단했다. 이에 따라 미키 총리는 주한미군 철수가 동북아 정세를 위태롭게 할 것이라는 입장을 공개적으로 천명하면서 급격한 주한미군 철수정책에 반대했다. 미키에 이어 총리 직을 맡은 후쿠다도 1977.1.10 〈뉴스위크〉와의 회견에서 "미국이 주한미군을 철수하는 것은 현명한 조치가 못된다"고 말했다. 이처럼 일본도 주한미군 철수는 자국의 안보이익을 해칠 것으로 보았다. 카터는 일본에 대해서는 신경을 썼다. 주한미군 철수 계획을 한국보다 먼저 일러주고 의견을 들었다.

카터는 1977.2.15 박정희 대통령 앞 서한에서 주한 美 지상전투 병력 철수 계획에 대해 내부 검토에 착수했다고 하면서, 소위 '인권문제'를 제기했다. 박 대통령은 2월 26일자 답신을 통해 철수 방침은 이미 결정된 만큼 보완대책이 중요하다고 하고, 관련 협의를 위해 박동진 외무부 장관을 특사로 파견할 것이라고 했다.

朴 대통령은 1977.3.3 기자들에게 "자기 나라 도덕 문제는 해결하지 못하면서 남의 나라 도덕 문제에 대해 왈가왈부하는 것은 화나는 일이다. 왜 그는(카터를 의미) 크메르의 제노사이드는 언급하지 않는가. 왜 북한에 대해서는 침묵하는가"라고 말했다. 카터에 대한 감정이 숨김없이 드러났다.

카터의 철군계획은 1982년까지 한국 內 지상전투부대를 모두 철수하는 것이었다. 유사시 전쟁에 말려들 지상군을 모두 철수시킨다는 것이 핵심이었다. 카터는 박정희 정부의 인권 문제가 미국민들의 對韓 방위공약에 대한 지지를 약화시켜 주한미군 철수를 하지 않을 수 없는 배경이 된 것처럼 내세웠으나, 실제로는 또 다른 무력 분쟁에 미국이 이끌릴 수 없이 개입하게 되는 상황을 피하려는 것이 주된 배경이었다.

카터 대통령은 1977.3.9 박동진 장관에게 주한미군 감축은 수년에 걸쳐 단계적으로 실시할 계획이고, 한국 정부의 방위 능력 증강을 지원할 것이며, 한국 측과 충분한 협의 가운데 추진할 것이라고 통보했다.

박 대통령은 4월 22일 외신과의 회견에서 카터 대통령의 철군 방침이 공표된 이상 이를 받아들인다고 하면서, 전력戰力이 증강된 이후의 한국군은 북한의 무력 도발에 대항할 수 있을 것이라고 했다. 박 대통령은 카터 행정부에 저자세를 보이거나 억지를 쓰지 않았다. 국가로서의 위신과 자주성에 흐트러짐이 없었다. 당당했다.

* 밴스 국무장관은 퇴임 후 저술한 회고록에서 주한미군 철수 문제에 대처하는 한국 정부의 태도는 예상 외로 침착하고 냉정했다고 회고했고, 박동진 외무부 장관도 당시 한국은 과거보다 더 합리적으로 美 측을 상대했다고 회고했다.

美 국무부·국방부 등 관련 부서들은 대통령 지시각서 이행에 필요한 제반사항들을 면밀히 검토했다. 1977.4.14 국가안보회의에서 밴스 국무장관과 브라운 국방장관은 주한미군 전면 철수의 문제점을 지적하고 이 조치의 재고를 건의했다. 그러나 카터는 이러한 건의를 기각하고 당초 계획한대로 1981~82년 사이에 주한미군을 완전 철수하라는 지시를 재확인했다. 카터 대통령은 한반도에서 분쟁이 발생하여 미군이 자동으로 개입할 경우 베트남전쟁 때와 마찬가지로 여론의 지지를 받지 못할 것이며 박 대통령이 인권 상황을 개선하지 않을 경우 의회로부터 對韓 군사원조에 대한 지지를 받는 것 또한 어려울 것으로 예상했다.

브라운 국방장관은 카터 대통령에게 주한미군 철수에 따르는 문제점을 끈질기게 진언했다. 카터는 브라운 장관의 이러한 태도를 몹시 못마땅해 했다. 좀 더 로열티를 보여 달라는 주문까지 했다. 하지만 브라운 장관의 진언은 계속되었다. 그렇게 하는 것이 진정으로 대통령을 돕는 것이라고 생각했기 때문이다. 그는 공개적으로는 대통령의 철군정책에 절대 이의를 제기하지 않았다. 엄격히 사적私的으로 했다.

당시 주한미군 철수정책을 가장 흔들림 없이 지지한 사람은 브레진스키 국가안보보좌관이었다. 카터 대통령은 자신의 외교안보 참모 중 브레진스키를 가장 가까이하고 신뢰했다. 브레진스키는 중국과 소련이 서로 불편한 관계여서 북한이 이들 두 나라로부터 확실한 약속을 받지 못하면 또다시 남침을 시도할 가능성은 없다고 보았다. 전략가인 그는 한국이 전략적으로 가치가 있는 나라라고 보았다. 필리핀과 함께 지정학적 핵심國linchpin이라고 생각했다. 한국이 공산주의자들 손에 들어가면 美日동맹이 위협을 받게 되고 이것은 미국의 커다란 전략적 손실로 연결된다고 생각했다. 주한미군 철수는 이런 가능성을 높여준다. 워싱턴에서 이런 견해를 갖고 있는 사람이 드물었다. 하지만 그는 카터의 철군정책에는 이의를 달지 않고, 다만 그의 고집스런 태도를 완화시키려 했다.

* 브레진스키는 1980년대 내내 미군의 한국 주둔은 계속되어야 한다고 역설했다.

카터는 1977.5.5 대통령 결정 12호를 통해 1978년 말 까지 제2사단의 1개 여단 병력(최소 6천 명)을 철수시키고, 1980년 중반까지 두 번째 여단 병력과 지원부대(최소 9천 명)를 철수시키며, 잔여 병력은 1981~82년까지 철수하라고 지시하면서, 한국 정부에도 이를 일방적으로 통보했다.

이와 같은 지시는 한국의 안보 상황을 조금도 고려하지 않은 것이었다. 막무가내로 밀어붙이는 방식이었다. 한·미 당국자들은 철군 일정을 마련하기 위해 어려운 협상을 해야 했다. 협상의 관건은 철수 일정을 가능한 늦추면서 한국이 최소한의 방위태세를 갖출 수 있도록 하는 일이었다.

존 싱글러브 주한미군사령부 참모장은 1977년 5월 〈워싱턴포스트〉와의 인터뷰에서 "카터 대통령은 2~3년 전의 낡은 정보를 토대로 철수 결정을 내렸다. 美 지상군이 철수하면 전쟁이 일어날 것"이라고 했다. 카터는 격분해 즉시 그를 소환해 전역시켰다. 싱글러브는 하원 증언에서 "카터 행정부는 美 8군에 주한미군 철수가 가져올 문제점에 대해 물어본 적이 없다"고 말했다.

* 싱글러브 소장은 옷을 벗을 각오로 이런 발언을 했다. 그는 1950년 봄 CIA 서울지부 책임자로 근무하면서 북한의 심상찮은 동태를 포착해 워싱턴에 보고했으나 이렇다 할 주목을 받지 못한 경험도 있다.

베시 주한미군사령관도 카터 대통령의 철군계획을 불만스럽게 생각하고 있었다. 그는 1977.5.19 사령관 관사에서 김재규 중앙정보부장에게 "주한미군 철수계획은 현실과 괴리된 것으로 전쟁을 불러올 수 있는 잘못된 정책"이라고 하면서, 미군 철수에 따른 보완 조치에 소요되는 예산을 미군을 계속 유지하는데 소요되는 예산보다 훨씬 더 높게 책정해 미국에 제시하라고 귀띔해주었다. 그렇게 되면 미 의회가 행정부의 철군계획에 반대할 것이라는 얘기였다.

카터 대통령은 철수에 대비한 예비계획을 제시하기 위해 5월 25~26일 조지 브라운 합참의장과 하비브 국무부 차관을 서울에 파견했다. 하비브 일행은 박 대통령에게 "자주국방 노력과 한국의 경제발전으로 한국의 방위능력이 증대되어 미국 내에서 주한미군 주둔의 정당성을 유지하기 힘들다"라고 했다.

군사 문제에 박식한 박 대통령은 이들에게 다음과 같이 설명했다. 카터 행정부가 철군을 결정한 이상 그의 對美 협상 목표는 최대한의 군사원조를 받아내는 것이었다.

「미국이 주한미군을 4~5년 내 완전히 철수시키겠다는 것은 한·미 양국을 위해 대단히 현명하지 못한 정책이라고 생각한다. 주한 美 지상군은 북한의 남침을 예방하는데 관건이 되고 있으며 미국이 항상 중요시하는 일본 방위, 나아가 동아시아의 평화와 안정에 큰 기여를 하고 있음은 누구나 다 아는 바다. 주한미군은 미국의 세계전략 차원에서 북대서양조약기구NATO와 더불어 소련 견제의 2대 근간이라고 생각한다. … 우리는 주한미군 4~5년 內 철수계획이 불변의 정책이라면 이를 받아들이지 않을 수 없으나 철군에 따른 만반의 대비책이 강구되어야 한다. 한반도에서 또 다른 전쟁을 방지할 수 있는 억지력 보전과 한반도의 군사적 균형이 파괴되는 일이 없도록 한국의 자체 방위력을 증강하는 등 필요한 보완 조치가 철군에 앞서 취해져야 한다.」

이에 대해 하비브와 브라운은 철군과 보완조치를 병행하는 것이 카터 대통령 생각이라면서 박 대통령이 제시한 '선先 보완 후後 철군안'은 받아들일 수 없다고 했다.

朴 대통령은 이들에게 주한미군 완전 철수와 한국군의 지휘권과의 관계에 대해서는 언급을 하지 않았으나, 美 지상 전투 병력이 완전히 철수할 경우 작전지휘권 문제가 대두된다는 것은 자명했다.

朴 대통령은 하비브 일행이 도착하기 이틀 전 청와대 비서진과 식

사를 하면서 "나는 월남사태 때(1975) 이미 주한미군 철수를 예상했다. 이번에 하비브 차관이 오면 핵을 가져가겠다고 으름장을 놓을 텐데, 가져가겠다면 가져가라고 할 것이다. 그들이 철수하고 나면 우리는 핵을 개발할 생각이다"라고 말했다. 미국의 압력으로 거둬들였던 핵개발 카드를 다시 꺼내겠다는 말이었다.

朴 대통령은 미국이 주한미군을 빼나산나번 한국이 이를 막기는 어렵다고 판단했다. 그러므로 이런 상황을 전제로 주체적으로 대응책을 마련하는 것이 중요하다고 믿었다. 박 대통령은 현실주의자였다.

브라운 국방장관은 1977년 7월 의회에 19억 달러 규모의 對韓 군사원조가 필요함을 역설했다. 그러나 의원들의 반응은 싸늘했다. 박동선의 對의회 불법로비 스캔들이 터져 이런 법안에 찬성하기 어려운 상황이었다.

카터, 강경 입장을 완화하다

美 의회 일각에서도 철군 반대론이 계속 제기되었다. 골드워터 상원의원은 철군은 위험천만하고 어리석은 정책이라고 비난했고, 더몬드 상원의원은 카터 대통령이 중대한 과오를 범하고 있다면서 철군정책이 대통령 선거과정에서 정치적 동기로 등장한 것이라고 비난했다.

1977년 5월 상원 외교위원회는 맥거번 의원이 제출한 철군지지 결의안을 통과시켰다. 그러나 이 안은 본회의에서는 부결되었다. 이와 동시에 돌 의원이 제출한 철군비난 결의안도 부결되고 결국 상원 민주당 원내총무 버드 의원이 제출한 절충안이 통과되었다.

이 절충안은 특별한 의미가 있었다. 주한 미 지상군 철군정책은 대통령이 혼자 결정할 수 없고 의회와 공동으로 결정해야 한다는 내용을 담고 있었기 때문이다. 의회가 행정부의 독단을 제한하는 조치가 취해진 것이다.

1977.7.4 북한軍에 의한 미군 헬기 격추 사건이 발생했다. 이 사건

으로 헬기 승무원 3명이 사망하고 1명은 북한군에 잡혔다. 당시 정황으로 보아 북한은 카터 행정부의 주한미군 철수 움직임을 염두에 두고 이 사건을 유발했음이 분명했다. 사건을 처리하는 미국의 태도는 1년 前 발생했던 판문점 도끼 만행 사건 때와는 사뭇 달랐다. 미 측은 서둘러 군사적인 실수를 인정하고 사과謝過 성명을 발표했다. 그러자 북한도 사건 발생 3일 만에 사망자 시신과 생포된 미군을 송환했다. 북한은 이 사건을 통해 카터 행정부에 무언의 압력을 넣었다.

이즈음 카터 대통령은 의회에 그의 철군계획의 합당성을 설명하기가 어려웠다. '선거 공약이기 때문에 이행하려는 것' 말고는 설득력 있는 논거가 별로 없었다. 브레진스키 국가안보보좌관은 1977.7.21 철군계획에 대한 의회의 지지를 확보하는 것이 불가능한 것으로 판단하고 카터 대통령에게 철군계획 재고를 건의했다.

　＊〈뉴욕타임스〉는 1977.9.30자 사설에서 주한 미 지상군 철수는 "억지력의 핵심을 빼냄으로써 (북한의) 침략을 자초하는 일"이라고 철군 반대 주장을 폈다.

카터 대통령은 1978.1.19 연두 교서에서 주한미군 '철수'withdrawal라는 용어 대신에 '감축'reduction이라는 용어를 사용했다. 한발 뺀 것이다. 그는 이렇게 말했다. "우리는 한반도에서 美 지상군을 감축함으로써 주한미군을 재조정하고자 하며 이와 관련하여 군사적 균형 유지를 위한 보완조치를 취하고자 한다." 카터는 의회 특히 상원 그리고 군 수뇌부의 반대로 자신의 계획을 원안대로 추진하기가 어렵게 되었음을 자인했다.

美 국방부와 CIA는 1978년 들어 북한 군사력에 관한 종합평가에 들어갔다. 카터 대통령은 4월 21일 철군 일정을 일부 재조정하고 1978년 철군 규모도 전투병력 1개 여단이 아닌 1개 대대 규모로 축소했다. 이에 따라 11월 1개 대대 800명의 전투 병력과 2,600명의 비전투원 등 총 3,670명이 감축되었다.

하원 군사위원회는 1978년 4월 북한의 군사력은 남한보다 강하며, 만약 한국이 공산화된다면 아태지역에서 미국의 신뢰는 추락하고 일본은 공산주의와 재무장 중 하나를 선택하게 될 것이라는 보고서를 냈다. 이즈음 하원에서는 미군 철수를 보전할 수 있는 방안이 나올 때까지 철수를 중단해야 한다는 의견이 나오기도 했다. 상원도 미군감축을 우려하고 한국으로부터 전투병력 철수 이전에 행정부가 한반도의 안보 상황에 관한 상세한 보고서를 내줄 것을 요구했다.

기디 대통령의 주한미군 철수에 판한 완강한 입장을 누그러뜨린 설정적인 계기는 1978년 10월 완성된 '암스트롱 보고서'에 의해 마련되었다. 이 보고서는 美 육군 특별조사대 북한정보특별팀이 작성했다(팀장은 존 암스트롱 對北 정보담당관). 이 보고서는 북한군의 전력戰力이 당초 평가했던 것보다 훨씬 강하다는 결론을 내렸다. 예컨대, 북한 지상군 병력 규모가 기존 45만 명이 아니라 55만~65만 명에 달하고 지상군 사단의 숫자도 28개가 아니라 41개에 달한다는 것이었다.

그런데 이 보고서 내용이 1979.1.2 <아미티임스Army Times>에 의해 공개되었다. 이 신문은 정보당국의 이러한 평가가 의회에 제출되었으며 CIA도 이 내용을 확인했다고 보도했다. 북한군 전력에 대한 정보기관의 새로운 평가를 행정부가 의회와 공유하고 있다고 하는 보도는 행정부-의회 관계를 불편하게 만들었고, <뉴욕타임스> 등 주요 언론의 관심을 끌어 카터 대통령의 입장을 난처하게 만들었다.

카터 대통령이 태도를 완화시킨 또 다른 원인은 예산 문제였다. 제2보병 사단을 재배치하고 장비를 한국군에 이양하는데 만도 15~24억 달러라는 엄청난 규모의 예산이 소요된다는 것이었다. 베시 주한 미군사령관이 일전 김재규 중앙정보부장에게 귀띔해주었던 말이 맞았다.

김용식 대사(당시 주미대사)에 의하면 카터가 철군일정을 수정하게 된 것은 정책 자체에 대한 의회의 반발과 일본의 반대가 가장 큰 영향을 미쳤다. 김 대사는 베시 주한미군사령관의 역할도 컸다고 했다. 베시 대장은 1976년 말부터 북한의 군사력을 면밀히 검토한 결과를 바탕으로 주한 미 지상군 철수정책이 비현실적이고 위험하다는 결론을 내렸다. 누구도 반론을 펼 수 없을 정도로 완벽한 평가였다.

金 대사의 관찰대로 미국이 주한미군 철수 방침을 변경하는데 일본의 입장도 중요한 역할을 했다. 일본은 미국의 핵심 우방이었다. 그런

일본이 주한미군 철수를 심각하게 우려하고 있음에도 이를 강행하는 것은 적절치 않았다. 한국과 일본은 이 문제에 있어서 긴밀하게 공조했고, 이는 카터의 마음을 돌리는데 효과적이었다.

많은 사람들이 카터의 주한미군 철수 백지화는 일본의 워싱턴 로비에 영향을 받았다고 보았다. 카터가 이 문제를 다루는 과정에서 당사국인 한국보다 일본 입장에 더 신경을 썼음을 알 수 있는 대목이다.

美 의회는 1978년 9월 외원법外援法을 통과시켰다. 주한미군 철수와 관련하여 11억6700만 달러를 제공하도록 입법화했다. 장비이양 8억 달러, 군사판매차관 2억7500만 달러, 군수품 9000만 달러, 군사훈련보조비 200만 달러를 책정했다.

1979년 들어 카터의 철군 계획은 또 한 번 수정되게 된다. 이 문제를 놓고 정치적으로 고립된 카터는 1979.1.22 지시각서 45호를 통해 새로운 정보평가를 토대로 한 재검토를 지시했다. 2월 9일에는 이 검토가 완료될 때까지 추가 철군을 보류한다고 발표했다.

카터, 박 대통령을 코너로 몰다

앞에서 지적했듯이, 카터는 1977년 1월 출범하면서 미국의 새로운 대외정책 기조로 '인권외교'를 내세웠다. 윤리와 도덕을 국제관계에 적용시키려는 그의 고집은 병적일 정도였다. 인권외교의 대상이 되는 나라들의 특수 사정을 감안하지 않았다. 미국식 인권 개념을 한국과 같은 나라에 도식적으로 적용하려 했다. 강자의 오만이었다.

카터의 인권정책은 1978.2.17 대통령 지시각서 제30호를 통해 "미국 정부는 심각하게 인권을 위반하는 정부에게는 특별한 예외 상황을 제외하고는 미국의 지지를 중단한다"고 선언했다.

카터의 朴 대통령에 대한 인권개선 압박은 주한미군 철수와 더불어 한·미 관계를 악화시켰다. 철군정책으로 시달리는 박 대통령에게 인권개선 요구는 이중의 부담이었다. 박 대통령의 국내정치적 입지를 뿌리 채 흔들었다. 박 대통령은 이 같은 카터의 내정간섭을 심히 못마땅하게 생각했다. 주권국가로서 다른 나라의 내정간섭만은 절대로 받아들일 수 없다고 믿었다. 카터가 주한미군을 지렛대로 인권이라는 칼을 들이대는 것은 자주정신과 주체의식이 강한 그로서는 참기 힘든 일이었다.

카터 행정부는 박정희 정권을 시원할 경우 단기적으로는 원만한 관계를 유지할 수 있지만 만약 정권이 바뀌는 상황이 발생하면 신정부는 미국에 적대적 성향을 보일 것이므로 장기적으로 보아 미국의 이익에 부합되지 않는다고 판단했다. 단순한 생각이었다. 뿐만 아니라 인권 압박으로 한국 정부가 민주화되면 내부적인 혼란을 방지할 수 있어서 북한의 오판 가능성이 감소하고 그로 인해 미국의 연루 위험성도 줄어들 것이라고 보았다. 역시 순진한 생각이었다.

카터의 인권외교는 편의적이고 편파적이었으며 위선적이고 자의적이었다. 예컨대 소련에 대해서는 인권문제를 제기하면서 중국이나 북한에 대해서는 단 한 번도 인권문제를 거론하지 않았다. 카터는 1979년 중국에 대해 공식적으로 외교적 승인을 부여하면서 인권문제를 일체 제기하지 않았다. 소련을 견제함에 있어 중국의 협조가 필요했기 때문이었다. 그는 북한의 인권상황에 대해서도 현직에 있을 때는 물론이고 현직을 떠나서도 끝까지 침묵했다.

 * 조갑제 기자는 "카터는 동맹국 인권문제를 공격하면서 그보다 더한 북한 정권의 인권 탄압에는 침묵했던 위선자"라고 했다.

카터가 주한미군 철수를 무리 없이 추진하고자 했다면 朴 대통령에 대한 인권 압박은 비공개적으로 하는 것이 맞았다. 인권정책을 철군정책과 연계하지 않는 것이 나았다. 일본조차도 주한미군 철수정책이 박정희 정부의 인권문제에 대한 차원에서 이뤄져서는 안 된다는 의견을 수차례 워싱턴에 전달했다.

카터의 박정희 정부에 대한 일방적이고 강압적이며 공개적인 인권개선 요구는 국내정치적으로는 도움이 됐을지 몰라도 한국의 인권상황을 개선하는 데에는 효과적이지 않았다. 또한 인권문제를 미군 철수문제와 연관시킨 것은 이 두 정책 모두의 진정성을 의심하게 만들었다. 인권외교는 그 성격상 비공개적으로 추진하는 것이 더 효과적임에도 카터는 주한미군 철수가 한국의 인권상황과도 관련이 있다고 하면서 박 대통령을 집요하게 몰아붙였다.

당시 주한대사관 정무政務 참사관이었던 클라크(후에 국무부 동아·태 차관보 역임)는 카터의 박 대통령에 대한 인권공세는 객관성을 결여했다고 평가했다. 그는 "박 대통령이 새마을 운동·수출입국輸出立國으로 먹고사는 문제를 해결하기 위해 애썼고 또한 이런 노력에서 일정한 성과를 거두고 있다는 사실을 카터 대통령이 감안했어야 한다"고 술회했다.

카터는 한국의 인권상황을 주한미군 철수 문제와 연계시켜 한국을 압박하면 박 대통령이 결국 자기의 요구를 수용하지 않을 수 없을 것이라고 예상했다. 잘못된 판단이었다. 카터의 자만과 무지는 오판으로 이어졌다. 박 대통령은 카터의 인권개선 요구에 응한다 하더라도 주한미군을 계속 남겨둘 리가 없다고 판단했다. 주한미군 철수가 한국의 민주화나 인권과는 아무 상관이 없다는 사실을 잘 알고 있었다.

카터 방한과 '최악의 한·미 정상회담'

카터 대통령으로부터 對韓 정책을 전반적으로 재검토하라는 지시를 받은 밴스 국무장관은 중국을 개입시키는 아이디어를 냈다. 카터 대통령은 1979.1.29 워싱턴을 방문한 덩샤오핑에게 북한이 조건 없이 남북대화에 나서는데 중국이 일정한 역할을 해 줄 것을 요청했다. 그러나 덩샤오핑은 북한이 남침을 일으킬 가능성이 없다고 하면서 북한에 대해서도 내정불간섭 원칙을 견지할 것이라며 카터의 제안을 거절했다.

중국을 관여시키려는 구상이 무위로 돌아가자 밴스 장관은 이번에는 한·미 정상회담을 개최하는 아이디어를 냈다. 카터 대통령이 G7 정상회담 참석차 6월에 일본을 방문하기로 되어있는 일정을 감안하여 카터가 일본 방문 후 한국을 방문하거나 아니면 박정희 대통령을 워싱턴으로 초청해 회담하는 방식을 건의했다. 카터 대통령은 전자前者를 택했다.

카터는 정상회담을 통해 박 대통령을 압박할 심산이었다. 당시 주한 대사였던 글라이스틴에 의하면 카터는 마지막 순간까지도 박 대통령을 자질시키면서 정상회담을 서비 무산시킬 뻔했다고 한다. 마지 박 대통령에게 시혜를 베푸는 것 같은 자세를 보였던 것이다.

글라이스틴 대사는 카터 방한을 헝클어진 양국 관계를 정상화시키는 계기로 삼는 것이 바람직하다는 생각에서 인권문제와의 연계를 반대했다. 따라서 그는 정상회담에 앞서 박 대통령에게 인권과 관련한 가시적 조치를 취하라고 요구하거나 조건부로 정상회담을 추진하는 것에 반대했다. 그러나 카터는 정상회담과 인권 문제를 직접 연계시켰다.

1979.6.30 청와대에서의 한·미 정상회담은 역대 '최악의 정상회담'이라고 불릴 만큼 망가진 회담이었다. 두 정상은 주한미군·인권 문제를 놓고 대립했다. 회담에 참석했던 홀브룩 국무부 차관보는 후에 "동맹국 정상 간 회담이라고 하기에는 도저히 상상할 수 없을 정도로 끔찍한 회담이었다"고 술회했고, 글라이스틴 대사는 "두 사람처럼 회의 자체를 엉망으로 만든 지도자를 본 적이 없다"고 평했다.

카터 대통령은 박 대통령에게 괄목할 만한 인권신장 조치와 GDP 6%까지 국방예산을 확대할 것을 요구했고, 박 대통령은 주한미군 철수 동결 요구로 맞섰다. 박 대통령은 북한의 위협에 대해 40분 가까이(통역시간 포함) 일편을 토했고, 카터는 박 대통령의 이런 태도가 몹시 못마땅해 옆에 앉아 있던 밴스 국무장관과 브라운 국방장관에게 "저 양반이 더 이상 이런 말을 계속하면 주한미군을 단 한명도 남기지 않고 철수하겠다"고 쓴 메모지를 건네기도 했다.

朴 대통령은 카터에게 주한미군이 철수되어서는 안 된다고 하는 이유를 다음과 같이 설명했다.

　　「최근 우리는 북한이 군사력을 크게 증강시킨 것을 확인했다. 북한은 기습 공격을 위해 땅굴을 파고 있다. 소련도 아시아에서 군사력을 대폭 증가시켰다. … 이런 가운데 미국이 주둔 병력을 감축하거나 철수한다면 미국의 많은 우방국들이 실망과 불안감을 갖게 될 것이다. 동시에 적들은 이 지역에 대한 안보 공약을 지키겠다는 미국의 의도를 오판할 수 있다. 주한미군은 한국뿐만 아니라 모든 자유세계의 안보와 안정에 기여하고 있다. … 우리는 미국이 전쟁이 발발한 뒤 도움을 주기 위해 오는 것보다 전쟁을 억제하는 역할을 하기를 원한다. 만약 오판의 결과로 전쟁이 발발한다면 미국의 군사적·정치적 비용은 막대할 것이다. … 희생을 방지하기 위한 방법은 지금 한국에 주둔하는 병력 수준을 유지하는 것이다. 그렇게 하면 최소 비용으로 최대 효과를 거둘 수 있다.」

이에 대한 카터의 코멘트는 동문서답과 같았다. 그는 이렇게 말했다.

「미국은 아태지역의 중요성을 매우 잘 인식하고 있다. 우리는 이 지역에서나 유럽, 그리고 세계 어느 지역에서 군사적 균형이 미국으로부터 소련으로 넘어가는 어떠한 변화도 감지하지 못하고 있다. …북한은 상대적으로 작은 나라이며 작은 경제체제를 유지하고 있으나 지난 2년 동안 군사력을 극적으로 증가시켰다. 이런 변화는 우리에게 충격을 주었다. …우리는 대략 4만 명의 병력을 한국에 주둔시키고 있으며, 이는 남한 전체 병력의 5%에 해당한다. 우리는 남한 병력의 0.5%에 해당하는 약 3,000명의 병력 감축을 검토하고 있다. 한국의 미래 안보와 이 적은 수의 병력을 동일시하는 것은 정확한 평가가 아니다.」

朴 대통령이 회담에서 일방적으로 발언을 지루하게 계속한 것은 당시 박 대통령이 의도한 바가 무엇이었든지 간에 카터의 자존심을 상하게 만드는 일이었다. 카터는 박 대통령의 말을 주의 깊게 듣지 않았다. 자신의 주한미군 철수정책에 문제가 있다는 사실을 잘 알고 있었는데 박 대통령이 이런 부분을 파헤쳐 기분이 상했다.

* 정상회담을 준비하는 과정에서 한·미 당국자들은 주한미군 철수 문제가 양국 정상 간 논쟁으로 발전할 가능성을 우려해 이 문제를 의제에 넣지 않거나 넣더라도 짧게 다루기로 합의했고, 박동진 장관은 이런 사실을 박 대통령에게 보고했다. 하지만 박 대통령은 회담을 시작하면서 외교수사적인 인사말조차 생략하고 곧바로 주한미군 철수 반대 이유를 설명하기 시작했다. 사실 카터는 한국에 도착하면서부터 의도적으로 박 대통령을 무시하는 행동을 보

였기 때문에 박 대통령도 나름대로 자존심이 상해 있었다.

3분 휴식을 가진 뒤 계속된 회담에서 카터는 박 대통령에게 1975.
5.13 선포한 긴급조치 9호를 해제할 것을 요구했다. 이에 대해 박 대
통령은 북한의 위협 때문에 가까운 시일 내에 이 조치를 해제하는 것
은 어렵지만 카터의 '고언'에 유의하겠다고 했다. 박 대통령은 주한미
군 철수에 대해 "북한이 對南노선을 바꿀 때까지 더 이상 주한미군을
철수하지 말아 달라"고 요청했으나, 카터는 약속할 수 없다고 했다.

* 카터는 밴스 국무장관을 통해 정치범으로 투옥 중인 11명의 명단을 박동진
  외무장관에게 전달했다. 박 대통령은 이러한 직접적이고 노골적인 내정간섭
  에 대해 심한 모욕감을 느꼈다.

카터를 수행하고 있던 밴스 국무장관과 글라이스틴 주한대사는 엉망
이 된 분위기를 살리기 위해 무진장 애를 썼다. 이들은 7월 1일 박 대
통령을 면담했다. 이 자리에서 박 대통령은 한국의 국방예산을 국내총
생산의 6% 이상으로 증가시키겠다고 했다. 그리고 카터 대통령의 인권
에 대한 각별한 관심을 이해하여 가능한 빨리 민주화 조치를 취하겠다
고 했다.

카터 대통령이 이한離韓 인사를 위해 박 대통령을 만났을 때는 분위
기가 많이 좋아졌다. 이 자리에서 카터는 또다시 인권 개선을 위한 구
체적인 조치가 중요하다고 하면서, 이 문제는 양국 관계에 있어 가장
심각한 요소라고 말했다. 주한미군 철수와 관련하여서는 박 대통령이
요구한 2사단과 연합사령부의 계속 주둔을 염두에 두고 만족할만한 결
론을 내리겠다고 했다.

* 카터는 이때 박 대통령에게 한국 방위에 대한 미국민들의 지지율이 15~
  17%에 불과하다고 하면서 인권문제를 해소해 줄 것을 거듭 요구했는데, 미
  국민들의 한국 방위에 대한 지지율이 낮은 것은 한국의 인권상황 때문보다
  미국인들의 고립주의적 정서에 기인하는 바가 컸다.

朴 대통령은 7월 5일 김재규 중앙정보부장을 글라이스틴 대사에게
보내 카터 대통령에게 보내는 메시지를 전달하도록 했다. 향후 6개월

에 걸쳐 정치범 180명을 석방한다는 내용이 들어있었다. 카터의 화답을 기대하고 내린 결단이었다.

주한미군 철수 보류 발표

카터는 서울 정상회담 후 20여 일 지난 7월 20일 브레진스키 국가안보보좌관을 통해 1981년 한반도의 군사력 균형에 관한 검토가 완료될 때까지 추가 철군을 중단한다고 발표했다. 주한미군 철수 방침을 바꾸는데 3년이란 세월이 걸린 셈이다.

카터는 자신의 선거 공약을 지키기 위해 주한미군 철수를 집요하게 추진했다. 주한미군 철수가 한국 안보뿐만 아니라 미국의 안보에도 중요한 문제였음에도 그는 이러한 결정을 전문적인 검토나 객관적인 정보에 근거하지 않았다.

카터의 이러한 실수는 국가지도자가 외교·안보 문제를 독단적으로 섣불리 결정해서는 안 된다는 교훈을 준다. 당시 모든 정황으로 미뤄보아 미군을 한국에 주둔시키는 것이 긴요함에도 카터는 자기 생각대로 밀어붙이려 했다.

* 홀브룩 당시 국무부 동아태 차관보는 카터의 주한미군 철수 의지를 꺾는 과정이 "대통령에 대한 전면적인 반란"과 같은 일이었다고 표현했다. 그만큼 힘든 일이었다는 의미다.

카터는 1982년 발간한 640쪽 분량의 회고록에서 주한미군 철수에 대해서는 단 한 줄도 쓰지 않았다. 미국 국내정치적으로도 논란이 많았던 이 문제에 관해 640쪽이나 되는 분량의 회고록에서 단 한 줄로도 언급하지 않았다는 사실은 무엇을 말해주나? 이 정책이 실패한 정책이었다는 사실이다.

카터는 주한미군 철수와 인권을 레버리지로 박 대통령을 코너로 몰았다. 그의 인권 개선 요구는 박 대통령의 정치적 입지를 뿌리 채 흔들었다. 야당과 재야세력의 도전이 날이 갈수록 거세졌다. 만약 카터의 간섭이 없었다면 한국의 국내정치 상황은 사뭇 달랐을 것이다.

朴 대통령은 정상회담 직후 일부 정치범을 석방하는 등 카터에게 약속한 사항을 이행했지만, 반정부 시위가 확산되면서 정권 존립이 위협받자 다시 인권을 탄압하는 악순환에 빠졌다. 김영삼이 국회에서 제명된 사건은 韓·美 갈등을 최악의 상태로 몰고 갔다. 카터는 김영삼 제명 사태를 놓고 글라이스틴 駐韓대사를 召還했다. 이에 대해 朴 대통령이 "용납할 수 없는 일"이라고 하자 카터는 "어떻게 행동할지는 우리가 정하는 것"이라고 했다. 카터-박정희 갈등은 1979.10.26 박 대통령 시해로 끝이 났다.

카 터 는 북 한 편 향 적 이 었 다

1976년 11월 대선에서 카터 후보가 당선되었을 때 한국은 잔뜩 긴장한 반면, 북한은 한껏 고무되었다. 주한미군 철수를 공약한 후보가 당선되었으니 이처럼 남북한의 반응이 달랐던 것은 당연했다. 김일성은 여러 경로를 통해 워싱턴에 접근한다.

1973년 美 의회에 공개서한을 보내 정전협정의 평화협정으로의 전환과 주한미군·핵무기 철수를 위한 협상을 제의한바 있는 김일성은 1976년 1월 파키스탄 대통령을 통해 北-美 직접 접촉을 제안하는 친서를 카터에게 보냈다. 1977년 5월에는 가봉 봉고 대통령, 10월에는 유고 티토 대통령, 1978년 4월에는 루마니아 차우셰스쿠 대통령을 통해 역시 북-미 직접 대화를 제의하는 친서를 보냈다.

카터가 보기에 박정희는 마음에 들지 않았다. 장기 집권하면서 인권을 무시하고 핵무기를 가지려 한다. 카터는 박 대통령을 가혹하게 몰아붙였다. 반면 북한 김일성에 대한 태도는 달랐다. 인권 유린으로 말하면 박정희와 비교도 안 되는 김일성에 대해서는 '인권'을 단 한 번도 꺼내지 않았다.

* 도널드 커크 기자는 미국의 친북인사 3인방으로 도널드 그레그, 지미 카터, 브루스 커밍스를 들었다. 이주천 교수는 카터가 "세계 평화를 위해 노력한

척 한 위선적인 親北 정치가"라고 평했다.

카터가 왜 이렇게 북한 편향적이었는지에 관해서는 알려진 바가 없다. 다만 분명한 것은 그는 여러 번 북한 정권에 이용당했다는 사실이다. 1994년 1차 북한 핵 위기 때 개인자격으로 북한을 방문해 이 위기를 대화 국면으로 전환시키는 계기를 마련했다. 그는 누구도 하지 못한 역할을 자신이 해냈다고 자부했으나, 북한 체제의 속성을 모르고 한 순진한 행동이었다.

   * 애틀랜타 소재 카터센터의 벽면에는 카터가 김일성과 반갑게 대면하는 모습을 담은 대형 사진을 걸어 놓았는데, 이런 사실에서도 카터의 대북 인식이 드러난다.

카터의 순진무구함은 그가 1979년 방한 시 비무장지대DMZ에 김일성을 초청해 카터-박정희-김일성 3자회담을 하고 여기서 남북한이 평화협정을 체결하도록 하면 주한미군이 필요 없게 될 것이라고 생각한 사실에서도 잘 드러난다. 당시 카터는 1978.9.17 캠프 데이비드에서 이집트와 이스라엘 지도자를 초청, 평화협정 체결을 중재하는데 성공한 업적에 취해있었다.

한미동맹은 전형적인 비대칭 동맹

강대국-약소국 간 안보동맹은 비非대칭 동맹이다. '자율'과 '안보'를 서로 교환autonomy security trade-offs하는 형식이기 때문에 '동맹의 딜레마' 현상이 나타난다. 강대국은 약소국에 대해 영향력을 얻는 대신 안보를 제공해야 하는 부담을 지게 되고, 약소국은 강대국으로부터 안보를 보장 받는 대신 자율성을 양보하지 않을 수 없게 된다.

또 다른 현상은 '방기-연루의 딜레마'다. '방기'abandonment란 약소국이 강대국에 의해 버려지는 것을 말하고, '연루'entrapment란 강대국이 자국의 이익에는 도움이 되지 않지만 동맹관계 때문에 어쩔 수 없이 분쟁에 끌려들어가게 되는 현상을 말한다. 한미동맹을 예로 든다면, 한국의 경우에는 주한미군이 철수하는 상황을, 미국의 경우에는 한반도에서 원치 않는 전쟁에 개입해야 하는 상황을 의미한다.

한·미 상호방위조약에 의해 성립된 한미동맹은 전형적인 비대칭 동맹이다. 마이클 한델 교수의 지적대로, 강대국과의 동맹은 궁극적으로 약소국에는 불리한 현상이 나타난다. 미국은 한국에게 방위공약을 제공하지만 이런 공약이 약화될 때 한국이 할 수 있는 일이란 없다. 미 행정부는 주한미군을 철수할 때 진정한 의미의 사전 협의나 동의를 구하지 않았다

6장. 박정희 대통령의 핵개발 시도

박정희 대통령의 핵개발에 관하여는 그 전모가 공식적으로 확인된 바가 없다. 여기서는 당시 관련 인사들의 증언(인터뷰·회고록)과 미국에서 비밀 해제된 문서 등을 통해 밝혀진 사실들에 근거해 살펴본다.

언제 시작했나

박정희 대통령이 핵개발을 결심한 시점은 관계자들의 증언이나 비밀 해제된 문서들을 종합해 보면 1973년 전후였다. 김종필 전 총리는 "실질적인 핵개발은 우리 경제가 방위산업·중화학공업 시대로 전환한 1973년을 기점으로 진행됐다"고 증언했다.

朴 대통령은 1971.1.1 신년사에서 "세계의 모든 나라들이 국가이익을 위해서는 어제의 적국을 오늘의 우방으로 삼고, 피도 눈물도 없는 적자適者생존의 논리를 내세우고 있는 냉혹한 생존 경쟁의 시대에 있어서는 힘없는 민족은 세계무대에서 영원히 낙오되고 만다"라고 말했다. 나라를 지키기 위해서는 힘을 길러야 한다는 그의 신념이 녹아 있는 말이었다.

朴 대통령은 1971년 6월 최형섭을 과학기술처 장관으로 임명하면서 '원자력개발 15년 계획'을 수립하라고 지시한다. 이 해 11월에는 청와대에 경제수석비서관 자리를 하나 더 만들어 상공부 차관보였던 오원

철을 임명한다. 그에게는 핵무기 개발의 구체적인 내용을 기획하고 추진하는 임무가 주어졌다. 12월에는 오 수석에게 유도탄 개발 사업을 시작하라는 친필 지시도 내린다.

> * 신설된 경제2 수석비서관실은 중화학공업 및 방위산업에 관한 업무를 관장했으나 핵무기 개발에 관한 업무도 극비리에 부여되었다. 박 대통령은 1971. 12.6 국가비상사태를 선포했다. 美-中 화해 움직임 등 '국제정세의 급변' 및 '북한 괴뢰의 남침 준비에 광분하는 제 양상'이 비상사태를 선포하게 된 배경이었다. 박 대통령이 최형섭 장관에게 지시할 때 "15년 계획"을 수립하라고 한 것은 핵개발에 이 정도의 시간이 소요될 것으로 본데 있었던 것 같다.

유재흥 당시 국방부 장관의 증언에 의하면 박 대통령은 이때 두 가지를 강조했다. 하나는 "미사일을 개발해 압록강까지 때릴 수 있는 능력을 갖춰야 한다"는 것이고, 다른 하나는 "한국도 원자탄을 가져야 한다"는 것이었다.

朴 대통령은 1972년 연두 기자회견에서도 의미심장한 언급을 한다. "정부에서는 자주국방 체제를 갖추기 위해 준비를 하고 있는데, 그 중에는 국민들에게 알릴 수 있는 부분도 있고, 군사상 알릴 수 없는 분야도 있긴 합니다만…." 그는 또 "북한이 무슨 트집을 잡아 도발을 한 후, 미군은 다 돌아가고, 한·미 방위조약도 무산된 상황에서 미국이 군대를 보내서 우리를 도와주겠습니까?"라고 말했다.

> * 당시 청와대 출입 기자였던 하순봉은 그의 회고록(2010)에서 박 대통령이 1972년 초 김정렴 비서실장과 오원철 경제2수석을 집무실로 불러 "평화를 지키기 위해 핵무기가 필요하다. 기술을 확보하라"고 지시했다고 썼다.

朴 대통령 지시에 따라 오 수석은 1972.9.8 <원자 핵연료 사업 계획>이라는 2급 비밀 보고서를 박 대통령에게 제출한다. A4용지 9장 분량의 이 보고서에는 '핵무기 비교(도표)' '우리나라의 핵물질 보유를 위한 개발 방향' '우라늄 탄두와 플루토늄 탄두 장·단점 비교' 등의 내용이 들어 있었으며, '1980년대 初 高순도 플루토늄탄彈을 완성한다'고 해 목표시점이 명시되어 있었다.

이 보고서에는 또한 우리나라는 중수로형 원자로 방식으로 가야한다는 내용도 들어 있었다. 중수로형 원자로의 경우 플루토늄을 많이 뽑아낼 수 있을 뿐만 아니라 수소폭탄 원료가 되는 3중수소를 확보할 수 있는 장점이 있다는 것.

한국의 핵무기 개발 계획을 공개적으로 최초 언급한 문건은 1978.10.31 美 하원 국제관계위원회 국제기구소위원회가 발간한 <한·미 관계 조사보고서>이었다. 이 보고서에는 한국의 핵개발 문제가 다음과 같이 언급되어 있다.

> 「1970년대 초반에 한국이 핵무기 개발을 위해 몇 가지 조치들을 취했다는 징표가 있었다. 이 문제에 관한 상세한 내막은 본 소위원회 조사위원이 1978.2.28 '무기개발위원회'의 멤버였던 한국 정부의 전직 고위관리와 가진 인터뷰에서 밝혀졌다. 이 관리는 본 소위원회에서 '무기개발위원회'가 만장일치로 핵무기 개발에 착수하기로 결정했다고 말했다.」

> * '무기개발위원회'는 1970년 말 청와대 직속기구로 설치되어 비밀리에 운영된 조직이었다. 위원은 오원철 경제2 수석비서관, 국방부 장관, 상공부 장관, 과학기술처 장관, 국방과학연구소 소장 등으로 구성되어 있었다.

그레그 前 주한대사는 2011년 한 언론과 가진 인터뷰에서 한국이 핵무기 개발에 착수한 시점은 "대략 1972년 무렵"이었다고 말했다. 그는 1973~76년 CIA 한국지부장으로 있었기 때문에 관련 정보 접근이 가능했던 인물이다. 그레그는 이 인터뷰에서 미국은 1973년 한국이 핵무기 개발에 착수했다는 사실을 알게 되었다고 밝혔다.

> * 김종필 전 총리는 "우리 내부에 고자질하는 사람이 많아 美 국무부와 국방부, CIA는 한국의 비밀스러운 움직임을 제 손금 보듯 파악하고 있었다"고 증언했다.

한국이 핵개발을 언제 시작했느냐에 관해 CIA가 갖고 있던 정보는 그레그 대사가 말한 시점과 2년 정도 차이가 난다. CIA는 1978년 6월 작성한 <한국의 핵개발과 전략적 결정>이라는 보고서에서 "분명한 증거에 의하면 박정희는 1974년 12월 '890계획'이라는 암호명의 핵무기

기술 개발 프로그램을 재가했다"고 기술했다.

왜 시작했나

① 닉슨 대통령의 일방적인 수한미군 철수

朴 대통령이 핵무장을 결심하게 된 가장 직접적인 동기는 한국을 둘러싼 안보환경이 급격히 악화되고 있음에도 미국이 주한미군을 일방적으로 감축한데 있었다. 안보문제 전문가 피터 헤이즈는 박 대통령이 핵무기 개발을 결심한 것은 1971~72년에 있었던 주한미군 7사단 철수에 충격을 받은 결과라고 분석했다.

   * 현실주의 국제정치학자 미어샤이머 교수는 당시 박 대통령의 핵개발 시도는 지당한 것이었다고 했다.

닉슨 대통령은 1969년 7월 괌에서 '닉슨 독트린'이라는 것을 발표했다. 아시아 국가들은 이제 자국 안보는 자신이 책임지라는 선언이었다. 닉슨은 1969년 8월 샌프란시스코에서 박 대통령과 회담했을 때는 주한미군 감축은 없을 것이라고 약속했음에도 1971년 3월 제7사단 병력 22,000명을 일방적으로 철수시켰다.

닉슨 행정부는 7사단을 철수하는 과정에서 한국 정부와 일체 상의하지 않았다. 1970년 3월 포터 주한대사를 통해 일방적으로 통보했을 뿐이다. 박 대통령은 미국이 사전 협의 없이 이런 조치를 취한데 대해 실망과 분노를 느꼈다. 이즈음 박 대통령은 김종필 총리에게 "미군이 언제 떠날지 모르는데 원자폭탄을 연구해 보자. 핵무기를 개발하다 미국이 방해해 못 만들게 되면 언제든지 만들 수 있는 수준의 기술이라도 갖춰놔야 하지 않겠느냐"라고 말했다.

朴 대통령이 가장 걱정한 것은 한국이 재래식 군사력만 갖고는 북한을 당해낼 수 없다는 것이었다. 당시 북한군은 전력戰力 면에서 한국군보다 3배 정도 우위에 있었다. 게다가 북한은 언제든지 서울을 선제공격할 수 있도록 병력을 휴전선 가까이에 집중 배치해 놓고 있었다. 이

런 상황 때문에 북한의 선제공격을 억지할 수 있는 거의 유일한 수단은 주한미군의 전술핵무기였다.

당시 미국은 683개의 전술핵무기를 한국에 배치해 놓고 있었는데, 박 대통령은 만약 미군이 모두 철수하면 이 전술핵무기도 함께 철수될 수밖에 없을 것으로 보았다. 미군이 철수하면 對北 억지력이 무너지는 것은 불을 보듯 뻔했다. 닉슨 행정부의 일방적인 주한미군 철수가 박 대통령이 핵개발을 결심하게 된 가장 직접적인 동기였다.

* 미국의 남한 내 전술핵무기 배치는 1958년 시작되었다. 1958.1.28 280mm 핵砲와 어니스트 존 핵미사일이 배치되었다. 이후 1959년 1100km 까지 날아갈 수 있는 마타도어 크루즈 미사일 1개 비행중대가 배치되었고, 1961년에는 사정거리 1800km 메이스가 배치되었다. 이들 미사일의 사정거리로 보아 미국은 북한뿐 아니라 중국·소련도 염두에 두고 이런 미사일을 배치했음을 알 수 있다.

② 미국의 對韓 방위공약에 대한 신뢰 상실

朴 대통령이 핵개발을 결심하게 된 또 다른 원인은 미국의 對韓 방위공약을 믿을 수 없었던데 있었다. 방위공약을 의심하게 된 직접적인 계기는 닉슨 대통령의 일방적인 주한미군 철수였다. 한국의 안보를 미국의 공약에만 의존한다는 것은 치명적인 실수가 될 것임을 확신하게 되었다.

앞에서 상세히 살펴보았듯이, 1968년 1월 발생한 북한의 청와대 습격 사건과 이틀 뒤 발생한 푸에블로호 나포 사건은 박 대통령이 미국에 대해 가졌던 신뢰가 무너지는 단초가 되었다. 미국은 이 사태를 다루는 과정에서 한국 입장을 무시했다. 박 대통령은 북한에 대해 강력한 응징을 원했으나 미국은 그렇게 하지 않았다. 한국은 이런 문제들을 남북한 관계 차원에서 인식한 반면, 미국은 세계 전략적 차원에서 다뤘다.

푸에블로호 나포 사건으로 미국이 북한과 1대1로 협상 테이블에 마주 앉은 것은 한국 정부로서는 대단한 충격이었다. 박 대통령은 이때부터 미국을 의심의 눈초리로 보기 시작했다.

닉슨 대통령은 한국군이 베트남에 주둔하고 있는 기간 중에는 주한 미군을 철수시키지 않을 것이라고 했다가 느닷없이 22,000명을 철수시켰다. 당초 1971년 6월 말까지 철수시킬 것이라고 하더니 3개월이나 앞당겼다. 더 가관이었던 것은 애그뉴 부통령이 1971.8.25 박 대통령과의 회담에서 한 말을 몇 시간 후에 뒤집었던 일이다. 미국에 대한 신뢰가 떨어질 수밖에 없었다.

미국은 1971년 7월 닉슨 대통령이 다음해 2월 중공을 방문할 것이라고 발표한다. 한국 정부는 경악했다. 미국은 이렇게 중요한 사안을 우방인 한국에 일절 귀띔해주지 않았다. 미국과 중국이 한국 안보와 관련된 사항을 어깨너머로 흥정할 가능성을 심히 우려하지 않을 수 없었다.

美 행정부는 주한미군 감축을 보완하기 위한 조치의 일환으로 15억 달러 규모의 군사원조를 통한 한국군 현대화사업 지원을 약속했다. 그러나 박 대통령의 억압통치 등을 구실로 약속을 제대로 이행하지 않았다. 그나마 대부분의 원조가 대외군사판매FMS로 전환되었다.

朴 대통령은 미국이 1973년 베트남에서 발을 뺀 후 1975년 4월 남베트남이 패망하는 것을 보고 깊은 충격을 받았다. 한국도 미군이 철수하면 남베트남과 같은 운명에 놓이지 않는다는 보장이 없었다. 스나이더 주한대사가 1975.6.24 "미국의 불확실한 태도 때문에 박 대통령은 언젠가 닥쳐올 주한미군 철수에 대비하고 있고, 그 대책으로서 반대자 탄압과 핵무기 개발을 추진하고 있다"고 워싱턴에 보고한 사실에서도 이를 알 수 있다.

美 브루킹스연구소는 1979년 4월 <제3세계에서의 핵무장-미국의 정책적 딜레마>라는 보고서를 냈다. 레퍼버 조지타운대 교수는 이 보고서에서 "한국의 핵무장 동기는 북한의 군사 위험이 증가되지 않는다 하더라도 계속해서 직면해야 하는 불안감 증대와 불확실성 증가 그리고 미국이 안보 지원을 감소시키거나 아예 포기해 버릴지도 모른다는 끊임없는 공포에 있었다"고 하면서, 한국의 핵개발 여부는 "미국이 한국에 대한 강력한 군사지원 공약을 이행하느냐에 달려있다"고 분석했다.

朴 대통령이 핵개발에 나선 동기가 미국의 對韓 방위공약에 대한 신뢰credibility가 급감한 데 있었다는 견해는 그레그 前 주한대사로부터도 나왔다. 그는 언론 인터뷰에서 "내가 1973년 한국에 왔을 때, 미군이 베트남에서 철수했다. 박정희는 이걸 보면서 미국과의 동맹에 대한 믿음을 잃기 시작했다. 그가 핵개발에 나선 이유다"라고 말했다. 동맹이란 동맹 당사국 간 신뢰가 무너지면 유지될 수 없다. 당시 상황은 한미동맹이 거의 붕괴된 것이나 다름없었다. 원인 제공자는 닉슨 대통령이었다.

③ 자주국방 노력

朴 대통령에게는 격변하는 국제정세 속에서 한국의 안보를 어떻게 확보하느냐 하는 것이 최대 관심사였다. 적대관계에 있던 미국과 중국이 하루아침에 화해하는 상황, 중공이 유엔 안보리 상임이사국이 되는 상황, 주한미군이 일방적으로 감축되는 상황, 북한이 도발의 강도를 높이는 상황, 군사력 면에서 북한보다 열세에 놓여 있는 상황 등은 박 대통령으로 하여금 '자주국방'이 시대적 소명이라는 결론을 내리게 만든다.

朴 대통령이 가졌던 '자주국방' 개념은 스스로 나라를 지킬 수 있을 정도의 군사력을 갖추는 것을 의미했다. 그는 1970.1.9 연두 기자회견에서 "이제는 (미국에) 전적으로 의존해서 살 수는 없다. 이제부터는 자기 힘으로 어떻게 살아 나가는 길을 모색해야 한다. 북한 단독 침공에 대해서는 우리 단독의 힘으로 능히 이를 억제하고 분쇄할 수 있는 힘을 언제든지 빨리 갖추어야 한다"고 했다. 이처럼 박 대통령이 생각한 '자주국방'은 곧 '독자 방위력'을 의미했다. 다른 말로 '안보독립'이었다.

> * 박 대통령의 대한민국 근대화 전략은 단계적인 것이었다. 자신의 운명을 자신이 책임진다는 정신을 갖고 자립경제를 건설하고 자립경제를 기반으로 자주국방을 건설한다는 것이었다. 그는 스스로 자신을 지킬 수 없는 나라는 진정한 독립국가가 아니라고 믿었다.

朴 대통령은 1972년 들어 유난히 자주국방을 강조했다. 1972.7.20 국방대학원 졸업식 치사에서 "우리나라는 우리 국민이 지킬 수밖에 없습니다. 우리가 하고자 하는 일을 의연한 자세로 강력히 추진할 때, 그리고 미국이 도와주지 않더라도 우리는 끝내 해낼 수 있다는 능력을 보여줄 때 비로소 미국은 협조한다는 사실을 알아야 합니다. 이것이 바로 자주국방 입니다"라고 밝혔다. 우리가 우리 스스로 할 수 있다는 의지를 보여줘야 미국도 우리를 도와줄 것이라는 지적이었다.

朴 대통령이 자주국방을 강조한 것은 미국의 방위공약만 믿고 있을 수 없는 현실 때문이었다. 주한미군은 언제든지 떠날 수 있다. 시기의 문제다. 또한 그런 결정은 한국이 아니라 미국이 내리게 된다. 박 대통령은 이런 현실에 입각하여 긴 안목에서 전략적 선택을 했다. 그가 내세운 '유비무환', 즉 '미리 준비가 되어 있으면 걱정할 것이 없다'는 구호는 구호에 그치지 않고 실제적인 행동으로 옮겨졌다.

朴 대통령의 뇌리 깊은 곳에는 안보를 미국에 의존해서는 안 된다는 생각이 자리 잡고 있었다. 박 대통령은 자주국방을 열망했으며, 핵개발 계획도 이런 맥락에서 시작된 것이었다.

④ 미국에 대한 지렛대 확보

朴 대통령은 1971.11.10 오원철 수석을 불러 "주한미군 철수로 한국의 안보가 대단히 불안해. 미국한테 밤낮 눌려서 안 되겠어. 언제는 도와준다고 했다가 이제 와서는 철군해 버리니 언제까지 미국한테 괄시만 받아야 하는지… 이제는 좀 미국의 안보 우산에서 벗어났으면 좋겠어. 약소국가로서 큰 소리 칠 수 있는 게 뭐 없겠소?"라고 말했다.

이 말에서 박 대통령의 속마음이 드러난다. 그것은 '우리의 운명은 우리 스스로 개척해야 한다'는 것이었다. 또한 우리가 언제까지 미국의 압도적 영향 아래 살아갈 것인가라는 물음이었다. 한국의 정치 현실은 미국과 다를 수밖에 없다고 생각한 그는 미국이 한국의 대내외정책을 이래라저래라 하는 것이 심히 못마땅했다. 문제는 '이런 상황을 어떻게 벗어날 수 있는가'였다.

* 1963~1978 기간 중 대통령 비서실에서 근무(공보·정무비서관)한 심융택은

2013년 발간 저서에서 "박 대통령은 국가안보를 위해 어쩔 수 없이 미국의 요구를 받아들여야 하는 약소국의 수모와 비애를 당하며 좌절감을 느끼고 분통을 터트린 일이 한두 번이 아니었다"고 썼다. 박 대통령은 사대주의를 혐오한 민족주의적인 지도자였다.

朴 대통령은 한국이 원자력 분야에서 자체적인 능력과 기술을 갖추지 못하면 미국 등 핵 보유 국가들에 의존하지 않을 수 없고 이렇게 되면 한국은 핵연료 구입에 엄청난 예산을 써야 한다. 예산상의 과중한 부담은 차치하고서라도 핵연료 공급국에 대한 의존도가 심화되어 이들의 영향력에서 벗어날 수 없을 것이라는 사실에 주목했다.

스나이더 주한대사는 1976년 스코우크로프트 국가안보보좌관에게 "가장 걱정스러운 것은 한국이 핵무기와 미사일을 개발하여 독자적인 생존을 추구하고 자주성을 회복하고자 하는 박 대통령의 열망과 의지다"라고 보고했다. 스나이더는 박 대통령의 의중을 정확히 읽고 있었다.

朴 대통령의 핵개발 의도는 핵무기 보유 목적 외에도 외교적 카드로 사용하려는 목적이 있었다. 박 대통령은 한국이 핵무장을 할 수 있는 잠재적 능력이 있음을 내비침으로써 미국을 견제하고자 했다. 주한미군과 남한에 배치된 전술핵무기가 완전 철수되지 않도록 하고, 부수적으로 미국이 과도하게 한국 국내정치에 관여하는 것을 막을 수 있는 지렛대가 될 수 있을 것으로 생각했다.

* 당시 주한 美 대사관 직원들은 김대중·김영삼 등 야당 정치인을 수시로 만났다. 내정간섭적인 행위였다.

⑤ 자주·자립의지

1961.5.16 군사혁명을 주도한 박정희 소장은 그해 11월 서울에서 가진 외신기자 회견에서 "우리는 항상 미국에만 의존할 수는 없다. 언젠가는 그리고 어떤 방법으로든 우리는 우리 자신의 힘으로 일어서야 하며, 최소한 우리 자신의 힘으로 일어서도록 노력해야 한다"고 말했다. 그의 자주·자립정신을 읽을 수 있다.

美 국무부는 1968년 박 대통령이 "자긍심이 강하며, 독립적이고 민족주의적"이라고 평가했다. 박 대통령의 세계관은 현실주의 이론으로 가장 잘 설명될 수 있다. 그는 1976년 국방부 순시 때 "(한반도) 통일은 언젠가는 아마도 남북한이 실력을 가지고 결판이 날 것이다"라고 독백처럼 말했다. 남북분단 상황이 말에 의해서가 아니라 힘에 의해서 변경될 것이라고 보았던 것이다.

朴 대통령은 기회 있을 때 마다 자주와 자립을 강조했다. 이유가 있었다. 그는 미국이 한국 국내정치에 간섭하는 것을 아주 싫어했다. 미국의 강압에 비애와 좌절감을 느꼈다. 미국이 한국의 내정에 간섭하고 주권과 독립을 건드리는 일을 막아야 한다고 생각했다.

* 박정희 전기(전13권)를 쓴 조갑제 조갑제닷컴 대표는 "박정희는 한마디로 말하자면 '자주인'이었다"고 평한다.

박정희 정부에서 외무부 장관을 역임한 이동원은 "박 대통령은 핵무기를 가짐으로써 한국이 가지고 있는 여러 문제점, 이를테면 과도한 국방비 지출과 정치·군사적 독립, 그리고 對日 국력 열세 등을 한꺼번에 만회할 속셈이었다"고 술회했다.

朴 대통령은 1970년대 급변하는 국제정세와 주한미군이 철수되는 상황에 스스로 방위력을 확보하는 것 이외 대안이 없다는 결론에 도달한다. 전형적인 '현실주의' 세계관이었다. 박 대통령이 '자주'라는 단어를 자주 사용한 것은 그만큼 '자주'를 절실히 원했기 때문이었다. 그리고 그가 생각한 '자주'는 무엇보다도 나라를 지키는 일에서의 자조自助를 의미했다.

朴 대통령은 국가와 민족에 대한 자부심이 강한 민족주의자였다. 사대주의를 배격했으며 강대국의 압력이나 위협에 꺾이지 않았다. 자기 나라 운명은 자기 스스로 개척해야 한다는 신념이었고, 국가지도자로서의 투철한 책임감의 발로였다. 주한미군에 대해 "우리가 주한미군을 빨리 가라고 할 필요는 없지만, 간다는 데 가지 말아달라고 애걸할 필요도 없다"고 했다. 그의 자주·자립정신을 읽을 수 있었다.

당시와 같은 여건에 핵개발을 결심한다는 것은 보통 사람으로는 생각하기 어려운 일이었다. 그런데 박 대통령은 이런 결단을 내렸다. 어떻게 이런 일이 가능했을까? 이에 대한 답은 그의 자주정신과 도전정신에서 찾을 수 있다. 김동조 前 외무부 장관은 그의 회고록(2000)에서 "박 대통령이 대외관계에서 보여준 자주적 자세는 자주국방 체제를 구축하려는 노력, 그 중에서도 핵무기 개발에 관한 그의 집념에서 특히 잘 드러난다"고 썼다.

⑥ 북한과의 경쟁

朴 대통령에게는 남한과 북한 중 누가 먼저 핵개발에 성공하느냐 하는 경쟁심리가 있었다. 그는 북한이 먼저 핵을 갖게 되는 상황을 염두에 두었다. 국내외 정보망을 통해 파악한 바에 의하면 1970년대 초반 북한의 핵개발 계획은 상당히 진전되어 있었다. 북한은 이미 6·25 남침 전쟁 직후부터 핵개발에 관심을 갖고 영변 원자력연구센터를 중심으로 관련 활동을 해왔다.

1973년 말 박 대통령은 향후 6~10년 내 핵무기 개발을 완성한다는 목표를 세웠다. 계획대로 된다면 북한과의 핵 개발 경쟁에서 10여 년은 앞설 것이라고 믿었다.

朴 대통령은 약소국들이 핵무기를 보유하면 핵전쟁의 가능성이 높아진다는 주장에 동의하지 않았다. 미국 등 핵 강대국들은 약소국이 핵무기를 보유하면 무책임하게 사용할 위험성이 크다고 주장하는데 이는 맞지 않다고 보았다. 약소국이라고 해서 핵무기 사용과 같은 공멸을 자초하는 행동을 할 리가 없다고 생각했다. 남북한 간에도 '공포의 균형'이 생기면 오히려 군사적 충돌 가능성이 낮아질 것이라고 믿었다.

미국의 반대·위협·저지

당시 한국에는 핵개발에 필요한 인력이 전무全無했다. 미국 등지에서 한인韓人 과학자들을 비밀리에 불러들였다. 1973년 3월 주재양 박사를 스카우트해 한국원자력연구소 제1부소장에 임명했다. 그는 핵연료 분야 과학자였다. 주 박사는 부소장직을 맡은 직후 미국과 캐나다를 돌며 10여 명의 과학자를 초빙해 왔고, 이어 핵무기 관련 과학자 100여 명도 확보했다.

1973년 겨울 무렵 <핵무기개발계획서>가 朴 대통령에게 보고되었다. 개발 비용은 15~20이 밀며, 기간은 6~10년으로 삽았다. 핵폭탄은 20kt의 위력을 가진 것으로, 플루토늄에 의한 제조방식을 택했다.

  * 박 대통령은 1974년 9월 청와대에서 재미 물리학자 이휘소 박사를 만난바 있고, 1977년 3월 과 4월에는 친필 서한을 인편으로 전달했다. '조국을 도와 달라'는 내용이었다고 한다. 이 박사는 1977.6.16 의문의 교통사고로 숨졌다.

핵연료 再처리시설과 기술은 프랑스에서, 연구용 원자로는 캐나다로 부터 도입하기로 결정했다. 별도로 벨기에와도 교섭했다. 인도가 1974.5.18 지하 핵실험을 했다. 이는 한국에 직접적인 영향을 주었다. 미국이 각국의 핵무기 개발 동향을 면밀히 파악해 이를 저지하기 시작 했기 때문이다.

포드 행정부가 한국의 핵개발 움직임을 다루기 시작한 것은 1975년 들어서다. 미국은 1974년 11월 까지만 해도 한국이 캐나다로부터 원 자로를 구입하는 것에 대해 이렇다 할 반응을 보이지 않았다. 그러나 1975년 2월 한국이 핵무기 개발 초기 단계에 진입했다고 평가하고 신 경을 곤두세우기 시작했다.

  * 주한 美대사관이 1974.10.28 워싱턴에 보낸 전문에는 "우리는 현재 한국 의 핵무기 개발 가능성을 분석중이며, 지대지미사일 개발에 대해서도 주시하 고 있다"고 되어 있다.

포드 행정부는 한국의 핵무기 개발이 심각한 문제를 야기할 것으로 예상했다. 한국이 핵을 개발하면 북한도 할 것이고, 이는 중국과 소련 에 영향을 줄 것이다. 무엇보다도 일본이 핵개발에 나설 경우 이 지역 정세가 전반적으로 불안정해진다. 이런 사실은 다음과 같은 문서들에 잘 나타나있다.

▶1975.2.4 국무부가 스코우크로프트 국가안보보좌관에게 보낸 비망록

「한국의 국방과학연구소ADD는 미사일뿐 아니라 핵무기 생산을 목표로 하고 있다는 것이 우리의 판단이다. 이는 한반도 정세에 대단히 심각한 전략적 문제를 야기할 것이다.」

▶1975.2.28 백악관 국가안보회의 작성 비망록

「한국 정부가 핵무기 개발 초기 단계에 진입했다. 지금과 같은 방향으로 나아가면 동북아에서 결정적인 정세 불안 요인으로 작용하게 될 것이다. 우리의 기본 목표는 한국 정부의 핵폭발 능력이나 운반 수단을 개발하려는 노력을 단념시키고 억제시키는 것이다. 이를 위해 한국 정부가 민감한 기술과 장비에 접근하는 것을 미국의 독자적 행동으로 그리고 핵연료 공동 공급국들의 정책개발을 통해 막아야 한다.」

▶1975.3.4 키신저 국무장관이 한국・캐나다・프랑스・일본・오스트리아駐在 美 大使에게 보낸 전문

「워싱턴의 정보기관들은 한국이 앞으로 10년 안에 제한된 범위의 핵무기 개발에 성공할 것이라는 판단을 내렸다. 한국의 핵무기 보유는 일본・소련・중국 그리고 미국까지 직접 관련되는 이 지역의 가장 큰 정세 불안 요인이 될 것이다. 이는 한반도에 분쟁이 발생할 경우 소련과 중국이 북한에 대해 핵무기를 지원하게 되므로 한미동맹에도 심각한 영향을 미칠 것이다. 이 계획은 미국의 對韓 안보 공약에 대해 한국 측의 신뢰가 약화되었음을 의미하며, 朴 대통령은 對美 군사 의존도를 줄이려 하고 있다. 이 문제에서 우리의 근본적인 목표는 한국 정부로 하여금 이 계획을 포기하도록 하거나, 핵무기 또는 그 운반 능력을 갖지 못하도록 하는 것이다. 이런 노력은 다자간 협력을 통해 이루어져야 한다. 우리는 최근 프랑스에 대해 한국에 핵 재처리시설을 제공할 것인가 여부를 묻고 있는 중이다. 가까운 시일 안에 한국에 대해 분명한 정책을 수립할 계획이다.」

미국 정부는 한국의 핵 프로그램과 관련이 있는 프랑스・캐나다 정부와 이 문제를 공식 논의하기 시작한다. 우선은 이 문제를 핵 비확산 차원에서 다자적으로 접근하기 시작했다. 상기 1975.3.4자 전문에는 다음과 같은 구체적인 행동계획도 들어 있었다.

「미국은 핵기술 공급 국가들과의 공조로 한국이 민감한 기술과 장비에 접근하는 것을 막아야 한다. 한국에 대한 원자로 판매에서 IAEA의 안전규칙을 적용하는 것은 물론 한국이 자체 핵무기 개발에 이용할 가능성이 있다고 판단되는 민감한 기술과 장비들의 판매를 제한해야 한다.

…한국으로 하여금 핵확산금지조약NPT에 가입토록 압력을 가해야 한다.

…한국의 핵시설에 대한 우리의 첩보 및 감시 능력을 높이고 관련 분야에서 한국의 기술적 상태에 대한 정보를 확대해야 한다.」

* 한국은 1975.3.19 NPT에 서명하고, 4.23 비준했다.

스나이더 주한대사는 1975.3.12 워싱턴에 보낸 전문에서 朴 대통령의 핵개발 노력을 확고하게 제어하지 않으면 10년 內 그 목적을 달성할 수 있을 것으로 예상하고 한국 정부에 대해 조기에 단호한 조치를 취할 것을 건의했다.

「우리는 한국이 핵무기를 개발하는 데 필요한 시간은 10년이 훨씬 안 될 것으로 판단한다. 우리가 입수한 여러 정보들에 의하면 한국 지도부는 핵무기 개발에 높은 우선순위를 부여하고 있으며, 1980년대 초 그 결과가 나타나기를 기대하고 있다. 그것은 결코 불가능한 일이 아니다.

…우리는 한국과 접촉할 때 하나하나의 구체적 행동에서 모호한 태도를 취할 필요가 전혀 없다고 본다. 이 분야에 관한 한 한국은 아주 위험한 목적을 가진 끈질기고 터프한 상대다.

…한국이 핵개발 계획을 포기하려 한다는 조짐은 전혀 없다. 오히려 그들은 필요하다면 이중적 자세도 불사하려는 듯하다. 이 계획의 중요성, 그들의 거친 추진력, 우리의 깊은 우려를 감안할 때 우리가 조기에 확고하게 행동하는 것만이 최상의 성공 기회를 가져다 줄 것이라고 믿는다.」

이즈음 한국의 핵개발 프로그램은 착착 진행되고 있었다. 원자력연구소는 1975.1.15 프랑스의 CERCA社와 '핵연료 가동 연구시설 공급 계약'을 체결했고 4월 12일에는 생고뱅Saint-Gobain Techniques Nouvelles 社와 '재처리 연구시설 공급 및 기술용역시설 도입 계약'을 체결했다. 주재양 박사가 추진하고 있던 캐나다와의 연구용 원자로 도입

협상도 성사 단계에 이르렀다. 연구용 원자로와 핵연료 재처리시설만 확보하면 플루토늄 생산은 시간 문제였다.

스나이더 대사는 1975.4.30 朴 대통령을 면담하고 그 다음 날 다음과 같은 내용의 전문을 워싱턴에 보냈다.

> 「박 대통령은 미군이 한국에 주둔하는 향후 3~5년 이내 단거리 미사일을 개발하도록 지시해 놓고 있다고 밝혔다. 그는 만약 미국이 도와줄 태세가 되어 있지 않다면 한국으로서는 제3국으로부터라도 지원을 받아야 할 형편이라고 덧붙였다.
> …박 대통령은 주한미군 철수 계획을 한국 정부에 통보할 때까지 미사일 개발을 늦춘다면 그것은 너무 늦기 때문에 한국으로서는 '비 오기 전에 우산을 준비해 놓는' 조치를 취할 수밖에 없다고 말했다.
> …박 대통령은 주한미군 철수에 대비한 한국의 자주국방 계획을 구체적으로 밝혀 왔다. 그는 이번 면담에서 다시 한 번 주한미군 철수를 기정사실로 받아들이면서, 그래도 미군이 한국에 주둔해 있는 동안 자립적인 군수산업을 신속히 건설하겠다는 계획을 털어 놓았다.」

朴 대통령은 핵연료 재처리시설 도입을 둘러싼 한·미 간 갈등이 깊어지는 가운데 1975.6.7 美 시사평론가 로버트 노박과 인터뷰했다. 이 인터뷰에서 그는 "우리는 핵무기 개발 능력을 갖고 있으나 개발계획에는 착수하지 않았다"면서도 "만약 미국의 핵우산이 철수된다면 자구책으로서 핵무기 개발에 들어갈 것"이라고 말했다.

잉거솔 국무장관 대리는 1975.7.2 다음과 같은 내용의 비망록을 스코우크로프트 국가안보보좌관에게 보낸다.

> 「한국 정부는 핵무기 제조에 사용될 수 있는 플루토늄을 확보하기 위해 소규모 실험실용 재처리시설을 프랑스로부터 도입하기 위한 협상을 벌이고 있다. 한국은 가까운 시일 안에 잠재적 핵확산 사례가 될 가능성이 크며, 한국의 핵무기 획득은 극도로 위험하다. 미국의 중요한 이익에 직접적인 손상을 입힐 수 있다.

▶미국이 핵우산을 거두어들일 경우 한국이 핵 선택권을 행사하겠다고 한 박

대통령의 최근 언급에서 이점은 보다 명백해졌다.

▶만약 한국이 직접 플루토늄을 추출하게 될 경우 궁극적으로 핵무기를 보유하게 되거나 짧은 시간 안에 핵무기를 획득할 수 있을 것으로 가정할 수 있다.

▶한국은 미국으로부터 두 번째 원자로인 고리 2호기를 도입하기 위해 미국 수출입은행에 1억3200만 달러의 차관을 요청했고 추가적으로 1억1700만 달러의 신용보증을 요청했다. 케이시 수출입은행총재는 한국 內 사용 後 핵연료 문제에 우리가 만족하고 있다고 통보할 때까지 이 차관에 대한 청문회를 연기하기로 의회와 합의했다.

▶캐나다는 향후 한국에 대한 원자력 지원 문제에서 우리와 긴밀히 협의하기로 했다.

▶프랑스는 만약 프랑스 회사가 계약 취소에 따른 비용을 보상 받을 수만 있다면 우리의 계약 포기 요구에 반대하지 않을 수 있다고 암시했다.

▶국무부는 한국이 재처리시설 확보 계획을 포기할 가능성이 꽤 있다고 믿는다.」

이와 관련해 백악관 국가안보회의NSC는 7월 24일 국무부에 <핵 재처리 문제와 관련한 對한국 접근방안>이라는 공문을 보냈다. 한국의 핵개발이 일본에 미칠 영향을 우려했다.

「만일 한국이 재처리시설을 건설하기 시작한다면, 그것이 핵무기 프로그램에 심각하게 영향을 미칠 것이라는 것은 충분히 예상되는 일이다. 이러한 인식은 동아시아의 모든 나라들을 잠재적으로 불안하게 만들 것이다. 북한은 분명히 유사한 능력으로 동맹국들을 압박할 것이며, 중국·소련 양국은 그것을 그들 영도에 대한 잠재적인 핵위협으로 볼 것이나. 아바노 가상 슝묘한 것은 한국의 핵무기 개발이 일본에게 확산 균형의 구실을 제공할 수 있다는 것이다.」

스나이더 대사는 1975.8.19 최형섭 과학기술처 장관에게 재처리시설 도입 취소를 요구했다. 이에 최 장관은 재처리시설은 원자력개발 자립을 위해 필요하며 평화적 목적 이외의 다른 목적에 사용하지 않을 것이라고 대응했다. 그러자 스나이더는 만약 한국이 재처리시설 도입을 취소하지 않으면 양국 간 원자력협정이 어려워질 뿐 아니라 군사원조도 어려워질 것이라고 압박했다. 스나이더는 1975.9.8, 9.25, 10.23 세 차례나 노신영 외무차관에게 재처리시설 도입 포기를 요구하면서 그렇게 하지 않을 경우 양국 관계 전반에 큰 타격을 입게 될 것이라고 압박했다.

슐레진저 美 국방장관은 한·미 연례안보협의회 참석차 8월 27일 방한했다. 이때 그는 박정희 정부의 핵개발 시도를 포기시키라는 포드 대통령의 특명을 받고 있었다.

슐레진저는 약 4시간 동안 박 대통령을 면담했다. 그는 박 대통령에게 "한국이 자체적으로 핵무기를 개발하려는 노력은 소련이 한국을 핵무기로 위협하는 명분을 제공할 것이다. 한·미 관계를 손상시키는 단 하나의 요소는 다름 아닌 한국의 자체적 핵무기 확보 노력"이라고 하면서 양국 관계를 고려해 핵개발을 중단할 것을 요구했다.

슐레진저는 또한 "한국에 핵무기가 없는 것이 최상이다. 평양에 핵무기를 사용한다면 2~3만 명이 사망하지만 소련이 서울을 향해 핵공격을 가한다면 300만 명이 사망할 것"이라고 했다. 기자회견에서는 "주한미군이 핵무기를 최후 수단으로 보유하고 있는 것은 사실"이라고 말해 남한內 핵무기가 반입되어 있다는 사실을 처음으로 공개 언급했다. '미국의 핵우산을 믿고 자체적인 핵개발을 그만두라'는 말이었다.

슐레진저 후임으로 국방장관직을 맡은 럼스펠드는 서종철 국방장관과의 회담에서 한국이 핵무기 개발을 강행할 경우 안보 및 경제협력을 포함한 모든 관계를 재검토할 것이라고 말했다. 경우에 따라서는 한·미 관계 동결까지 갈 수 있다고 했다. 최고 수준의 압박이었다.

스나이더는 현지 대사로서 핵개발 저지에 총력을 기울였다. 그는 1975.10.31 워싱턴에 다음과 같은 전문을 보냈다.

「한국 정부는 프랑스로부터 실험용 재처리시설 구입을 취소하라는 우리의 요구를 두 번째로 거절했고, 현재 우리는 이 문제를 놓고 곤경에 처해있다. 한국의 이 같은 거절은 朴 대통령이 관여하는 가운데 심사숙고 끝에 내려진 결정임이 분명하다. 朴 대통령을 직접 접촉하는 방안만이 성공의 전망이 있다고 믿는다. 우리가 사용할 수 있는 카드는 많으며, 朴 대통령도 현실주의자다. 따라서 우선은 朴 대통령을 접촉하는 것이 가장 바람직하다.」

하비브 국무부 차관보는 1975.11.18 키신저 국무장관에게 미국 정부가 이 문제를 심각하게 제기하지 않으면 박 대통령은 그가 원하는 대로 밀어붙일 것이라고 하면서 가장 강력한 압력을 행사할 것을 건의했다. 하비브는 주한대사 재직 시에도 박 대통령에 대해 비판적이거나 고압적인 태도를 보인바 있다.

미국 정부는 하비브 차관보가 건의한대로 박 대통령에게 엄중한 입장을 전달하기로 한다. 하비브는 1975년 12월 박 대통령과 김종필 국무총리를 면담하고 '한국이 만약 프랑스로부터 재처리시설 도입을 강행할 경우 한·미 관계에 엄청난 영향을 미칠 것'이라는 입장을 전달했다. 한국 정부는 프랑스와의 계약을 재고할 의향이 있다고 밝혔다.

    * 하비브는 주한대사 재직 시 김대중 납치 사건 등을 다루면서 한국에서는
      중대한 사건이 발생 하면 대통령을 직접 상대해야 한다고 믿게 되었다. 그가
      방한해 朴 대통령을 면담한 것도 이런 판단에서 이뤄진 일이었다.

이즈음 미국 언론도 프랑스와 한국을 비난하면서 미국 정부 입장을 옹호하고 나섰다. <뉴욕타임스>는 1975.10.29자 사설에서 "프랑스는 플루토늄을 생산할 수 있는 기술과 시설을 한국에 판매하기로 결정함으로써 인류를 핵무기의 세계적 확산과 궁극적인 재난으로 이끌었다"고 주장했고, <워싱턴포스트>도 11월 6일자 사설에서 한국이 핵연료 재처리시설을 보유하게 되면 핵무기를 개발하려 할 것이라면서 재처리시설 수출은 통제되어야 한다고 주장했다.

한국과 프랑스 정부는 1975.11.13 프랑스 외무부에서 '韓·프랑스 원자력 협력 사업에 대한 양해각서'를 서명하기로 되어 있었다. 그런데 서명 예정시간 30분 前 프랑스 측은 돌연 서명을 연기한다고 한국 측에 통보했다.

한국 정부는 12월 30일 노신영 외무차관이 주한 프랑스대사를 불러 재처리시설 도입계약을 당분간 연기하기로 결정했음을 통보했다. 계약을 취소하는 것이 아니라 연기 또는 보류하고자 하는 것이라고 했다.

재처리시설 도입계약이 연기되자 주한 美 대사관은 다소 시간적인 여유를 갖게 된다. 스나이더 대사는 1976.1.5 워싱턴에 보낸 전문에서 미국이 한국에 대해 다음과 같은 입장을 전달할 것을 건의한다.

「▶ 한국이 미국의 깊은 우려를 인식하고 이 문제가 향후 한·미 관계 전반에 갖는 중대한 의미를 인식하고 있음을 높이 평가한다.
▶ 미국이 원하는 것은 바로 이 시점에 재처리시설 계약을 완전히 취소하는 것이다.
▶ 이 계약이 완전히 취소되지 않으면 美 의회와 국민들의 의혹은 더욱 증폭될 것이다. 따라서 미국 정부는 고리 2호기 借款 문제에 대해 의회의 승인을 받으려 노력하지 않을 것이다.」

스나이더 대사는 1976.1.12 김정렴 대통령 비서실장을 면담하고 재처리시설 도입을 '당분간 연기'할 것이 아니라 아예 '취소'해 줄 것을 요청했다. 이어 1월 22~23일에는 국무부 크러처 차관보가 최형섭 과학기술처 장관에게 재처리시설 도입을 취소하지 않는다면 고리 원자력발전소에서 사용할 핵연료 공급을 중단할 것이며, 주한미군이 갖고 있는 전술핵무기도 철수하겠다고 통보했다.

* 고리 원자력발전소는 1971년 건설을 시작해 1978년 4월 상업운전에 들어간다. 엄청난 예산이 소요되는 프로젝트였으나 박 대통령의 결단과 선견으로 시작되었고, 우리나라 원자력 에너지 자원 확보의 시발점이 되었다.

키신저 국무장관은 1976.1.24 캐나다 외무장관을 만났을 때 한국 정부의 핵개발 계획을 포기시키는 문제와 관련하여 "한국에 대해 결정타knockout blow를 날렸다"면서 미국의 압력이 통할 것으로 자신했다. 키신저가 장담한대로 한국 정부는 1월 26일 프랑스에 재처리시설 도입 계약 '파기'를 통보했다.

박동진 외무장관은 1976.2.3 뒤크로 주한 프랑스대사에게 "우리는 재처리시설 도입을 취소하게 된 것을 유감으로 생각한다. 이는 순전히 미국의 압력 때문이다. 우리는 다른 분야에서의 미국과의 협력을 생각하지 않을 수 없었으며, 미국이 원자력 분야의 기술협력을 제공한다는 조건하에 프랑스로부터 재처리시설 도입을 그만두게 되었다"고 말했다.

1976년 5월 럼스펠드 국방장관은 "한국이 핵무기 개발을 고집하면 한국에 대한 지원을 재고하겠다"고 말했다. 이즈음 美 의회는 한국에 대한 군사원조를 절반으로 삭감했다. 무서운 압력이었다. 결국 한국은 7일 ○고뱅사와의 재처리시설 건설 계약을 취소했다.

한국은 1976년 12월 캐나다로부터의 중수로 원자로 도입 계획도 중단했다. 美 CIA는 박 대통령이 이런 결정을 내린 것은 국방과학연구소의 성과가 초라했고 즉각적인 핵무기 개발 필요성이 없다는 것이 주된 이유라고 분석했으나, 실제 이유는 미국이 한국의 핵발전소 건설을 지원하지 않을 것이라는 위협 때문이었다.

朴 대통령이 '미국의 압력에 굴복한 것'은 핵개발을 포기한 것을 의미하지 않았다. 그는 1976년 11월 오원철 수석에게 이번에는 원자력산업을 전면적으로 추진할 것을 지시한다. 이에 따라 1976.12.1 원자력 대체사업을 추진할 한국핵연료개발공단이 설립되었다. 원자력 대체사업이란 재처리 핵심시설을 도입해 재처리 공장을 직접 만드는 일이었다. 이 사업의 주요 시설들은 계획대로 하나하나 성공적으로 추진되었다. 1978년 10월에는 핵연료가공시설이 준공되었고, 우라늄 정련전환 공장이 1979년 5월 완공될 예정이었다.

한국은 1975년 1월 캐나다와 중수로 도입 계약을 체결했다. 인도가 캐나다로부터 공급받은 중수로에서 나온 사용 後 핵연료를 갖고 플루토늄을 추출했기 때문에 미국과 IAEA는 중수로를 도입하려는 나라를 엄격히 감시하고 있었다. 한국은 1975년 4월 핵확산금지조약을 비준했다. 미국을 안심시키려는 전략이었다. 한국은 결국 캐나다로부터 중수로CANDU를 도입할 수 있게 되었다. 1977년 10월 월성 원자력발전소가 착공되었다.

* 월성 1호기는 1983년 4월 완공되었다. 월성 원전은 2007년부터 3重水素 제거장치가 설치되어 3중수소를 생산하고 있다. 한국은 3중수소제거 기술을 세계에서 두 번째로 개발했다. 중수소와 3중수소는 핵융합 물질로 수소폭탄 제조 필수 물질이다.

여기서 알 수 있는 것은 박 대통령이 우회 전략을 썼다는 것이다. 미국의 협조가 없으면 원자력 발전소를 건설할 수 없으니 일단은 핵무기 개발을 포기한 것처럼 보이도록 만들었다. 그러나 궁극적인 목표가 달라진 것은 아니었다. 필요하면 언제든지 핵무기를 만들 수 있는 수준까지 기술과 재료를 확보해 놓는다는 목표에는 변함이 없었다.

＊ 이때 시작된 원자력發電 사업은 한국이 세계적인 원자력發電 국가로 성장하는 발판이 되었다.

美 CIA의 1978년 6월 문건에 의하면 당시 청와대 참모들은 이스라엘 사례를 염두에 두고 있었다. 이스라엘이 핵무기 개발 의혹을 받는 가운데서도 미국의 군사지원이 계속되었던 사실과 유사한 일이 한국의 경우에도 가능할 것으로 보았다. 또한 한국 관리들은 "미국은 단기적으로는 무기 개발에 반대하지만 최종적으로는 한국의 독립적인 핵능력 필요성을 인정하고 허용할 것으로 믿었다"는 것이다.

미국, 일본에 대해서는 이중 잣대

미국이 한국의 핵개발을 강력히 저지한 것은 한마디로 핵확산에 대한 우려 때문이었다. 미국은 핵연료 재처리시설과 기술을 어느 나라에도 판매하지 않았다. 핵능력이 있는 나라들이 이를 경쟁적으로 판매할 경우 핵확산이 가속화되는 것은 불문가지였다.

또 다른 이유는 한국이 핵무장을 하게 되면 지역 정세를 불안하게 만드는 요인이 될 것으로 본데 있었다. 북한이 한국의 핵개발을 문제삼아 도발하거나 적어도 북한도 핵무장을 추진할 것으로 예상했다. 하지만 미국이 더 우려한 것은 한국의 핵무장이 일본의 핵무장으로 이어지는 것이었다. 일본이 핵을 갖게 되면 향후 미국의 동맹국 대열에서 이탈할 가능성이 높아질 것으로 보았다. 이는 어떻게든 막아야 할 일이었다.

또 다른 이유는, 한국에 대한 통제력을 유지하기 위함이었다. 한국이 핵을 갖게 되면 미국이 원하는 대로 한국을 컨트롤할 수 없게 된다. 김종필 前 총리는 미국이 그토록 집요하게 박 대통령의 핵개발을 막은 것은 "한국을 자기들 손바닥 안에 가두기 위해서"였다고 했다.

하지만 한국 정부는 한국이 1975년 핵확산금지조약 가입국으로 국제원자력기구의 감독·관할을 받으므로 평화적 목적으로 도입한 원자력 시설을 이용해 핵폭탄을 만들 수 없고, 핵확산금지조약이 핵무기 제조 이전 단계까지의 평화적 용도의 원자력산업 발전을 허용하고 있으므로 '핵 옵션'nuclear option을 누릴 수 있어야 하는데 한국에 대해서만 이를 부인하는 것은 부당한 차별이라고 주장했다.

  * 핵 옵션이란 핵 산업을 발전시켜 필요 시 그 산업을 핵무기 제조로 전환시킬 수 있는 것을 말한다.

한국의 이러한 주장은 근거 없는 것이 아니었다. 일본의 경우가 이를 입증한다. 일본은 '非核원칙'을 주장하면서도 강도 높은 핵능력 개발을 추진했다. 원자력 산업이 한국과는 비교가 안 될 정도로 발전하고 있었다. 그럼에도 불구하고 일본은 되는데 한국은 안 된다는 것은 분명히 이중 잣대였다.

이러한 미국의 이중적 태도를 입증하는 사례가 있다. 일본은 1977.11.10 핵연료 재처리 공장에서 사용 후 연료봉을 재처리, 그 폐기물을 분리해서 플루토늄을 추출하는데 성공했다. 이 플루토늄만 있으면 핵폭탄 제조가 가능하다. 그런데도 미국은 일본의 플루토늄 분리처리 공장 건설을 용인했다.

  * 일본은 현재 발전용 명목으로 플루토늄을 47.8t 갖고 있다. 이는 핵폭탄 6,000개 이상을 만들 수 있는 양이다.

사실 미국과 일본은 1977년 7월 이 문제로 날카롭게 대립했다. 카터 대통령은 일본의 핵연료 재처리 공장이 가동되는 것을 완강히 반대했다. 그는 1977년 1월 취임하면서 "지구상의 모든 핵무기가 제거 되어야 한다"고 선언했을 만큼 이 문제에 대해 분명한 소신을 갖고 있었다.

그런데 당시 일본주재 미국대사였던 맨스필드는 일본을 도왔다. 그는 상원 원내총무를 역임한 거물 정치인으로 일본의 핵연료 재처리 시설을 허용하는 것이 미국의 이익에 부합한다고 믿고 밴스 국무장관을 통해 카터 대통령에게 이 문제에 대한 자신의 견해를 보고했다. 일본에게는 원자력 개발이 국가적 과제라는 이유를 들어 미국 정부가 적절한 선에서 일본과 타협할 것을 건의했다. 이 보고를 받은 카터는 맨스필드의 건의를 받아들였다.

결과적으로 美 행정부는 핵연료 재처리 공장 가동 문제에 있어 한국과 일본에 각각 다른 잣대를 적용했다. 카터 행정부가 일본을 한국과 다르게 취급한 이유에 대해 미국의 한 당국자는 "미국은 일본이 핵무기를 소유하지 않으려는 강한 결의를 갖고 있다는 사실을 믿기 때문에 일본에 양보했다"고 했으나, 속내는 다른 데 있었다. 전략적인 것이었다. 일본은 미국의 對아시아 전략에서 없어서는 안 되는 파트너였다. 미국이 일본에 '특혜'를 준 진짜 배경이다. 이런 '특혜'를 줌으로써 일본이 실제 핵무기를 만드는 상황을 막고자 했다.

일본은 핵연료 재처리 시설을 보유해도 되는데 한국은 안 된다는 것은 명백한 차별이다. "A씨 주방에는 식칼이 있어도 되고 A씨의 이웃 B씨 주방에는 식칼이 있어서는 안 된다. 왜냐하면 A씨는 식칼로 다른 사람을 해칠 가능성이 없는데 B씨는 그럴 가능성이 있기 때문이다"는 논리였다.

  * 조 바이든 美 부통령은 2016.6.20 美 PBS 방송 인터뷰에서 "우리는 중국 측에 '만일 일본이 내일이라도 핵무장을 하면 무슨 일이 일어나는지 아느냐'고 말하고 있다. 일본은 사실상 하룻밤에라도 핵무기를 만들 능력이 있다"고 말했다.

지대지미사일 시험 발사 성공

1978.9.26 충남 서산군 안흥에서 한국 최초의 지대지地對地미사일 시험발사가 있었다. 박 대통령과 3부요인 · 합참의장 · 3군참모총장 · 주

한유엔군사령관 등 1백여 명이 참관했다. 시험발사는 완벽한 성공이었다. 이로써 한국은 세계에서 7번째로 지대지미사일을 자체적으로 개발·보유하는 나라가 되었다. 한국의 방위산업이 고도정밀과학 병기까지 만들어낼 수 있는 수준에 이르렀음을 말해주었다. 군사적으로 對北 억지력을 높였으며, 국내적으로는 자주국방에 대한 자신감을 높여 주었다.

朴 대통령이 지대지미사일 개발을 지시한 것이 1971.12.16이었으니 7년 만에 목표를 달성한 셈이다. 7년은 긴 시간이 아니었다. 이 사업을 시작할 당시 한국에는 아무런 기반이 없었다. 이 사업을 이끌었던 구상회 前 국방과학연구소 부소장은 "기본적인 미사일 개발 자료조차 없어 미국과 유럽 국가의 일간지나 잡지에 난 미사일 기사들을 참고하기도 했다"고 말했다. 그에 의하면 미국도 사거리 600km의 지대지미사일을 개발하는데 10년 걸렸는데 관련 기술과 인력이 전무한 상태에서 박 대통령은 1975년까지 국산 지대지미사일을 개발하라고 지시하면서 4년 기간을 주었다.

시험발사에 성공한 '백곰 미사일'의 사거리는 180km였다. 이는 휴전선에서 평양까지 직선거리였다. 미국은 한국의 미사일 개발이 핵폭탄 운반용 발사체라고 하면서 여기에 들어가는 엔진 기술 공급을 중지하려 했다. 미사일 사거리를 180km로 줄여 개발할 수밖에 없었던 까닭이다.

미국은 미사일 개발에도 제동을 걸었다. 백곰미사일 발사 시험이 성공하자 신경이 더욱 날카로워졌다. 앞에서 다룬 대로 이즈음 박 대통령은 중수로 4기 건설 등 核 자립을 추진하고 있었다. 한국이 지대지미사일을 개발하고 있다는 소문과 국방과학연구소가 이 사업을 위해 발주한 장비 내용이 미국에 알려지자 즉각 반대 의사를 전달했다. 스나이더 주한대사는 김정렴 대통령 비서실장에게 여러 차례 강하게 이의를 제기했다. 주한미군사령관도 백곰 개발을 맡은 국방과학연구소를 찾아가 개발 중단을 요구했다. 美 국방부 차관보는 "탄도미사일 개발 다음에는 핵을 개발할 것이냐"며 노골적으로 따지고 들었다. 카터 행정부는 백곰 시험발사 성공 이후 7명의 전문가팀을 국방과학연구소에 파견해 기술 출처를 파악하는 등 철저히 견제하기 시작했다.

> * 한국이 미사일 시험발사에 성공하자 美 측은 "주한미군에 장거리 미사일을 배치할 터이니 한국 자체 생산을 보류해 달라"고 요청했고, 박 대통령은 이를 받아들였다.

朴 대통령은 미국의 이러한 반대에 대해 "북한에는 프로그 미사일 등 서울을 공격할 수 있는 무기가 많은데 우리는 평양을 공격할 수 있는 무기가 하나도 없다. 북한이 미사일로 서울을 공격한다면 우리도 대응할 수 있는 무기를 갖고 있어야 한다는 것은 군사적인 상식이 아닌가"라고 반박했다. 당시 박 대통령은 북한이 오산까지를 사정권 안에 두는 소련제 프로그 미사일을 배치하자 평양까지 도달할 수 있는 미사일을 미국으로부터 도입하려 했으나 미국이 이를 거부해 자체개발을 지시했던 것이다.

> * 미국은 한국의 미사일 개발을 제도적으로 막으려 했다. 이런 배경에서 1979년 '韓·美 미사일지침'이 마련되었다. 이 지침은 위컴 주한미군사령관이 서한으로 "한국이 개발하는 탄도미사일은 사거리 180km 이내, 탄두 중량 500kg 이내로 제한해야 한다"고 요구하고 노재현 국방부 장관이 이를 수락한다는 회신을 하는 형식으로 성립되었다.

한국은 미사일 개발에 필요한 장비와 시설을 미국에서 도입해야 했는데 이를 위해서는 美 국방부의 승인이 필요했다. 한국 정부가 美 국방부 군수물자통제위원회와 협력할 수밖에 없는 이유였다. 미국이 한국이 개발하는 미사일의 사정거리를 제한할 수 있는 레버리지가 여기에 있었다.

> * 백곰미사일 개발 시 미국의 일부 지원이 있었지만 관성항법장치INS 등 핵심 장비가 없어 영국 등으로부터 비밀리에 들여왔다. 미국의 지원을 받을 수 없었기 때문이다.

당시 한국은 미사일을 개발할 수 있는 나라가 못되었다. 기술 수준은 말할 것도 없고 미국의 견제도 만만치 않았다. 하지만 박 대통령의 강력한 의지와 지원 그리고 국방과학연구소 연구원들의 열정과 헌신적 노력이 있어서 가능했다.

핵개발은 박 대통령의 대전략

朴 대통령은 한국 방위에서 주한미군이 차지하는 역할을 내란히 중요시했다. 1969년 8월 닉슨 대통령과의 정상회담을 앞두고 <유에스앤드월드리포트>와 가진 회견에서 "제주도를 미군 기지로 제공할 용의가 있으며, 필요하다면 핵무기를 배치하는 것도 허용할 것"이라고 언명했을 정도였다.

제주도 핵기지화核基地化 구상은 닉슨 대통령의 주한미군 감축설이 나오기 이전부터 한국 정부에 의해 거론되었다. 1969.3.15 정일권 국무총리가 오키나와 미군기지 이전 장소로 제주도를 제공할 용의가 있음을 표명한 적도 있고, 박 대통령도 1969.6.1 <워싱턴포스트>와의 회견에서 오키나와 미군기지를 제주도로 이전하겠다면 필요한 부지를 제공할 용의가 있다고 했다.

朴 대통령의 핵무장 의도를 단순히 군사·안보적 측면에서만 설명하기에는 부족한 점이 많다. 핵개발이라는 것은 당대뿐 아니라 후세에까지 영향을 미치는 국가 大전략에 속하는 문제이기 때문이다.

> * 박 대통령은 核이 지니는 국제정치적·전략적 함의를 잘 알고 있었던 것으로 보인다. 그는 전략적 혜안이 있는 지도자였다.

朴 대통령은 1975년 6월 <워싱턴포스트>와의 인터뷰에서 핵개발에 관해 처음으로 언급했다. 이 언급을 주의 깊게 읽어보면 당시 박 대통령이 어떤 전략적 계산을 하고 있었는지를 알아낼 수 있다. <워싱턴포스트>는 1975.6.12 다음과 같은 인터뷰 기사를 실었다.

> 「박정희 대통령은 설사 美軍이 한국에서 철수하더라도 한국 국민은 끝까지 나라를 지키기 위해 싸울 것이라고 다짐하면서, 만약 미국이 핵우산을 철회하면 한국은 자신의 핵무기를 개발할 수 있고 하게 될 것이라고 말했다.

…박 대통령은 미국의 공약에 대해 반신반의하는 한국인이 많았고 아직도 많다고 말했다. …박 대통령은 만약 미국이 한국을 버린다면 한국은 핵무장을 추진할 것임을 처음으로 확인했다. 그는 우리는 그 능력을 갖고 있지만 개발하고 있지 않으며 핵비확산조약을 지키고 있다고 말했다. 그러면서 만약 미국의 핵우산이 제거된다면 우리는 우리 자신을 살리기 위해 핵개발에 착수할 수밖에 없다고 직설적으로 부연했다.」

한국 정부는 미국이 프랑스·캐나다 등 관련국들에 압력을 가하는 상황과 美 수출입은행의 지원을 얻는 것이 불가능한 상황을 극복할 수 있는 방법이 없었다. 그렇다면 어떻게 할 것인가. 박 대통령은 재처리 시설 도입을 중단하는 대신 미국으로부터 반대급부를 얻어내야 한다고 생각했다. 박 대통령이 원한 것은 주한미군의 계속 주둔이었다. 그래야 주한미군이 갖고 있는 전술핵무기가 유지되고 이것이 북한에 대한 억지력이 될 수 있다고 믿었다. 그렇게 되면 한국은 자주국방을 추진하는데 필요한 귀중한 시간을 벌 수 있다. 〈워싱턴포스트〉 인터뷰의 행간을 읽으면 박 대통령은 핵개발 카드를 미군과 전술핵무기를 계속 잡아두기 위한 對美 카드로 쓰고 있었음을 알 수 있다.

朴 대통령이 공개적으로 핵개발 가능성을 내비친 것은 이 인터뷰가 처음이었다. 이 같은 공개적인 언급이 있기 전에는 핵의 평화적 이용을 내세우면서 핵개발을 추진했다. 그러나 이 언급을 한 이후에는 평화적 이용과 핵무기 개발을 동시에 강조했다. 핵무기 개발 가능성을 공개적으로 언급함으로써 주한미군과 전술핵이 계속 남아있도록 만들려 했다.

핵개발 의지는 살아 있었다

박 대통령 지시에 따라 1976.12.1 한국핵연료개발공단이 설립되었다. 이 공단은 핵 재처리 사업을 '화학처리 대체사업'으로 이름을 바꿨다. '재처리 대체사업'이라고 해야 정확한 표현인데 '재처리'라는 용어의 민감성 때문에 '화학처리'라는 용어를 썼던 것이다. 박 대통령은 이즈음 오원철 수석에게 핵 재처리 시설과 원자로를 자체 개발하라고 지시했다. 핵개발에 대한 그의 집념을 읽을 수 있다.

朴 대통령이 다시 핵개발에 눈을 돌린 것은 미국에서 카터 행정부가 출범한 것과도 관련이 있다. 카터는 1977.1.20 취임 후 불과 1주일도 안 되어 주한미군 제2사단과 전술핵무기 철수 계획을 마련도록 지시했다. 주한미군 철수는 번복할 수 없는 결정이었다. 박 대통령은 주한미군과 전술핵무기가 완전히 빠져나가는 상황을 보고만 있을 수 없었다. 박 대통령이 이런 상황에 어떻게 대응하려 했는지는 그의 딸 박근혜의 다음과 같은 언급에서도 잘 나타난다.

「(아버지는) 우리는 핵을 가져야 살 수 있다는 말씀을 자주 하셨어요. 1969년 '닉슨 독트린'이 발표되면서 한반도에서 미군이 철수할 가능성이 제기되었지요. 이런 불안감에서 아버님은 핵개발을 시작하기로 결심하신 것 같아요. 그러다가 포드 대통령이 한국에 와서 아버님을 안심시킨 것 같아요. 대통령이 바뀌어도 한국에 대한 방위공약은 변하지 않을 것이라고 말입니다. 그래서 핵개발을 포기하셨지요. 그런데 카터 대통령이 집권하자 주한미군과 핵을 빼가겠다고 나왔어요. 아버님은 한번 미군이 철수하면 再개입은 어렵다고 판단하시고 다시 핵개발에 착수하신 것입니다.」

朴 대통령은 1977년 3월 在美 물리학자 이휘소 박사에게 "이 박사님, 조국을 건져 주십시오. 이제 의존하던 시대는 종막을 고할 때라고 사료됩니다. 우리가 독자적으로 핵무기를 개발해서 감히 누구도 넘볼 수 없도록 해야겠습니다. 조국의 운명이 위기에 놓인 상황에서 감히 박사님께 애원합니다. 박사님의 건강을 엎드려 비옵니다. 77년 3월 18일 대통령 박정희 배상"이라고 썼다.

朴 대통령은 1977.5.20 청와대 출입 기자들과 가진 비공개 간담회에서 "우리가 핵무기를 만들 능력은 있다. 이번에 하비브 특사가 오면 (주한미군이 갖고 있는) 핵을 철수시킬 것인지 분명히 따지고 만약 핵을 거둬간다면 우리가 핵무기를 개발하는 것을 막을 이유가 없다고 말할 것이다"라고 했다. 이틀 뒤인 5월 22일에는 청와대 비서진들과 식사를

함께한 자리에서도 비슷한 말을 했다.

카터 행정부는 1977년 5월 1982년 말까지 주한미군을 완전 철수할 것이라고 일방적으로 통보해 왔다. 한국은 미국의 對韓 방위공약을 신뢰할 수 없게 되었다. 서부전선에 배치된 제2사단은 북한의 남침이 있을 때 미국이 자동으로 개입하게 되는 소위 '인계철선' 역할을 하고 있었다. 미국이 주한미군과 함께 전술핵무기도 철수시킨다고 하는 것은 북한과의 군사력 균형을 무너트리는 일이었다.

인계철선은 그동안 전쟁 억지 효과를 주었다. 美 보병사단이 휴전선에서 이런 역할을 한다는 것은 공군이나 해군력으로는 대체할 수 없는 전쟁 억지 효과가 있었다. 그렇기 때문에 한국 정부는 美 보병사단의 휴전선 주둔이 미국의 강력한 방위공약의 상징이라고 생각했다. 미국의 입장에서 보면 주한미군 및 전술핵무기 철수는 미국이 또다시 한반도 전쟁에 개입하게 되는 요인을 원천적으로 제거하는 일이었다.

<워싱턴포스트>는 1977.5.30자 사설에서 한국으로 하여금 자주적인 방위수단의 하나로 핵개발을 결심하게 만든 것은 미국이라고 다음과 같이 썼다.

> 「한국에 전술핵을 배치하고 그로써 한국군의 핵무기 보유 욕구를 자극한 것은 바로 미국이다. 그리고 주한 美 지상군을 철수함으로써 전쟁 발발 시 미국의 자동 개입을 보장하는 요소를 제거해 한국인들이 미국으로부터 버림받았다는 느낌을 갖게 하고 자주적인 방위수단의 대안으로 핵무기를 고려하게 만든 것도 바로 미국이다.」

박동진 외무부 장관은 1977.6.29 국회외무위원회에서 "우리는 핵확산금지조약에 서명했으므로 우리의 기본입장은 우리가 독자적으로 핵무기를 개발할 의도가 없다는 것이다. 그러나 만약 국가의 안보이익과 국민들의 안전을 위해서 필요하다면 한국은 주권국가로서 이 문제에 관해 독자적인 판단을 할 수 있다"라고 말했다. "독자적인 판단을 할 수 있다"는 것은 핵무장 옵션이 테이블 위에 놓여 있다는 의미였다. 한국 정부는 이런 자세를 취함으로써 주한미군이 완전 철수할 경우 어쩔 수 없이 핵개발에 들어갈 것임을 시사했다.

이런 입장은 정당한 것이었다. 핵무장과 핵기술 개발을 구분했다는 점에서 그랬다. 불가피하게 핵무장을 해야 하는 상황이 발생하면 우리는 그때 이미 준비가 되어 있어야 한다는 생각이었다. 한국도 핵 옵션을 가져야 하니 미국이 이것을 막지 말아달라는 주문이었다.

美 중앙정보국CIA은 1977년 8월 〈한국에서의 핵무기 철수의 영향〉이라는 보고서를 만들었는데, 이 보고서는 다음과 같이 전술핵무기 철수를 부정적으로 평가하는 내용을 담고 있었다.

「▶북한은 미군 지상 (핵)무기 철수를 지상군 철수에 따른 당연한 결과로 볼 것이다. 공중 (핵)무기의 철수는 전쟁이 날 경우 미국이 핵무기를 재도입할지 의심하게 만들 것이다.
▶북한은 핵무기와 관련된 미국의 의도를 모호하게 볼 것이다.
▶남한은 핵무기 전면 철수를 향후 전쟁에서 미국이 핵무기를 사용하지 않을 것이라는 신호로 간주할 것이다.
▶한국은 핵무기 프로그램을 재개하고 싶어 할 것이다.
▶동맹으로서 對美 신뢰 감소와 북한의 공격적 전략은 朴 대통령으로 하여금 핵무기 프로그램을 재개하도록 만들 가능성이 있다.」

CIA 보고서는 주한미군 철수 문제가 그렇게 단순한 문제가 아님을 함축하고 있다. 예컨대 이 보고서는 "주한미군 철수가 박 대통령으로 하여금 핵무기 프로그램을 재개하도록 만들 가능성이 있다"고 적시했다. 한국 정부는 1978년 또다시 프랑스로부터 재처리시설 도입을 비밀리에 추진했다. 이번에는 카터 대통령이 직접 나서서 이를 저지했다.

CIA는 1978년 6월 〈한국의 핵개발과 전략적 결정〉이라는 종합보고서를 작성했다. 이 보고서는 박 대통령이 1974년 핵무기 개발을 본격화했지만 현재는 실제로 핵탄두를 만들 것인지 결정하지 않았으며, 향후 수년간 박 대통령이 핵탄두나 미사일 생산을 결정하는 상황에 직면하기를 원치 않을 것으로 예상했다. 이 보고서는 나아가 현재로서는 핵무기 개발, 우라늄 농축 및 재처리 능력 확보, 핵분열 물질의 축적과 관련된 증거는 없다고 했다. 이 보고서는 그러나 한국이 수년 내 핵무기 제조를 결정할 가능성이 있고, 이런 결정을 함에 있어 가장 중요한 요소는 對韓 방위공약의 신뢰성과 북한의 위협이라고 했다. 정확한 분석이었다.

朴 대통령은 1978년 9월 강창성 당시 보안사령관에게 이렇게 말했다. "국방과학연구소가 추진 중인 핵무기 개발이 95% 진전되었다는 보고를 받았다." 이 사실은 강 의원이 1993년 국회 국방위원회 국정감사장에서 밝힌 것이다. 95%에 도달했다는 것은 과장일 가능성이 있다. 정확히 어느 정도 수준에 도달했는지 알 수 없으나, 박 대통령이 미국의 집요한 반대에도 불구하고 핵기술 개발을 계속했음을 알 수 있다.

이런 평가는 당시 CIA가 갖고 있던 정보와는 차이가 있었다. CIA는 1978년 9월 <한국: 핵 옵션에 관한 공개적 논의>라는 제목의 보고서에서 「1)핵개발에 대한 한국 內 논란이 한국 정부가 실제 핵무기를 확보하려는 것은 아니다. 2)핵무기 개발이라는 목표를 직접적으로 지원하는 새로운 연구나 개발 움직임이 있는 것은 아니다. 3)만일 한국 정부가 실제 핵무기 개발을 몰래 추진하려 했다면 이런 사실을 광고하려 하지 않았을 것이다」라고 분석했다.

1978년 10월 핵연료 가공시설이 완공되었다. 박 대통령은 1979년 들어 기회 있을 때마다 비밀리에 연구소에 들러 과학자들을 격려했다. 1979년 5월에는 우라늄 정련·전환 공장 기공식이 예정되어 있었다. 연구용 원자로 건설도 1979~1981 사이 완성을 목표로 추진되고 있었다. 당시 관련 사정에 밝았던 한 인사에 의하면 박 대통령의 핵무기 개발에 대한 집념이 대단했고, 핵개발에 관여한 과학자들의 열의도 보통이 아니었다. 한국원자력연구소KAERI와 한국핵연료개발공단은 1981년이나 1982년이면 핵무기를 제조할 수 있을 것으로 확신했다.

朴 대통령은 1979.1.3 부산 해운대 해변을 거닐며 선우련 공보비서관에게 이렇게 말했다. "나 혼자 결정한 비밀사항인데, 2년 뒤 그만둘 생각이다. 1981년 전반기에 핵폭탄이 완성된다고 국방과학연구소장으로부터 보고를 받았다. 10월 1일 국군의 날 기념식 때 핵무기를 내외에 공개한 뒤 그 자리에서 하야 성명을 낼 거다. 핵폭탄이 생기면 김일성이 남침을 못한다. 북괴가 남침을 하더라도 우리가 핵을 사용하면

북한도 날아갈 것 아닌가. 쳐내려오지 못하게 하는 것이다. 공격을 위해서가 아니라 방어용이다." 핵개발이 북한 도발을 억지하는 효과를 염두에 둔 것이었음을 알 수 있다.

* 박 대통령은 1977년 중반부터 은퇴 후 집필하려는 회고록 자료를 준비했다 한다.

강창성 보안사령관과 선우련 공보비서관이 한 말이 사실이라면 당시 한국은 핵무기 개발에 상당한 진전을 이뤘던 것 같다. 추측이지만, 박 대통령이 시해되는 1979년 10월 경 한국의 핵개발 계획은 거의 완성 단계에 이르렀을 수도 있다. 박 대통령은 10·26사태 직전 우라늄 농축용 분말 옐로케이크(정제 우라늄으로 노란색)를 선물 받았다. 이 시점에 한국 기술진은 우라늄이든 플루토늄이든 핵연료를 100% 확보할 수 있는 기술력을 갖고 있었던 것으로 보인다.

1979년 2월 중순 '박 대통령이 핵개발을 완료하면 은퇴할 것'이라는 소문이 느닷없이 나돌았다. 확인되지 않은 '소문'에 불과했지만 일축할 수 없는 것이었다. 미국 관계자들은 깜짝 놀랐다. 한국이 어떻게 핵개발 완성 단계에 와 있다는 것이며, 그것이 사실이라면 미국은 철저히 속은 것이라고 생각했다.

카터 대통령은 1979.6.30 청와대에서 박 대통령과 회담을 가졌다. 훗날 '최악의 한·미 정상회담'으로 불린 이 회담에서 카터는 핵문제를 우회적으로 간단히 언급했다. 박 대통령은 한국이 원하는 것은 원자력 빌진이라고민 언급했디.

카터 방한 이후 한국의 국내정세는 혼미를 더해갔다. 야당인 신민당의 김영삼 총재가 1979.10.4 국회에서 제명되었다. 김 총재는 재야세력들과 연대해 반체제투쟁을 격화시키고 있었다. 워싱턴은 바로 그 다음 날 글라이스틴 주한대사를 소환했다. 대사 소환은 엄중한 정치적 메시지를 전달하는 행위. 카터가 박 대통령에 대해 최고 수준의 불만을 표시한 것이다.

10월 13일에는 카터 대통령이 직접 나서서 김영삼 총재 제명을 공개적으로 비난했다. 명백한 내정간섭이었다. 서울에서의 소요 사태는

10월 15일 김영삼 출신 지역인 부산과 마산 지역으로 이어졌고, 정국이 극도로 혼미한 가운데 김재규 중앙정보부장은 10월 26일 박 대통령을 시해했다.

전두환 정부, 핵개발 전면 중단

1980년 5월 신군부가 집권하면서 원자력 기술 개발은 전면 중단되었다. 전두환 정부는 1980년 12월 한국원자력연구소와 핵연료개발공단을 한국에너지연구소KAERI라는 이름으로 통합시켰다. '원자력'이나 '핵'이라는 단어가 들어가지 않도록 했다.

백곰미사일 양산을 위한 실용개발도 중단되었다. 이 사업을 총 지휘해온 심문택 국방연구소 소장과 개발 총책임자였던 구상회 부소장이 해임되었다. 1982년 12월 말에는 국방과학연구소 인원의 3분의 1에 해당하는 839명이 본인 의사에 반해 연구소를 떠났다. 연구소 기능이 거의 마비되다시피 했고, 오랜 기간 많은 예산을 들여 양성한 고급인력을 한꺼번에 잃었다.

* 이런 현상을 "박정희의 자주국방론에 대한 총성 없는 총살"로 부르는 사람도 있다. 전두환 정부의 이 같은 對美 자세는 박정희 정부의 경우와 확연히 달랐다.

新군부 집권 이후 核 관련 중요 문서들도 모두 없어졌다. 핵개발에 관여했던 핵심 인사들은 철저히 격리돼 수년을 보안당국의 감시아래 살았다. 오원철 前 수석은 "신군부 집권 後 감시와 통제로 10여 년 간 정상적인 사회생활을 하지 못했다"고 밝혔다. 그는 2014년 10월 한 토크쇼에 출연, "전두환이 나를 10년을 못살게 굴었다. 국무회의 석상에서 나를 광화문에서 포살하라고 지시했다"고 말했다.

전두환 정부는 여기서 그치지 않았다. 미국으로부터 첨단무기를 직구매하는 방식으로 방위력 증강 정책을 전환하면서 박 대통령이 심혈을 기울여 추진해 오던 자주국방·방위산업 육성 사업을 거의 중단하다시피 했다.

이런 조치들이 취해진 배경에는 미국이 있었다. 레이건 행정부도 전임 카터 행정부와 마찬가지로 한국의 핵개발을 저지하려 했다. 신군부 집권을 지지해주는 대가로 핵·미사일 개발을 확실히 포기하도록 만들었다.

박 대통령은 안보 완벽주의자였다

닉슨 행정부가 1970년대 초 중국과의 역사적인 화해를 추구하면서 미국의 전략적 계산이 변하기 시작한다. 중국과 화해하면 북한의 對南 위협이 감소될 것으로 보았다. 미국이 인식하는 한국의 전략적 가치가 감소하는 현상이었다.

닉슨·포드 행정부에서 국가안보보좌관과 국무장관직을 수행한 키신저는 미국과 소련이 긴장완화를 추구하고 있고 미·중 관계가 개선되는 상황에 북한이 또다시 남침 전쟁을 벌이는 일은 없을 것으로 보았다. 설사 북한이 남한에 대해 도발을 하더라도 6·25전쟁 때처럼 美·中·蘇가 개입해야 하는 상황으로까지 발전하지는 않을 것으로 보았다.

따라서 美 행정부는 분단 상황을 평화적으로 관리하는 것이 최상이라고 생각했다. 이를 위해서는 한반도에서 핵무기와 같은 대량살상무기의 확산을 막아야 한다. 이것이 미국의 이익에 부합했다. 박 대통령의 핵개발은 이러한 미국의 이익을 해치는 일이었다.

한국이 핵무기를 보유하게 되면 미국의 한국에 대한 통제력이 결정적으로 약화된다. 일본도 미국의 핵우산에서 벗어나 핵무장으로 나갈 가능성이 커진다. 이것은 미국이 바라는 바가 아니다. 여기에 한국이 핵무기를 갖게 되면 고가의 재래식 무기를 미국에서 구입해야 할 이유가 줄어든다. 이는 미국 군수 업체의 이익에 반한다.

1977년 출범한 카터 행정부는 인권상황을 내세워 박 대통령을 코너로 몰았다. 대통령이 직접 나섰고 의회도 가세했다. 카터가 박 대통령을 심하게 몰아붙인 것은 그의 핵개발 노력과 무관치 않았던 것으로 보인다.

박 대통령은 철두철미 한국의 관점에서 한국의 이익을 추구했다. 그는 '한강의 기적'이라는 경제발전 신화를 창조했지만, 실은 안보를 경제보다 더 중요시하고 우선시했다. 김정렴 전 대통령 비서실장에 의하면 박 대통령은 국방에 50~60%, 경제에 30~40%, 국내정치에 10% 이하의 시간을 썼다 한다.

7장. 노무현 대통령의 '동북아 균형자론'

노무현 대통령은 2005년 3월 '동북아 균형자 역할'이란 것을 내놓았다. '대한민국이 동북아에서 균형자 역할을 해야 한다'는 발상은 뜨거운 논란을 불러일으키다가 얼마 후 언제 그런 일이 있었느냐는 듯 사라졌다. 그 전말을 살펴보자.

盧 대통령의 관련 발언

▶우리 군대는 스스로 작전권을 가진 자주 군대로서 동북아시아의 균형자로서 동북아 지역의 평화를 굳건히 지켜낼 것입니다. (2005.2.25, 대통령 취임 2주년 계기 국회연설)

▶(한국은) 동북아시아의 균형자 역할을 할 수 있는 국방력을 키워가고 있습니다. (3월1일, 3·1절 기념사)

▶이제 우리를 지킬만한 넉넉한 힘을 가지고 있습니다. 누구도 감히 넘볼 수 없는 막강 국군을 가지고 있습니다. …동북아시아의 세력 균형자로서 이 지역의 평화를 굳건히 지켜낼 것입니다." (3월8일, 공군사관학교 졸업식 치사)

▶이제 우리는 한반도뿐만 아니라 동북아시아의 평화와 번영을 위한 균형자 역할을 해나갈 것입니다. …앞으로 우리가 어떤 선택을 하느냐에 따라 동북아의 세력판도는 달라질 것입니다. (3월22일, 육군3사관학교

졸업식 치사)

▶우리 외교는 동북아 질서를 평화와 번영의 질서로 만들기 위해 역내 갈등과 충돌이 재연되지 않도록 균형자로서의 역할을 담당하는 실용적 외교를 실현해야 한다. (3월30일, 외교통상부 신년 업무보고)

누구의 발상이었나

盧 대통령이 어떤 연유로 "동북아시아의 균형자"라는 용어를 쓰게 되었는지는 알려진 바가 없다. 다만 이런 발상을 놓고 외교안보 참모나 전문가들과 얘기를 나누지 않았음은 확실하다. 송민순 전 청와대 통일외교안보정책실장에 의하면 노 대통령은 2006년 '동북아 균형자론'과 관련, "그렇게 문제가 될 줄은 몰랐다. 그때 누가 그 말을 나한테 했더라?"라고 말했다 한다.

배진영 기자는 盧 대통령이 리영희 교수의 『새는 좌우의 날개로 난다(1994)』라는 책에서 영향을 받았을 것으로 보았다. 이 책은 盧 대통령의 현대史 인식에 가장 큰 영향을 주었다고 하는데, 이 책에는 다음과 같은 부분이 있다.

> 「가장 중요하고 핵심적인 것은 50년간의 미국의 예속에서 벗어나는 일이다. 이것이 자주적 평화통일의 전제 조건이다. 한국의 경제적 역량은 새로운 국제화 시대의 장애물을 헤쳐 나갈 수 있는 충분한 잠재력으로 전 세계적 인정을 받고 있다. …우리의 제1차적 생존환경인 동북아시아에서 이제 한국은 관련 강대국들의 일방적 정세결정의 무력한 객체에 불과했던 지위를 벗어났다. 세계의 3대 세력권(블록)의 하나로 떠오른 동북아시아에서 한국이 지역정치의 균형을 잡는데 일정한 역할을 놀 수 있게 되었다.」

별 생각 없이 던져진 것이었다?

盧 대통령이 '동북아 균형자 역할'이라는 화두를 던졌을 때 이 용어

의 의미는 말할 것도 없고, 이것의 성격이 모호했다. 하나의 외교 구상인지 아니면 외교 비전인지 알 수 없었다.

국가안전보장회의NSC 사무처는 2005.4.22 '동북아 균형자 설명자료'에서 "'평화와 번영의 동북아 시대' 실현을 위해 대한민국이 외교안보분야에서 추구해야 할 역할에 대한 전략적 비전"이라고 했고, 노무현 정부의 외교브레인이었던 문정인 동북아시대위원회 위원장은 2005년 6월 이것이 "참여정부의 외교비책"이라고 했다.

盧 대통령은 2005.7.22 통일외교안보자문위원들과의 오찬 간담회에서 "동북아 균형자는 19세기 유럽에서 세력균형이라고 하는 의미에서의 균형자가 아니라 그냥 동북아에서 그런 외교적 지식이 잘 없는 일반 국민들이 생각할 때 '적어도 한국이 중심을 잡을 수 있는 수준은 가야 된다'라고 하는 그런 개념으로 제시를 한 것"이라고 말했다.

盧 대통령의 외교안보 핵심참모였던 이종석 당시 국가안전보장회의 사무차장은 후에 "당장 구체적인 계획을 짜서 실현하는 정책이라기보다는 우리가 앞으로 추구해야 할 외교안보적 방향과 비전을 제시한 것"이었다고 했다(2011년). 그는 또 2014년 저서에서는 "주로 미래를 바라보고 당위적 방향을 언급한 것이다. 우리에게 숙명적으로 다가올 과제를 앞서서 제시한 선구적인 문제 제기였다"고 했다.

'동북아 균형자 역할론'은 거론되자마자 논란을 불러일으켰다. 세 가지 점에서 반응이 나왔다. 1)뜬금없는 애기로 무슨 말인지 모르겠다는 것. 정부 관계자 어느 누구도 이에 관한 설명이 없었다. 2)반미친중反美親中 발상에서 나왔을 것이라는 추측. 3)한국이 노 대통령 말대로 동북아 세력 판도를 바꿀만한 힘이 있느냐는 의문.

'균형자 역할'의 이론과 실제

세력균형론balance of power에서 밸런싱balancing이란 대립되는 두 세력에 제3자가 개입해 힘의 균형이 이뤄지도록 하는 것을 말하고, 이 경우 제3자를 균형자balancer라고 부른다. 이런 밸런서가 될 수 있는 제1의 요건은 balancing할 수 있는 힘이다.

국제정치이론이나 역사적 사례를 보면 비대칭 동맹을 맺고 있는 나라로서 약소국은 균형자 역할을 수행할 수 없다. 한국의 경우가 이에 해당한다. 한미동맹은 전형적인 비대칭 동맹이고, 한국은 미국과 달리 약소국이다.

이와 관련하여 문정인은 "마치 우리가 중국에 붙으면 중국 중심의 질서, 미국에 붙으면 미국 중심의 질서가 온다는 뜻인 것으로 오해하는데 대통령이 말한 '판도가 바뀐다'고 하는 것은 동북아 다자간 안보협력 체제를 만들어보자는, 새로운 질서 창출이라는 의미의 판도 변화를 뜻한다"고 설명했다. 그렇다면 이것은 '균형자 역할'이 아닌 '허브 hub 역할'이다.

균형자 역할을 수행했던 나라는 강대국이면서 지리적 위치 면에서도 이런 역할에 맞는 곳에 위치한 나라였다. 19세기 영국이 유럽 대륙에 대해 균형자 역할을 할 수 있었던 것도 영국이 패권국 수준의 국력을 갖고 있었을 뿐만 아니라, 대륙에서 떨어져 있는 섬나라라는 특성이 있었기 때문에 가능했다.

한국이 경제력이나 군사력 면에서 중강국中强國으로 성장한 것은 사실이나 강대국에 둘러싸인 완충국인 한국이 강대국들을 상대로 세력균형자 역할을 한다는 것은 어불성설이었다. 강성학 교수는 "350여 년의 근대 국제정치 역사에서 균형자 역할이 성공한 사례는 불과 4번이었다"고 하면서, 한국이 균형자 역할을 할 수 있으려면 강대국 수준의 국력을 필요로 한다고 했다. 노 대통령이 던진 화두가 "허세虛勢에서 나온 환상"이라는 비판을 받은 이유다.

이종석 전 NSC사무차장은 2014년 저서에서 "(한국이) 한반도에서 우리의 운명과 관련한 사안에 대해 능력껏 평화 지향적 해결을 추구하고 그 과정에서 中·日 사이만 아니라 북한과 미국, 미국과 중국 사이에서도 중재하거나 조정할 수 있다고 보았다"고 했는데, 중재나 조정은 밸런싱과 다르다.

'균형자 역할'을 '균형외교'와 연계

노무현 정부의 외교기조는 '균형적 실용외교'였다. 이종석 전 NSC사무차장은 "한미동맹을 금과옥조로 여기는 이들이 사실상 여론을 장악하고 있는 상황에서 '균형외교'는 '반미'의 다른 말로 매도되기 십상이었기 때문에 석낭이 줄을 나서 '균형적 실용외교'라 한 것"이라고 했다.

노무현 정부는 '동북아 균형자론'이 용두사미가 되자 이를 '균형외교'라는 개념과 연계시켰다. 이종석은 '동북아 균형자론'이 '균형외교'의 동북아판 비전이었다고 했다. 하지만 '균형자 역할을 한다'balancing는 것과 '균형 있게balanced 외교를 한다'는 것은 전혀 다른 일이다. '균형외교'라는 용어에서 '균형'은 영어로 'balancing'이 아니라 'balanced'다. 이렇게 다른 개념을 우리말 단어의 '균형'으로 표기해 혼동이 생겼다.

노무현 정부의 '균형적 실용외교'는 무엇을 의미했나? 한마디로 미국과는 거리를 두면서 중국에 다가가는 것을 의미했다. 이종석에 의하면 "노 대통령은 평화·자주·균형을 3대 가치로 추구"했다는데, 여기서 평화는 한반도에서의 전쟁을 방지하는 것이고, 자주는 對美 의존에서 벗어나는 것을 의미했으며, 균형은 미국과 중국 사이에서 한 쪽으로 기울지 않는 것을 의미했다.

노무현 정부의 국가안보전략지침이었던 '평화번영과 국가안보'(2004. 3.4)는 '균형외교'를 "대외관계에서 우리가 동시에 실현해나길 대립되거나 상이한 목표와 요구들 간의 균형을 취하고, 설정된 목표를 달성하기 위해 외교적 유연성을 발휘하는 것"이라고 정의했다. 이 지침은 또한 '균형'의 의미를 "가치와 실리의 균형, 동맹과 자주의 균형, 협력과 견제의 균형"이라고 설명했다.

이종석은 당시 NSC는 "대통령이 제창한 동북아 균형자의 정신에 기초해서 균형외교를 추진해나가기로 했다"고 한다(2014 저서). "균형자의 정신에 기초해서 균형외교를 추진한다"는 말은 앞서 지적대로 서로 관련이 없는 balancing과 balanced의 개념을 구분하지 않고 쓴 것에 불과하다.

문정인은 또 '균형외교'를 이렇게 설명했다. "한국과 같은 나라가 추구할 강대국 전략은 두 가지다. 하나는 강대국들과 균형외교를 모색하는 것이며, 하나는 어느 한 강대국에 확실하게 편승하는 것이다. 우리의 국가이익과 생존을 위해 가장 바람직한 것은 균형외교라 생각한다. 특히 균형외교를 통해 美·中 관계가 좋아지도록 노력해야 한다." 그도 이종석과 마찬가지로 균형을 잡는 일과 균형 있게 외교를 하는 것을 동일한 것으로 취급했다.

  * 이종석은 문정인을 "참여정부 통일외교안보 분야 최고 이론가"라고 했다. 한국이 '균형외교'를 하면 美·中 관계가 좋아질 수 있다는 것은 가능성이 희박한 얘기였다.

盧 대통령의 생각은 과도한 對美 의존은 바람직하지 않으므로 부상하는 중국과 가까워져 美·中 사이에서 균형을 취해야 한다고 생각했다. 가령 미국 9, 중국 1로 되어 있던 외교 비중을 미국 5, 중국 5로 만들어야 한다고 생각한 것이다.

  * 윤덕민 국립외교원장은 "5대5식의 균형외교로는 안 되고, 최소 7대3은 돼야 국익 확보와 한반도 안정이 가능하다"고 주장했는데(2015), 문제는 5대5든 7대3이든 이것은 어디까지나 관념에서나 가능한 일이라는 것이다.

이종석도 노무현 정부가 '균형외교'를 추진하고자 했던 것은 "성장한 대한민국의 위상에 맞게 균형적인 동맹관계를 추구하고, 중국의 성장으로 상징되는 새로운 국제 현실에 적응하기 위해서였다"고 했다. 이 말에서도 알 수 있는 것은 노무현 정부는 한국의 외교안보에서 미국이 차지하는 비중을 줄이고 중국 비중을 높이려 했다는 사실이다.

  * 노무현 정부가 이런 인식과 태도를 보이자 중국 측은 한국이 '편중 외교에서 벗어나 전략적 이익을 추구하는 것'이라며 반겼다. 중국은 이명박 정부가 들어서면서 한국이 미국과 다시 가까워지자 바로 거칠게 불만을 표시했다.

이상 살펴본 바와 같이, 노무현 정부가 내세운 '균형외교'는 다른 말로 표현하자면 '美·中 등거리 외교'를 의미했다. 윤영관 교수는 이를 "한국이 적당하게 (美·中의) 중간 지점에 위치해야 한다는 의미"로 해석했다. 노무현 대통령과 그의 참모들이 중국을 미국과 동렬에 놓은 것은 오류였다. 한미동맹에 대한 이렇다 할 대안이 없는 상태에서 한국이 북한의 동맹국인 중국과 한국의 동맹국인 미국 사이에서 '균형외교'를 한나고 한 것은 이치에 맞지 않았다.

이번에는 中·日 간 균형자 역할

국가안전보장회의 사무처는 '동북아 균형자 설명자료'(2005.4.22)에서 "동북아 균형자론은 한반도와 中·日이 동북아지역에서 지정학적으로 숙명적 관계를 맺고 있으며, 그로 인해 항상 미래의 잠재적인 갈등 당사자가 될 수 있다는 현실을 직시하고, 이를 예방하기 위한 전략 수립이 필요하다는 문제의식에서 제시된 것"이라고 했다.

논란이 격화되자 윤태영 청와대 제1부속실장까지 나섰다. 그는 2005.5.31 "(동북아 균형자론이 제시된 것은) 100년 전 우리 역사에 대한 처절한 반성이 한 축이고, 다른 한 축은 역사를 거꾸로 올라가고 있는 일본에 대한 심각한 우려였다"며, 일본 요인을 내세웠다.

盧 대통령도 2005.7.22 통일외교안보자문위원들에게 "동북아의 미래 불안 요인은 결국 中·日 관계라고 본다. 이 둘 사이에서 발생하는 힘의 불균형에 한국이 어느 쪽 주 노릇을 하느냐에 따라서 동북아 전체 정세에 대단히 중요한 역할을 하게 될 것이라고 생각한다"면서, 중국과 일본을 상정했다. 그러나 이는 말 바꾸기에 불과했다.

라이스 국무장관은 2011년 회고록에서 자신이 2005.3.20 노 대통령을 예방했을 때 노 대통령은 "한국은 중국과 미국 사이에서 균형자 역할을 할 필요가 있다"고 장황하게 강의하듯 말했다고 밝혔다. '동북아 균형자론'에 대한 비판이 일자 中·日 간 균형자를 의미한다고 말을 바꾸었음을 입증해준다.

＊ 중국과 일본 사이에서 균형자 역할을 한다는 개념도 어설프기는 마찬가지

다. 지역 패권을 추구하기 시작한 중국이 한국이 이런 역할을 하는 것을 인정할 리가 없기 때문이다.

국가안전보장회의 사무처는 "한국·중국·일본은 숙명적 동반자로서 이 3者 사이에 발생한 양자적 갈등 및 위험성을 우리가 조절하고 균형을 잡는 게 동북아 균형자론의 핵심"이라고 설명했다. 터무니없는 주장이었다. "3자 사이에 발생하는 양자적 갈등"이란 결국 中-日 갈등을 의미하는데, 한국이 중·일 갈등을 조절하고 균형을 잡는 역할을 한다는 것은 어느 모로 보더라도 맞지 않는 얘기였다.

* 만약 한국이 중국·일본 모두와 좋은 관계를 유지하며 이 두 나라 간 의견 충돌이 생겼을 때 '정직한 중재자'의 역할을 하겠다고 하면 말이 된다.

배가 산으로 가다

이종석 국가안전보장회의 사무차장은 '동북아 균형자론'의 현실성에 대한 논란이 확산되자 2005.3.30 청와대 브리핑에서 "노 대통령의 균형자론은 열강들의 패권 경쟁의 장이었던 근대 한국史에 대한 통절한 반성, 현재 한국의 종합적인 국력, 동북아 평화번영의 미래비전을 융합한 전략적 지도"라고 설명했다.

그는 2005.4.12 한 언론 인터뷰에서는 "균형이란 단어의 의미가 쉽게 와 닿지 않는다는 사람이 많다"는 질문에, "균형자는 장기적 비전, 거시적 안목 속에 나가는 경향성을 의미한다. 하나하나 사안에서는 갈등할 수 있지만 전체적으로 평화를 정착시킨다는 기본 목표 속에서 문제를 해결한다는 것이다"라고 말했다. 애매모호한 얘기였다.

한편, 문정인 동북아시대위원회 위원장은 "한국은 동북아의 세력균형에 결정적 영향을 미칠 국력은 없고 다만 주변국과의 신뢰구축을 통해 다자간 안보협력 질서를 모색하자는 것이 균형자 개념이고, 여기서 균형이란 '힘의 균형'이 아니라 상호 대립하는 국가들 간의 '인식과 가치의 균형과 조정'을 의미하는 것"이라고 했다. "인식·가치의 균형과 조정"이 또 무엇을 의미하는지 도무지 알 수 없었다. 노 대통령이 생각한 '균형자'는 그런 것이 아니었다.

이종석은 후에 "우리가 균형자가 되겠다는 것은 세계를 상대로 하겠다는 것이 아니라 우리의 생존 터전인 한반도를 중심으로 한 동북아에서 열강들 사이의 갈등관계를 극복하고 협력과 평화를 구하는데 중심적 역할을 하겠다는 것이었다"고 설명했다. 이 또한 막연한 얘기였다.

정동영 통일부 장관은 2005.4.12 국회 답변에서 '동북아 균형자론'이 "군사적인 성격이 아니라 평화의 균형자"라고 했다. '평화의 균형자'는 또 무엇인가. 참여정부 인사들은 '평화'라는 단어를 무척 좋아했는데, '균형자'에도 '평화'라는 단어를 갖다 붙였다.

鄭 장관이 "동북아 균형자론이 군사적 성격이 아니다"라고 한 것은 사실과 맞지 않았다. 노 대통령은 한국의 국방력과 관련시켜 이 용어를 썼다. 공군사관학교·육군3사관학교·육군사관학교 졸업식 치사에서 이 용어를 쓴 것만 보더라도 이는 국방력과 관련되어 있었다. 윤태영 청와대 제1부속실장도 2005.3.31 청와대 홈페이지 국정일기에 "동북아 균형자론을 이야기할 수 있는 토대가 바로 우리의 성숙한 국방력이라는 점도 감안이 된 것이다"라고 썼다. 鄭 장관은 엉뚱한 얘기를 하고 있었다.

'동북아 균형자론'을 옹호하는 사람들은 '균형자'가 의미하는 바가 갈등 중재자mediator, 갈등 조정자moderator, 화합자harmonizer, 신뢰 구축자confidence builder, 평화 만드는 사람peacemaker, 중추적 동반자 pivotal partner, 평화·협력 촉진자facilitator, 아이디어·공동이익 창안자initiator, 평화·화해·협력의 균형자 등을 의미한다고 했다. 그러나 앞서 지적한 대로, 노 대통령의 당초 생각은 이런 것이 아니었다. 만약 노 대통령이 원래 생각했던 바가 이런 개념이었다면 처음부터 '균형자'란 용어를 써서는 안 되었다.

대통령 참모나 논객들은 이처럼 노 대통령의 원래 생각과 다른 얘기를 함으로써 배가 산으로 가게 만들었다. 노무현 정부의 대외정책 신뢰도를 떨어트리는 행위였다.

　* 김영호 교수는 당시의 이러한 상황을 "원래 좋지 않은 밑그림 위에 너무

덧칠을 많이 해서 무엇이 무엇인지 모를 지경이 되고 말았다"라고 묘사했다.

허세에서 나왔다

'동북아 균형자론'을 비판하는 사람들의 가장 큰 논거는 한국이 그럴 만한 힘이나 능력이 없다는 것. 로버트 갈루치 조지타운대 국제대학원장은 "한국의 주장은 국제정치학적으로 보았을 때 이해할 수 없는 개념"이라고 말했다(2005.3.30). 한국의 국력이 그만큼 되지 않는다는 것. 정규재 <한국경제> 논설실장은 "참으로 시건방진 얘기를 제멋대로 떠들었다. 대통령이 균형자 따위의 우스꽝스런 얘기를 해서는 안 된다"고 혹평했다.

김영호 교수는 '동북아 균형자론'은 "동북아 지역 국가들에 대한 잘못된 국력 셈법에서 비롯된 허장성세虛張聲勢의 전략에 불과했다"고 하면서, 이 구상이 제시되었던 2005년 "한국은 균형자가 될 수 있을 정도의 국력을 갖고 있지 못했고 또한 한국의 미래 국력을 과대평가했다"고 보았다. 그러나 노무현 정부 인사들은 이런 주장을 '패배주의적 사고방식'에서 나온 것이라고 반박했다.

盧 대통령은 2003.11.19 한국청년회의소 임원단과의 다과회에서 "미국이 세고 강하지만 (한국이) 자존심이 상할 만큼 종속적이지는 않다. 10년 안에 자주국방을 한다. 10년 뒤에는 영국·독일·프랑스 정도의 발언력을 가질 것이고 對美 관계도 변할 것이다"라고 말한 바 있고, 2004년에는 "이대로 한 5년에서 10년이 가면 한국은 미국과 적어도 국제사회에서 대등한 자주국가로서의 역량을 갖출 것"이라고 말했다. 너무나 현실과 동떨어진 국력 셈법의 결과였다.

균형자 역할은 한미동맹과 병존할 수 있나

또 다른 비판 논거는 '균형자 역할'은 한미동맹과 양립할 수 없다는 것. 일반적으로 '동맹'이란 공동의 적敵을 가진 나라들이 그 공동의 적에 대응해 함께 싸울 것을 약속하는 것이다. 미국과 동맹을 맺고 있는 한국이 美·中 사이에서 균형자 역할을 한다는 것은 모순이다.

이런 비판에 대해 노무현 정부는 "균형자 역할을 수행하는 과정에서 한미동맹을 기본 토대로 삼는다"라고 했다. 다른 한편으로는 "동북아의 안정을 해칠 요인을 中 日 가의 패권경쟁으로 보고 한미동맹을 주축으로 하여 중국과 일본 사이에서 균형자 역할을 한다"는 것이라고 했다.

美 행정부 관리들은 노 대통령이 균형자론을 들고 나온 것을 사소한 문제로 보지 않았다. 기존의 한미동맹을 재조정하거나 이탈하려는 의도에서 나온 것으로 보았다. 아마코스트 전 국무부 차관은 "한국이 새로운 불확실성에 대비해 자신의 위상을 새롭게 조정하려는 것은 놀라운 일이 아니다. 하지만 양다리 걸치기엔 신중함이 요구된다"고 했다. "신중함이 요구된다"는 말은 외교적 수사이고 실제 의미하는 바는 '그렇게 해서는 안 된다'는 말이었다.

롤리스 美 국방부 부차관보는 2005.5.31 홍석현 주미대사를 만나 "동북아 균형자론은 한미동맹과 양립될 수 없는 개념"이라고 노골적으로 말하면서, "한미동맹이 이대로 가면 어렵다"고 협박에 가까운 말을 했다.

청와대는 5월 31일 청와대 홈페이지를 통해 "노무현 대통령은 철저하게 한미동맹의 토대 위에서 균형자론을 강조하고 있다"고 해명했다. 이이 균형자론이 미국이 아니라 일본 견제를 위한 것이라고 했다. 6일 10일 예정되어 있던 한·미 정상회담을 의식해 이런 식으로 말했는데, "일본 견제를 위한 것"이라고 하면 일본은 또 어떻게 받아들였을까?

> * 이춘근 박사는 2016년 저서에서 "균형자론, 미·중 등거리론, 親中反日주의는 한미동맹에 反한다"면서, "이런 용어 자체가 한미동맹의 종료 및 약화를 의미한다"고 썼다.

미국은 '동북아 균형자론'에 대해 처음부터 냉소적이었다. 무슨 말을 하고 있는지 모르겠다는 식이었다. 롤리스 부차관보는 "혼란스럽고 천

진난만한 개념"이라고 하면서, "일본과 중국 사이의 조정자로서 행동하는 한국이 미국과 동맹관계를 유지하는 것은 어려운 일"이라고 말했고, 프리처드 백악관 국가안보회의 선임보좌관도 "한국이 이웃나라들 사이에서 마음대로 왔다 갔다 할 수 있다고 잘못 생각해서 나온 야심"으로 규정했다.

빅터 차 조지타운대 교수는 "노 대통령은 실현가능하지도 않은 '동북아 균형자론'을 들고 나와 손해만 봤다. 중국으로부터 얻은 건 하나도 없이 미국의 불신만 초래했다"고 평가했다. 미첼 리스 前 국무부 정책실장도 "동북아 균형자론은 미국을 아주 당황하게 만들었고 깊은 우려감을 불러일으켰다. 한·미 관계를 약화시키는 개념이었기 때문이다. 노무현 정부는 당시 한미동맹에 대한 깊은 고려나 이해 없이 그 개념을 제시했던 것 같다. …盧 정부가 실행하지도 못할 개념을 제시해 韓·美 간에 불필요한 우려를 불러일으키고 갈등을 몰고 온 것은 실수였다고 생각한다"고 말했다.

동맹은 외부로부터의 안보위협에 공동으로 대처하기 위해 군사협력을 공약하는 행위다. 이는 한 주권 국가가 다른 주권 국가와 안보 또는 세력 확장을 위해 특히 군사적으로 연합하는 행위를 일컫는다. 따라서 동맹은 공통의 적 그리고 공통의 위협을 전제로 한다.

그런데 盧 대통령의 '동북아 균형자 역할'에는 美·中 갈등 시 한국이 중립적인 입장을 취한다는 의미가 내포되어 있었다. 향후 발생할 수 있는 美·中 군사적 갈등을 염두에 두었다는 것이다. 그렇다면 한국의 동맹국인 미국이 중국과 충돌했을 때 한국이 중립적인 태도를 취할 수 있는가.

진정한 균형자는 미국

동북아에서 진정한 균형자는 미국이다. 미국은 '역외 균형자'로서 이 지역에서 오랫동안 평화를 유지하는데 핵심적인 역할을 했다. 이는 중국도 인정하는 바였다. 이 사실은 무엇을 말해주는가? 동북아 세력균형 체제에 관한한 미국의 역할이 가장 중요하다는 것이다. 왜 그런가? 미국은 그런 역할을 할 수 있는 압도적인 힘(군사력)이 있기 때문이다. 중국이나 일본, 러시아는 미국과 같은 역할을 할 수 없다.

노무현 정부는 한국의 힘과 위상을 잘못 평가했을 뿐만 아니라 중국의 힘과 위상도 잘못 평가했다. 중국이 동북아에서 미국과 1대1로 겨룰 수 있는 위치에 있다고 보았는데 오인이었다. 중국은 아직 미국에 대해 의미 있는 경쟁자가 되지 못했다.

미국이 동북아에서 균형자 역할을 하는 것은 한국에게는 대단히 중요한 일이다. 동북아에서 패권적 질서는 한국에게는 치명적이다. 세계적인 힘을 가진 강대국에 둘러싸인 분단국이어서 그렇다. 따라서 한국 외교안보전략의 핵심은 동북아에서 안정된durable 세력균형이 달성되도록 기여하는 것이어야 한다.

중국이 미국의 국력을 훨씬 앞지르는 상황이 될 때까지 한국의 생존 전략으로서 가장 바람직한 것은 미국이 동북아에서 균형자 역할을 계속할 수 있도록 돕는 것이다.

'완충체계이론'에 비춰보면

'균형자론'을 '완충체계이론'에 비춰보자. '완충체계이론'은 완충국을 둘러싸고 있는 강대국들의 역학 구조가 작동하는 원리를 설명해준다. 여기서 '완충국'이란 경쟁하는 2개 이상의 강대국들 사이에 위치하는 상대적 약소국을 의미한다. 예를 들어, 구한말 대한제국은 완충국이었고 이때 성립된 동북아 역학 구조가 완충체계였다. 이 이론에 의하면, 완충국은 가장 강한 나라에 가담하는 것이 생존에 가장 유리하다.

  * 가령 A, B, C 세 나라가 완충체계를 이루고 있고 B국이 완충국이라 하자. A국의 힘이 100, B국이 30, C국이 70일 경우, 완충국 B는 C국과 연합해 A국에 대항할 것이라는 것이 '방어적 현실주의'의 관점이고, A국에 가담해 자신의 안전을 강화할 것이라는 것이 '공격적 현실주의'의 관점이다. 완충체계

이론에 의하면, B는 C가 아닌 A에 가담해야 한다.

'동북아 균형자론'이 나오게 된 배경을 보면 한국이 기존 동맹인 미국과 부상하는 중국 사이에서 어떤 자세를 취할 것인가 하는 고민이 들어있다. 노무현 대통령의 '동북아 균형자론'은 '중립'과 '편승'의 혼합형이었다. 즉 美-中 사이에서 중립을 취하다가 형세에 따라 어느 한쪽에 가담했다가 상황이 바뀌면 다시 중립으로 돌아가는 패턴을 반복한다는 생각이었다.

이것은 이론적으로는 가능한데 현실적이지 못하다. 美·中이 공히 한국의 이런 자세를 용인하지 않을 것이기 때문이다. 노 대통령은 한국의 군사력이 이런 역할을 할 수 있을 정도라고 믿었으나, 이는 한국의 군사력·외교력을 잘못 평가한 결과였다. 한국과 같은 '완충국'이 이런 자세를 취하면 강대국 모두로부터 버림받는 상황으로 귀착되게 된다.

'한반도 중립화론'

중립화란 복수의 주변 국가가 해당 국가(A국)의 독립과 영토 보존을 보장하는 대신 A국은 다른 나라와 군사동맹을 맺지 않고 외국군의 주둔을 허용하지 않는 의무를 지는 관계를 설정하는 것을 의미한다. 그러므로 균형자 역할을 수행한다는 것은 주변 국가들과의 관계에서 중립적 입장을 취하는 것을 말하는데, 한국이 균형자가 되기 위해서는 한미동맹이 먼저 해체되어야 한다.

일반적으로 '중립화 통일'은 무력통일이나 흡수통일 보다 실현 가능성이 높은 방안으로 인식된다. '한반도 중립화' 논의는 구한말부터 제기되어 왔다. 김대중 전 대통령은 1971년 대통령 선거 이래 '4대국 보장'에 의한 중립화 통일을 주장했다.

강종일 한반도중립화연구소장은 "우리가 영세중립통일을 달성하면 평화와 번영을 지속하면서 동북아시아 지역에서 세력균형의 관리자로서의 역할을 할 수 있다"고 주장한다. 통일한국이 "세력균형의 관리자로서의 역할을 할 수 있다"는 것이다. 이론적으로는 그럴듯한데, 현실에서는 실현 가능성이 희박한 얘기다.

결국 '독백'으로 끝나다

동북아 균형자론은 2005.6.10 워싱턴에서 열린 韓·美 정상회담 이후 자취를 감췄다. 3개월 동안 치열하게 전개되었던 논란이 언제 그런 일이 있었느냐는 식으로 사라졌다.

이장춘 대사는 "동북아의 세력판도를 바꾼답시고 띄운 소위 동북아 균형자 역할론은 100일을 넘기지 못하고 사라졌다. 外交學 세미나의 주제로도 삼지 못할 것을 국가의 정책차원으로 띄우다가 망신당한 셈이다"라고 혹평했다.

권용립 교수도 '동북아 균형자론'이 "한때의 '외교적 독백'"으로 끝나버렸다고 하면서, "…외교전략으로서는 완벽한 실패"였다고 비판했다. 이근 교수도 "어느 날 갑자기 너무나 이상주의적인 레토릭으로 던져진 어젠다는 상당한 부작용과 후유증을 낳은 채 실패한 정책이 됐다"고 평가했다.

 * 허문명 〈동아일보〉 논설위원은 "자가당착적 몽상적 정책"으로 평가했다.(2017.2.3.) 문정인 교수의 견해는 다르다. 그는 '동북아 균형자론'이 "부당하게 폄하되고 왜곡 되었다"고 주장한다

이런 일이 발생한 배경

① 노무현 대통령이 국제정치와 외교를 잘 몰랐다

盧 대통령은 '19세기 영국이 균형자 역할을 수행했다'는 말을 듣고, "내가 그런 뜻으로 한 말은 아니었는데…"라고 했다. 당시 정부의 한 고위당국자는 "노 대통령이 균형자라는 용어를 썼을 때 국제정치학에

서 말하는 균형자 개념을 이해하지 못했던 것 같다"고 했다.

  * 고종이 '세력균형'의 의미를 정확히 이해하지 못해 큰 차질을 빚었던 사례
  를 연상시킨다. '세력 균형' '균형자' 등의 개념은 원래 강대국 국제정치 현상
  을 설명하기 위해 만든 것. 약소국과는 관련이 없는 개념이다.

盧 대통령은 외교 경험과 식견이 전무했다. 외교와 국내정치의 차이
를 잘 모르고, 외교를 국내정치 하듯 했다. 외교가 지극히 어려운 일임
에도 그냥 하면 되는 것으로 인식했다. 일례로, 노 대통령은 2005.
3.23 '최근 韓·日 관계에 관하여 국민 여러분께 드리는 글'에서 일본
정부의 독도 도발, 역사 교과서 왜곡 등에 대해 "또다시 패권주의를
관철하려는 의도를 더 이상 두고 볼 수만은 없다. 반드시 뿌리를 뽑도
록 하겠다. …일본과의 각박한 외교전쟁도 있을 수 있을 것"이라고 했
다. 독도·역사 문제가 뿌리를 뽑을 수 있는 일인가.

  * 프랑스 석학 기 소르망도 "노 대통령은 외교에 대해서는 잘 모르는 것 같
  았다"고 말한 바 있다 (2008.9.28).

盧 대통령의 외교안보 참모들도 다르지 않았다. 당시 국정 주도세력
이었던 소위 386실세들은 외교에 대해 잘 몰랐다. 잘 모르면서도 잘
아는 것으로 착각하거나, 무엇을 모르는지 몰랐다. '한반도 평화를 위
협하는 것은 북한이 아니라 미국이다' '북한이 붕괴하는 것보다 핵을
갖는 것이 낫다'는 등의 말을 예사로 했다. 국가안전보장회의의 한 고
위 관계자는 "뒷날 언론이 균형자론을 '노무현 독트린'이라고 부를지도
모르겠다"며 자랑스러워하기도 했다.

  * 이종석 前 장관은 노 대통령을 "전략가적 면모가 매우 강했다"라고 했고,
  문정인 교수는 "외교안보의 큰 그림을 그릴 줄 아는 타고난 전략가" "역사의
  흐름을 간파하는 예리한 혜안, 판세를 읽을 줄 아는 탁월함, 미래를 보는 예
  지력을 보여준 대통령"이었다고 극찬했다.

김순덕 <동아일보> 논설위원은 노 대통령 취임 10개월 지난 시점인
2003.12.16 칼럼에서 "폭넓은 지식을 쌓지 않은 대통령이 80년대
386동지들로부터 습득한 '의식화 교육'에 사로잡혀 21세기 세계 변화

엔 둔감하다는 건 국민의 불행이다"라고 썼다. 박보균 <중앙일보> 부국장은 2004.1.15 칼럼에서 "NSC 핵심 인사들의 외교는 골목 안에서 남북 민족이 잘 해보자는 수준이다"라고 일갈했다.

盧 대통령은 스스로도 인정한 바와 같이 대통령직을 수행할 준비가 잘 되어 있지 않았다. 특히 외교안보 문제에서 그랬다. 노 대통령의 사상적 내부代父로 불리는 리영희 교수는 2003.5.21 한 라디오 인터뷰에서 "(노 대통령이) 국가의 원수로서 국제관계의 기본적인 움직임에 대한 이해나 지식이나 인식이 너무도 막연했던 것 같다. …노 대통령 주변에 있는 외교 관계 인물들이 올바른 국제인식, 외교 감각, 철학, 對美 감각 같은 것을 갖고 있는지 의심스럽다. …그 양반에게는 철학이나 기초적인 지식, 외교 상식이 결여되어 있다"고 말했다.

김영삼 대통령 비서실장을 역임한 김광일은 2002년 대통령선거 당시 "그는(노무현 후보) 세상 넓은 줄(외교의 냉엄한 현실) 모르는 우물 안 개구리요, 핵장난의 위험(김정일의 무서운 속셈)을 외면하는 철부지 정치인이다. 국가안보와 외교를 모르는 자에게 나라의 운명을 맡길 수 없다. 노 후보가 대통령에 당선되어서는 안 된다"라고 말한 바도 있다.

  * 노무현 대통령은 퇴임 5개월을 앞둔 2007.9.2 인터넷매체 '오마이뉴스'와의 인터뷰에서 "체질적으로 준비 안 된 대통령은 틀림없는 것 같아요. 말씨하고. 그 말씨하고 체질하고가 준비가 안 돼 가지고 대통령 하기에 아주 애로사항이 많았습니다"라고 털어놓았다.

② 아무런 준비 없이 내놓았다

국가지도자가 어떤 구상을 내놓으려면 사전에 충분한 검토가 있어야 함은 두말할 나위가 없다. 외교안보 문제는 특히 그러하다. 그런데 노 대통령은 이 구상을 즉흥적으로 내놓았다. 사전에 보좌진이나 전문가들의 의견을 구하지 않았다. 대통령의 생각이 이렇게 준비 없이 나와서는 안 된다.

배종윤 교수는 이와 관련, "잘못된 개념에 근거한 개인적 주장이 사전 검토 없이 일방적으로 진행되었다" "즉흥적으로 가볍게 제기되었다"고 주장했다. 당시 외교안보 참모들 중에는 "동북아 균형자론이 무엇을 의미하는지 알고 싶으면 대통령에게 물어봐야 한다"고 말하는 사람도 있었다.

③ 국내외 여론의 지지를 받지 못했다

외교가 성공하기 위해서는 국내외 여론의 지지가 있어야 한다. 특히 국민 여론의 견실한 지지는 필수적이다.

동북아 균형자 구상의 경우 불쑥 꺼내 놓고 이를 일반 국민들이 이해해서 지지할 것으로 기대했다. '균형자'라는 용어는 국제정치학 용어이기 때문에 일반 국민들이 쉽게 이해할 수 있는 그런 용어가 아니었다. 참모들이 잘 설명해줄 수 있어야 했으나 그렇게 하지도 못했다. 이 구상은 한·미 관계에 심대한 영향을 줄 수 있는 민감한 사안이었음에도 미국과 어떤 의견 교환도 없었다.

④ 용어 선택을 잘못했다

'동북아 균형자론'이 문제가 된 원인 중의 하나는 '균형자'라는 용어에 있었다. 이 용어는 적절치 않았다. 잘못 선택한 용어였다.

이종석 NSC사무차장은 2005.4.14 〈Korea JoongAng Daily〉와의 인터뷰에서 "명칭 같은 피상적인 문제를 갖고 트집 잡는 사람들을 혐오한다"고 말했지만 뭘 한참 모르는 소리였다. 명칭은 "피상적인 문제"가 아니라 정책의 성패를 좌우할 만큼 실제적으로 중요한 문제다.

'동북아 균형자론'이 논란을 일으키자 '평화의 균형자' '가치의 균형자' 등등의 용어가 쏟아져 나왔는데 이런 용어가 무엇을 의미하는지 도무지 알 수 없었다. 정부관리, 전문가, 언론인 등이 이러한 생소한 용어를 쓰면서 국민들이 잘 알아들을 것으로 생각하는 것은 오류다.

새로운 정책에 이름을 붙일 때는 보통사람들이 상식적으로 이해할 수 있는 평범한 용어를 써야 한다. 쉬운 일이 아니다. 작명을 잘 하면 그 정책은 반은 성공했다고 할 수 있다.

* 예를 들어, 노태우 정부가 '북방정책'이라는 용어를 사용한 것은 이 정책이 국민적 지지를 받아 성공하는데 크게 기여했다. '북방'이라는 용어가 한국인

들의 대륙을 향한 상상력을 한껏 자극했던 것이다.

⑤ 외교 전문기관의 참여가 없었다

외교통상부는 '동북아 균형자론' 논란에서 아무런 역할을 하지 못했다. 노 대통령은 외교통상부의 의견을 구하지 않았다. 그러다보니 "외교통상부는 실종되고 대통령 1인 외교만 있을 뿐"이라는 말이 나왔다. 노 대통령은 외교통상부에 대해 대단히 부정적인 인식을 갖고 있었다. 2004.1.14 연두 기자회견 때에는 "외교통상부가 대통령의 외교정책 수행에 걸림돌이 되고 있다"고까지 말했다.

* 일본 사례는 대조적이다. 아베 총리는 2016년의 경우 무려 119회나 외무성 차관의 업무 브리핑을 받았다.

외교통상부 장관뿐 아니라 청와대 외교안보 보좌진들의 역할도 미흡했다. 그들은 상당수가 외교 문외한들이었다. 이종석 NSC 차장이나 그를 보좌하는 실장급 4명이 모두 북한 또는 군사 전문가였다. 외교통상부 출신은 한 사람도 없었다. "북한만 아는 사람들이 외교를 좌지우지한다"는 말이 나왔다.

독일 통일 과정을 연구한 사람들에 의하면 당시 통독統獨 열차의 기관사 역할을 한 헬무트 콜 총리는 중요한 결정을 하면서 직업 외교관들의 전문성professionalism을 최대한 활용했다. 1962년 '인류 역사상 가장 위험했던 사건'이라고 하는 쿠바 미사일 위기를 해결한 케네디 대통령의 경우도 마찬가지. 그는 이 일촉즉발의 핵전쟁 상황을 풀어나가는 과정에서 톰슨 대사와 소렌슨 연설문 보좌관의 금쪽같은 조언을 들었다. 케네디는 평소 대외문제에 관한 의문이 생기면 국무부의 담당관에게 직접 전화를 걸어 물어보곤 했다. 정치지도자는 모든 것을 다 알 수 없으므로 해당 분야 전문가의 의견을 들어보아야 한다.

* 한국에서는 전문성이 무시되는 경우가 비일비재하다. 예컨대 외교적 경험이나 식견이 전혀 없는 사람을 주요국 대사로 임명하는 사례가 비일비재하다. 박근혜 대통령이 2016년 5월 모 기업 임원 출신을 주미얀마 대사로 임명한 것도 이런 사례에 속한다.

하토야마 日 총리의 경우

2009.8.30 일본 중의원 총선에서 민주당이 자민당을 누르고 압승했다. 민주당은 창당 13년밖에 안 되었고, 자민당은 1955년 창당 이래 단 한 번도 제1당의 자리를 내주지 않았던 정당이었다.

2009.9.16 새로운 총리로 하토야마가 취임했다. 그는 민주당 정권의 외교기조로 '대등한 美・日 관계'와 '탈미입아脫美入亞'를 선언했다. 일본 외교가 미국 중심에서 벗어나 아시아 중시 정책으로 전환해야 한다는 것. 미일동맹 수정과 '동아시아공동체East Asian Community' 창설이 구체적인 실천방안이었다.

조셉 나이 하버드대 교수는 '대등한 日・美 관계'에 대해 "정말로 대등한 관계를 만들기 위해서는 일본은 현재처럼 GDP 1%가 아닌 4%를 방위비로 충당하지 않으면 안 될 것이다. 그리고 핵무기를 독자적으로 개발하고, 독자적인 외교를 실현하겠다는 결단을 내리지 않으면 안 된다"라고 지적했다. '대등한 日・美 관계'라는 것이 말도 되지 않는 발상이라는 의미였다.

하토야마가 이런 외교 방향을 설정한 데에는 두 가지 판단에 기초하고 있었다. 하나는 미국식 세계화가 실패했다는 것이고, 다른 하나는 이제 미국의 국제적 위상이 하강 곡선을 그릴 것이라는 것. 그는 '미국 일변도 외교'로는 '중국의 부상'이라는 새로운 상황 속에서 일본의 활로를 열어나가기 어렵고, 중국에 가까워지거나 최소한 美・中 간 등거리를 유지해야 한다고 믿었다. 하토야마판 '동북아 균형자론'이었다.

하토야마는 "미국과의 관계를 재검토해야 한다. 미국에 할 말을 할 것이다"라고 목소리를 높였다. 2009.10.29 의회답변에서 "미・일동맹의 방향에 대한 포괄적 리뷰가 필요하다"고 했다. 10월 31일 총리공관에서 최상용 전 주일대사와 만났을 때는 "지금까지 일본은 미국의 의지에 따라가는 방향으로 외교정책을 해왔고 미국에 앞서 외교의 방향을 결정하지 못했다. 이제 이런 '종속적 외교자세'를 바꾸는 것은 당연하다"고 말했다.

하지만 얼마 지나지 않아 日・美 관계에서 마찰음이 나기 시작했다. 일본 정부는 오키나와 후텐마 미군기지를 2014년까지 오키나와 내 슈워브 미군기지로 이전하기로 한 2006년 합의를 수정할 것을 요구했다. 민주당 일각에서는 아예 일본 밖으로 옮길 것을 요구했다. 미국으로선 아시아주둔 미군 재편전략의 근간이 위협받는 심각한 상황에 놓이게 되었다.

그러자 워싱턴의 우려와 불만이 높아졌다. 국무부 고위 관리 입에서 "이

제 미국의 골칫거리는 중국이 아니라 일본이다"라는 말이 나왔다. 오비이락 격으로 이즈음 도요타자동차는 미국 시장에서 380만대에 달하는 리콜 조치를 당했다.

오바마 대통령은 취임 이래 처음으로 2009.11.13 일본을 방문해 하토야마 총리와 회담했다. 회담 후 가진 공동기자회견에서 하토야마 총리는 첫 마디로 "오늘부터 (일·미동맹에 대한) 새로운 검토 과정이 시작됐다"고 선언했다. 그는 정상회담에서 오키나와에서 미군 시설을 철거해달라고 요구했다.

11월 11일 중국 공산당 대표단이 일본을 방문했을 때 하토야마 총리는 이들에게 "중국과의 신뢰관계를 만드는 것이 나의 사명이다"라고 말했다. '나의 사명'이라는 용어는 작심하고 쓴 표현이었다. 중국에 대한 열렬한 구애였다. 12월 10일에는 민주당 최고 실력자인 오자와 간사장이 국회의원 143명을 포함한 무려 630명의 방문단을 이끌고 중국을 방문했다. 이들 143명 국회의원들은 후진타오 주석과 악수하는 사진을 찍기 위해 인민대회당에서 한 줄로 길게 늘어섰다. 가히 장관壯觀이었다.

오바마 대통령은 2010년 4월 워싱턴에서 핵안보정상회의가 열렸을 때 하토야마 총리를 냉대했다. 오바마는 다른 주요 정상들과는 양자 정상회담을 했으나 하토야마와는 만찬 행사 때 간단히 인사를 나누는 정도로 지나갔다. 일본 측은 한 달 전부터 정상회담 성사를 위해 매달렸지만 실패했다. <워싱턴포스트> 칼럼니스트 케이먼은 핵안보정상회의 참석 36개국 정상들 중 하토야마가 '최대 패배자'이었다면서, "일부 美 관리들이 보기에 그는 정신 나간 사람처럼 보였다"고 했다. 하토야마는 크게 체면이 손상되어 귀국했다.

하토야마 정권은 드디어 오키나와 후텐마 미 해병대 비행장 이전 문제에 '백기白旗'를 들었다. 美·日 두 나라 정부는 외교·국방장관 4명의 이름으로 된 공동성명을 발표해 2006년 자민당 정권시절 합의했던 후텐마 비행장 이전 내용과 유사한 합의에 도달했다고 발표했다.

하토야마 총리의 지지율은 출범 당시 75%에서 33%까지 떨어졌다. 이런 지지율은 한두 달 후 무려 17%로 내려앉았고, 그는 결국 2010.6.2 9개월 만에 사임했다.

하토야마 총리와 민주당 외교 브레인들은 준비가 되어 있지 않았다. 대외 정책의 틀을 완전히 바꾸겠다는 의욕만 앞섰지 이를 위한 준비는 제대로 된 것이 없었다. '외교'를 안이하게 접근한 결과는 참담했다.

8장. 韓·美 관계의 현장

韓·美 관계는 백악관과 청와대에 들어서는 대통령의 성향에 따라 크게 달라졌다. 김대중 대통령은 부시 대통령과 對北 인식을 달리해 양국 관계가 순탄하지 못했고, 노무현 대통령은 소위 '균형외교'를 한 다면서 미국과 거리를 두어 한미동맹이 이완되었다. 이명박 대통령은 두 전임 대통령과 달리 오바마 대통령과의 개인적 친분 관계를 통해 한·미 관계를 완전히 복구했다.

김대중-부시의 악연

김대중 대통령(재임 1998.2~2003.2)은 부시 대통령(재임 2001.1~2009.1)을 2년여 상대했는데 지독한 악연이었다. 두 지도자는 對北 정책을 놓고 시종 엇박자를 보였다. 주된 원인은 김정일과 북한 체제에 대한 인식이 너무나 다른데 있었다. 金 대통령은 '햇볕정책'을 통해 북한을 변화시킬 수 있다고 믿었으나, 부시 대통령은 김정일 정권을 포용한다 는 것은 난센스라고 생각했다.

부시 대통령은 2001.1.25 취임에 즈음하여 소수의 우방국 정상들과 전화통화를 하면서 김대중 대통령과도 통화했다. 전통 우방인 한국 지 도자가 포함된 것은 당연했다. 그런데 이 전화통화에서부터 뭔가 잘 못 되기 시작했다.

프리처드 백악관 국가안보회의 선임보좌관은 부시 대통령이 김 대통령과 통화할 때 옆에서 대화 내용을 기록했다. 그에 의하면, 金 대통령은 부시 대통령에게 햇볕정책에 관해 장황하게 설명했다. 이에 부시 대통령은 불편한 듯 수화기 아랫부분을 손으로 가리고 "이 사람 누구야, 이렇게 순진하다니!"(Who is this guy? I can't believe how naive he is!)라고 말했다.

통화가 끝나자 프리처드 보좌관은 김대중 대통령이 어떤 사람인지 보고하라는 지시를 받았다. 부시가 김 대통령이 하는 말을 도무지 이해할 수 없었음을 말해준다. 프리처드는 金 대통령의 민주화운동 경력, 대통령 당선 과정, 햇볕정책 등에 관한 내용을 중심으로 보고서를 만들어 제출했다.

한국 측은 서둘러 부시 대통령과의 정상회담을 추진했다. 金 대통령은 하루빨리 부시를 만나 햇볕정책을 이해시켜야 한다고 생각했기 때문이다. 1월 25일 전화통화 후 이런 생각이 더 들었다. 부시는 앨 고어 민주당 후보를 가까스로 누르고 대통령에 당선되었다. 공화당이 8년 만에 정권을 잡았기 때문에 민주당 정부 때와는 사뭇 다른 대내외 정책을 추진할 것으로 예상되었다. 김 대통령이 정상회담을 서두른 배경의 하나였다. 그러나 성급했다. 워싱턴은 준비가 되어 있지 않았다.

1월 25일 전화통화에서 부시 대통령이 金 대통령의 햇볕정책에 대해 부정적이고 냉소적인 인식을 갖고 있음이 드러났다. 또한 부시 행정부가 클린턴 행정부와 판이하게 다를 것이라는 예측도 여기저기서 나왔다. 워싱턴 정상회담이 한국 측에는 이른 회담이 될 가능성이 농후했다. 이런 기미가 보이자 김 대통령은 이정빈 외교통상부 장관과 임동원 국가정보원장을 워싱턴에 보낸다. 이들에 의한 조율이 충분하지 않았으나 김 대통령은 자신이 부시 대통령을 설득시킬 수 있다고 생각해 정상회담을 밀어붙였다. 오판이었다.

2001.3.7 워싱턴 정상회담은 완전한 실패로 끝났고, 김대중-부시 관계는 회복이 불가능한 상태가 되었다. 조셉 바이든 상원 외교위원회 민주당 간사(오바마 행정부에서 부통령)는 이 회담을 "파국이자 실패"였다고 했고, 페리 前 국방장관은 "김 대통령의 부시 대통령과의 만남은

재앙이었다"고 했다. <뉴욕타임스>도 '외교적 재앙'으로 평했고, CNN
은 "부시 대통령이 한국의 희망을 산산이 부쉈다"고 보도했다.

> * 정상들이 흉금을 터놓고 얘기하면 합의를 이룰 수 있을 것으로 생각해 입
> 장 차이가 큰 문제를 정상회담에 넘기는 것은 대단히 위험하다. 1979.6.30
> 박정희-카터 대통령 간 서울 정상회담, 2011.12.18 이명박 대통령-노다 일
> 본 총리 간 교토 정상회담이 이런 사례에 속한다.

라이스 前 국무장관은 2011년 발간한 그의 회고록에서 이 회담이
"동맹국 관계에 금이 가는 식으로 끝났다"고 하면서 당시 회담 분위기
를 이렇게 기술했다.

> 「회담 분위기는 정중했으나 북한을 다루는 방향에 대하여는 (두 대통령이)
> 저 세상 만큼 다르다는 것이 명백해졌다. 김대중 대통령은 어떤 경우에도 북
> 한에 도전하지 않겠다는 인상을 주었다. 우리는 '제네바 합의'가 북한의 핵개
> 발에 대하여는 아무 효과가 없고 남한이 북한 정권을 지탱해주고 있다고 믿
> 었다. 부시 대통령은 김정일의 폭정에 화가 나 있었는데 왜 한국 정부는 이
> 런 현실에 반응이 없는지 이해할 수가 없었다.」

부시 대통령은 정상회담 후 열린 공동기자회견 도중 김 대통령 답변
을 가로채는가 하면 김 대통령을 'This man'(이 양반)으로 부르기도 했
다. 金 대통령은 후에 "그는 나에게 무례했고 결국 우리 국민들을 무
시했다. (디스맨이라는 호칭에 대해) 친근감을 표시했다고 하나 매우 불쾌
했다. 나는 한국의 대통령이었고, (그는) 우리의 정서를 살펴야 했다.
평소에 나이를 따지지 않지만 그 말을 들으니 그가 아들뻘이란 생각도
들었다"고 회고했다.

김대중-부시 회담이 이처럼 참담하게 끝난 배경에는 외교통상부의
어처구니없는 실수가 큰 역할을 했다.

정상회담 한 週 전인 2001.2.27 푸틴 러시아 대통령이 한국을 방문,
김대중 대통령과 정상회담을 했다. 이 정상회담 후 발표된 공동성명에
는 탄도탄요격미사일제한조약ABM Treaty을 보존·강화한다는 문구가
들어갔다.

부시 대통령은 선거운동 기간 내내 미국 전역을 미사일 공격으로부터 방어한다는 국가미사일방어체제NMD 구축을 공약하고, 1972년 소련과 체결한 'ABM조약'이 수정 또는 폐기되어야 한다고 했다. NMD 구축은 'ABM조약'의 폐기를 의미했다. 그런데도 한국 외교통상부는 'ABM조약 보존·강화'라는 문구를 공동성명에 넣었다.

이런 실수가 저질러진 것은 'ABM조약'이 갖는 국제정치적 맥락과 의미를 간과했거나 아니면 무지했기 때문이었다. 어떤 경우든 외교통상부의 치명적인 실수였다.

한·러 정상회담 공동성명에서 "ABM조약을 보존하고 강화하는 가운데…"라는 문구를 발견한 국내외 언론들은 한국이 'ABM조약' 문제에서 러시아 입장을 지지했다고 보도했다. 당연했다.

〈뉴욕타임스〉는 "한국은 미사일방어계획을 둘러싼 논쟁에서 러시아 편을 들었다"고 보도했고, 〈아시아월스트리트저널〉은 "김 대통령의 실수: 한국 대통령은 왜 미사일방어체제를 공격하는가"라는 제목의 사설을 실었다. 러시아 〈이스베스챠〉는 "한국 대통령이 미국의 미사일방어계획에 반대하는 입장을 공식적으로 표명한 것은 푸틴 대통령의 외교적 승리"라고 보도했다.

한국 언론들도 이해할 수 없다는 반응을 보였다. 한 신문은 "NMD를 둘러싸고 미-러가 첨예하게 대립하고 있고 세계의 많은 나라들이 '국익과 국제관계' 등을 고려하여 찬반의 입장을 신중하게 저울질하고 그 판단을 유보하고 있는 판에 이른바 미국의 동맹이라는 한국이 아시아 동맹국기 중에서는 제일 민지 미국의 NMD에 반내하는 러시아의 입장을 지지하고 나섰다는 것은 보통 중대한 사태가 아니다"라고 논평했다.

프리처드 백악관 선임보좌관은 2007년 저서에서 "김 대통령은 ABM조약 문제에서 공개적으로 푸틴 대통령 편을 듦으로써 용서할 수 없는 실수를 했다"고 썼다.

金 대통령은 부시 대통령과의 공동기자회견 시 이 문제에 관한 질문을 받고 "한·러 공동성명에 ABM조약에 관한 문구가 들어간 것은 NMD에 대한 한국의 입장을 반영한 것이 아니며, NMD에 대해 한국이

반대함을 시사하는 것도 아니다"라고 답변했다. 金 대통령은 미국기업 연구소AEI와 美외교협회CFR가 공동 주최한 간담회에서도 "예상치 못 한 오해가 생긴 데 대해 유감스럽게 생각한다"고 해명했다.

이와 같이 한·러 공동성명의 ABM조약 문구 삽입 파문은 金 대통 령의 방미 기간 내내 엄청난 짐이 되었고, 막 출범한 부시 행정부와의 첫 출발을 잘못되게 만드는 결정적인 원인이 되었다. "한국 외교史上 최대 참화 중 하나"로 기록된 이 사고로 이정빈 외교통상부장관과 반 기문 차관이 경질되었다.

부시 대통령의 對北 인식

부시 대통령은 집권 2년 차 국정연설(2002.1.29)에서 북한·이란·이 라크 세 나라를 '악惡의 축'Axis of Evil으로 불렀다. 북한이 포함된 것 은 "주민들을 굶어죽게 하면서 미사일과 대량살상무기로 무장한 정권" 이기 때문이라고 했다. 김대중 대통령에게는 상당한 충격이었다. 부시 대통령의 이런 발언이 나온 지 5일 만에 한승수 외교통상부 장관이 경 질되었다. 일부에서는 이 경질을 부시 행정부에 대한 불만 표시로 보 았다.

부시 대통령이 북한을 '악의 축' 국가로 명명한 배경에 대해 당시 국 가안보보좌관이었던 라이스는 "부시 대통령은 도덕적으로 매우 분명하 게 말하는 사람"이라고 하면서, "'악의 축' 발언도 이들 나라들에 의한 위협을 있는 그대로 표현한 것에 불과하다"고 말했다. 프리처드 보좌 관은 부시 대통령이 김정일을 악으로 보고 김정일 정권이 타도되어야 한다고 믿었다고 했다. 어느 누구도 부시 대통령의 이런 생각을 바꿀 수 없었다. 세상을 善과 惡으로 나누어 보는 그의 기독교 신앙에서 나 온 것이기 때문이다.

부시 대통령은 2002.8.20 〈워싱턴포스트〉 우드워드 기자와 가진 인 터뷰에서 김정일 위원장을 원색적으로 비난했다. "나는 김정일을 싫어 한다. 그는 자기 국민들을 굶주리도록 하는 사람이기 때문에 그를 생각만 해도 오장육부가 뒤집힐 정도로 기분이 나쁘다"라고 했다.

＊부시 대통령은 북한 요덕강제수용소 출신 강철환 기자가 쓴 <평양의 수족
관>을 읽고 참모들에게 일독을 권했다. 2005.6.13 강 기자를 백악관에 초청
해 40분 간 대화를 나누기도 했다. 부시는 억압받는 북한 주민들의 삶에 각
별한 관심을 보였다.

부시 대통령의 이런 對北 인식은 햇볕정책의 무오류성을 믿었던 김
대통령의 인식과는 근본적으로 달랐다. 두 사람 간에 좁힐 수 없는 간
격이 생길 수밖에 없었다.

＊앞에서 다룬 '1968년 위기' 때에도 북한 도발에 대한 박정희 대통령과 존
슨 행정부의 인식 차이가 한·미 관계를 어렵게 만들었다.

미군 장갑차에 의한 여중생 압사 사고

2002.6.13 경기도 양주 58번 국도에서 여중생 2명이 훈련 중이던
美 2사단 장갑차에 치여 숨지는 사고가 발생했다. 장갑차 운전병의 시
야가 제한되어 일어난 사고였다. 사고 당시 언론은 별 관심을 보이지
않았다. 국민들의 관심이 온통 한국과 일본에서 열리고 있는 2002년
월드컵 축구경기에 쏠려있었기 때문이다.

허버드 주한 미국대사는 사고 발생 당일 "유가족들에게 진심으로 애
도의 뜻을 전하며 사고를 철저히 조사할 것을 약속한다"는 성명을 냈
고, 美軍 당국은 보상 등 필요한 조치를 취했다.

월드컵이 끝나면서 이 사고는 점차 여론의 관심을 끌기 시작한다.
美 측이 이 사고를 무성의하게 다뤘다는 인식이 퍼지기 시작했다. 월
드컵 4강 진출로 자부심이 한껏 올라 간 상태에서 美 측이 보인 태도
는 많은 한국 사람들의 감정을 상하게 만들었다. 주한미군에 대한 반
감과 나아가 미국에 대한 부정적 감정이 확산되기 시작했다.

상황이 그러함에도 美軍 당국은 이 사고를 軍 교범에 따라 사무적으
로 처리했다. 공보담당 소령이 "이 사고는 적법한 작전 수행 과정에서

일어난 것으로서 미군 측의 과실이 없었다"는 입장을 발표했을 뿐 사고에 대해 진정으로 사과하는 모습을 보이지 않았다. 美 측 관련 규정이나 관행 그리고 미국 문화로 보면 이상할 것이 없었다. 그러나 이런 태도는 한국인들의 일반 정서와는 거리가 멀었다.

反美 데모가 시작되었다. 8월 3일 일부 대학생들은 경기도 파주에서 美 2사단 소속 장갑차 30대를 가로 막고 시위를 벌였다. 이때만 해도 상황이 그리 심각하지 않았다. 나중에 밝혀진 사실이지만 한국의 좌파들은 사고 발생 13일 만에 민주노총·민주노동당·통일연대·전국연합을 비롯한 150여 개 단체로 '여중생 살인 사건 범국민대책위원회'를 만들고 이 사고를 고의적 살인으로 몰아갔다. 사망자들의 시신 사진을 인터넷에 올려놓고 "살인 미군 처벌하라" "부시 대통령은 무릎 꿇고 사과하라"는 등의 구호를 달았다. 이들은 400여 회 넘게 反美 촛불시위를 벌였다.

사고를 낸 병사 2명은 11월 23일 무죄평결을 받고 곧바로 출국했다. 이는 한국인들의 자존심을 심하게 건드렸다. 한국인들은 미국이 한국을 아직도 이런 식으로 무시해도 되는가라고 생각해 더욱 반발했다.

反美 데모는 날이 갈수록 격화되었다. 일부 시위대는 11월 26일 의정부 美 육군기지 철조망을 끊고 기지내로 진입하기도 했다. 12월 7일 토요일 저녁 서울 광화문에서는 2만 여명이 촛불시위를 했다. 12월 14일에는 전국적으로 60개 지역에서 7만 여명이 시위에 참가했다. 대통령 선거 투표일을 5일 앞둔 시점이었다. 부시 대통령은 김대중 대통령에게 전화를 걸어 이 사고에 대해 두 번째로 유감을 표명했다. 이어 럼스펠드 국방장관이 유감 표명을 했고, 국무부 대변인이 또다시 유감 표명을 했다. 그러나 이미 악화된 상황에 조금도 영향을 주지 못했다.

데모대들은 "불쌍한 미선이·효순이, 모이자 시청 앞으로, 미국놈들 몰아내자" "월드컵 4강의 힘을 보여주자. 미국놈들 몰아내고 자주권 회복하자" 등의 구호를 외쳤다. 〈한겨레〉 신문은 12월 16일 "촛불로 밝힌 민족의 자존심"이라는 제목의 사설에서 이러한 시위는 "첫째는 자주, 둘째는 평화, 셋째는 자신감"을 상징한다고 썼다. 많은 한국인들은 美 측 처사를 민주화 달성, 외환위기 극복, 남북 정상회담 개최

(2000년 6월)에 이어 월드컵 4강 신화로 한껏 높아진 한국인들의 자존심을 짓밟은 행위로 인식했다.

대통령 선거 운동이 막바지에 달했던 12월 7일 노무현 후보 진영은 일간 신문 1면에 다음과 같은 문구가 들어간 광고를 실었다. 사건을 선거에 이용했던 것이다.

> 「정치인이라는 것이 지금처럼 부끄러울 때가 없습니다.
> 미선아, 효순아, 다음에 다시 태어나거든 마음껏 외쳐라, 대한민국!
> 반드시 새로운 대한민국을 만들겠습니다.」

당시 미군 당국이나 주한 美 대사관은 이 문제가 미칠 파장을 최소화하기 위해 나름대로 애를 썼다. 하지만 대선이라는 한국의 정치상황 때문에 효과를 거두기 어려웠다. 아너레이 2사단장은 후에 당시 상황을 이렇게 회고했다. "우리는 사고 발생 직후 사죄하는 자세를 보였어야하나 해명하는 자세로 임했다. 이는 한국적 문화에 비추어볼 때 큰역풍을 불러온 실수였다. 결국 한국인들에게 잘못된 메시지를 주었고, 이로 인해 전국적인 시위로 확산되었다. 그때서야 내 실수를 깨달았지만 이미 늦었다."

12월 19일 대통령 선거가 끝나고 2003년에 접어들었음에도 과격한 시위는 계속되었다. 시위의 성격도 여중생 압사 성토에서 反美로 전환되었다. 연일 시위가 계속되자 미국 CBS 방송은 2003.2.9 <60 Minutes>란 프로그램에서 시위 상황을 다뤘다. 시위대가 '양키 고 홈'이라고 쓰인 플래카드를 들고 행진하면서 성조기를 불태우는 모습, 미군기지에 화염병을 던지는 모습, 美 대사관이 수많은 시위 인파에 포위된 광경 등을 미국 가정에 생생하게 전해 주었다.

이 프로그램에서 취재 기자는 캠블 주한 美8군사령관에게 이렇게 묻는다. "미군기지에 화염병이 던져지고 성조기가 태워지고 있다. 미국 시청자들이 이 장면을 보면 미군이 한국에서 무엇을 하고 있나, 한국인들이 그렇게 느낀다면 철수하라고 말할 것이다." 이에 대해 캠블 사령관은 입술을 떨면서 "우리는 일시적인 감정을 토대로 국가정책을 수립하지 않는다. 우리는 국가이익에 대한 고려를 토대로 정책을 결정한다"고 말했다. 그의 눈에는 눈물이 고여 있었다.

기자는 계속해서 캠블 사령관에게 묻는다. "당신은 매우 차분하게 반응하고 있는데, 한국인들이 성조기를 태우는 것을 보면 미국 시청자들이 어떻게 느끼겠는가." 이에 캠블은 "나는 좀처럼 흥분하지 않는다. 그러나 내 마음이 어떻겠는가. 그들이 그렇게 하기로 선택한다면 그렇게 하는 것이다. 군인으로 조국에 헌신하기로 한 이상 우리의 역할은 자유로운 선택을 할 수 있는 상황을 만드는 것이다. 그렇다고 우리의 감정이 매우 북받치지 않는 것은 아니다." 그의 얼굴에서 눈물이 흘러내렸다.

미국 시청자들은 TV 방송을 통해 이런 모습을 보고 큰 충격을 받았다. 반미 시위가 왜 일어나고 있는지는 관심 밖이었다. 성조기가 불태워지고 3星 장군이 눈물을 흘리는 모습이 충격적이었다. 너무나 충격적이어서 다음날 수많은 시청자들이 자기 지역 출신 상·하 의원들에게 전화를 걸어 "한국전쟁 참전을 후회한다" "주한미군을 철수시켜라" "한국 상품 불매 운동을 벌여야 한다"고 했다. 그때까지 한국이나 한국인들에게 호의적인 감정을 갖고 있던 인사들의 마음에 깊은 상처를 남겼다.

당시 김대중 정부는 반미 시위가 격화되고 있었음에도 손을 놓고 있었다. 정권 말기였던 점 그리고 예민한 대선 기간 중이었다는 점을 감안하더라도 좀 심할 정도였다. 시민들이 감정적으로 들끓을 때 일부 정치인들은 오히려 부화뇌동했다. 어부지리를 얻으려 했다.

많은 미국인들은 김대중 정부의 이런 태도에 일종의 배신감을 느꼈다. 유명 칼럼니스트 노박은 "1981년 한국의 군부독재에 의해 처형될 운명에 놓여 있다가 레이건에 의해 구명된 김대중 대통령은 한국 역사상 가장 반미적인 대통령이 되었고, 김대중을 우상으로 섬겨온 피후견인 노무현이 샘 아저씨(Uncle Sam: 미국·미국인을 의미)의 콧수염을 잡아당김에 있어 그를 능가하고 있다"고 비아냥거렸다.

롤리스 美 국방부 부차관보는 당시 미국은 세 가지 이유로 충격을 받았다고 술회했다. 하나는 한국에서 일어나고 있던 반미정서와 한미동맹 반대 움직임이었고, 다른 하나는 김대중 정부가 한미동맹을 보호하려 하지 않았다는 것이었으며, 셋째로 한국 국방부나 외교통상부가 당시 사태가 대선 정국에서 늘 있는 정치게임이라고 하면서 별것 아니라는 태도를 취했던 것이라고 했다.

허버드 대사도 후일 한국 언론과의 인터뷰에서 "한국 정부가 시위의 확산을 막기 위해 힘 수 있었던 일은 없었을까"라는 질문에 "니는 한국의 외교통상부 혹은 적어도 일부 정치인들이 한국 국민들에게 한미동맹의 중요성과 당시의 정확한 상황을 설명해주기를 기대했지만 아무도 나서는 사람이 없었다. 당시 대선을 앞두고 있었기 때문에 어쩔 수 없었다고 이해는 한다. 그러나 한국 정부 인사 중 단 한 명도 국민에게 설명하려는 사람이 없었고 모두 뒤로 물러서 최대한 연루되지 않으려고 했던 것에 대해서는 아쉽게 생각한다"라고 말했다. 당시 한국의 한 일간신문은 당시를 이렇게 회고했다.

「反美면 어떠냐던 노 후보 쪽 사람들이야 그랬다 쳐도 '보수 원칙주의' 명찰을 달고 다니던 한나라당 이회창 후보까지 거리 추모미사에 합류하고 TV 토론에선 '미국 때리기' 강성 발언을 쏟아내며 촛불세력의 눈치를 봤다. 직업 관료인 외교·안보 라인 관계자들은 반미 대통령이 탄생하려는 마당에 반미 바람에 맞섰다간 새 정부에서 자리보전이 어렵겠다고 몸을 사릴 만도 했다. 그러나 그런 걱정이 없는 지식인조차 한·미 관계가 중대 고비를 맞고 있는 걸 뻔히 알면서도 거리의 반미 구호를 뒤쫓아 가거나 뒷짐 지고 딴 곳만 쳐다봤다. 그때 대한민국엔 나라의 장래를 위해 시류에 맞설 용기를 지닌 義人이 단 한 명도 없었다.」

여중생 압사 사고는 반미 시위를 유발했고, 반미 시위는 반미 성향 정권 탄생을 도왔다. 노무현 후보는 57만 표라는 근소한 차이로 이회창 후보를 누르고 당선되었다. 여중생 압사 사고로 인한 反美 물결이 일어나지 않았더라면 결과는 얼마든지 달라질 수 있었다. 이를 두고 한국의 한 언론인은 "허버드 주한대사가 노무현 당선의 1등 공신 중 한 명"이라고 썼다.

롤리스 국방부 부차관보는 노무현 대통령이 취임한 지 이틀 후인

2003.2.27 반기문 외교보좌관과 김희상 국방보좌관을 면담하고 "휴전선 부근에 배치된 美 2사단을 후방으로 이전하겠다. 한국 측이 동의하지 않을 경우 모두 철수시킬 수도 있다"고 통보했다. 노무현 정부 출범을 기다렸다는 듯 이런 통보를 해왔다. 2주 후 럼스펠드 국방장관은 워싱턴주재 한국 특파원들과의 간담회에서 "한국이 미군을 떠나라고 하면 언제든 떠난다"고 했다. 노무현 정부에 대한 불만이 고스란히 묻어났다.

먹구름이 잔뜩 낀 한·미 관계

노무현의 미국에 대한 인식은 원래 부정적이었다. 그는 한국인들이 일반적으로 갖고 있는 對美 정서를 못마땅하게 생각했다. 2002년 대통령 선거 유세에서 反美 의식을 거침없이 드러냈다. 이로 인해 부시 행정부는 이회창 후보를 선호했다. 이 후보가 대선을 앞두고 워싱턴을 방문했을 때 그를 환대한 배경이다.

노무현 후보는 2002.5.17 〈한겨레〉신문과의 인터뷰에서 "지금 미국의 역사는 뒷걸음질치고 있거나 되돌아가고 있으며, 부시 대통령은 全세계를 대결과 긴장의 시대로 몰아가고 있다"고 비난했다. 12월 3일 대선 합동후보 TV토론에서는 "한·미 관계가 잘못된 것은 우리 외교가 일방적으로 미국을 추종하고 비판 없는 외교를 펼쳤기 때문"이라고 했다. 12월 6일 대구大邱 유세에서도 같은 취지의 말을 했다. "오랜 군부 독재정권 때부터 정통성 없는 정부가 미국의 눈치를 보고 할 말을 하지 못하는 오랜 전통 때문에 우리 공무원들의 對美 의존적, 추종적 태도가 고쳐지지 않고 있다. 대통령이 되면 공무원 특히 對美 관계 책임자들이 국민의 자존심이 상하지 않게 대등하고 평등한 관계를 확실히 주장하는 태도를 갖도록 만들겠다"고 공언했다.

노무현 당선자는 親美적 성향을 가진 사람들에 대해 강한 불만을 갖고 있었다. 2003.1.23 〈아사히〉 신문과의 인터뷰에서 "한·미 간의 문제는 실제로 한·미 간에 존재하고 있는 것이 아니라 한국 내부에 존재하고 있는 것이다"라고 말했고, 이에 앞서 2002.12.31 기자 간담회에서도 "국내 일부에서 자신이 미국에 대해 하는 말에 민감하게 반응하는 것이 답답하고 한심하다"고 말했다.

노무현은 대통령 후보 시절부터 자주 국방을 내세웠다. 그의 소신이 있다. 어떤 나라든 스스로의 안전과 생존을 지킬 수 있어야 자주국가 라고 생각했다. 그러면서 한국이 이런 자주국가가 되기 위해서는 對美 의존에서 벗어나는 것이 시급하고 긴요하다고 믿었다. 盧 대통령과 그의 지지자들은 對美 안보 의존을 줄여 대외관계에서 자주성을 확립해야 한다는 결의에 차있었다. 노 대통령이 갖고 있던 '자주'는 외교와 국방에서 미국 의존으로부터 벗어나 스스로 행동하는 주체가 되는 것을 의미했다.

노무현 대통령은 2006.12.21 민주평통자문회의 상임위원회 연설에서 "미국 바짓가랑이 붙잡고 미국 엉덩이 뒤에 숨어서 형님 백만 믿겠다는게 자주국가 국민들의 안보의식일 수 있겠는가"라고 격한 감정을 폭발시키기도 했다.

2003.2.25 출범한 노무현 정부의 대외관계에서 가장 큰 변화가 예상되는 부분은 역시 對美 관계였다. 노 대통령은 대통령 후보 시절 "미국을 안 갔다고 反美主義냐, 반미주의면 또 어떠냐"고 말한 적이 있다. 그가 미국 땅을 밟은 것은 대통령으로 취임한 직후인 2003년 5월이 처음이었다. 대통령에 당선되기前 여행한 나라는 일본(1982), 영국(1993), 캐나다(1995)에 불과했다.

　　* 허버드 前 주한대사는 노 대통령과 부시 대통령의 유일한 공통점은 외교 無경험과 나이(1946년생)였다고 말한 바 있다.

노무현 정부가 출범하면서 북핵 문제는 시급하고도 심각한 외교·안보 사안으로 대두되었다. 부시 대통령은 1년 전인 2002.1.29 국정연설에서 북한을 '악의 축' 국가의 하나로 지목했고, 그해 10월에는 켈리 국무부 차관보의 평양 방문을 계기로 '美·北 제네바합의'가 깨지기 일보 직전이었다.

盧 대통령은 임기(2003.2~2008.2) 내내 부시 대통령(2001.1~2009.1)과 북한 문제와 북핵 문제를 놓고 충돌했다. 부시 대통령에게 김정일 정권은 대화가 불가능한 상대였고, 노 대통령에게 북한은 옹호의 대상이었다. 그는 김정일 정권의 생존 불안을 해소시켜 주면 핵 문제 등이 풀릴 것으로 믿었다. 노 대통령이 부시를 만난 것은 박정희 대통령이 카터를 만난 것만큼이나 악연이었다.

아 마 추 어 들 에 의 한 아 마 추 어 외 교

미국은 2003.3.20 이라크를 침공했다. 북한은 2차 핵 위기를 조성했다. 부시 대통령은 김정일을 혐오했고, 체니 부통령·럼스펠드 국방장관·울포비츠 부장관 등 네오콘(신보수주의)은 對北 압박 정책을 주문하고 나섰다.

태평양 건너에서 먹구름이 몰려오고 있는 가운데 출범한 노무현 정부의 핵심 인사들은 1980년대 군사 독재정권에 저항했던 학생운동권 출신들이었다. 이들의 미국이나 북한에 대한 인식은 노무현 대통령의 그것과 같았다. 북한에 대한 화해·협력정책을 신봉하는 사람들이었다.

  * 에버스타트 美기업연구소 연구원은 "노무현 정부의 핵심인사들은 복수심에 불타는 反美주의자들이고 본능적으로 親北주의자들이다"고 단언했다.

盧 대통령은 이종석 세종연구소 연구위원을 국가안전보장회의NSC 사무차장으로 임명했다. NSC는 외교·안보정책과 관련된 사항에 관하여 대통령에게 직보直報하는 등 사실상 최고 참모기관으로 기능하도록 되어 있었다. 이 시스템에서는 두 가지 점이 특이했다. 하나는 장관급인 사무처장(국가안보좌관이 겸임) 직위가 있음에도 차관급인 사무차장이 조직운영을 맡는 것이고, 다른 하나는 청와대 내부의 외교·안보 참모인 외교보좌관·국방보좌관의 관여를 받지 않는다는 것이었다. 이런 구조는 정상적인 것이 아니었다. NSC의 2인자가 NSC의 장長이나 대통령 외교보좌관·국방보좌관과 무관하게 직무를 수행하도록 되어

있었기 때문이다.

李 차장은 국내대학에서 박사학위를 받은 '토종 국내파 학자'였다. 학위 취득 후 대학 강사 등을 하다가 1994년 9월 임동원 당시 세종연구소 연구위원과의 인연으로 세종연구소에 들어갔다. 1998년 김대중 정부가 '햇볕정책'을 펴기 시작했을 때 이 정책을 열렬히 지지한 사람의 하나였다. 그는 김대중 정부에서는 통일부의 정책자문위원으로도 활동했고, 2000년 6월 남북정상회담 때에는 남 측 대표단 일원으로 참가하기도 했다.

盧 대통령은 이종석 사무차장에 대해 두터운 신임을 갖고 있었다. 李 차장은 2001년 여름 대권 준비를 하고 있던 盧 후보의 요청으로 대북정책에 관해 자문하면서 그와 가까운 사이가 되었다. 노 대통령은 취임 한 달이 안 된 즈음(2003.3.18) 국무회의에서 NSC 개편안을 통과시키면서 "국가안보보좌관은 주로 대통령을 보좌하기 때문에 내부적인 실무를 챙기기 어려운 구조다. 그래서 기구를 실무적으로 총괄하고 대외교섭을 위해 차관급 사무차장이 필요하다"고 했다. 이종석을 염두에 두고 한 발언이었다. 노 대통령은 '대외교섭'을 위해 사무차장이 필요하다고 했는데, 이는 향후 외교통상부 장관의 위상과 역할이 영향을 받을 수 있음을 예고했다. 또한 '실무적으로 총괄'한다고 했는데, 이후 드러났듯이 사무차장의 역할은 '실무적' 수준을 훨씬 넘는 것이었다.

NSC 사무처는 외교·안보와 관련된 정책사항을 취합·조정하는 기능을 담당하도록 되어 있었으나, 실제로는 대통령을 가장 가까이서 보좌하는 조직이었다. 노 대통령은 이종석 차장이 주도하는 NSC를 신임하고, NSC가 외교·국방정책 전반을 조정·통제하는 조직이 되도록 했다. 이로 인해 외교통상부나 국방부는 주요 정책결정 과정에서 소외되었다. 이종석은 NSC 사무차장으로 2년 10개월, 통일부 장관으로 8개월 재직하면서 노무현 정부의 통일·외교·안보분야 핵심 참모 역할을 했다.

'자주파-동맹파' 파문

앞서 지적했듯이, 노무현 후보가 2002년 대선에서 승리할 수 있었던 배경에는 反美 성향 유권자들의 지지가 있었다. 이로 인해 盧 대통령은 국정을 운영하면서 이들의 지지를 의식하지 않을 수 없었다. 이런 배경에서 그는 반미 정서를 드러내는 발언을 자주 했다. 이는 국내적으로는 對美 외교 자세를 둘러싼 국론 분열을 야기했고, 對美 관계에서는 부시 행정부를 번번이 자극했다.

노무현 정부가 말하는 '자주'는 두 가지를 의미했다. 하나는 '우리끼리'의 개념이었고, 다른 하나는 '미국과 거리를 두는 것'을 의미했다. 한반도 문제를 남북한 관계 프레임 속에서 인식하면서 미국 등 국제사회의 관여를 배제하는 것이었다. 노무현 정부는 이 과정에서 미국과 부딪히는 일을 마다하지 않았다. 한국 언론은 정부 내에서 이런 소신을 갖고 있는 사람들을 '자주파'라고 부르고, 한미동맹 등 국제적 맥락을 중시하는 사람들을 '동맹파'라고 불렀다.

노무현 정부의 '자주외교'는 강대국의 눈치를 보지 말자는 것이었다. 그런데 노무현 정부의 이런 자세는 미국에 대해서만 해당되었다. 과도하게 자주·자율성을 내세우다보니 한미동맹은 약화될 수밖에 없었다.

'동맹파'는 한미동맹 관계를 유지·발전시키는 가운데 대북 관계를 다뤄야 한다고 믿는 사람들이었다. 이들은 당면한 북핵 문제 해결을 위해서도 미국과의 동맹을 강화하는 것이 중요하다고 믿었다. 그러나 盧 대통령이나 386실세들의 눈에 이들은 미국 의존적인 사람들이었다.

이처럼 '자주파'와 '동맹파'는 對北 접근 방식에서도 큰 차이를 보였다. '자주파'는 이를 민족 내부 문제로 보고 우리끼리 다뤄야 한다고 믿었던 반면, '동맹파'는 미국 등 국제사회와의 협력을 통해 풀어나가야 한다고 보았다. 자주파는 남북한 관계를 '한반도화'한 반면 동맹파는 국제적인 맥락이 무시되지 않기를 원했다.

이로 인해 노무현 정부는 대북정책을 대외정책의 상부구조로 취급했다. 남북한 관계도 본질적으로는 국제적인 현상이기 때문에 대외정책의 하부구조로 다루는 것이 맞았다. 하지만 '자주파'는 남북한 관계에 대한 고려를 그 어떤 고려보다 앞세웠다.

＊ 2007.11.21 유엔 북한인권결의안 표결을 앞두고 남북 채널을 통해서 북한의 의견을 직접 확인한 일(2016년 송민순 회고록)은 북한 인권 문제를 국제관계보다 남북관계 차원에서 다뤘음을 말해 준다. 송 장관은 이즈음 한 대학 강연에서 "남북문제만 나오면 (한국이) 국제사회에 나가서 작아진다"고 말했는데, 이는 노무현 정부가 남북관계 우선 기조를 갖고 있었음을 말해준다.

외교통상부는 친미파다?

盧 대통령은 외교통상부에 대해 좋지 않은 인상을 갖고 있었다. 출범 초기 "다른 데는 몰라도 검찰과 외교부는 반드시 개혁되어야 한다"고 말한 적이 있고, 2003년 2월 윤영관 외교통상부 장관에게 임명장을 수여하는 자리에서는 "해외공관 업무의 핵심이 본국에서 나간 정치인들을 접대하는 것 아니냐"고 말했다. 재외공관의 역할에 대한 인식이 이 정도 수준이었다.

盧 대통령은 2004.1.14 연두기자회견에서는 "외교통상부가 대통령의 외교정책 수행에 있어 걸림돌이다"라고까지 말했다. 나라를 대표하는 기관을 이렇게 말하면 '누워서 침 뱉는 것'과 같았다. 대통령으로부터 신뢰를 받지 못하는 외교부가 다른 나라 정부로부터도 신뢰를 받을 수 없음은 불문가지였다. 盧 대통령의 이런 언급은 그가 외교통상부의 존재가치를 얼마나 낮게 평가하고 있었는가를 단적으로 말해주었다.

＊ 盧 대통령은 청와대에 설치된 정부혁신위원회에 외교부의 인력·조직운영, 업무성과 등에 대한 대대적인 검토를 지시하면서, "재외공관장 자리의 30%를 외부인사로 임명할 수 있도록 함으로써 직업외교관들의 기득권을 축소하라"고 지시하기도 했다.

盧 대통령의 외교통상부에 대한 부정적 평가는 '동맹파-자주파 사태'를 거치면서 더욱 강화되었다. 정치권도 가세했다. 신기남 열린우리당 상임중앙위원은 2004.1.13 "외교부 내 기득권 세력인 숭미崇美주의

적 北美局 간부들을 즉각 경질해야 한다"고 했다. 2005년 3월 외교통상부의 대통령에 대한 업무보고에 동석했던 이해찬 국무총리는 "외교통상부가 시대착오적 진영陣營 외교를 하고 있다. 외교부는 대륙봉쇄적 사고에서 벗어나야 한다"고 했다. '대륙봉쇄적'이라는 말은 다른 말로 하면 '反中親美적'이라는 말이었다. 親美적 경향이 있다고 해서 이것이 곧 反中적인 것은 아님에도 이런 식으로 말했던 것이다.

盧 대통령은 2005.4.18 "미국 사람 보다 더 친미적 사고를 갖고 얘기하는 사람들이 있는 게 내게는 걱정스럽고 제일 힘들다"고 했다. 공식 석상에서 대통령이 이런 언급을 한다는 것은 외교의 ABC에 어긋나는 일이었다. 盧 대통령의 발언이 나오자마자 외교통상부 공보관(대변인)은 출입기자들을 찾아가 "외교통상부에는 친미파가 없다"고 해명하는 일도 생겼다. 조기숙 청와대 홍보수석은 노 대통령이 말하는 친미적 사고를 가진 한국인이란 "미국에서 공부해 영어가 유창한 일부 인사들이다"라고 해명하는 촌극도 벌어졌다.

외교통상부 장관 경질

2004년 1월 외교통상부 직원들이 盧 대통령을 폄훼하는 발언을 했다는 내용의 투서가 청와대에 들어간 사건은 윤영관 외교통상부 장관이 경질되는 상황으로까지 갔다.

尹 장관은 2003년 10월 이라크 추가 파병과 관련하여 가급적 가까운 시일 안에 미국의 요구를 충분히 수용해줄 것을 노 대통령에게 건의했다. 하지만 노 대통령이나 이종석 NSC사무차장의 생각은 달랐다. 노 대통령은 기자들과 가진 비공식 간담회에서 "윤 장관은 원래 그런 사람이 아닌데 외교부에 가더니 너무 한 쪽과만 사이좋게 지내려 한다는 얘기가 있더라"라고 했다. 노 대통령은 '윤 장관이 한국 외교장관인지 미국 외교장관인지 잘 모르겠다'는 취지의 말도 한 것으로 전해졌다.

盧 대통령은 尹 장관의 사표를 수리하던 날 언론사 경제부장단과의 오찬에서 이 조치가 항명에 대한 문책성 조치임을 시사했다. 그는 "윤 장관 경질 문제는 외교부와 NSC의 갈등과는 관계가 없다. 갈등이 있으면 내가 조정하면 된다"면서, "결론을 내고 난 뒤에 브레이크를 걸면 그건 대통령에 대한 항명이다"라고 말했다. '항명'이 경질의 원인이었다는 의미였다.

尹 장관은 2004.1.15 장관직을 떠나면서 직원들에게 "우리 사회에 지금 잘못된 이분법이 횡행하고 있다. 그것은 자주냐 동맹이냐, 국제파냐 민족파냐 하는 二分法이다. 이것은 다시 한 번 말하지만 잘못된 이분법이다"라고 말했다. 자신의 사임이 이런 이분법적 대립과 관련이 있었음을 암시했다.

청와대 인사수석비서관은 2004.1.15 盧 대통령이 尹 장관을 경질한 배경을 설명하는 과정에서 "외교부 일부 직원들이 과거의 의존적 대외정책에서 벗어나지 못한 채 참여정부가 제시하고 있는 새로운 자주적 외교정책의 기본정신과 방향을 충분히 이해하지 못했다"고 말했다. "과거의 의존적 대외정책"이라는 것은 '對美 의존'을 의미했다.

盧 대통령은 尹 장관 후임으로 반기문 외교보좌관을 임명했다. 반 장관은 2004.1.17 취임식에서 "외교부는 선거를 통해 수임 받은 대통령의 인식과 철학을 공유, 이를 대외에 구현하는 사명에 투철해야 한다. 본인은 정책결정과정에서 토론과 관련 부서 간 의사소통은 충분히 자유로워야 하고 앞으로 장관으로서 이를 보장하려 하지만 결정된 정책은 충실히 이행하는 게 공직자의 올바르지 개인의 존엄이다"라고 말했다. 盧 대통령이 '항명'이라는 단어를 쓴 것과 같은 맥락에서 이해되었다.

盧 대통령은 尹 장관을 경질한 지 두 주 만에 라종일 국가안보보좌관과 김희상 국방보좌관도 교체했다. 청와대의 외교·안보 참모를 모두 바꾼 것이다.

尹 장관 경질에 이른 일련의 과정을 거치면서 盧 대통령이 갖고 있던 외교통상부 관료집단에 대한 부정적인 인식은 한층 강화되었다. 이런 배경에서 외교통상부는 노무현 정부 시절 주요 정책결정 과정에서

소외되었다.

빛바랜 이라크 파병

노무현 정부가 출범하면서 북한 핵, 주한미군 감축, 용산 미군기지 이전 문제 등이 한꺼번에 대두되었다. 이종석 NSC사무차장은 이런 상황을 "외교·안보의 IMF 사태"라고 불렀다.

　＊IMF사태란 1997년 12월 한국이 IMF로부터 20억 달러의 긴급 자금을 지원받게 되는 상황을 말한다. 당시 한국은 IMF로부터 195억 달러의 구제 금융을 받아 간신히 국가부도 사태를 모면했다.

롤리스 美 국방부 부차관보는 2003.9.3 반기문 외교보좌관을 면담, 이라크에 전투병을 파견해주었으면 좋겠다는 미국 정부의 의사를 전달했다. 울포비츠 국방부 부장관도 9월 5일 워싱턴을 방문한 윤영관 외교통상부 장관에게 같은 의사를 전달했다. 9월 7일에는 부시 대통령이 한국 등 29개국에 추가 파병을 공식 요청했다.

미국이 요청한 2차 파병부대의 임무는 특정지역의 치안을 담당하는 것이었다. 미국은 독자적으로 작전을 수행할 수 있는 5,000명 이상의 전투병 파병을 희망했다. 미국이 추가 파병을 요청한 것은 美·英 연합군에 의한 군사작전은 단시일 내 끝났으나 美 軍政 아래서도 테러가 지속적으로 발생하는 등 정정政情 불안이 증가하고 있었기 때문이었다.

　＊부시 행정부의 이라크전쟁 실패에 대하여는 졸저『외교의 세계』참고.

이러한 요청에 대해 노무현 정부는 일단 유보적인 태도를 보였다. 추가 파병에 대한 찬반 논란은 1차 파병 때와는 판이하게 달랐다. 정부 내에서도 찬반 입장이 갈렸다. 청와대의 국방관련 참모·재경부·국방부·외교통상부 등은 미국 요청에 보다 신속히 그리고 적극적으로 대응하는 것이 바람직하다고 생각했으나, 이종석 NSC사무차장이나 유인태 청와대 정무수석 등은 파병은 곤란하다고 믿었다.

이런 가운데 노 대통령은 이라크 파병과 북핵 문제를 연계한다는 방침을 정했다. 국내 여론을 의식한 결과였다. 2003.10.1 국군의 날 연설에서 "북핵 문제의 평화적 해결을 확신할 수 있는 안정적 대화국면 조성이 필요하다. 한반도의 평화와 안정에 낙관적인 전망과 확신이 파병에 중요한 요소다"라고 말했다. 국가안전보장회의 사무처는 이라크 추가 파병과 북핵 문제 연계 방침을 '평화교환론'이라고 불렀다. 노무현 정부가 이라크 파병을 북핵 문제와 연계시킨 것은 美 측의 불만을 자아내면서 파병의 의미를 퇴색시키는 주원인이 되었다. 한국이 미국의 동맹국이라면 이래서는 안 되었기 때문에 실책이었다.

盧 대통령은 같은 날 파병과 관련한 5가지 고려사항을 제시했다. ▶북핵 문제의 평화적 해결 ▶국민 여론 ▶국제 동향 ▶한국 안보 상황 ▶이라크 내부 상황이 그것이었다. 노무현 정부는 이처럼 이라크 추가 파병 문제에서 가장 우선적인 고려사항으로 북핵 문제를 설정했다. 부시 행정부가 북핵 문제를 놓고 북한에 대해 군사력을 사용하지 않도록 만드는 지렛대로 만들려 했다.

북핵 문제를 이라크 파병과 연계하는 한국 정부 입장에 대해 美 측은 몹시 불쾌하게 생각했다. 윤영관 외교통상부 장관이 9월 하순 뉴욕에서 파월 국무장관을 만나 한국 정부가 북핵 문제와 이라크 파병 문제를 연계하는 입장임을 설명했을 때 파월 장관은 "그것은 동맹국들이 서로를 대하는 태도가 아니다. 파병 문제와 북한 핵을 연계시키는 것은 유감이다. 한국 측 주장대로 북핵 문제를 포괄적으로 접근하는 것이 옳은 방법이라면 이라크 파병 문제와 관계없이 추진하면 된다"라면서 불만을 표시했다.

당시 尹 장관은 이라크 파병 문제에 대해 영어로 번역된 정부 훈령을 파월 장관 앞에서 읽었는데, 내용은 이러했다. "한국內 여론, 특히 現정부 지지층에서 유보적 의견이 지배적이라 파병 문제를 전향적으로 고려하는 데 중대한 장애가 되고 있다. 미국이 북핵 문제에 대해 의미 있는 전향적 조치를 취한다면 그것은 한국 국민들을 설득하는데 결정적으로 중요하고 도움이 될 것이다."

노무현 정부의 이러한 입장은 한미동맹의 관점에서 보면 불만을 살 수밖에 없었다. 부시 행정부 인사들은 한국 정부가 한미동맹을 對北 포용정책을 위한 레버리지로 삼는 것을 심히 못마땅하게 생각했다.

파병부대의 성격과 규모에 대한 韓·美 간 입장 차이는 고스란히 정부 내 관련 부처 간 입장 차이로 나타났다. 국방부·외교통상부 등은 미국이 원하는 '독자적 작전 능력을 갖춘 치안 유지군'으로 5,000명 규모가 적절하다는 의견이었으나, NSC를 중심으로 한 소위 '자주파'는 비전투병 재건지원 성격의 3,000명 규모가 적절하다고 생각했다. 노 대통령은 3,000명을 넘지 않는 규모로 비전투병 파병을 검토하라고 지시함으로써 '자주파'의 손을 들어주었다.

이라크 파병 문제로 盧 대통령에 대한 지지도가 떨어졌다. 여당의 반대도 강력했다. 한·미 간 갈등도 계속되었다. 유엔 안보리는 10월 16일 이라크 戰後 재건에 대한 국제사회의 지원을 촉구하고 다국적군 구성을 승인하는 것을 주요 내용으로 하는 결의안을 만장일치로 통과시켰다. 이는 노 대통령이 추가 파병을 추진하는데 다소 도움이 되었다. 이 결의안 통과 직후 이라크 파병에 대한 여론은 찬성 64.9%, 반대 34.1%로 나타났다. 그러나 시간이 감에 따라 다시 반대쪽이 더 우세해졌다. 11월 말에는 찬성 47.6%, 반대 49.3%로 나타났다.

盧 대통령이 2003.10.18 주재한 국가안전보장회의는 미국의 요청에 협력한다는 차원에서 추가 파병을 한다는 쪽으로 의견이 모아졌다. 그러나 파병부대의 성격이나 규모는 국민 여론과 이라크 현지 상황 등을 종합적으로 검토해 추후 결정하기로 했다. 미국은 노무현 정부가 파병을 의도적으로 지연시키고 있다고 보았다.

韓·美 양국은 11월 5~6일 워싱턴에서 이 문제를 협의했다. 이때 한국 측은 3,000명 수준의 비전투병 파병案을 제시했고, 파병 시기도 2004년 4월 국회의원 선거 이후에나 가능할 것이라고 했다. 그러나 美 측은 당초 입장대로 독자적인 작전능력을 가진 5,000명 수준의 전투병(치안유지군)을 2004년 2~3월 이전에 파견해 달라고 했다.

이 문제는 11월 17일 서울에서 열린 한·미 연례안보협의회SCM에서도 논의되었다. 양측은 추가 파병 원칙은 재확인했지만 파병부대의 규모와 성격을 놓고 이견을 보였다. 파병 시기도 문제였다. 한국 정부는 2004년 4~5월이나 되어야 가능할 것이라고 했으나, 美 측은 2~3월경을 원했다.

이즈음 럼스펠드 국방장관은 "주한미군 2사단 전부를 이라크와 아프간에 이동시키지는 않겠지만 2사단 병력의 일부를 이라크에 배치할 수는 있다"고 했다. 이는 노무현 정부에 대해 강한 불만을 표시하면서 전투병 파병 압력을 넣기 위한 것으로 해석되었다. 부시 대통령도 11월 25일 동맹국들과 해외주둔 미군 재배치를 위한 본격적인 협의에 들어가겠다고 밝혀 주한미군 감축 가능성을 강력히 시사했다.

노무현 정부는 2003.12.23 최종적으로 파병부대의 성격을 '평화·재건 지원'으로 하고, 규모는 3,000명 이내, 역할은 특정지역 재건만을 지원하는 독자적 지역담당형으로 결정했다. 이러한 내용의 파병 동의안이 국회에 제출되어 2004.2.13 재석 212명 중 찬성 155, 반대 50, 기권 7명으로 통과되었다.

부시 대통령은 2004.5.17 노 대통령에게 전화를 걸었다. 盧 대통령은 3월 12일 국회에서 탄핵소추안이 통과되어 직무가 정지되었다가 5월 14일 헌법재판소의 기각 결정으로 직무에 복귀한 상태였다.

부시 대통령은 전화통화에서 우선 주한 제2사단 병력 3,600여 명의 이라크 차출에 한국이 동의해준데 대해 고마움을 표시했다. 美 측은 주한미군의 이라크 이동배치가 2005년 말까지 주한미군 12,500여 명 감축 계획의 일환임을 분명히 하고 그런 방침을 대외적으로 공개했다.

한국군의 이라크 추가 파병은 계속 지연되었다. 국회에서 盧 대통령에 대한 탄핵 결정이 있었고 여기에 이라크 상황은 4월 들어 시아파가 봉기하면서 제2전선이 형성되는 등 악화되고 있었다.

한국군 추가 파병은 2004년 9월에야 이루어졌고, 2008년 12월까지 51개월 간 주둔했다.

* 자이툰부대로 명명된 이 부대 파견에 총 7000억 원의 예산이 소요되었다.

그런데 부시 대통령은 2004.9.3 공화당 전당대회의 대통령 후보 수락 연설에서 영국·일본·호주 등 이라크 참전국과 그 지도자들 이름을 일일이 거명했는데 한국은 빠졌다. 영국에 이어 두 번째로 많은 병력을 파견한 나라를 언급하지 않은 것은 분명히 고의적인 것으로서 부시 대통령의 불만이 얼마나 컸었는지를 말해주었다.

김태영 前 국방부 장관은 2014.1.17 한 세미나 발표에서 "(당시) 미국이 동맹국을 3개 등급으로 분류했는데 盧 정부 때 한국은 거기에 들어 있지 않았다"고 말했다. 부시-노무현 정부 시절 미국은 한국을 동맹국으로 간주하지 않았다는 말이었다.

盧 대통령, 미국의 對北 선제공격 우려

盧 대통령은 "이라크 파병은 동맹의 의무로서 불가피한 선택이었으며 동시에 북핵 문제의 평화적 해결을 위한 전략적 선택이었다"고 했다. 노무현 정부는 이처럼 이라크 파병과 북핵 문제의 평화적 해결을 연계하면서, 가장 큰 국익의 문제라고 국민들을 설득했다.

당시 한국의 안보상황은 일기예보에 비유하자면 '잔뜩 흐림'이었다. 2003년 1월 북한이 핵확산금지조약 탈퇴로 2차 핵 위기가 조성되었고, 2월 들어서는 미국과 북한이 정면충돌을 향해 마주달리는 형국이었다. 부시 행정부는 북한이 아무런 조건 없이 핵 프로그램을 폐기할 것을 요구하면서 이 문제를 놓고 북한과 직접 협상할 의사가 없음을 분명히 하고 있었다.

이에 앞서 부시 대통령은 2002년 1월 북한을 '악의 축' 국가로 규정한데 이어, 9월에는 새로운 국가안보전략을 통해 '선제공격' 개념을 제시했다. 미국은 안보 위협으로 간주되는 요인에 대해서는 이를 제거하기 위해 선제적으로 공격을 감행할 것이라고 선언했던 것이다.

부시 대통령은 "대량살상무기로 평화를 위협하는 무법 정권을 내버려두지 않을 것"이라고 천명했다. 북한이 바로 그런 나라였다. 마이어스 합참의장은 2월 28일 NBC방송에 출연, 미국이 북한에 대한 선제공격 여부를 검토하고 있음을 시사했다. 같은 날 <뉴욕타임스> 칼럼니스트 크리스토프는 "지난 1993~94년 북핵 위기 때 검토되었던 미국의 영변 핵시설 폭격 계획이 10년이 지난 지금 다시 검토되고 있다"고 썼다. 후에 알려진 사실이지만 이즈음 부시 대통령은 장쩌민 주석에게 "북한 핵무기 프로그램을 외교적으로 풀지 못한다면 북한에 대한 군사 공격을 고려할 수밖에 없다"고 말했다.

김정일은 2003년 2월 중순부터 50일 동안 공개석상에 나타나지 않았다. 미국은 당시 24대의 B-1, B-52 폭격기를 괌으로 이동 배치하고 F-117 스텔스기를 한국에 배치하고 있었다. 미국은 이라크에도 사담 후세인을 검거하기 위해 F-117을 배치해 놓고 있었다.

3월 2일에는 북한과 미국이 공중 충돌을 아슬아슬하게 피한 일촉즉 발의 상황도 발생했다. 북한의 미그23 · 미그29 전투기 4대가 미국의 RC-135S 코브라 볼 정찰기에 불과 15m 거리까지 접근했던 것이다. 미국은 F-117A 나이트 호크 스텔스 전폭기 6대와 F-15E 전투기 20여 대를 한반도에 증파했다. 정밀 선제폭격이 가능한 스텔스기가 한국 으로 날아온 것은 1993년 한 · 미 팀스피리트 훈련 이래 10년 만의 일 이었다.

盧 대통령은 美 · 北 간 긴장이 고조되고 있는 상황을 심히 우려했 다. 이러한 우려는 2003.3.4 영국 〈더타임스〉와의 회견에서 잘 나타났 다. 그는 "우리는 미국에 너무 심하게 나가지 말라"고 말하고 있다고 밝혔다.

盧 대통령의 이런 발언은 '너무 나간' 것이었다. 미국에게는 이 언급 이 美 · 北 간 공중 충돌 모면 사태의 책임이 미국에 있다는 말로 들렸 다. 미국은 불쾌했다. 동맹국 지도자가 언론 인터뷰에서 그렇게 말할 수는 없다고 생각했다.

2003.3.20 시작된 미국의 이라크에 대한 무력 공격은 2003.5.1 종 료됨으로써 불과 40여 일 만에 끝났다. 이제 다음 타깃은 북한이 되지 않을까하는 추측이 나왔다. 셀리그 해리슨은 "북한 지도자들이 이라크 로부터 배운 교훈은 핵 억지력을 갖추어야 한다는 확신을 갖게 만들었 음에 틀림없다"고 분석했다. 북한이 이라크 사태를 보고 핵 · 미사일 개발에 더욱 박차를 가해야 한다는 생각을 굳혔을 것이라는 주장.

盧 대통령은 미국이 실제로 북한을 공격할 가능성이 있다고 믿었다.

하지만 이라크에서 전쟁을 하고 있는 상황에 미국이 또 다른 전쟁을 한반도에서 수행한다는 것은 현실적으로 불가능했다.

럼스펠드 국방장관은 2003.3.6 "주한미군 재편과 관련된 다양한 방안들을 검토하고 있다"면서 주한미군 감축 가능성을 내비쳤다. 이런 발언의 저변에는 다분히 노무현 정부에 대한 불만이 깔려 있었다. 미국은 미군 장갑차에 의한 여중생 사망 사건을 빌미로 타올랐던 반미 데모를 없었던 일로 넘길 생각이 없었다. 결국 2003년 6월 제2차 한·미 동맹정책구상FOTA 회의에서 주한미군 12,000명 감축 계획을 발표한다.

盧 대통령은 2003.10.3 기자 간담회에서 "내가 제일 우려하는 것은 만일에 파병을 하기로 결정, 부대를 편성하고 장비를 먼저 배에 태워 보내는 등 착착 일이 진행되는 가운데 6자회담이 열리지 않거나 열렸다가도 합의가 이루어지지 않고 북한에서 플루토늄을 어떻게 한다, 미사일을 어떻게 한다고 강공으로 나왔을 때 한반도의 안보상황이 급격한 위기상황으로 갈 수 있다는 것이다. 당선자 시절보다 더 나쁜 상황이 될 수 있다"고 말했다.

노 대통령은 당시 상황이 몹시 힘들었을 것이다. 안보 상황의 악화는 경제에 치명적인 타격을 줄 수 있다. 이라크 파병을 거부해 한미동맹이 흔들리는 상황에 北·美 간 갈등이 심화되면 한반도 정세가 급격히 악화될 가능성이 있었다. 이는 한국의 대외신인도 저하로 이어져 경제 난국을 초래하게 된다.

盧 대통령은 2003.10.20 방콕에서 열린 한·미 정상회담에서 이라크 추가 파병 계획안을 부시 대통령에게 설명했다. 이 회담에서 부시 대통령은 북한 핵에 대한 다자간 對北 안전보장 아이디어를 냈다. 당시 부시 행정부 내에 북한과 어떤 협상을 해서도 안 된다는 의견이 팽배했음에도 이런 제안이 나온 것은 북핵 문제에 대한 "미묘하지만 중대한 변화"였다.

부시 행정부는 2002년 10월 고농축우라늄에 의한 핵개발 문제로 2차 핵 위기가 조성된 이래 '어떤 옵션도 배제하지 않는다'는 등으로 군사적 행동 가능성을 열어 놓고 있었다. 그런 상황에 부시 대통령이 이런 제안을 내놓았으니 盧 대통령으로서는 적이 안심되는 일이 아닐 수 없었다.

美 측 의도대로 실행된 주한미군 감축

롤리스 국방부 부차관보는 2003.6.5 김희상 국방보좌관과 반기문 외교보좌관에게 미국은 이라크戰 수행에 따른 병력 부족의 어려움을 타개하기 위해 주한미군 12,500명을 2004년부터 2006년까지 단계적으로 감축하고자 한다며 이에 필요한 구체적인 협의를 갖자고 했다. 기본 방침은 이미 결정되었으니 시행을 위한 세부 절차를 협의하자는 말이었다. 총 병력의 3분의 1을 감축한다는 것은 1971년 7사단 22,000명 철수 이래 최대 규모였다.

> * 미 국방부는 1990년 냉전 질서가 무너지자 주한미군 3단계 철수방안을 마련했다. ▶1990~92 년 1단계: 7,000명 감축 ▶1993~95년 2단계: 북한의 군사적 위협 등을 고려해 감축 규모 결 정 ▶1996년부터 3단계: 소규모 부대만을 남기고 전부 철수. 그러나 북핵 위기가 조성되어 2단계 이후 계획은 무산되었다.

보고를 받은 盧 대통령은 '올 것이 왔는데 약간 빨리 왔다'는 반응을 보였다. 盧 대통령은 라종일 국가안보보좌관을 워싱턴에 보내 이 문제를 10월로 예정된 한·미 정상회담에서 협의할 것을 제의했다.

부시 행정부는 9월 들어서면서 언론을 통해 주한미군 감축 가능성을 흘리기 시작했다. 피터 페이스 합참 부의장은 9월 10일 헤리티지재단 학술대회에서 "미국의 21세기 세계전략 및 새로운 전쟁개념 도입 등에 맞춰 주한미군 병력도 감축될 수 있을 것"이라고 말했다. 페이스는 미군전략 재편과 해외기지 재배치 계획을 담당하고 있었다. 10월 18일 AP통신은 "부시 행정부가 주한미군의 3분의 1 정도인 12,500명을 감축하기를 원하고 있으며 세부사항들을 놓고 한국 정부와 협의 中"이라고 보도했다.

10월 20일 방콕 한·미 정상회담에서 양국 정상은 2004년 여름까지 주한미군 감축 협상을 미루기 하고, 주한미군 재배치는 한반도 안보 상황을 신중히 고려해 추진해 나가기로 합의했다. 美 측이 감축 협상을 연기하려 한 것은 이라크 추가 파병을 요청해 둔 상태에서 감축 협상을 하는 것이 추가 파병에 부정적인 영향을 줄 것으로 판단한데 있었다.

럼스펠드 국방장관은 2003.11.17 서울에서 개최된 한·미 연례안보협의회 합동기자회견에서 주한미군 감축 문제와 관련하여 10월 20일 정상회담 시 합의와는 뉘앙스가 다른 얘기를 했다. 그는 "군사력은 숫자를 말하는 것이 아니다. 치명적 군사능력을 융통성 있게 투입할 수 있느냐가 문제다"라고 말했다. 그러나 <연합뉴스>와의 인터뷰에서는 "全 세계 미군 재배치 문제는 2년간 생각해 온 것으로 앞으로 6개월 동안 이것을 구체화할 것"이라고 말함으로써 주한미군 감축 계획을 변경할 의향이 없음을 시사했다.

미국 정부는 2004.6.6 2005년 말까지 이라크 차출병력 3,600명을 포함하여 모두 12,500명의 주한미군을 감축하겠다고 한국 측에 공식 통보했고, 노무현 정부는 바로 다음 날 이 사실을 공개했다.

전시작전통제권 전환 추진

노무현 정부는 2005년 9월 부시 행정부에 전시작전통제권戰作權 전환을 위한 공식 협상을 제안했다. 美 측은 기다렸다는 듯이 이를 수락했다. 그 다음 달에 열린 한·미 연례안보협의회에서 양국 국방장관은 전작권 전환과 관련된 협의를 '적절히 가속화' 한다는 데 합의했다.

부시 행정부는 가급적 이른 시기에 '전작권'을 넘겨주고자 했다. 노무현 정부는 2010~2012년을 상정하고 있었는데 美 측은 그 이전도 좋다고 했다. 2011년쯤이 되어서야 제반 여건이 마련될 것으로 보았던 노무현 정부가 오히려 시간에 쫓기게 되었다. 이 문제에 있어 미국은 아무 어려움이 없었다. 문제는 한국에서의 국내적인 반발이었다. 재향군인회 등 보수단체들은 거리로 나섰고, 야당은 한미동맹을 훼손하고 있다면서 '국가안보 비상상황'이라고 들고일어났다.

2006.9.14 개최된 한·미 정상회담에서 노 대통령과 부시 대통령은 한미연합사의 작전권을 한국군 단독으로 행사하는 체제로 전환한다는 원칙에 합의했다. 이에 근거해 한·미 국방장관은 2007.2.23 회담에서 2012.4.17부로 전작권을 전환transition한다는 데 합의했다.

　　* 한국군이 전작권을 단독으로 행사하게 되는 것을 '환수'로 부를 것인가 아니면 '전환'으로 부를 것인가 하는 논란이 있었다. '환수'는 줬던 것을 되찾아온다는 의미를 강조한 것이고, '전환'은 보다 중립적인 표현이었다. 노 대통령은 '빼앗겼던 주권을 회복하는 일'로 생각해 '환수'라는 용어를 선호했다.

　　** 박태균 교수는 2017.5.1 〈동아일보〉와의 인터뷰에서 "과거 노무현 정부가 민족주의 감정에 편승해 전작권 환수가 우리 측에 이익인 것처럼 호도하고, 정치 문제화한 건 큰 잘못"이라고 말했다.

2006년 9월 정상 간 원칙 합의가 있었지만 바로 다음 달 북한이 핵실험을 했기 때문에 전작권 전환 문제도 좀 더 숙고할 필요가 제기되었다. 그러나 盧 대통령에게 이것은 문제가 되지 않았다. 자주 국방을 앞세워 그대로 밀어붙였다.

　　* 이명박 대통령과 오바마 대통령은 2010.6.26 '제반 안보 환경과 전략 상황을 고려하여 전작권 전환 시기를 2015.12.1로 조정키로 합의했으나, 박근혜 대통령은 2014.4.25 오바마 대통령과의 정상회담에서 전환 시기를 재검토할 수 있다는 데 합의했다.

"북 측의 대변인 또는 변호인 노릇을 했다"

盧 대통령은 취임 3개월 시점인 2003년 5월 워싱턴에서 부시 대통령과 회담했다. 정상회담에서 盧 대통령이 가장 원했던 것은 부시 대통령으로부터 북한에 대해 무력을 사용하지 않겠다는 약속을 받아내는 것이었다. 마이클 그린 前 백악관 국가안보회의 선임보좌관은 다음과

같은 사실을 공개했다.

「2003년 5월 노 대통령은 부시 대통령과 취임 후 첫 정상회담을 가졌다. 한·미 관계자들은 이 회담을 준비하는 과정에서 세게 부딪쳤다. 한국 측에서는 이종석·서주석 등이 배석했다. 이들은 정상회담 공동성명에 '미국은 북한을 침공하지 않겠다'는 문구가 들어가야 한다고 고집했다. 미국은 입장이 달랐다. '북한에 대한 모든 옵션이 테이블 위에 있다'는 문구가 들어가야 한다는 것이었다. 줄다리기 끝에 '북핵은 평화적으로 해결하되 위기 지속 시 추가적 조치를 검토한다'라는 문안으로 겨우 타협을 봤다.

盧 대통령은 정상회담 도중 대뜸 '한국민은 한반도에서 전쟁이 날까 봐 공포에 휩싸여 있다'라고 발언했다. 부시 대통령은 '미국은 북한을 공격하지 않겠다'라고 즉시 말했다. 그러자 노 대통령은 들고 있던 회담 자료집을 내려 놓은 뒤 '그냥 자유롭게 얘기하고 싶다'며 만족스러운 어조로 말했다. 부시도 '털어 놓고 얘기 합시다'고 화답했다.」

盧 대통령은 이후 부시 대통령과 정상회담을 할 때마다 대북 유화조치를 요구했다. 부시 대통령과의 두 번째 만남이었던 2003년 10월 방콕 정상회담에선 '궁지에 몰린 쥐는 고양이를 물 수 있다'며 북한을 압박하지 말 것을 요구했다. 부시 대통령은 '고양이가 다섯이나 되니까 걱정 없다'고 되받자 盧 대통령은 '그런데 제일 약한 고양이가 한국'이라며 북한을 압박하면 한국이 가장 큰 피해를 보게 된다는 식으로 되받았다.

부시 대통령은 한번 약속을 하면 끝까지 지키는 텍사스 카우보이 스타일인데 盧 대통령이 만날 때마다 대북 유화조치를 요구하니 '왜 이리 똑같은 요구를 반복하는가'라며 좌절감을 표시하곤 했다.

노무현 정부 초기에 청와대 국방보좌관실에서 근무한 바 있는 김종대는 『노무현, 시대의 문턱을 넘다』라는 책(2010)에서 "부시는 노 대통령이 진드기처럼 달라붙어 자신에게 북한에 대해 군사적 행동을 포기하겠다는 보장을 받으려 하는 것에 진저리를 쳤다. 이미 말한 것을 자꾸 말하라는 盧 대통령에게 짜증이 났던 것이다"라고 썼다.

이종석 NSC사무차장은 2004.5.30 열린우리당 워크숍에서 "'모든 옵션이 테이블 위에 있다'는 말을 테이블 밑으로 내리기 위해 지지층의 상당한 반대라는 위험부담까지 안고 이라크 1차 파병을 결정하는 등 엄청난 노력을 했다"고 했다.

노무현 정부가 이 문제를 놓고 이런 식으로 접근한 것은 미국에 대한 무지無知가 깔려 있었다. 미국이라는 나라는 '행동의 자유'를 어떤 경우든 포기하지 않는다. 그렇게 하는 것은 미국의 정체성을 부정하는 일이다.

* 2003년 5월 워싱턴 정상회담 시 부시 대통령이 "미국은 북한을 공격하지 않겠다"라고 말한 것 은 미국이 갖는 '행동의 자유'를 포기하는 것을 의미하지 않았다. 미국은 필요하다고 판단하면 언제든지 행동으로 옮기는 나라다.

미국이라는 나라는 대외정책을 수행하면서 무력 사용 가능성을 배제하지 않는다. 시어도어 루스벨트 대통령(1858~1919)이 "말은 부드럽게 하되 큰 몽둥이를 가지고 다녀라"라고 말한 것도 외교나 협상을 할 때 항상 강압 수단을 사용할 태세를 갖추고 있으라는 말이다. 북핵 문제에 있어서도 평화적 수단이 통하지 않을 때에는 강제수단이 동원될 수 있음을 배제하지 않으려 했다. 이런 맥락에서 노 대통령이 부시 행정부에 "북핵 문제를 평화적으로 해결하라"고 입이 닳도록 요구한 것은 미국이라는 나라를 잘 모르고 한 일이었다.

盧 대통령이나 보좌진들이 이런 식으로 부시 행정부를 설득해 북한에 대한 무력 사용 가능성을 단념하도록 만들었다고 믿었다면 이것은 큰 착각이었다. 미국은 어떤 상황에서도 필요하면 강압적인 수단을 사용한다. 2차 북핵 위기가 발생한 2002~03년 미국이 북한에 대해 무력을 사용하지 않은 것은 한국 정부의 반대 때문이 아니라 미국 이익에 중요한 다른 고려사항들이 있었기 때문이었다. 부시 대통령은 2008. 3.25 한 좌담회에서 "북핵 문제에 대한 외교가 효과를 보려면 '군사력 사용'이라는 옵션을 테이블 위에서 내려놓아서는 절대 안 된다"라고 말했다.

* 클린턴 행정부가 1994년 6월 1차 핵 위기가 대두되어 영변 핵 시설에 대한 정밀 타격을 검토하고 있었을 때 김영삼 대통령은 자신이 클린턴 대통령

을 만류해 이를 막았다고 했으나 이는 사실과 달랐다.

** 2016.9.9 북한이 5차 핵실험을 했을 때 워싱턴에서 '선제 군사행동' 주장
이 나왔고, 2017.3.17 틸러슨 국무장관은 윤병세 외교장관과의 공동기자회
견에서 "모든 옵션이 테이블 위에 있다"는 표현을 두 번이나 썼다.

盧 대통령은 2004.11.12 로스앤젤레스 국제문제협의회WAC 오찬 연
설에서 "북한은 핵과 미사일이 외부의 위협으로부터 자신을 지키기 위
한 억제수단이라 주장하고 있다. 일반적으로 북한의 말을 믿기 어렵지
만, 이 문제에 관해서는 북한의 주장에 일리 있는 측면이 있다고 본다.
안전이 보장되고 개혁과 개방이 성공할 수 있다는 희망이 보이면 핵무
기를 포기할 것이다"라고 말했다. 이는 노 대통령이 자신의 인식을 솔
직히 밝힌 것이기는 하나, 그가 얼마나 순진하게 북핵 문제를 인식하
고 있었는지를 단적으로 보여준다.

盧 대통령은 얼마 지나지 않아 또 부시 행정부의 심기를 건드리는
발언을 했다. 2004.12.1 영국 방문 중 동포간담회에서 "북핵 문제는
반드시 평화적으로 해결하겠다는 다짐은 누구든 한국민들의 뜻을 벗어
나는 걸 감행할 수 없다는 것이며, 어느 나라라도 그렇게 할 수 없다"
고 말했다. 미국을 겨냥해서 한 말이었다. 며칠 후 폴란드 방문 시 동
포간담회에서도 "북핵 문제는 한국민의 안전과 번영을 전제로 해야지
한반도야 깨지든 말든 핵무기만 해결하면 된다고 할 수는 없는 일이
다"라고 했다. 이 역시 부시 행정부를 겨냥해서 한 말이었다.

盧 대통령은 2005년 11월 경주에서 부시 대통령과 다섯 번째로 회
담했다. 버시바우 전 주한대사는 후일 이 정상회담을 "사상 최악의 한
·미 정상회담"이었다고 하면서, 자신의 외교관 생활 중 최악의 순간
이었다고 회고했다. 두 대통령은 방코델타아시아은행BDA의 북한 자금
동결 문제를 놓고 한 시간 넘게 논쟁을 벌였다. 버시바우 대사와 그린
백악관 선임보좌관은 당시 회담 분위기를 이렇게 전했다.

「노 대통령은 작정한 듯 '9·19공동성명'(2005.9.19)이 나온 지 얼마나 됐
다고 이런 식으로 하느냐. 미국이 잘 못하는 것이라고 하면서 2500만 달러의

북한 자금을 풀어달라고 했다. 이에 부시 대통령은 이것은 북한의 명백한 위법행위다. 증거가 나오고 있는데 어떻게 묵인하느냐. 북한이 달러를 위조하고 있지 않은가라며 물러서지 않았다. 부시 대통령은 노 대통령이 BDA 자금 동결조치가 '의심스럽다'고 거듭 말하자 화를 참으며 '의심스러울 것이 없다'고 부인했다. 노 대통령은 '의심스럽다'는 말을 또 했다. 부시 대통령은 고개를 돌리고 한참동안 침묵했다.」

盧 대통령은 2007.10.3 평양에서 김정일 위원장과 회담했을 때 "그 동안 해외를 다니면서 50회 넘는 정상회담을 했습니다만, 외국 정상들의 북측에 대한 얘기가 나왔을 때 나는 북측의 대변인 노릇 또는 변호인 노릇을 했고 때로는 얼굴을 붉혔던 일도 있습니다"라고 말했다 (2013.6.24 국가정보원 공개 노무현-김정일 대화록).

이상 살펴본 대로 노무현 정부 시절 한·미 관계는 헝클어질 대로 헝클어졌다. 북한 문제·북핵 문제가 주된 원인이었다. 김영호 교수는 "노무현 정부 하에서 한·미 관계는 건국 이후 최악의 상태에 빠지고 말았다. 김대중·노무현 정부 10년은 對美 외교에서 '잃어버린 10년' 이라고 부를 수 있겠다"라고 평했다.

"약간 정신 나갔다"

로버트 게이츠 前 국방장관은 그의 회고록(2014)에서 "노무현 前 대통령은 반미주의자였으며 십중팔구는 약간 정신 나갔다"President Roh Moo-Hyun was anti-American and probably a little crazy라고 썼다. 그는 국방장관 시절이었던 2007년 11월 청와대에서 盧 대통령을 면담한 적이 있는데, 노 대통령이 "아시아의 최대 안보 위협은 미국과 일본이라고 말했다"고 밝혔다. 노 대통령이 '약간 정신 나갔다'고 보는 근거였다. 한국의 軍 통수권자가 동맹국의 현직 국방장관에게 이렇게 말했다는 사실은 실로 믿기 어려운 일이다.

　* 같은 회고록에서 게이츠는 이명박 대통령에 대해서는 정신력이 강하고 현

실적이며 매우 친미적이었다고 평했다.

게이츠는 부시(아버지 부시) 행정부에서 CIA국장을 역임했고, 아들 부시와 오바마 행정부에서는 국방장관을 역임한 사람이다. 무려 8명의 대통령을 보좌하며 26년간 정보 및 안보(국방)관련 분야에서 고위직을 역임한 베테랑 중 베테랑이었다.

게이츠 회고록에 대해 한국에서는 '정신 나간 사람은 노 대통령이 아니라 게이츠 자신이다' '책 팔아먹기 위한 노이즈 마케팅이다' 등의 반응이 나왔다. 송민순 前 외교통상부 장관은 "아무리 전직前職이라도 동맹국 국방장관이 동맹 파트너의 전직 대통령을 겨냥해 인격살인을 해서야 되겠는가"라고 했다.

부시 행정부에서 국가안보보좌관과 국무장관을 역임한 콘돌리자 라이스도 그의 회고록(2011)에서 盧 대통령이 보인 행동을 '별난'erratic, '예측하기 어려운' 등으로 묘사하면서, "그는 때로는 반미 성향을 보여주는 말들을 하곤 했다"고 썼다.

쾌 청 하 게 갠 서 울 · 워 싱 턴 하 늘

2008년 2월 이명박 정부가 들어서면서 서울과 워싱턴 하늘은 쾌청하게 개었다. 삐걱거리던 관계가 신속히 제자리를 잡았다. 이런 변화의 원동력은 李 대통령으로부터 나왔다.

美 상·하원은 2008.2.7 '이명박 대통령 당선인 축하 결의안'을 만장일치로 채택했다. 美 의회가 한국 대통령 당선을 축하하는 결의안을 채택한 것은 이것이 처음이었다. 오바마 상원의원은 2월 11일 "최근 들어 美·韓 관계가 표류하고 있다. 한국과의 관계 정상화가 중요하므로 부시 대통령은 이명박 대통령이 취임하면 가능한 한 빠른 시일 내에 백악관으로 초청하라"고 권고했다.

李 대통령은 2008.4.18 취임 2개월 만에 미국을 방문한다. 부시 대통령은 李 대통령을 캠프 데이비드 별장으로 초청했다. 대통령 별장으

로 초청한다는 것은 아주 가깝고 중요한 손님이니 특별히 환대하려 한다는 의미였다. 역대 한국 대통령으로서는 이 또한 처음 있는 일이었다.

> * 2008년 5월 미국산 쇠고기 문제(광우병 사태)를 둘러싸고 대대적인 '촛불시위'가 발생했는데, 시위자들 중에는 이 대통령이 캠프 데이비드로 초청받기 위해 쇠고기 문제에서 美 측에 양보했다고 주장하는 사람들도 있었다.

캠프 데이비드에서 골프 카트를 타고 시작된 이명박-부시 회동은 大성공이었다. 李 대통령은 그의 회고록(2015)에서 "사적私的인 자리에서 허심탄회하게 대화를 나누면서 쌓인 신뢰"로 이런 일이 가능했다고 했다. 또한 "캠프 데이비드에서 쌓은 부시 대통령과의 우정이 한·미 관계를 복원하고 격상하는 밑거름이 되었다"고 했다. 언론들은 두 지도자가 가진 자유민주주의에 대한 신념과 기독교적 공감대가 역할을 했다고 분석하기도 했다.

이명박 대통령 방미 중 한미동맹이 다시 작동하고 있음을 상징하는 언급이 부시 대통령 입에서 나왔다. 그는 李 대통령과 만찬 후 진지한 표정으로 "이제부터 한국에 정보를 주겠다"고 말했다. 美 측은 노무현 정부 시절에는 한국에 제공되는 정보가 북한으로 흘러들어가는 것으로 의심하고 정보 제공을 꺼렸었다(2015 이동관 회고록).

부시 대통령과의 친밀한 관계는 실제적인 효과로 나타났다. 부시 대통령은 2008년 글로벌 금융위기 당시 300억 달러 규모의 한·미 통화 스와프 체결을 가능하게 해 주었고, 주요 20개국(G20) 정상회의 발족 시 한국이 빠지지 않도록 해주었다. 부시 대통령과의 관계가 하도 좋아 민주당의 오바마 후보가 2008년 11월 대통령에 당선되었을 때 이명박-오바마 관계가 그리 쉽지 않을 것으로 전망하는 사람들까지 있었다.

이명박 대통령은 2009년 1월 취임한 오바마 대통령과도 처음부터 친밀한 관계를 만들었다.

두 대통령 간 화학적 친밀감은 2009년 4월 주요 20개국(G20) 런던 정상회의 때 잘 나타났다. 오바마 대통령은 이 대통령과 반갑게 악수한 후 퇴장하려던 기자들에게 발표할 것이 있으니 잠깐 기다려달라고 불러 세우고 이렇게 말했다. "이 대통령과 한국대표단에 감사를 표하고 싶다. 대한민국은 미국의 가장 가까운 동맹국 중 하나이고 가장 위대한 친구 중 하나다. 이 대통령의 리더십 아래 우리의 우정은 더욱 강해지고 있다."

이명박 대통령과 오바마 대통령은 2009.6.16 백악관에서 정상회담을 갖고 '한미동맹을 위한 공동비전'Joint Vision for the Alliance을 채택했다. 이로써 노무현 정부 시절 훼손되었던 한·미 관계는 완전히 정상을 되찾았다.

오바마 대통령은 2009년 11월 첫 아시아 순방(싱가포르·일본·중국·한국) 때 한국을 방문했다. 그런데 싱가포르에서 열린 APEC 정상회의에서 APEC 지도자들은 오바마의 무역정책 부재不在를 비난했고, 일본에 들렀을 때는 하토야마 총리의 새로운 對美 정책 때문에 분위기가 냉랭했다. 중국 방문 때에는 중국 지도자들이 위안화 절상과 기후변화 협력 등 오바마 대통령의 관심사항을 무성의하게 취급해 역시 의기소침해 있었다.

마지막 순방국인 한국에 도착했을 때 오바마 대통령은 이전 방문국들과는 전혀 다른 분위기를 느꼈다. 화창한 날씨에 청와대 잔디밭에서는 어린이들이 성조기를 흔들며 오바마 대통령을 환영했다. 李 대통령의 마음 쏨쏨이는 그때까지 오바마가 만났던 지도자들과는 판이하게 달랐다. 정상회담도 화기애애한 분위기에서 진행되었다. 백악관 관리들은 이구동성으로 당시 아시아 순방국 중 한국이 단연 최고였다면서 엄지손가락을 치켜 올렸다.

오바마 대통령은 李 대통령과 오찬을 하는 동안 교육 문제에 관해 이야기를 나눴다. 사실 오바마는 일찍이 한국인들의 교육열에 관심이 많았다. 그는 하버드대 법대를 졸업한 뒤 시카고에서 시민운동을 하면서 미주美洲 한인들이 자녀 교육에 모든 것을 거는 모습을 본 바 있다. 국가지도자급 회동에서 그 정도로 인간적이고 깊은 이야기를 나눈다는 것은 흔한 일이 아니다. 오바마 대통령은 이때 李 대통령에 대해 대단히 좋은 인상을 받았다. 사실 오바마는 외국 정상들과의 관계에서 차

갑고 사무적인 스타일이었다.

* 오바마 대통령은 2012.3.23 세계은행 총재 후보로 김용 다트머스대 총장을 지명했다. 국제사회에서 세계은행이 차지하는 비중에 비추어 한국계가 총재를 맡는다는 것은 의미가 있었다. 오바마 대통령이 한국인들의 근면함과 뛰어난 능력에 수시로 찬사를 보낼 정도로 한국에 호감을 갖고 있었던 것도 이런 결정의 배경이었다.

이제 이명박-오바마 정부는 김대중·노무현 정부 시절 "잃어버린 10년"의 한·미 관계를 완전히 정상화시켰다. 2010년 2월 방한한 캠벨 국무부 차관보는 기자들에게 한·미 관계의 현 상태를 "요즘보다 더 좋을 수 없다"고 간명하게 표현했다. 캠벨은 4년 前 국제전략문제 연구소 부소장 시절에는 한·미 관계를 "이혼 직전의 왕과 왕비"에 비유한 바 있다.

2010년 4월 미국 워싱턴 컨벤션 센터에서 1차 핵안보정상회의가 열렸다. 이날 李 대통령과 오바마 대통령은 나란히 앉아 그동안 쌓은 친밀한 관계를 과시했다. 회의 내내 두 정상은 머리가 닿을 듯 가까이 대고 귀엣말을 나누기도 했다. 이 장면은 〈워싱턴포스트〉 1면에 실리기도 했다.

핵안보정상회의는 오바마 대통령이 주도해서 시작되었다. 47개국 정상과 유엔을 비롯한 국제기구 수장들이 모였다. 이런 회의에서 각국은 미국 대통령 바로 옆자리에 앉기 위해 치열한 경쟁을 하게 된다. 이 대통령은 선진국 정상들을 모두 제치고 오바마 바로 옆자리에 앉았다. 오바마 대통령은 오전 첫 세션을 시작하자마자 차기(2012년) 핵안보정상회의 개최지로 한국을 제안해 만장일치로 동의를 얻었다.

한국은 '린치핀' 동맹국

오바마 대통령은 2010년 6월 캐나다 토론토에서 이 대통령과 회동한 후 "한미동맹은 한국과 미국뿐 아니라 태평양 전체 안보의 린치핀

linchpin이다"라고 말했고, 클린턴 국무장관은 4개월 후 "한국과 미국 간의 동맹은 역내 안정과 안보의 린치핀이다. 이제는 심지어 린치핀을 넘어서고 있다"고 말했다.

미국은 과거 린치핀이란 용어를 미일동맹에 대해서만 썼다. 맨스필드 前 駐日대사는 "이 용어는 미국의 가장 가까운 동맹국인 일본으로부터 미국의 아시아정책이 시작되고 끝난다는 것을 의미한다"고 정의한바 있다. '린치핀'은 이렇게 아주 제한적으로 사용된 용어였다. 그런데 오바마 대통령이 한미동맹에는 '린치핀', 미일동맹에는 '코너스톤'cornerstone이란 단어를 사용하자 일본 언론들은 여기에 무슨 숨은 뜻이 들어있는지 사전을 열심히 찾아보는 해프닝도 있었다.

오바마 대통령은 2010.10.11 〈동아일보〉와 가진 서면 인터뷰에서 李 대통령과의 개인적인 친분 관계에 대해 다음과 같이 말했다.

「李 대통령과 내가 주요 20개국(G20) 정상회의를 포함해 여러 가지 일을 함께 추진하면서 긴밀하고 긍정적 관계를 구축했다는 것은 틀림없는 사실이다. G20정상회의는 李 대통령의 개인적 리더십 덕분에 큰 성공을 거둘 수 있었다. 나는 李 대통령을 글로벌 파트너로 존중할 뿐만 아니라 친구로 생각하고 있다. 李 대통령은 나에게 가난한 환경을 딛고 기업가로 그리고 마침내 정치지도자와 국가수반으로 성공한 자신의 개인적이고 감동적인 스토리를 들려줬다. 그의 성공은 대한민국의 성공과 마찬가지로 세계인들에게 영감을 준 의지와 지략의 모델이다. 李 대통령은 미국의 좋은 친구이며, 나는 그의 지지와 우정에 깊은 감사를 표한다.」

베이더 국가안보회의 선임보좌관은 2010.10.28 오바마 대통령의 아시아 순방(인도·인도네시아·한국·일본) 일정과 의미를 설명하는 과정에서 이렇게 말했다. "나는 오바마 대통령과 이명박 대통령 사이에는 매우 긴밀한 유대감이 있으며, 명백하게 서로를 존경하며 좋아한다고 생각한다." 부시 대통령 시절 국가안보회의 아시아담당 국장이었던 빅터 차는 "오바마 대통령은 외국 지도자와 대화할 때 매우 사무적인데 李 대통령과는 인간적 차원에서 교감한다"고 평했다.

오바마 대통령은 외국 정상들과 개인적인 친분관계에 별로 신경을 쓰지 않는 스타일이었다. 정치에서 개인적인 관계가 그렇게 중요한 것은 아니라고 생각했다. 다른 나라 지도자의 등을 두드리거나 애칭을 부르는 일이 거의 없었다. 말하자면 '인간미'가 없는 지도자였다. 그러나 李 대통령에 대해서는 달랐다.

미어샤이머 시카고대 교수는 2011.10.9 〈중앙일보〉와의 인터뷰에서 "오바마는 경제적으로나 전략적으로 한국과의 관계에 미국의 엄청난 이해가 걸려있다는 걸 알고 있다. 민주당과 공화당은 사사건건 싸우고 있지만 한국 문제에 관한 한 확실한 컨센서스가 있다. 한국을 미국의 핵심 동맹국으로 보는 것이다. 의회가 한·미 FTA 이행법안을 신속하게 처리하고 있는 것도 이 때문이다. …중국을 견제하는 데 있어 한국만큼 전략적으로 중요한 나라가 없다. 한국의 지정학적 위치가 한국을 미국의 가장 중요한 전략적 파트너로 만들고 있다"고 말했다.

아이켄베리 교수도 2012.5.8 〈동아일보〉와의 인터뷰에서 한·미 양국이 가까워진 배경에 대해 "과거 미국의 강한 동맹국이었던 일본이 중국과 미국의 관계 중간 어디엔가 자리 잡으려고 하면서 미국과 멀어진 것도 한국과 미국이 가까워진 요인이다"라고 말했다.

오바마 행정부는 중국의 부상에 대응하는 전략의 하나로 2011년부터 아태지역 중시 정책Pivot to Asia을 쓰기 시작했다. 이로 인해 일본·한국과의 동맹관계는 중요성이 더해졌다. 한·미 관계 강화에 좋은 분위기를 만들어 주었음은 물론이다.

"카펫 색깔이 이보다 더 붉을 수는 없다"

이명박 대통령은 2011.10.11부터 5일간 국빈으로 미국을 방문했다. 이 방문은 1월부터 외교채널을 통해 협의되고 있었다. 방문 형식을 '국빈방문'으로 결정한 것은 오바마 대통령이었다. 당초 李 대통령은 굳이 국빈방문으로 할 것 없다고 사양했는데 오바마 대통령이 고집했다 한다. 한국 대통령의 국빈방문은 1998년 김대중 대통령 이후 13년 만이었다.

미국의 경우 국빈방문은 이 행사에 대통령 자신이 많은 시간을 할애해야 하고 소요되는 예산과 인력도 만만치 않아 1년에 한두 번으로 하는 것이 보통이다. 그런데 2011년에는 이미 후진타오 중국 국가주석과 메르켈 독일 총리가 국빈방문을 했기 때문에 李 대통령의 방문을 또 국빈방문으로 한다는 것은 무리였다. 오바마 정부의 경우 2009년 1월 출범 이래 인도 · 멕시코 · 중국 · 독일 등 4개국 정상만이 국빈방문을 했다.

오바마 대통령은 李 대통령을 진심으로 환대했다. 〈뉴욕타임스〉는 이를 두고 "카펫 색깔이 이 보다 더 붉을 수는 없다"라고 묘사했다.

오바마 대통령은 10월 12일 李 대통령과 백악관에서 25km 떨어진 타이슨즈코너에 있는 한식당에서 비공식 만찬을 했다. 두 대통령은 불고기 등을 메뉴로 1시간 50분 동안 식사를 한 뒤 대통령 전용차에 동승해 돌아왔다. 미국 대통령이 워싱턴을 방문한 정상과 그 나라의 전통 음식을 함께 하는 것은 드문 일이었다.

李 대통령은 이날 오전에는 국방부 건물 심장부인 '탱크룸'에서 안보정세에 대해 브리핑을 받았다. 美 합참의장 전용 상황실인 '탱크룸'에서 외국 정상이 軍 수뇌부 전원이 참석한 가운데 브리핑을 받은 것 역시 전례 없는 일이었다.

李 대통령의 국빈방문을 더욱 의미 있게 한 것은 상 · 하원 합동회의 연설이었다. 이 연설은 의회가 외국 정상에게 베풀 수 있는 최고의 예우. 당초 연설 소요시간을 30여 분으로 잡았지만 의원들의 박수가 자주 터지면서 10여 분 길어졌다. 기립박수도 다섯 번이나 나왔다.

 * 외국 정상의 美 의회 연설 기회는 2013년 현재 영국 · 프랑스 8회, 멕시코 · 이스라엘 7회, 한국 · 이탈리아 · 아일랜드 6회, 독일 5회, 인도 4회, 호주 · 캐나다 · 아르헨티나 3회 주어졌다. 한국의 경우에는 이승만(1954), 노태우 (1989), 김영삼(1995), 김대중(1998), 이명박(2011), 박근혜(2013) 대통령이 의회 연설을 했다. 일본의 경우는 아베 총리가 처음이었다(2015.4.29).

"이 대통령은 나의 파트너이자 친구"

오바마 대통령이 李 대통령을 이처럼 환대한 배경에 대해 <뉴욕타임스>는 "두 정상 간에 강력한 교감이 있었기 때문"이라고 분석했다. 개인적인 친밀감이 작용했다는 것. 오바마는 자신과 비슷하게 출신배경의 한계를 극복하고 자수성가한 李 대통령의 인생 역정에 깊은 인상을 받았다.

오바마 대통령은 2012.1.18 시사주간지 <타임>과의 인터뷰에서 특별히 가깝게 생각하는 외국 정상으로 메르켈 독일 총리, 싱 인도 총리, 이명박 대통령, 에르도간 터키 총리, 카메룬 영국 총리를 꼽았다. 그러면서, "우리는 많은 신뢰를 갖고 있다. 우리는 그들의 말을 믿고 그들이 약속을 지킬 것으로 믿으며, 그들이 우리의 관심사와 이익에 관심을 기울일 것으로 생각한다. 우리가 가까운 관계가 된 배경의 하나다"라고 말했다. 오바마는 이들 다섯 명 중에서도 이명박 대통령과 에르도간 총리를 특히 가까운 지도자로 지목했다. 영국 경제주간지 <이코노미스트>는 2012.3.31 "한국은 미국의 모범적인 동맹국이 되었다"고 하면서, "오바마 대통령이 최고 수준의 동맹으로 올려놓은 나라는 한국"이라고 보도했다.

이명박 대통령은 한미동맹을 강화하는데 남다른 외교적 수완을 발휘했다. 노무현-부시 정부에서 금이 갔던 한·미 관계를 오바마 대통령과의 친밀한 관계를 통해 정상 상태로 되돌려놓았다. 캠벨 국무부 동아·태 차관보는 2012년 "한·미 관계가 요즘보다 더 상태할 수 없다"고 평가했다. 캠벨은 2010년에도 비슷한 말을 했는데, 과거 2년 동안 한·미 관계가 더 강화되었다고 보았던 것이다.

> * 이명박 정부 외교를 부정적으로 평가하는 사람들도 있다. 예를 들어, 문정인 교수는 2014년 4월 한 잡지 기고문에서 "미국과 가치와 신뢰에 기초한 전략동맹을 강화하면 모든 것을 해결할 수 있을 것이라고 보았던 이명박 정부의 외교·안보정책은 처절한 실패로 끝나고 말았다. 역사의 흐름을 보지 못하고 시대의 판세를 읽지 못한 근시안적 패착이라 하지 않을 수 없다"고 썼다.

퓨리서치의 여론조사결과에 의하면, 한국인들의 對美 호감도는 노무현 정부 출범 시(2003) 46%였는데 이명박 정부 임기 말(2012) 78%로 상승했다.

'韓·美 미사일지침' 개정

韓·美 정부는 2012.10.7 2년 여 협상 끝에 '한·미 미사일지침'을 개정했다. 300km로 묶여 있는 한국軍의 탄도미사일 사거리를 800km로 늘리고 탄두중량은 500kg을 유지하기로 했다. 대신 550km 미사일에 대해서는 탄두중량을 1000kg으로, 300km 미사일은 탄두중량을 최대 2000kg까지로 할 수 있도록 했다.

지침을 개정하는 과정에서 양국 간 입장 차이로 협상이 난관에 봉착하자 한국 일각에서는 미국이 이처럼 사거리 연장에 소극적이라면 차라리 지침을 폐기하자는 주장까지 나왔다. 미국과의 협상을 담당했던 김태효 前 청와대 대외전략기획관(2008~2012)은 2012.10.11 한 언론과의 인터뷰에서 "이명박 대통령은 2012년 4차례 이상 안보 관련 행사 계기에 미사일 사거리를 800km로 늘리겠다고 일방적으로 선언하려 했다. 이는 한·미 미사일지침을 일방적으로 폐기하는 것과 같은 일이었다"고 말했다.

이명박 정부가 미사일지침을 폐기하지 않고 개정하기 위해 애쓴 것은 對北 억지를 위한 한·미 연합방위력을 유지하고 한미동맹을 비롯한 한·미 관계를 전반적으로 고려했기 때문이었다. 미사일 사거리를 늘리기 위해 한·미 연합방위력을 약화시키는 것은 분명 得보다 失이 더 큰 일이었다.

金 前 기획관에 의하면 미사일 협상 타결에는 李 대통령의 강력한 의지가 주효했다고 한다. 美 측도 오바마 대통령까지 관여했다. 국무부와 국방부의 입장이 달랐다. 국방부는 어느 정도 한국 측 입장을 이해하는 편이었으나 국무부는 한국이 아무리 동맹국이라 해도 비확산 문

제에서 예외를 인정해선 안 된다는 입장을 굽히지 않았다 한다.

협상이 난항을 거듭하자 청와대가 나서서 백악관을 움직였다. 천영우 외교안보수석은 2011년 8월 도닐런 국가안보보좌관과의 면담을 통해 본격적인 실무협상의 길을 텄다. 이후 李 대통령도 오바마 대통령과 회담할 때마다 이 지침 개정 필요성을 언급했다.

오바마 대통령은 "한국 정부와 국민들이 최대 800km의 사거리를 희망하고 있다"는 보고를 받고 "한국이 원하는 대로 동의해 주라"고 지시했다. 도닐런 국가안보보좌관은 미사일 협상 결과 발표 직전 천영우 외교안보수석과의 통화에서 "오바마 대통령과 이명박 대통령 간의 친분관계가 아니었으면 도저히 불가능했을 것"이라고 말했다. 국무부와 국방부가 반대하는 상황에서 오바마 대통령의 정치적 결단이 없었더라면 이런 결과를 만들어 낼 수 없었을 것이라는 얘기였다. 千 수석도 2012.10.7 브리핑에서 "한·미 정상 간의 개인적 친분, 동맹 간의 신뢰와 파트너십이 결합돼 만들어낸 성과"라고 했다.

미사일지침을 개정한 것은 한국의 안보 태세를 강화시켜주는 일이었다. 한국은 북한이 선제공격할 경우 북한 전역을 탄도미사일로 보복 타격할 수 있게 되었다. 전쟁 억지력을 획기적으로 높인 것이다. <동아일보> 박제균 정치부장은 '한·미 미사일지침' 개정이 "MB정부 외교안보 분야 제1의 업적"이었다고 평가했다.

> * 한국은 2015.6.3 사거리 500km이상 800km 이하로 북한 전역을 타격할 수 있는 현무-2B 탄도 미사일 시험 발사에 성공했다. 김태효 기획관은 2013. 2.13 언론 인터뷰에서 미사일지침 개정으로 사거리 800km를 확보했다는 것은 한국이 북한 핵무기를 조준해서 깨는 것이 가능해졌음을 의미한다고 했다.

韓·美 미사일지침 개정 시 한국이 개발할 무인기의 탑재중량을 500kg에서 2500kg으로 5배나 늘린 것도 중요한 의미가 있었다. 천영우 당시 외교안보수석에 의하면 탄도미사일 사거리 연장 문제가 타결된 이후에도 마지막 순간까지 양 측이 줄다리기를 한 사안이 바로 무인기의 탑재중량과 무장 여부였다. 천 前 수석은 "이명박 정부가 동맹국인 미국과 얼굴까지 붉혀가며 무인기 능력 개발에 집착한 이유는 북한의 핵과 미사일 위협을 제거하는 데 있어 무인기가 수행해야 할 막중한 역할에 있었다"고 했다.

몇 가지 시사점

① 동맹이 잘 유지되기 위해서는

무엇보다도 동맹국 정부간 신뢰가 있어야 한다. 신뢰가 무너지면 동맹은 유지되기 힘들다. 다음으로 동맹국 간 전략적 이해가 수렴되어야 converge 한다. 동맹을 통해 추구하는 이익이 달라지면diverge 동맹은 유지될 수 없다. 공통의 적에 대한 인식 차이가 커도 동맹은 이완된다. 동맹 유지에 들어가는 부담 면에서도 서로 불만이 없어야 한다. 노무현 정부 시절 한미동맹에 금이 간 것은 바로 이러한 요건들이 충족되지 못했기 때문이다.

② 대통령이 결정적인 차이를 만든다

노무현 정부 외교는 '소문난 잔치에 먹을 것 없다'는 말처럼 소리만 요란했지 실제 얻은 것은 별로 없었다. 이라크 파병, 전시작전권 전환, 주한미군 감축 등 對美 관계와 관련된 주요 사안들이 대부분 미국이 원하는 방향으로 귀결되었다.

앞에서 지적했듯이, 盧 대통령은 외교 경험과 식견이 부족했다. 게다가 이념적으로 경도되었다. 복합적이고 중층적인 문제를 단순 양극화시켜 인식했다. 외교가 국내정치와 남북한 관계 프레임에 간혔다.

  * 문정인 교수는 盧 대통령이 '외교 대통령'이었다고 주장한다. 그는 2009. 5.25 한 신문 칼럼에 이렇게 썼다. "…임기 내내 악몽처럼 盧 전 대통령을 괴롭혔던 2차 북핵 위기만 해도 그렇다. 그의 예지, 담력, 그리고 결단이 아니었다면 한반도는 군사적 충돌이라는 재앙을 피하기 어려웠을 것이다. 북에 대해 군사행동도 불사하겠다는 미국에 정면으로 맞서 6자회담을 통한 협상 타결 방안을 도출했고, 방코델타아시아(BDA) 문제로 6자회담이 파국의 위기

에 몰리자 정상회담의 의전 관행을 깨면서까지 당시 부시 미국 대통령을 압박해 사태의 반전을 가져왔다. 그리고 2006년 10월 북의 핵실험 직후 대북 제재방안을 논의하러 방한했던 당시 라이스 국무장관에게 미국 책임론으로 응수해 부시 행정부의 정책 전환을 유도하기도 했다. 승부사의 기질로 위기를 극복했던 것이다."

외교는 누가 누구하고 어떤 관계 속에서 하느냐가 결과의 차이를 만든다. 마음이 통하고 화학적 친밀감이 있어 서로 이해하고 신뢰하는 가운데 추진하면 더 좋은 결과를 만들어낼 수 있다. 이명박 대통령-부시·오바마 대통령 관계가 이런 사실을 입증해 준다.

③ 외교는 아마추어에게 맡길 일이 아니다

2003년 2월 노무현 정부가 출범했을 때 국제정세가 중층적으로 복잡하게 얽혀 돌아가고 있었다. 이런 상황에서는 대통령과 그의 참모들이 외교 경험과 식견이 있어야 했다. 하지만 당시 외교안보 중책을 맡았던 사람들이 대부분 아마추어였다.

외교는 아마추어에게 맡길 일이 아니다. 지식·기술·경험·능력 등이 검증된 사람들이 담당해야 한다. 항법航法을 모르는 사람에게 배나 비행기를 맡겨서는 안 되는 것과 마찬가지다.

* 17세기 루이 14세를 도와 프랑스 외교를 성공시킨 깔리에르는 "외교는 무엇보다도 국가 간의 평화와 전쟁을 결정하는 문제이기 때문에 언제나 가장 뛰어난 인물, 가장 현명하고 교육을 많이 받은 공복이 주요 외교 직책에 임명되어야 한다"고 강조했다. 이는 오늘날에도 나르시 않나. 이상우 신아시아연구소장은 2016.2.15 한 언론 인터뷰에서 한국의 역대 정부가 전문성보다 충성도로 사람을 썼다면서 "통일·외교·안보 문제는 무조건 전문성만 봐야 한다"고 주장했다. 미국과의 자유무역협정을 성공적으로 교섭한 김현종·김종훈 통상교섭본부장 사례는 이런 점에서 시사하는 바가 크다.

④ 외교부의 역할이 제고되어야 한다

외교업무의 특성상 외교부는 단순한 행정기관이 아니다. 전략적으로 사고하고 행동해야 하는 기관이다. 외교부가 의전·영사 업무 등을 다루는 역할에 머물면 존재가치가 떨어진다.

외교부는 국가의 대외관계와 관련된 모든 문제들을 종합적으로 다루기 때문에 어떤 이슈가 갖는 함의를 보다 더 잘 알고 있다. 또한 어떤 이슈를 특정 정파나 계층의 이해관계에 영향을 받지 않고 다룰 수 있다. 국내문제일지라도 외교적인 함의가 있는 정책을 결정할 때에는 외교부가 역할을 할 수 있어야 한다.

레이건 행정부에서 국무장관을 역임했던 죠지 슐츠는 탁월한 국무장관이었다는 평가를 받는다. 그는 국무장관이란 "국무부라는 엔진을 돌려 대통령이 대외정책을 효과적으로 수행할 수 있도록 돕는 역할을 하는 기관"이라며, 때문에 "국무부가 대외정책 수립시행 과정에서 중심적인 역할을 해야 한다"는 소신을 갖고 있었다. 한번은 국무부가 배제된 가운데 주요 정책이 결정되자 레이건 대통령에게 이렇게 진언했다. 이 자리에는 부시 부통령, 클라크 국가안보보좌관, 베이커 비서실장도 있었다.

> 「대통령이 원하시면 백악관 중심으로 외교문제를 다뤄나갈 수 있습니다. 이런 상황에서는 제가 필요 없습니다. 심부름꾼 역할을 하는 사람이 필요하면 다른 사람을 쓰시면 됩니다. 그렇지 않다면 국무장관이 대통령을 위한 외교에서 중심적인 역할을 할 수 있도록 해주셔야 합니다. 국무장관이 모르거나 검토한 적이 없는 정책이 대통령께 올라가는 것은 곤란합니다.」

* 송민순 외교통상부 장관은 2007년 11월 유엔 북한인권결의안 표결에 관한 한국 정부 입장을 결정하는 과정에서 기권 쪽으로 기울자 "기권할 경우 앞으로 남은 기간 비핵화를 진전시키고, 평화체제 협상을 출범시키는 데 제가 할 수 있는 일이 뭔지 막막합니다"라는 내용이 담긴 편지를 노무현 대통령에게 제출했다(송민순 회고록). 자신의 직을 걸고 대통령에게 직언을 했던 것이다.

9장. 북한의 천안함 폭침

2010.3.26 금요일 밤 9시 22분 백령도 인근 해상에서 한국 해군 1200톤 급 초계함 천안함이 원인을 알 수 없는 폭발과 함께 침몰했다. 이 사고로 탑승하고 있던 승조원 104명 중 58명은 구조되고 46명은 실종되었다. 천안함은 1989년 취역한 함정으로 1999년 1차 연평해전에 참가했던 함정이었다.

이명박 대통령은 외교안보장관회의를 소집, "만약 이것이 북한의 공격에 의한 것이라면 준 전쟁 상황이라는 엄중한 인식을 갖고 대응해야 할 것"이라고 하면서도, "과학적이고 객관적인 조사를 통해 원인을 밝혀내야 한다"고 강조했다. 섣부른 예단을 경계했던 것이다.

미국도 침몰 원인에 대해 어떠한 추측도 하지 않았다. 당시 백악관 국가안보회의 선임보좌관이었던 베이더는 후에 "솔직히 침몰 원인이 북한이 어리라는 결론을 내릴 때까지 오랜 시간이 걸렸다"고 말했다.

한국 정부는 3월 31일 침몰 원인을 과학적·객관적으로 규명하기 위해 民·軍 합동조사단을 구성했다. 이 조사단에는 한국인 51명(민간인 전문가 29, 군 전문가 22)외에 외국인 전문가 24명(미국 15, 호주 3, 영국 2, 스웨덴 4명)도 포함되었다. 한국 정부가 조사단에 서방 전문가를 참여시킨 것은 조사의 전문성과 객관성을 높이기 위해서였다. 조사결과에 대한 국제적인 신뢰도 염두에 두었다.

  * 이명박 대통령은 2013.2.14 언론 인터뷰에서 "천안함 관련 조사단을 편성할 때 스웨덴 같은 나라까지 부른 것은 틀림없이 종북 세력들이 북한 소행이

아니라고 떠들 것을 예상했기 때문"이라고 밝혔다.

李 대통령의 신중한 태도와는 대조적으로 국내외 전문가들은 북한 소행일 가능성에 무게를 두었다. 미국의 중국 전문가 고든 창은 사건 발생 몇 시간 후 인터넷에 올린 글에서 "가장 높은 가능성은 북한의 어뢰 공격이다"라고 단언했다. 그는 "이 사건은 한국이 그동안 북한에 대해 우유부단한 입장을 취해 초래되었다"고 주장했다. 그는 "북한 관리들이 바로 얼마 전 중국 관리들에게 한국 선박을 침몰시키려 한다고 말했으나 이를 무시한 정황증거를 갖고 있다"고 했다.

미국 언론들도 이 사건이 북한 소행일 가능성에 무게를 두었다. <워싱턴포스트>는 2010.4.29자 사설에서 "이 사건이 북한의 소행으로 밝혀지더라도 한국과 미국이 그에 대응할 수 있는 마땅한 수단이 없다는 것을 북한이 이미 계산에 넣고 행동했을 가능성이 있다"고 분석하면서, "진짜 문제는 북한의 소행으로 결론이 나더라도 한국이나 미국이 대응할 수 있는 수단이 없는 것"이라고 했다. 그러면서 이 신문은 "북한은 중국이 받쳐주는 한 생존할 것으로 보이며, 이는 김정일 위원장이 살인을 하고도 도망갈 수 있다는 것을 의미한다"고 썼다.

침묵으로 일관하던 중국 정부는 한 달 가까이 지나서야 처음으로 공식 반응을 보였다. 장위 외교부 대변인은 4월 20일 정례브리핑에서 "천안함 침몰은 불행한 사건"이라고 하면서 "중국은 한국이 과학적이고 객관적인 조사를 진행하겠다고 밝힌 데 주목하고 있다. 중국 정부는 한국이 적절히 처리할 것으로 믿는다"고 말했다. 공식 입장이 나오기까지 이렇게 긴 시간이 걸린 것은 중국 최고지도부내 견해 차이가 있었기 때문이었던 것으로 전해졌다.

  * 류우익 주중 한국대사가 이 사건과 관련하여 외교부에 면담을 요청했으나,
   중국 측은 응하지 않았다.

미국 정부도 신중한 태도를 취하면서 한국 內 여론 동향을 살폈다. 클린턴 국무장관은 4월 23일 "나는 전쟁에 대한 이야기가 나오지 않길 바라고, 분쟁으로 이어질 수 있는 대응을 부르는 행동이나 오판이

없기를 바란다. 그것은 어느 누구에게도 이익이 되지 않는다"고 말했다. 다분히 한국 측 동향을 의식한 언급이었다. 과거 한국 지도자나 국민들이 이런 사건이 발생했을 때 보였던 성급하고 감정적인 반응을 염두에 두었던 것이다.

李 대통령은 4월 30일 상하이엑스포 개막식에 참석하면서 후진타오 국가주석과 회담했다. 이 대통령은 "5000만 한국 국민이 천안함 사건을 심각하게 받아들이고 있다. 현재 과학적 조사를 하고 있으니 결과가 나오는 대로 미리 알려 주겠다"고 했다. 이에 대해 후 주석은 "한국 측 자세를 높이 평가한다. 천안함 침몰 사태의 희생자와 유가족들에게 위로의 뜻을 표한다"고 했다. 사건 한 달이 지난 시점에 나온 조의 표시였다. 원래 천안함은 정상회담 의제가 아니었는데, 중국 측이 먼저 거론했다.

사태 와중에 김정일 방중 접수

이명박 대통령이 후진타오 주석과 회담한지 사흘 후 김정일 국방위원장이 중국을 방문했다. 천안함 폭침 40일 만이었다. 김 위원장은 5월 5일 베이징에서 후진타오 주석·원자바오 총리를 만났다. 김 위원장이 중국을 방문하는 동안 공산당 정치국 상무위원회 9명 전원이 산업시찰 동행 등으로 金에게 극진한 환대를 보였다. 중국 의전에서 전례를 찾아보기 어려웠다.

* 김정일은 그해 8월 말 또다시 중국을 방문했다. 이때도 후진타오 주석이 지린성 창춘까지 나가 그를 맞이했다.

중국은 관영 〈신화통신〉을 통해 中·北 정상회담 결과를 보도했는데 주목을 끄는 내용은 후 주석이 양국은 수시로 혹은 정기적으로 양국 내정·외교에서의 중대 문제와 국제·지역정세, 당·국가 통치 경험 등 공동 관심사에 대해 심도 있게 소통해나가야 한다고 말했다는 것이었다. 북한이 앞으로는 중국을 놀라게 만드는 일을 하지 말아달라고 요청했다는 의미였다. 북한은 2006년 10월 1차 핵실험을 하면서 불과 25분 전에 알려주어 중국 지도부를 화나게 만든 적이 있다.

한국 입장에서 보면, 김 위원장의 중국 방문은 두 가지 점에서 실망스러웠다. 하나는 후 주석이 李 대통령을 만났을 때 바로 사흘 후에 있을 김정일 방중에 관해 일절 귀띔해주지 않았다는 것이고, 다른 하나는 천안함 침몰 원인조사가 진행되고 있는 시기에 방문을 접수했다는 것이다. 한국이 뒤통수를 맞은 형국이었다. 마이클 그린 前 백악관 보좌관은 김정일의 방중 타이밍은 한국 국민들에게는 "모욕적인 일"이라고 표현했다. 한국의 한 신문은 5월 4일자 사설에서 "천안함 사건이 북한軍의 소행임이 확인되면 金 위원장부터 책임을 져야 하는데 후 주석이 그를 끌어안는다는 것은 가장 유력한 용의자를 초청해 면죄부를 주는 것과 다름없다"고 썼다. 이 신문은 다음날 사설에서는 "李 대통령이 아니라 우리 국민 모두가 중국에 우롱당한 느낌"이라고 하면서 "한국을 기만한 중국의 태도에 많은 국민이 분개하는 것은 당연하다"고 썼다.

이러한 여론을 의식한 듯 장위 외교부 대변인은 5월 7일 "김 위원장의 방중은 오래전부터 준비된 비공식방문으로 이 방문과 천안함 사건은 관련이 없다"고 말했다. 천안함 사건에 대해서는 "완전히 입증할 수 있는 사실이 발견되기 전까지 (남북한) 양측은 차분히 자제하면서 말과 행동에 주의를 기울여야 할 것"이라고 했다. 외교부 대변인이 '말과 행동에 주의하라'는 표현을 쓴 것은 대단히 비외교적이었다. 오만하고 무례했다. 다른 주권국가에 대해 공개적으로 이래라저래라 했기 때문이다. 남한과 북한을 똑같은 위치에 놓고 훈계한 것도 한국민들의 감정을 건드리고도 남음이 있었다.

김 위원장의 중국 방문은 중국의 대외적인 이미지에 마이너스가 되었다. 국제규범을 무시하는 '불량국가'를 사건 원인 조사가 진행되고 있는 상황에 포용함으로써 북한이 이 사건과 무관하다는 인상을 주었기 때문이다.

그렇다면 중국은 왜 이런 행동을 했을까? 부시 행정부 시절 국가안보회의에서 아시아담당 국장을 역임한 빅터 차 교수는 중국이 김 위원장의 방문을 연기함으로써 북한에 대해 분명한 메시지를 전달할 수 있었음에도 그렇게 하지 않은 것은 천안함 사태에도 불구하고 북한을 포용한다는 입장을 확고하게 갖고 있었기 때문이었다고 분석했다. 노경수 교수는 북한의 존립이 중국의 대외전략상 지속적으로 유용했기 때문이라고 보았다. 중국이 북한을 미국 및 한국과의 관계에서 지렛대로 사용하려 했다는 것이다.

주펑 베이징대 교수는 만약 이 사건과 관련해 중국이 공개적으로 북한을 비판했다면 이는 중국이 북한을 포기하겠다는 의미로 받아들여졌을 것이라고 했다. 그는 또 "중국에게 중요한 것은 이 사태가 군사적 충돌로 비화되는 것을 막는 것이었다"고 하면서, "중국은 다혈질적인 한국이 북한에 대해 응징하기 위해 무력을 사용할 가능성을 우려했다"고 했다.

합동조사단, 침몰 원인 공식 발표

합동조사단은 과학적이고 체계적인 조사를 실시한 후 2010.5.20 그 결과를 발표했다. "천안함은 북한에서 제조한 감응어뢰(고성능 폭약 250㎏ 규모로 소형 잠수함정에서 발사)의 강력한 수중 폭발에 의해 선체가 절단돼 침몰되었다"는 결론이었다. 조사단은 이러한 결론의 증거로 침몰 해역에서 찾아낸 어뢰 추진 모터와 추진축·프로펠러 등을 내놓았다. 이 어뢰는 북한이 무기 수출용 책자에 소개한 CHT-20 어뢰 설계도에 명시된 크기와 형태가 정확히 일치했다.

  * 어뢰 잔해는 사고해역에 투입되어 증거물 수거작업을 벌이던 쌍끌이 어선이 2010.5.15 건져낸 것이었다. 이 어선의 김남식 선장은 어뢰를 발견한 것은 "천운天運"이었다고 했고, 李 대통령은 "국운國運"이었다고 했다. 오바마 정부도 이 어뢰가 발견된 것을 보고 놀랐다 한다.

오바마 대통령은 북한의 어뢰 공격으로 판단되는 결정적인 물증이 확보되었다는 보고를 받고 5월 18일 이명박 대통령에게 전화를 걸어

왔다. 두 정상은 "북한은 이웃 국가들에 대한 적대적 행위를 중단해야 한다"고 강조했다. 오바마 대통령은 북한의 어뢰 공격으로 46명의 군인이 희생됐다는 사실에 분노했다. 백악관은 강도 높은 규탄성명을 발표했다. 이 성명은 "북한이 이번 공격에 책임이 있다"고 적시하면서, "침략행위를 강력하게 규탄한다"고 했다.

국제사회도 한 목소리로 북한을 규탄했다. 그러나 중국은 달랐다. 처음에는 '객관적·과학적 증거'가 있어야 한다고 강조하더니 북한 소행임을 입증하는 증거가 나오자 이번에는 "한국 정부가 발표한 조사결과에 대해 현재 평가·분석 작업을 진행 중이다. 각국은 냉정하고 절제된 태도로 유관 문제를 적절하게 처리해 한반도 정세의 긴장을 막아야한다"고 논평했다. 합동조사단이 내놓은 조사결과를 놓고 "평가·분석 작업을 진행 중"이라는 말은 이를 믿지 않겠다는 의미였다. 이 대통령이 후진타오 주석과 회담 시 합동조사단의 조사 결과가 나오면 중국이 공정한 입장을 취해줄 것을 당부했음에도 이런 태도를 취했던 것이다. 중국은 실체적 진실에는 관심이 없었다.

李 대통령은 2010.5.24 용산 전쟁기념관에서 對국민담화를 발표했다. 이 담화에서 "북한이 무력 침범할 때에는 즉각 자위권을 발동하고, 남북 교역·교류를 중단하며, 이 사건을 유엔 안보리에 회부할 것"이라고 했다. 이 대통령이 담화 발표 장소로 전쟁기념관을 택한 것은 북한에 대해 엄중한 메시지를 전달하기 위한 것이었다.

> *이 대통령은 북한이 무력 침범할 때 즉각 자위권을 발동한다고 해놓고 정작 6개월 후 백주대낮에 연평도에 포탄을 쏟아 붓는 전쟁행위를 했을 때 아무런 보복 조치를 취하지 않았다.

李 대통령 담화가 나온 직후 중국은 또다시 외교부 대변인을 통해 "한반도의 이웃 국가인 중국은 천안함 사태 추이를 크게 중시하고 있다. 중국은 각국이 냉정하고 절제된 태도로 유관 문제를 적절하게 처리해 한반도 정세의 긴장을 피할 수 있기를 희망한다"고 했다.

빅터 차 교수는 "중국이 냉정함과 6자회담 복귀 등을 호소하고 있지만, 아무 의미가 없다. 6자회담에로의 복귀를 요구하는 것은 한국 수병

46명이 숨진 사건을 애매한 외교적 수사로 덮으려는 시도에 불과하다"
며 중국이 보이고 있는 태도를 비난했다. 그는 "중국이 사태 진정을
호소하기보다 오히려 한국 정부가 지금까지 인내심을 갖고 자제력을
보이며 사건 진상조사를 우선한 것에 대해 고마워해야 한다"고 꼬집었
다.

영국 일간지 〈선데이타임스〉도 5월 21일자 사설에서 "중국 지도자들이
남북한에 대해 자제를 보일 것을 요구하고 있는데, 이는 좋게 보면 긴
장이 조성된 상황에서 중재적인 역할을 하려는 의도로 볼 수 있으나,
외교와 경제면에서 결정적인 역할을 할 수 있는 중국이 이런 태도를
보이는 것은 수치스러운 일이다. 중국은 가해자를 규탄하고 피해자 편
에 서야한다"고 썼다. 영국 〈파이낸셜타임스〉도 6월 1일자 사설에서
"만약 북한이 아무 제재를 받지 않고 이웃나라 사람들을 죽일 수 있다
면 (중국이 주장하는) 한반도 안정이란 무엇을 의미하는가. 만약 사망
한 46명의 수병이 중국인이었다면 중국이 어떤 반응을 보였을지 한번
상상해보라"고 하면서 중국에 대해 비판적인 반응을 보였다.

이명박 대통령은 5월 28일 한·일·중 정상회의 참석차 방한한 원
자바오 중국 총리와 청와대에서 회담했다. 이때 李 대통령은 어뢰 잔
해 사진과 북한이 제작한 어뢰 설계도 사진 등을 원 총리에게 보여주
며 천안함 폭침이 북한의 소행이었음을 설명하고 중국이 국제사회의
대북제재에 적극 동참해 줄 것을 거듭 요청했다. 이에 원 총리는 "중
국은 누구도 비호하지 않을 것이다"라는 반응을 보였다.

이명박 대통령, 신중한 자세 견지

李 대통령이 사건 발생 초기 사건의 원인을 예단하지 말라고 한 데
에는 두 가지 이유가 있었다. 1)북한 소행일 가능성이 크지만 증거 없
이 발표할 경우 북한을 옹호하는 국가들로부터 역공 받을 가능성이 있
고, 2)만에 하나 북한 소행이 아니라면 국민들과 국제사회에서도 신뢰

를 잃게 되기 때문이었다(2015년 회고록).

김태효 당시 청와대 대외전략비서관이 2016.3.24 한 신문과의 인터뷰에서 밝힌 바에 의하면 한국 측은 사건 열흘쯤 지난 시점에 북한 잠수정의 어뢰 공격이 원인이라는 사실을 내부적으로 확인했다. 김 전비서관은 "당시 다양한 정보를 분석한 결과 북한 잠수정의 어뢰 공격임을 확인했고, 4월 중순쯤 (내가) 직접 미국을 방문해 오바마 대통령참모들에게 북한 잠수정 침투 경로와 일지 등을 설명했다"고 말했다. 그는 당시 이러한 판단을 대외적으로 공개하지 않은 것은 "4월 초 합동조사단이 공개적인 검증 절차를 시작했고, 결정적 증거물이 나올 때까지 신중한 태도를 취해야 한다고 생각했기 때문"이라고 했다.

이 사건은 이명박 정부에게는 딜레마였다. 북한에 대한 무력 응징을 주장하는 여론이 높아질 경우 정부는 어려운 입장에 놓이게 된다. 응징하면 상황이 위험해질 수 있고, 응징을 안 하면 유약한 정부라는 비난이 따른다. 이 대통령은 진상조사를 내세워 일단 시간을 벌었다.

오바마 대통령은 李 대통령이 이처럼 신중하게 어려운 상황을 안정적으로 관리하자 신뢰를 갖기 시작한다. 클린턴 국무장관은 2010.7.9 "한국이 천안함 사태를 조심스럽게 잘 다루고 있는 것을 높이 평가한다"고 했다. 오바마 대통령은 2011.10.11 <동아일보>와 가진 서면 인터뷰에서 "한국은 북한의 잇단 도발과 무고한 인명 손실에도 불구하고 놀라운 자제력과 인내를 보여주었다"고 칭찬했다. 오바마 대통령과 클린턴 국무장관의 이러한 언급은 미국이 이 사태가 남북한 사이에 심각한 충돌로 비화하는 것을 적이 우려했음을 반증해준다.

일본 외무성 사무차관을 역임한(2005~2008) 야치 쇼타로도 "천안함 사건으로 한반도 주변국들의 이해관계가 충돌하는 와중에 한국은 신중하게 행동계획을 마련하고 그 결과를 관리해 나감으로써 중심적인 역할을 했다"고 높이 평가했다.

오바마 대통령, 중국에 대해 좌절감을 느끼다

2010.6.26 캐나다 토론토에서 서방선진8개국(G8) 정상회의 공동성명이 발표되었다. 이 성명에는 천안함 사건과 관련된 내용도 들어있었다. 북한이 천안함 침몰에 책임이 있다는 합동조사단의 조사결과를 언급하고 "이런 맥락에서 우리는 천안함 침몰을 초래한 공격을 규탄한다. 우리는 북한이 대한민국에 대한 공격이나 위협적인 적대행위를 삼갈 것을 요구한다"고 했다.

러시아도 이러한 내용의 G8 공동성명에 참여함으로써 천안함 폭침이 북한 소행이라는 사실을 간접적으로 인정했다. 이 회의에 참석 중이던 메드베데프 러시아 대통령은 오바마 대통령이 있는 자리에서 이런 입장을 밝혔다. 메드베데프는 1주일 전에는 "천안함 사건과 관련해 오직 하나의 버전만 있지는 않다"고 말했었다.

오바마 대통령은 6월 26일 후진타오 주석과도 만났다. 후 주석은 G20정상회의 참석차 캐나다에 와 있었다. 회담에 배석했던 한 미국 관리에 의하면 두 정상은 천안함 사건에 대해 서로 커다란 견해 차이를 보였다. 오바마 대통령은 후 주석에게 "중국은 중립적이어서는 안 된다. 침략자와 희생자 사이에서 중립적이어선 안 된다. 그런 행동은 침략자의 행동을 용인해 추가적인 침략을 부추길 위험이 있다"고 말했다.

  * 오바마 대통령이 이때 한 말은 북한이 연평도 포격 도발을 감행함으로써 정확히 들어맞았다. 미국은 중국이 북한의 천안함 도발을 부추긴 측면이 있다고까지 보았다.

오바마 대통령은 후 주석에게 이렇게 직설적으로 말했다는 사실을 감추지 않았다. G20정상회의 폐막 기자회견에서 중국에 대한 실망감을 그대로 드러냈다. 중국이 보이고 있는 태도에 큰 좌절감을 느끼고 있음이 역력했다. 그는 이 회견에서 "후 주석이 천안함 사건은 북한이 선을 넘은 사례라는 사실을 인정하기 바란다. 자제력을 발휘하는 것과 계속되는 문제들에 대해 의도적으로 눈을 감는 것willful blindness은 다르다"라고 말했다. 공개석상에서 이런 식으로 말한 것은 이례적이었다. 오바마가 느낀 실망감과 좌절감이 묻어났다. 그는 천안함 사건을 "한 나라가 다른 나라에 대해 저지른 도발적이고 치명적인 행동"이라고 말했다. 그는 또 "이명박 대통령이 비상한 자제력을 보였다. 국제사회가 이 대통령을 지지하는 것은 대단히 중요하다"고 하면서 한국을 전폭적으로 지지했다.

> * 오바마 대통령이 중국에 대해 이런 식으로 발언했다는 것은 한미동맹의 진면목을 보여준다. 한국이 처해 있는 상황을 전적으로 이해하고 한국의 입장을 강력히 지지했던 것이다.

중국은 오바마 대통령 발언을 반박했다. 친강 외교부 대변인은 6월 29일 "우리의 대북 입장에는 변함이 없다. 중국은 천안함 사건의 진상에 시비곡절을 따져 객관적인 판단을 하고 있다. 우리는 어느 편도 들지 않고 있으며 이번 사건에 대한 우리의 입장이 비난을 받아서는 안 된다"고 주장했다. 더 심한 말도 했다. "우리는 불난데 기름을 붓는 행동 같은 것은 하지 않으며, 화재를 틈타 협박하는 것 같은 행동은 하지 않는다. 중국은 한반도에 이웃한 나라다. 한반도의 평화와 안정에 관한 한 우리의 생각과 108,000리나 떨어져 있는 나라가 느끼는 것은 같을 수가 없다." 이런 주장에서도 잘 나타나듯이, 중국에게는 누가 천안함을 폭침시켰느냐는 중요하지 않았다. 한·미가 중국에 부정적인 영향을 주는 행동을 하지 않도록 하는 것만이 중요했다.

유엔 안보리, 의장성명 채택

한국 정부는 2010.6.4 천안함 폭침을 유엔 안전보장이사회에 회부했다. 이 사건이 국제평화와 안전에 관련된 문제였기 때문에 안보리 회부는 당연한 일이었다.

문제는 중국이었다. 중국은 이 사태를 안보리에 상정하는 것 자체를 반대했다. 안보리에서 의미 있는 결과를 도출하는데 중국이 가장 큰 걸림돌이었다. 중국은 이 사건이 북한의 소행이라는 사실을 인정하지 않았다. 구속력을 갖는 결의안 형식에 반대했다. 여기서 그치지 않았다. 결의안이 아닌 의장성명 형식을 취하더라도 이 성명에 북한을 규탄하는 내용이나 표현을 담아서는 안 된다는 입장이었다. 오바마 대통령이 6월 26일 후진타오 주석에게 좌절감을 보인 이유도 바로 여기에 있었나.

중국이 취한 입장 때문에 안보리 논의가 난항을 겪고 있는 상황에 이명박 대통령은 토론토에서 후진타오 주석과 회담하면서 "유엔 안보리의 북한 제재 조치에 중국이 적극적으로 협력해 달라"고 주문했다. 후진타오가 여전히 모호한 태도를 보이자 李 대통령은 "이 문제로 한국과 중국이 서로 얼굴 붉힐 일이 없기를 바란다"고 했다. 대단히 직설적인 발언이었다. 후진타오는 당황한 듯 배석한 사람들을 돌아봤고, 한동안 어색한 분위기가 흘렀다. 회담이 끝났을 때 후 주석은 李 대통령의 손을 잡고 "말씀을 충분히 알아들었다. 유엔 안보리에 상정된 건이 잘 해결되리라 본다"고 말했다.

> * 李 대통령은 후에 "나는 북한 문제로 중국과 의견이 충돌할 때 그저 부탁만 해서는 안 되며, 필요하면 강한 어조로 우리의 입장을 설명하고 관철해야 한다고 생각했다"고 회고했다.

중국은 안보리 의장성명 문안을 논의하는 과정에서 천안함이 침몰된 사실을 'an attack(공격)'이라 할 수 없고 'an incident(사건)' 혹은 'an act(행위)'로 해야 한다고 주장했다. 중국 측 주장대로라면 '공격'이라는 단어는 어디에도 쓸 수 없었다. 공격이라는 단어를 사용할 수 없으니 공격의 주체가 없고, 공격의 주체가 없으니 규탄할 대상도 없었다. 문안 작성 작업에 참여한 한 서방 외교관은 "우리는 규탄하지 않으면서도 규탄하는 방법을 찾아내야 했다"고 실토했다.

안보리는 이 사건이 안보리에 회부된 지 무려 35일 만인 2010.7.9 의장성명을 채택했다. 최종 문안은 관련 당사국 모두를 만족시킬 수 있도록 되어 있었다. 언어의 기술을 동원해 만들어낸 결과였다. 안보리에서 이 사건의 정의를 추구한 한·미 양국은 중국과 어쩔 수 없이 타협했다.

"이것은 우리의 외교적 승리다"

중국 외교부는 안보리 의장성명이 나온 직후 한밤중에 대변인 논평을 내고 "유관 당사국들은 냉정하게 자제하는 자세를 유지하면서 천안함 사건의 한 페이지를 넘겨야 한다. 이른 시일 내에 6자회담을 재개해 함께 한반도의 평화와 안정을 지켜나갈 것을 호소한다"고 했다. 6자회담을 내세워 천안함 사태를 덮고 가려는 의도가 역력했다.

* 중국은 2010.11.23 북한의 연평도 포격 도발 때에도 6자회담 수석대표 회동을 제의했다.

신선호 유엔주재 북한대사는 의장성명 채택 직후 기자회견을 자청해 "이것은 우리의 외교적 승리다. 우리는 우리가 이 사건과 무관하다는 것을 명백히 했다"고 주장했다. 자신이 범인임에도 불구하고 의장성명이 범인으로 명시하지 않았기 때문에 외교적으로 승리했다고 보는 것 같았다.

한국에서는 의장성명에 대한 평가가 엇갈렸다. 긍정적으로 평가하는 사람들은 북한의 책임을 적시하지는 못했지만, 안보리 상임이사국인 중국과 러시아가 취한 입장을 감안할 때 그만한 성과라도 얻어낸 것이 다행이라고 생각했다. 부정적으로 평가하는 사람들은 안보리 조치가 결의안 보다 한 단계 낮은 형식으로 이루어졌고 핵심사항인 북한에 대한 책임을 명확하게 표시하지 못한 사실을 지적했다. 이들은 또 李 대통령이 6월 4일 안보리 회부 방침을 밝히면서 "북한에게 강한 메시지를 줘야 한다"고 했지만 이와는 거리가 먼 결과가 나왔지 않느냐고 비난했다. 한국 정부가 안보리를 통해 북한을 강하게 규탄하는 조치를 이끌어 내려 한 것은 기대치를 너무 높게 잡은 것이었다. 李 대통령 자신도 2015년 회고록에서 "만족스럽지 못한 결과였다"고 썼다.

서방 언론들도 의장성명을 부정적으로 평가했다. 〈뉴욕타임스〉는 7

월 9일자 사설에서 "천안함 침몰에 대한 안보리 의장성명은 우스꽝스럽고 위험스러울 정도로 불충분하다"고 평가하면서, "한국이 감탄스러울 정도의 자제력을 발휘했고 앞으로도 그럴 것이기 때문에 안보리가 분명하게 규탄하는 것이 무엇보다도 중요했다"고 지적했다.

<월스트리트저널>도 7월 12일자 사설에서 세계적인 전문가들로 구성된 조사단이 천안함 침몰은 북한이 소행이라는 사실에 이신이 여지가 없다고 했음에도 안보리는 북한을 규탄하는 대신 외교적으로 복권復權시켜주었다고 비난했다. 이 신문은 사설 제목을 "어뢰를 탓하라"라고 씀으로써 안보리가 북한을 가해자로 명시하지 못한 잘못을 꼬집었다. 이 신문은 또한 "도덕적 권위가 주어진 유엔과 국제사회의 안전보장에 책임과 권한이 있는 안보리가 구체적인 조치를 취하기는커녕 너무나 분명한 사실을 말하는 것조차 회피한다면 존경은 그만두고 권위를 인정받을 자격이 없다"고 비난했다.

이명박 정부는 미국이 중국의 협조적인 자세를 이끌어낼 수 있을 것으로 예상했으나, 이런 예상은 맞지 않았다. 중국은 북한을 곤란하게 만들 생각이 아예 없었다. 그런 사실은 여기저기서 읽어낼 수 있었다.

중국은 천안함 사태 내내 '냉정'과 '절제'라는 단어를 축음기 돌리듯 반복했다. 중국의 이러한 태도는 북한의 또 다른 도발을 부추길 가능성이 있었다. 아니나 다를까 북한은 이 사건 8개월 후 연평도에 포탄을 퍼붓는 도발을 또 저지른다.

각국 의회의 북한 규탄

미국 상원은 2010.5.14 천안함 사건과 관련해 한미동맹의 중요성을 강조하고 한국 정부의 노력을 지지하는 내용의 결의안을 만장일치로 채택했다. 하원도 5월 25일 한국 정부의 천안함 조사 결과를 지지하고 북한을 규탄하며 국제사회의 대응을 촉구하는 내용의 결의안을 411대 3으로 채택했다. 민주·공화 양당이 한반도에서 일어난 일을 놓고 이런 관심과 지지를 보냈다.

유럽의회도 6월 17일 천안함 침몰사건과 관련한 결의안을 압도적 지지로 통과시켰다. 유럽의회는 이 결의안에서 "국제 합동조사단 조사결과에 대해 중국과 러시아가 여전히 명확한 입장을 표명하지 않고 있음에 실망감을 표시한다"며 "중국과 러시아는 조사결과를 면밀히 검토하라"고 촉구했다.

한국 국회는 천안함 침몰 95일 만인 6월 29일 '북한의 천안함에 대한 군사도발 규탄 및 대응조치 촉구 결의안'을 채택했다. 찬성 163, 반대 70, 기권 4표였다. 여당인 한나라당이 주도한 이 결의안에 민주당은 반대표를 던졌으며, 민주노동당은 반대 토론 뒤 표결에 참석하지 않고 퇴장했다.

* 민주통합당(구 민주당)은 2013.3.26 그때까지 취했던 모호한 태도를 바꿔 "북한은 지금이라도 천안함 폭침에 대해 사죄하라"며 천안함 폭침이 북한 소행임을 처음으로 인정했다.

한·미 합동 해상훈련 실시

안보리 의장성명 채택으로 천안함 사건을 종결짓고 6자회담으로 국면을 전환하려던 중국의 의도는 좌초되었다. 한·미 양국은 6월 1일 북한에 대한 무력시위의 일환으로 서해상에서 美 항공모함을 주력으로 하는 해상기동훈련을 실시한다고 발표했다.

그러자 중국은 거친 반발을 보였다. <환추시보(Global Times)>는 6월 8일자 사설에서 "중국 국민은 한국이 미국 항공모함을 끌어들여 황해에서 무력시위를 하는 것을 용납할 수 없을 것이다. …한국이 양국 관계의 신뢰 증진과 발전을 원한다면 미군에 대한 이런 중국인들의 감정을 고려해야 한다. …한반도 문제에 있어 중국의 이해와 협력 없이는 한국은 어느 행동 하나도 발을 내딛기 어려울 것이다"라고 썼다. 한 중국 외교관은 "한 번의 불행이 또 한 번의 불행을 부를 수 있다. 한국은 지혜롭게 처신하라"고도 말했다. 오만한 태도였다.

* 〈환추시보〉는 〈런민일보〉가 100% 출자해 1993년 설립한 국제뉴스 전문 언론사로 민족주의 성향이 강하다. 2009년 4월부터 영문판 'Global Times'를 발행하고 있다. 이 신문은 중국 정부 입장을 지지하는 논조를 펴거나, 중국 정부가 직접 말하기 곤란한 내용을 실어 반응을 떠보기도 한다. 중국 외교가 운신할 수 있는 공간을 넓혀주는 역할을 하는 것이다.

친강 외교부 대변인은 7월 8일 정례 브리핑에서 "중국은 외국 군함이 황해를 포함한 중국 근해에 진입해 중국의 안전과 이익에 영향을 주는 활동을 하는 것을 결연히 반대한다"고 말했다. 서해상에서의 한·미 연합훈련에 반대한다는 입장을 밝힌 것이다.

* 중국군사과학원 뤄웬 소장은 "집 앞에서 소란 피우지 말라"고 했는데, 이는 서해를 중국 內海로 보고 하는 말이었다. 그는 "미국이 이 훈련을 통해 중국 군사력을 탐지하고 중국 해군과 잠수함 부대를 꼼짝 못하게 묶어 두는 작전 능력을 점검하려는 것"이라고 주장했다. 중국은 1994.10.28 美 항공모함 키티호크호가 서해 깊숙이 북상했을 때 대규모 해군을 출동시켜 긴장이 고조된 일이 있다. 당시 중국 측은 또다시 美 해군이 서해로 진입할 경우 실탄 사격을 할 것이라고 위협한 바 있다.

이에 대해 한국 외교통상부 대변인은 "한·미 연합훈련은 한미동맹 차원에서 이뤄지는 사안이기 때문에 우리가 자주적으로 판단해 그 결정에 따라 조치가 이뤄질 것이다. 훈련의 성격에 대해서는 중국 정부도 잘 이해하고 있을 것"이라고 논평했다.

중국 측은 '서해에는 공해가 없다'고까지 했다. 서해를 중국의 내해 內海로 본다는 의미였다. 중국은 2009년 10월 조지워싱턴함艦이 서해에 진입했을 때는 이렇다 할 항의를 하지 않았었다. 美 국방부 대변인은 7월 14일 정례 브리핑에서 "각국의 영해는 전적으로 존중되어야 한다. 하지만 해상 12마일 영역을 넘어선 공해·국제수역에서는 누구든 자유롭게 훈련을 할 수 있다. 항공모함 조지워싱턴호가 가장 최근 서해에서 활동한 것은 작년 10월이다. 이는 정기적으로 자주 있는 일이다"라고 말했다. 중국 측 주장에 대한 반박이었다.

한·미 국방장관은 7월 20일 그동안 연기 되어온 합동훈련의 일정과 규모를 확정했다. '불굴의 의지'로 명명된 연합훈련이 7월 25~28일까지 실시되었다. 조지워싱턴함 등 핵심전력은 동해에서 훈련을 하고, 서해에서는 한·미 연합 대잠수함 훈련이 실시되었다. 중국은 미국이 조지워싱턴함을 서해에 진입시키지 않자 기氣 싸움에서 이겼다고 생각했다.

8월 초 美 국방부는 향후 수개월 내 조지워싱턴함이 참가하는 해상 기동훈련이 서해에서 있게 될 것이라고 발표했다. 스타인버그 국무부 副장관은 이와 관련하여, "해상기동훈련이 중국 근해에서 실시되어 중국이 곤혹을 느낄지 모르나 이 훈련은 중국이 북한을 지지하고 북한의 공격을 비난하려하지 않음으로써 초래된 결과"라고 말했다. 하지만 몇 주 후 美 국방부 대변인은 서해상에서의 훈련에 조지워싱턴함은 참가하지 않을 것이라고 발표했다.

백악관 국가안보회의는 조지워싱턴함을 서해에 진입시키는데 부정적이었다. 그러나 윌러드 태평양함대사령관은 북한 편을 드는 중국에 대한 경고 의미로 진입을 시키는 것이 좋겠다는 의견을 냈고 게이츠 국방장관도 이에 동조했다. 힐러리 클린턴 국무장관까지도 이런 의견에 가세했다. 하지만 오바마 대통령이 조지워싱턴함을 참가시키지 않기로 최종 결정했다.

  * 서해는 남북한 대결 구조, 美·中 대결 구조가 얽혀 있는 지정학적으로 예민한 지역이다. 김성주 교수는 2005년 논문에서 이런 사실을 분석했고, 장성민은 2016년 저서에서 "중국의 부상으로 서해의 지정학적 가치가 천정부지로 뛰었다"면서 "서해는 지금 美·中 세계 패권의 승부를 판가름하는 전략적 결정 지대라 해도 과언이 아니다"라고 주장했다.

합동조사단 조사 결과에 대한 의혹

외국 정부나 언론은 천안함 침몰 원인에 대한 민·군 합동조사단의 조사 결과를 인정했으나, 정작 한국에서는 상황이 달랐다. 북한의 소행이 아닐 가능성에 무게를 두는 사람들이 적지 않았다. 철학자 김용옥은 2010.5.23 한국 정부의 천안함 침몰 원인 조사 발표를 두고 "0.0001퍼센트도 설득이 되지 않는다"고 했다. 민주당 추천으로 천안함 합동조사단 민간위원으로 참여했던 신상철 서프라이즈(인터넷 사이트) 대표는 "정부가 천안함 사고 원인을 조작했다"고 주장했다.

* 신상철 대표는 인터넷을 통해 천안함 좌초설을 유포해 2010년 8월 명예훼손 혐의로 기소되었다. 서울중앙지방법원은 5년 6개월간 47차례 공판을 열고 현장검증도 실시한 후, 2016.1.25 유죄 판결을 내렸다. 천안함 좌초설은 근거가 없다고 판단했던 것이다.

도널드 그레그 前 주한 美 대사는 2010.8.31 〈뉴욕타임스〉 기고문에서 "천안함이 북한에 의해 침몰됐다는 것에 누구나 동의하는 것은 아닌데 문제가 있다. 북한은 시종일관 결백하다고 하고, 중국과 러시아도 북한을 지목하는 유엔 안보리 결의안에 반대했다"고 하면서, "자신이 수년간 북한 관리들을 만나본 바에 의하면 그들은 정직하고 정부 입장을 잘 표명하는 사람들"이라고 했다. 북한을 두둔한 것이다.

'참여연대'는 6월 정부가 천안함 사건을 유엔 안보리에 회부했을 때 '천안함 조사 결과에 의문점이 많다'는 내용의 메일을 유엔 안보리 이사국들에 보냈다. 민주당은 이런 행위를 '잘했다'고 칭찬했다. '6·15공동선언실천 남측위원회' 인사들은 7월 말 미국 국무부를 찾아가 합동조사단의 조사결과에 의문을 제기했다. 이들을 만난 성 김 6자회담 수석대표(후에 주한대사 역임)는 "천안함 조사 결과는 객관적이고 과학적인 조사를 바탕으로 내려졌다. 미국은 전폭적으로 그 결과를 신뢰한다"고 했다. 이들은 팔레오마바에가 하원 외교위원회 아·태小委 위원장도 만났는데, 그도 "세계 여러 나라 과학자가 참여해 객관적이고 과학적인 조사를 통해 북한의 공격으로 내린 결론은 신뢰하고 존중해야 한다"고 말했다.

학계·시민단체 인사 등 97명은 2011.3.23 성명을 내고 "천안함 진상조사는 국회가 국정조사 등의 방법으로 검증에 나서야 하고 관련국과 북한의 참여까지 허용하는 국제적 검증작업도 이루어져야 한다"고 주장했다. '한반도평화포럼'은 차기 정부에서 천안함 사건을 재조사해야 한다고 주장했다. 이들은 "침몰 원인에 대한 정부 조사결과에 대해 전문가들이 제기한 합리적 의심을 해소해야 한다"고 했다.

* '한반도평화포럼'은 임동원 前 국정원장과 백낙청 서울대 명예교수가 공동 대표였고, 김대중·노무현 정부에서 대북정책을 집행하고 연구한 인사와 학자들이 참여하고 있었다. 2012.11.23 창립기념식에는 이해찬·한명숙 前 총리와 정세현·정동영·이종석·이재정 前 통일부장관도 참석했다.

천안함 침몰 원인은 '사실'에 관한 문제였지 '견해' 또는 '믿음'의 문제가 아니었다. 침몰 원인은 과학적으로 규명되어야 할 일이었다. 그런데도 많은 사람들이 이념적 선입견을 갖고 과학적 조사결과를 믿지 않았다. 정부가 조사결과를 발표한 직후 실시된 여론조사에서 이를 신뢰한다는 사람은 50%도 안 되었다.

* 천안함 폭침사건 1년을 계기로 문화체육관광부가 2011년 3월 전국 성인 남녀 1000명을 대상으로 실시한 설문조사 결과 '천안함 사건이 북한의 도발에 의해 발생했다고 본다'는 응답자는 80.0%로 나타났다. 6개월 전에는 72.6%였다. 사실은 변하지 않는 것이지만 견해는 이처럼 변한다.

천안함 폭침 직후 청와대 외교안보수석실 행정관으로 근무한 바 있는 이종헌은 2015년 천안함 의혹을 파헤친 『스모킹 건』이라는 책을 출간했다. 그는 이 책에서 "국내외를 막론하고 의혹과 그 주장자를 찾아내 밝힌 결과, 이들 주장의 근거는 하나같이 '러시아 친구나 일본 언론인의 전언傳言' '국제 언론 보도' 등에 의존한 것으로, 출처가 불분명하거나 객관적 근거가 없었다"고 하면서, 천안함 폭침 사태를 둘러싸고 남남갈등이 증폭된 것은 이 사건이 '정치화' '이념화'된 데 있었다고 주장했다. "정치권과 국민이 천안함의 진실을 정치적 입장에 따라 다르게 인식했고, 6·2지방선거는 정치화 현상을 가속화시켰다"고 분석했다.

* 북한이 천안함 폭침 8개월 후 또다시 연평도 포격 도발을 감행한 것은 천안함 사태서 나타난 한국사회의 국론분열 현상과도 무관치 않았다.

천안함 침몰 원인을 놓고 제기되었던 의혹은 ▶천안함은 운항 도중

암초 등에 걸려 빠져나오려다 배가 갈라져 침몰했다 ▶천안함은 한국측이 백령도 앞에 부설했던 기뢰가 천안함 스크루에 끌려 올라와 충돌·폭발해 침몰했다 ▶천안함은 한·미 연합 독수리 훈련에 참가했던 美 원자력추진 잠수함이 천안함과 부딪혀 침몰했다 ▶북 어뢰추진체에 남아있는 '1번' 글씨는 조작된 것이다. 어뢰가 터지면 엄청난 고열이 발생하기 때문에 유성 잉크로 쓴 글씨는 녹아 없어진다 등이었다. 이런 '의혹'들은 시간이 지나면서 하나둘 진실 앞에 무너졌다.

북한이 천안함을 폭침시킨 배경

북한이 천안함을 폭침시킨 배경에 대한 분석은 다양하다. 안보문제 전문가 레온 시걸은 2010년 9월 "천안함 사건은 의심할 여지없이 북한의 소행"이라고 못 박았다. 남한이 2009년 11월 북한 함정을 공격한데 대한 보복이었다는 것이다. 그는 이런 주장의 근거를 다음과 같이 들었다.

「 ▶2009년 10월 북한 중앙통신은 "남한 해군 함정들에 의한 무모한 군사적 도발은 이 해역에서 양측 간에 충돌이 발생하게 될 정도로 심각한 상황을 조성했다"고 보도한바 있다.
▶2009.11.10 북한 순찰선이 NLL을 넘었을 때 한국 해군이 경고 사격을 했고 북한이 이에 대응함으로써 충돌이 일어났다('대청해전'). 이 과정에서 북한 선박이 부서졌고 이에 대해 사과를 요구했으나 남한은 무시했다.
▶2009.11.12 북한 <로동신문>은 "남한軍이 서해상 북쪽 해역을 침투해 무장 도발을 자행했다. 그들은 이로 인해 값비싼 대가를 지불하게 될 것이다"라고 보도한바 있다.
▶2009.11.17 김정일은 軍 고위 지휘관들을 대동하고 해군기지를 시찰했다. 이 자리에서 그는 '해상 영웅 결사대'를 만들라고 지시했다.」

美 국무부 정보조사국에서 27년 근무 후 2014년 퇴임한 존 메릴은 2015.10.29 한 언론 인터뷰에서 "내가 보기에 천안함 폭침 사건은 '대청해전'과 연결된 것이다. '대청해전'에 대한 북한의 복수다. …나는 천

안함 폭침 사건이 북한의 소행이 분명하다고 생각한다"라고 말했다.

이성훈 국방대 교수도 2015년 논문에서 같은 견해를 피력했다. 천안함 폭침이 1·2차 연평해전, 대청해전의 연장선상에서 자행된 "보복성 도발"로 짐작된다고 했다. 대청해전과 천안함 사건 감찰을 맡았던 오병흥 前 합참 정비태세검열차장도 2016.4.11 한 신문 인터뷰에서 천안함 폭침은 '대청해전'에 대한 북한의 보복이었다고 했다. 그는 "대청해전은 교전 규칙을 지키지 않은 과잉대응이었다. 나는 과대 포장된 작은 승리가 큰 환난을 가져올 것이라고 봤다"고 말했다.

정부의 한 고위 관계자는 2013.1.2 청와대 춘추관에서 기자들과 만나 "우리 정부가 북한의 경제 지원 요구를 들어주지 않자 북한이 이에 항의하는 차원에서 천안함·연평도 도발을 했다"고 말했다. 이명박 정부가 남북 정상회담을 시도하는 과정에서 북한이 요구한 정상회담 '대가'를 거부하자 도발을 저질렀다는 설명이었다.

김태효 前 청와대 대외전략기획관은 2013.2.13 한 언론 인터뷰에서 "김정일조차 생전에 '천안함·연평도(공격)는 우리가 했다'는 말을 공·사석에서 여러 번 했다"고 밝혔다. 이런 정보가 어떤 경로로 입수된 것인지는 알 수 없으나 신뢰할 만한 정보였을 가능성이 높다.

金 前 기획관은 북한이 다음과 같은 배경에서 천안함을 폭침시켰다고 보았다.

「2009년 가을 대청해전에서 우리가 북한 군함을 격퇴했다. 김대중 정부 때 두 차례 서해교전 중 2차 교전만 빼면 세 번 중 두 번 우리가 이긴 셈이다. 남한과의 전쟁을 최소한 '2승 2패' 동률로 만들어야 했다. 군사적 차원의 보복이었다. …김정은은 권력 세습 과정에서 강한 모습을 보여줘야 했던 배경도 있다. 김정일이 뇌졸중으로 쓰러지면서 동요하는 권력 엘리트들을 다잡고 세습 체제의 기반을 닦아야 했다.」

안보 전문가인 김태우 박사는 2015년 8월 언론 인터뷰에서 북한의 천안함 폭침 배경을 이렇게 설명했다.

「2010년은 북한이 두 차례의 핵실험을 한 이후다. 2008년 뇌졸중을 겪은 김정일 국방위원장이 김정은 후계구도를 공고히 하기 위해 광분하던 시기였다. 북한이 정상회담을 놓고 우리 정부와 흥정하면서 무리한 요구를 하다가 대북원칙을 강조하는 이명박 대통령에게 퇴짜를 맞은 직후이기도 하다. 따라서 도발을 통해 '본때'를 보여주고 싶었을 것이다. 남한의 군사적 대응도 시험하고자 했다. 군부의 충성을 재확인하고 백두혈통 세습에 대한 내부도전을 차단하는 효과도 노렸다.」

김진 〈중앙일보〉 논설위원도 김정일의 천안함·연평도 도발은 "평화를 원하면 돈을 내놓으라는 협박"이었다고 썼다. 김대중·노무현 정부가 대북 화해·협력정책을 펴면서 막대한 경제지원을 했고 노무현 대통령은 임기 말인 2007년 10월 평양에서 김정일에게 엄청난 지원을 약속했는데 2008년 2월 출범한 이명박 정부가 이를 없었던 일로 하자 본때를 보여주려 했다는 것이다.

북한은 미국과 중국을 염두에 두고 이런 도발을 감행했을 가능성도 있다. 이런 도발을 하면 중국과 미국이 갈등하게 되고 그렇게 되면 북한의 몸값이 올라간다. 중국에 대해 부를 수 있는 자신의 몸값이 올라간다.

중국은 이 사건을 對美 관계의 맥락에서 다뤘다. 중국 전문가인 김하중 前 주중대사는 천안함 사태 때 중국이 북한을 감싸고돈 이면에는 중국인들의 對美 인식이 깔려 있다고 보았다. 많은 중국인들은 미국이 중국의 부상을 견제하고 있다고 보기 때문에 천안함 사건 배후에 미국이 있다고 의심했다는 것이다.

중국은 2008년 세계 금융위기로 미국이 유일 초강대국으로서의 기위를 잃기 시작한 것으로 착각했다. 여기에 오바마 대통령이 취임 첫해 對中 협력에 비중을 두자 거만해졌다. 또한 이제 세계 2위의 경제대국이 되었으니 大國 행세를 하고 大國 대접을 받아야겠다고 생각했다.

10장. 북한의 연평도 포격 도발

북한軍은 2010.11.23 오후 2시34~46분 무도와 개머리 해안포기지 基地에서 122mm방사포와 76mm해안포 150여 발을 연평도에 쏟아 붓고, 30분 후 다시 17분간 20여 발을 추가로 발사했다. 이에 한국軍은 북한軍의 최초 공격 13분 후 80여 발의 K-9 자주포로 대응사격을 했다. 그 이상의 대응은 하지 않았다.

북한 측의 이러한 공격으로 한국 해병 2명이 전사하고, 민간인 2명이 사망했으며, 20여 명의 군인과 민간인이 부상을 당했다. 1,700여 명의 주민들은 공포에 질려 인천 등지로 대피했다.

북한이 한국 영토에 이런 식으로 공격을 가한 것은 1953년 휴전협정 이래 처음 있는 일이었다. 민간인 거주 지역까지 무차별적으로 포탄을 퍼부은 것은 어떤 이유로도 정당화할 수 없는 전쟁행위에 해당되었다.

반기문 유엔 사무총장은 북한의 포격으로 한반도에서 긴장이 고조되는 데 대해 심각한 우려를 표명했다. 그는 대변인을 통해 발표한 성명에서 "이번 공격은 6·25전쟁 이후 가장 심각한 사건 가운데 하나"라며 "북한의 공격을 규탄하고 즉각적인 자제를 촉구한다"고 했다.

이런 도발을 자행한 북한은 적반하장이었다. 북한군 최고사령부는 이날 저녁 "남조선 괴뢰들이 우리의 거듭된 경고에도 불구하고 23일 13시부터 조선 서해 연평도 일대의 우리 측 영해에 포사격을 가하는 군사적 도발을 감행했다"고 했다.

북한은 유엔주재 대표부를 통해 "이번 사안은 안보리에서 논의될 사안이 아니며 남북한 간에 논의돼야 할 문제다. 안보리는 국제평화 및 안보에 관련된 문제를 다루는 곳이다. 이번 사태는 남북한 간의 지역적 문제다"라고 못을 박았다. 안보리 차원의 책임 추궁을 차단하려는 술수였다.

북한의 도발을 비난하는 국제사회의 반등도 여기저기서 나왔다. 에컨대, 리베르만 이스라엘 외교장관은 기자회견에서 "이번 사건은 미친 체제를 저지하고 쓰러뜨려야 할 필요성을 그 어느 때보다 절감케 한다. 그들의 무기 확산과 도발 행위를 중단시켜야 한다"고 비난했다.

새벽잠을 깬 오바마 대통령

오바마 대통령이 이 사태에 관해 첫 보고를 받은 것은 현지시간 23일 새벽 3시 55분이었다. 사건 발생 두 시간이 조금 넘은 시각이었다. 도닐런 국가안보보좌관으로부터 전화 보고를 받은 오바마는 격노하면서 기브스 대변인으로 하여금 즉시 성명을 발표하도록 했다.

  * 오바마 대통령이 북한 때문에 새벽잠에서 깬 것은 2009.4.5 체코 방문 중 북한이 로켓(장거리 미사일)을 발사했을 때에 이어 두 번째였다.

오바마 대통령은 11월 23일 오후 백악관에서 긴급 국가안보회의를 주재한 후 북한이 도발을 강력히 규탄하면서, 중국이 분명한 입장을 취해줄 것을 촉구하고, 한국에 대한 확고한 지원과 연대 의사를 확인했다. 오바마 대통령은 이어 이명박 대통령과 전화통화를 했다. 이 통화에서도 그는 "중국이 북한에 대해 분명한 태도로 임해야 한다. 對北 문제에서 미국과 협력해야 한다"고 하면서 중국의 역할에 관해 언급했다. 오바마 대통령이 이명박 대통령과 통화한 직후 주한미군사령부는 11.28~12.1까지 항공모함 조지워싱턴호가 참가하는 한·미 연합훈련을 서해상에서 실시할 것이라고 발표했다.

미국 정부는 북한에 의한 심각한 도발이 발생하자 한국이 강경 대응함으로써 남북한 사이에 무력충돌이 발생할 가능성을 심히 우려했다. 로버트 게이츠 전 국방장관은 2014년 발간한 회고록에서 "한국의 보복조치가 전쟁으로 확대될 것을 우려해 오바마 대통령·클린턴 국무장관 그리고 자신과 멀린 합참의장이 수일 동안 이명박 대통령 등을 설득한 결과, 조지워싱턴함이 참가하는 서해 연합훈련을 실시하기로 합의했다"고 밝혔다.

  * 이러한 상황은 '1968년 위기' 때와 유사하다. 연합해상기동훈련 계획을 즉각 발표한 것은 미국으로서는 한국의 보복 조치를 제어하려는 목적도 있었을 것이다.

북한을 또 감싼 중국

중국은 천안함사태 때와 마찬가지로 또 북한을 두둔하고 나섰다. 중국 정부는 가해자와 피해자를 구분하지 않고 남북한에게 공히 '냉정과 자제'를 촉구했다. 중국 언론도 "조사 확인이 필요하다"고 보도했다.

  * 정재호 교수는 중국 정부의 입장이 천안함 때와 크게 다르지 않았던 것은 "우리의 대응이 실로 미비하고 아쉽기 짝이 없었던 것에 상당 부분 기인했다"고 보았다.

홍레이 외교부 대변인은 사건 당일 "사태 전개에 대해 우려를 표시한다. 관련 상황이 사실에 부합되는지 확인돼야 한다"고 논평했다. 다음날은 "중국 정부는 남북한이 냉정과 자제를 견지하고 최대한 빨리 대화와 접촉을 가질 것을 강력하게 촉구한다"고 말했다. 이런 상황에 대화와 접촉을 가지라는 것은 남북한 공히 책임이 있다는 말과 다름없었다. 이날 저녁에는 외교부 홈페이지에 "중국은 이번 사태를 고도로 중시하고 있다. 사상자와 재산 피해가 발생한 것에 대해 몹시 상심하고 유감을 표한다. 이번 사건의 사태 전개를 우려하고 있다. 중국은 남북한이 냉정과 절제를 유지해 최대한 빨리 대화와 접촉을 가질 것을 강력하게 촉구한다"고 했다. 중국도 미국과 마찬가지로 한국의 보복

조치를 우려하고 있었음을 말해준다.

원자바오 총리는 11월 24일 모스크바에서 메드베데프 러시아 대통령과 회담하면서 "중국은 한반도 평화와 안정을 위해 일관된 노력을 해왔으며 어떤 군사적 도발 행위에도 반대한다"고 했다. 중국이 반대한다는 '군사적 도발 행위'에는 한국에 의한 보복 조치도 포함된다는 사실은 두밀릴 나위가 없다. 원 총리는 이이 "현재 엄중하고 복잡한 정세에 당면하고 있다. 유관 각 측(남북한)이 최대한의 자제를 유지해야 하며 국제사회 역시 긴장 국면을 완화시키는데 유리한 일을 해야 한다"고 말했다. 그러면서 "북핵 6자회담을 재개하는 것이 한반도 안정을 유지하고 한반도 비핵화를 실현할 수 있는 근본적인 방법"이라고 했다.

＊ 중국이 6자회담 재개를 내세운 것도 한국의 보복 조치를 제어하는 방편의 하나였다.

양제츠 외교부장은 2010.12.1 "중국은 남북한 어느 편도 들지 않을 것"이라고 노골적으로 얘기하더니 베이징주재 남북한 대사들을 모두 초치해 자제를 요청했다.

중국 언론들은 '남북한 간 상호 교전'이라는 관점에서 이 사태를 취급하면서, "남측이 먼저 우리 영해에 포탄을 쐈다"는 북한 주장을 앞세워 보도했다. 일부 매체는 "이명박 정부의 대북 강경 정책이 실패한 결과"라고 주장했다. 이런 사태를 놓고 '한국 정부 대북정책 실패'에 화살을 돌리는 것은 객관적이고 공정한 태도가 아니었다.

러시아도 북한을 비난

러시아는 북한의 도발을 비난하는 태도를 보였다. 라브로프 외교장관은 사건 소식이 전해지자 "남한의 섬에 대한 공격 행위는 비난받아 마땅하며 공격한 측은 응분의 책임을 져야 한다"고 말한 데 이어 25일에는 "논쟁의 여지가 있는 해역이라 할지라도 이 해역에서 사격 훈련을 하는 것과 주민들의 거주 지역인 육지에 포격을 가하는 것은 다른 문제다. 사람들이 사망했으며 이것이 가장 중요한 점이다"라고 말했다. 옳은 지적이었다. 그는 또 "이 사건과 관련하여 안보리가 입장을 밝힐 것을 기대하며 이것이 상황의 안정화에 기여할 것"이라고 말해 안보리 차원에서도 입장 표명이 있어야 한다는 견해를 밝혔다.

러시아 외무부는 11월 30일 외무부 홈페이지에 "남북관계의 악화와 관련해 한반도 상황에 대한 의견을 교환하는 과정에서 러시아 측은 한국 영토에 대한 포격과 그에 따른 사상자 발생과 관련해 북한이 비난받아 마땅하다는 것을 확인했다"고 공식입장을 내놓았다. 북한을 지칭해 비난한 것은 북한의 행위를 정당한 것으로 인정하지 않는다는 말이었다.

러시아 정부는 12월 13일 이러한 입장을 재확인했다. 외무부는 라브로프 장관이 박의춘 북한 외무상과 면담한 소식을 홈페이지에 올리면서 "인명 피해를 초래한 남한 영토에 가한 포격은 비난받아 마땅하다는 점을 확인한다"고 했다. 북한 외무상을 만난 직후에 북한의 도발을 또다시 분명한 표현으로 비난한 것은 공정한 태도였다. 중국과는 달랐다.

한 · 미 연합 해상기동훈련 실시

오바마 대통령은 2010.11.11 서울 개최 G20정상회의를 계기로 후진타오 주석과 회담을 갖고 "중국이 북한의 추가 도발을 막지 않으면 미국은 북한의 핵미사일 공격을 방어하기 위한 조치들을 취할 수밖에 없다"고 경고했다. 천안함 사태를 염두에 두고 한 말이었다.

후진타오가 오바마의 강경 발언에 "무슨 의미인지 분명히 해달라"고 요구하자 오바마는 미국 군함들을 중국 앞바다에 출동시키는 것을 포함하는 강경 조치들이라고 설명했다. 천안함 사태 때에는 참았으나 북한이 또 도발하면 조지워싱턴호를 서해로 진입시킬 수도 있다는 말이었다.

이날 80분간 진행된 오바마-후진타오 회담은 이전 여섯 차례의 회담 분위기와 크게 달랐다. 미국 관리들 중에는 이 회담이 "對중국 관계의 전환점"이었다고 말하는 관리도 있었다. 이날 회담을 계기로 오바마 대통령의 對中 태도가 강경으로 돌아섰다는 것이다.

북한은 美-中 정상 간 이런 대화가 있은 지 불과 12일 후 보란 듯이 연평도에 포탄을 날렸다. 중국이 오바마 대통령으로부터 들은 말을 염두에 두고 북한에 어떤 메시지를 전달했는지 알 수 없으나, 미국은 결과적으로 중국으로부터 뺨을 맞은 셈이었다. 북한의 도발 행동을 제어하지 않은 결과가 발생했기 때문이다.

* 북한이 중국이 한 말을 듣지 않고 도발을 저질렀을 가능성도 물론 있다.

오바마 대통령은 후진타오 주석에게 한 말을 행동으로 옮겼다. 중국의 완강한 반대에도 불구하고 군사훈련 카드를 뽑아들었다. 북한에 대한 인내심에 한계가 있다는 의미였고, 이렇게 되면 중국이 제1의 목표로 삼는 '한반도 안정'이 중국이 원하는 대로 되지 않을 수 있다는 신호였다.

미국의 거듭되는 요청에도 불구하고 중국이 북한을 감싸는 자세로 일관한 데에는 이유가 있었다. 북한 정권이 유지되는 것은 중국 정권에도 중요했다. 북한과 같은 체제가 무너지는 것은 중국 체제에도 부정적인 영향을 줄 수 있다. 천안함 사태 당시 중국의 한 고위인사는 "북한은 우리에게 동독과 같다. 동독이 무너졌을 때 어떤 일이 일어났나. 소련이 무너지지 않았나"라고 말했다.

* 북한이 도발을 할 때마다 중국이 북한을 감싸줘 북한의 도발이 반복되고 있다는 주장에 대해 진징이 베이징대 교수는 2016.2.21 〈한국일보〉와의 인터뷰에서 "북한을 감싸는 게 아니라 중국의 국가 핵심이익에 따라 중국이 감당할 수 없는 상황이 생기는 걸 피하려 하는 것"이라고 했다. 북한을 위해서 그러는 것이 아니라는 말이었다. 진 교수는 "북한이 중국의 적대국이 되거나 붕괴하는 상황은 북한이 핵을 가진 상황과 비교가 되지 않을 만큼 중국의 핵심이익을 해치는 일"이라고도 말했다.

중국은 11월 26일 외교부 대변인 성명을 통해 서해상에서의 한·미 연합 군사훈련에 대해 "우리는 이번 이슈에 대해 명백하고 일관된 입장을 견지하고 있다. 우리 배타적경제수역EEZ 안에서 허락 없이 어떠한 군사적 행동을 취하는 것에도 반대한다"고 논평했다.

　* 앞 에서도 다뤘듯이, 미국은 두 달 전에도 조지워싱턴함을 서해에 진입시키는 것을 검토했으나 오바마 대통령의 반대로 실현되지 않은 바 있다.

한·미 연합기동훈련은 6·25전쟁 이후 최대 규모로 11월 28일부터 12월 1일까지 나흘간 서해 인근 우리 영해와 공해에서 실시되었다. 중국이 자신들의 내해內海라고 주장하는 서해에 미군 주력함대가 진입했다. 이 훈련에 참가한 조지워싱턴함의 작전 반경은 1,000km에 달해 서해로 진입할 경우 베이징과 상하이가 사정권 안에 들어간다.

　* 무력시위는 상징성이 있다. 미국이 이런 규모의 군사력을 과시한다는 것은 흔한 일이 아니다. 1996년 중국이 대만을 압박하기 위해 미사일을 발사해 양안 위기가 고조되었을 당시 클린턴 대통령은 2척의 항공모함을 이 지역에 파견했다. 당시 내정간섭이라며 반발하던 중국은 꼬리를 내렸다.

다이빙궈 中 국무위원 급거 방한

다이빙궈 외교담당 국무위원(부총리급)은 후진타오 국가주석 특사자격으로 우다웨이 6자회담 수석대표 등을 대동하고 한·미 연합훈련 하루 전인 11월 27일 토요일 급거 방한했다. 중국 측이 방한 의사를 알려온 것은 이날 정오쯤이었다. 10여 명으로 구성된 특사단은 전세기편으로 오후 6시 경 인천공항을 통해 입국했다. 중국 측은 당초 성남 서울공항 사용과 도착 당일 이명박 대통령 면담을 요청했다. 무례한 요구였다.

특사 파견은 중국 수뇌부의 결정이었다. 한국이 강력한 대응 조치를 취해 상황이 급격히 악화될 가능성을 우려했던 것으로 보인다. 급히 방한하다보니 다이빙궈 일행은 도착 시 공항에서 비자를 받았다.

다이빙궈 특사는 2010.11.28 일요일 오전 10시 경 이명박 대통령을 면담했다. 면담은 30분 정도로 예정됐으나 2시간 넘게 진행되었다. 다이빙궈는 李 대통령에게 이렇게 말했다.

「최근 상황으로 볼 때 남·북 양측은 서로에게 강경한 태세를 취하고 있다. 오늘 한·미 연합훈련이 시작되는 날이다. 중국 인민들은 북한이 무력 대응을 할 경우 큰 전쟁이 일어날까 두려워하고 있다. 현 정세 속에서 가장 중요한 것은 냉정과 이성 그리고 자제다.」

李 대통령은 다이빙궈 특사에게 다음과 같이 말했다.

「(북한은) 무력 충돌이 발생하더라도 자신들은 잃을 게 없다는 막다른 생각으로 도발을 계속해왔다. 그래서 나는 우리가 잃을 것이 많더라도 계속 이렇게 갈 수는 없다는 생각에 이르렀다. …이번 훈련을 트집 잡아 북한이 어떤 일을 저지른다면 우리는 강력하게 응징할 준비가 되어 있다. 이것은 우리의 선제공격이 아닌 북한의 도발에 대한 대응이기 때문에 강력하게 대처할 수 있는 것이다. 북한은 다이빙궈 국무위원을 신뢰하는 것으로 알고 있다. 이러한 우리의 뜻을 북한에 분명히 전달해주기 바란다. …한국 국민들은 중국에 대해 매우 우호적인 생각을 갖고 있다. 그러나 천안함 폭침과 연평도 포격을 거치면서 과연 중국이 공정한 판단을 내리고 있는지 의구심을 갖게 됐다. 중국이 북한에 대해 좀 더 공정하고 확고한 자세를 보여주는 것이 이번 사태를 수습하는 데 도움이 될 것이다. 이러한 뜻을 후진타오 주석과 원자바오 총리께도 전해주기 바란다.」

이 면담에서 다이빙궈는 6자회담 재개 필요성도 언급했다. 이에 대해 李 대통령은 지금은 6자회담 소집을 논의할 때가 아니라는 입장을 밝혔다.

다이빙궈는 12월 9일 평양을 방문, 김정일 국방위원장을 면담했다. 이때 중국 측은 북한의 도발로 무력 충돌이 생기면 도와줄 수 없다는 입장을 전달했다. 이와 관련, 李 대통령은 2013.2.4 퇴임 직전 가진 언론 인터뷰에서 이렇게 말했다.

「북한의 연평도 도발 이후 중국에 '이제부터는 북한의 도발에 대해 공격 발원지는 물론, 지원 세력까지 육·해·공군을 동원해 보복하겠으니 그리 알라'고 얘기했다. 그러면서 이를 북한 측에 전하라고 했다. 다이빙궈 국무위원이 북한에 가서 통보한 뒤 나한테 와서 북에 통보했다는 사실을 알려줬다.」

中 외교부의 '중대발표' 해프닝

중국 외교부는 일요일이던 2010.11.28 오전 오후 2번에 걸쳐 베이징 주재 외신기자들에게 "28일 오후 4시 30분 중요한 발표가 있을 것"이라는 문자메시지를 띄웠다. 이어 외교부 직원이 일일이 전화까지 걸었다. 기자들이 무슨 일인가 묻자 "북한 관련 '중대발표'다. 더 이상은 이야기할 수 없다"고 했다.

브리핑 시각이 다가오자 외교부 청사의 브리핑 룸은 평소보다 2배가 넘는 200여 명의 외신기자들로 발 디딜 틈이 없었다. 예정시간을 20여 분 넘겨 나타난 사람은 우다웨이 6자회담 수석대표였다. 방금 전 서울에서 돌아온 그는 준비한 A4용지 반 장 분량의 원고를 읽었다. "12월 상순 베이징에서 6자회담 수석대표 긴급회동을 갖자"는 것이 전부였다. 외신기자들은 어이없고 황당하다는 반응을 보였다. 중국 외교부가 6자회담 소집 제의를 '중대발표'로 포장해 관심을 끌려고 했기 때문이다.

중국이 외신기자 브리핑 형식을 통해 이런 제의를 한 것은 어설펐다. 다이빙궈 특사가 이 대통령을 면담했을 때 '지금은 6자회담을 논의할 때가 아니다'라고 분명히 말했음에도 중국 측은 불과 몇 시간 만에 이를 깡그리 무시했던 것이다.

중국 외교부의 외신기자 브리핑 직후 한국 정부는 외교통상부 대변인 논평을 통해 "6자회담 수석대표 회의 개최는 매우 신중하게 검토되어야 할 사안"이라는 말로 거부 입장을 표시했다. 이명박 대통령은 다음날 對국민담화에서 "이제 북한 스스로 군사적 모험주의와 핵을 포기하는 것을 기대하기 힘들다는 것을 알게 됐다"고 했다. 더 이상 북한의 진정성을 믿을 수 없기 때문에 6자회담을 통한 북핵 문제 해결 노력에 기대를 걸 수 없다는 의미였다.

* 李 대통령은 이때 이미 '북한이 핵을 포기하지 않을 것이고 그런 맥락에서 6자회담에 기대를 걸 수 없다'고 했다. 중국은 북한의 보이콧으로 유명무실해진 6자회담 재개만 반복 제의하고 미국은 '전략적 인내'를 한다며 두 손 놓고 있는 형국이었다.

미국이나 일본의 반응도 마찬가지였다. 기브스 백악관 대변인은 29일 정례브리핑에서 "북한이 도발 행위 중단과 비핵화를 위한 진정성을 보이지 않는 한 6자회담 당사국 회동은 PR활동에 지나지 않는다"고 말했다. 마에하라 일본 외상도 29일 기자회견에서 "6자회담 참가국들이 진정한 진전을 이룰 수 없는 한 더 이상 회담을 열어봐야 의미가 없다"는 견해를 밝혔다.

중국의 6자회담 수석대표 회동 제의는 이처럼 한낱 해프닝으로 끝났다. 중국은 왜 이렇게 생뚱맞은 제안을 했을까? 두 가지를 추정해 볼 수 있다. 하나는 6자회담 주관국으로서의 역할을 다하고 있다는 모습을 과시하고, 다른 하나는 논의의 주도권이 미국으로 넘어가는 것을 막으려는 것이었다.

때 아닌 '햇볕정책' 논쟁

연평도 포격은 한국민들의 對北 감정을 악화시켰다. 한 여론조사에서 '햇볕정책으로 회귀해야 한다고 생각하느냐'는 물음에 '아니다'라고 답한 사람이 63.9%로 나타났고 '그렇다'고 답한 사람은 26.7%에 불과했다. 對北 지원에 반대한다는 사람도 70.1%나 되었다. 북한은 이 도발로 남한 內 좌파 세력의 입지를 약화시켰다.

여당인 한나라당은 이 사태의 원인으로 '햇볕정책'을 지목하면서 북한 도발의 원인을 김대중·노무현 정부에 돌린 반면, 야당인 민주당은 "이명박 정부가 취한 對北 강경 정책 탓"이라고 성토했다. 사태 와중에 정치권은 때 아닌 '햇볕' 논쟁을 벌였던 것이다.

김무성 한나라당 원내대표는 11월 28일 기자 간담회를 갖고 "북한의 도발로 우리 민간인과 군인이 사망한 사태는 우리 국민 모두를 위장 평화의 깊은 잠에서 깨어나게 했다"며 "이는 햇볕정책이 완전 실패했다는 것을 증명하는 것"이라고 말했다.

반면, 민주당 손학규 대표는 30일 방송기자클럽 초청 토론회에서 "이명박 정부가 그동안 햇볕정책을 부정하면서 계속 북한에 대한 압박·제재의 길을 걸은 결과 북한이 무력 도발하는 사태에 오게 됐다"고 주장했다. 12월 1일 민주당 최고위원회의에서 정동영 최고위원은 "햇볕정책은 '한반도 평화'라는 밥을 짓는 가마솥이다. 밥 없이 살 수 있는가"라고 목소리를 높이면서 "햇볕정책의 기본 철학은 민주당의 정체성이다. 햇볕정책이 언제 안보를 소홀히 한 적 있는가"라고 강변했다.

햇볕정책이 북한의 연평도 도발의 원인이라고 하는 것이나, 햇볕정책을 포기함으로써 이런 도발이 발생했다고 하는 것이나 모두 본질을 벗어난 백해무익한 논쟁이었다. 안보가 심각한 위협을 받고 있는 상황에 정치권이 이런 논란을 벌이는 것은 한심하기 짝이 없는 일이었다.

영국 시사주간지 <이코노미스트>는 11월 29일 이렇게 지적했다. "묘안이 안 보이는 북한 문제를 놓고 (과거 정부의 햇볕정책이나 현 정부의 대북정책 중) 어떤 정책이 더 장점이 있는가하는 문제는 차치하고서라도 야당 지도자가 이 시기에 국가의 국방력을 약화시키는 (언행을 보이는) 것은 중대하게 무책임한 행동처럼 보인다. …나라가 외부로부터 포격을 받은 상황에서는 정말이지 여야가 상대방에게 돌을 던질 때는 분명 아니다." 외국 언론으로부터도 이런 지적을 받는 것은 수치스런 일이었다.

세계 여론을 거스른 중국

북한이 무방비 상태의 민간인 지역에 무차별 포격을 가한 행위는 명백히 남북한 화해·불가침 합의서(9조)·휴전협정(12항)·유엔헌장(2조4항) 위반이었다. 그럼에도 불구하고 중국은 북한을 조금도 비난하지 않았다. 양제츠 외교부장은 12월 1일 "중국은 책임 있는 대국으로서 사태 그 자체의 시비곡직에 따라 입장을 정하고 어느 편도 들지 않을 것이다"라고 했다. 국제사회는 중국의 이런 태도를 이해할 수 없었다. 맥케인 美 상원의원은 CNN 인터뷰에서 "중국은 책임 있는 세계 강국으로서 행동하고 있지 않다"고 잘라 말했다. 한 한국 언론인은 중국이 "외교무대에서의 조직폭력배 두목" 같다고 썼다.

중국에 대한 한국 내 여론은 급격히 악화되었다. 피해자인 한국과 가해자인 북한을 구분하지 않는데 대한 실망이 컸다. 중국은 이런 상황에 6자회담 수석대표 회동을 제의했다. 연평도 도발 11日 前 북한이 우라늄 농축시설을 공개함으로써 북한의 핵개발 의지가 확고부동함을 내보였기 때문에 6자회담에 대한 기대가 더욱 낮아진 상황이었다. 이는 6자회담 주관국이며 북한에 대해 압력을 행사할 수 있는 유일한 국가인 중국이 과연 북한 비핵화를 실현하고자 하는 의지가 있는지 의문을 갖게 만들었다. 이런 상황에 6자회담 수석대표 회동 운운 하니 고개를 갸우뚱하지 않을 수 없었다.

연평도 포격 며칠 후 실시된 한 여론조사에서 한국 국민의 무려 92%가 중국이 보인 태도에 화가 난다고 대답했으며, 60% 가까운 사람들이 이러한 태도에 맞서기 위해 중국과의 경제관계에서 생길 수 있는 어려움을 감수할 용의가 있다고 답했다.

많은 사람들이 중국이 연평도 사태를 적당히 봉합하고 넘어간다면 북한이 또 다른 만행을 저지를 가능성이 있고, 그렇게 되면 그 결과는 심각할 것으로 예상했다. 중국이 북한을 제어하지 못하면 중국의 이익도 해치는 상황이 초래될 수도 있다고 보았다. 한반도 평화와 안정을 강조하는 중국이 연평도 사태를 놓고 북한을 무조건 감싸는 것이 과연 중국의 이익에 부합하는 것인지 의문이었다.

이와 관련하여 앤드류 스몰 져먼마셜펀드German Marshall Fund 연구원은 "중국이 한국을 코너에 몰아넣고 있다"고 하면서 "중국이 마치 북한보호총국처럼 보인다"고 했다. 그는 연평도 도발에 대해 중국이 보인 태도는 "북한이 어떤 행동을 해도 괜찮다는 백지수표를 건네준 것이나 마찬가지"라고 주장했다. 선딩리 푸단대 국제문제연구원 부원장도 한 언론 인터뷰에서 "북한의 연평도 공격은 침략행위다. 중국은 (북한을) 제재했어야 했다"고 말했다.

〈이코노미스트〉는 11월 25일 "중국은 북한정권이 외교수단으로서 전쟁행위까지 불사하고 있음을 똑똑히 보아야 한다. 궁극적으로 북한의 이러한 행동은 중국이 그토록 갈구하는 안정을 위협하고 있다. 따라서 중국이 북한과 한 통속이 되는 것은 글로벌 파워로서의 이미지뿐만 아니라 중국 자신의 국익을 손상시키고 있다"고 조언했다.

물론 중국은 중국 나름대로의 계산이 있었다. 연평도 사태는 중국이 한반도 문제에 보다 적극적으로 개입할 수 있는 기회가 되기도 했다. 북한카드의 가치가 높아지면 이를 對美 관계에서 더 유용하게 사용할 수 있기 때문이다.

오바마, 후진타오에게 전화

오바마 대통령은 2010.12.5 일요일 밤 후진타오 주석과 통화를 했다. 북한이 도발한지 13일 만이었다. 〈뉴욕타임스〉는 양 정상간 전화통화가 늦어진 것은 작금의 양국 관계가 그만큼 냉랭한 상태라는 것을 상징적으로 말해준다고 보도했다.

백악관은 통화가 끝난 직후인 6일 새벽 2시(현지시간) 보도자료를 통해 오바마 대통령이 후진타오 주석과 통화한 내용의 일부를 공개했다. 오바마 대통령은 북한의 연평도 포격 도발과 우라늄 농축 프로그램을 비난하면서, 중국이 미국 및 다른 나라들과 함께 이러한 도발을 절대 용납될 수 없다는 메시지를 북한에 전해 줄 것을 요청했다. 오바마 대통령은 이때 작심한 듯 강한 표현을 사용했다. 심지어 중국에 대해서도 "상황이 명백한데도 계속 북한을 감싸고돌면 중국도 위험에 놓일 것"이라며 "중국은 이제 국제사회에서 책임 있게 행동해야 한다"고 말했다.

    ＊〈신화통신〉에 의하면, 오바마 대통령의 이러한 지적에 대해 후 주석은 "현
상황에서 시급한 것은 냉정하고 이성적인 대응을 통해 정세 악화를 막는 것"
이라며 "한반도 비핵화 실현은 대화 와 협상이라는 평화적인 방법으로 이뤄
져야 한다"고 말했다. 후 주석은 또한 남북한의 포격 과정에서 인명과 재산
피해가 발생한 데 유감을 표시하고 6자회담 재개 필요성을 재차 강조했다.

오바마 대통령은 또한 후 주석에게 "중국이 북한을 방임해왔기 때문
에 이런 사태가 발생했다. 중국이 북한에 대해 확실하게 대응하지 않
을 경우 우리에게도 생각이 있다"라고 말한 것으로 알려졌다.

    ＊이그내티우스〈워싱턴포스트〉칼럼니스트는 "오바마 대통령은 후 주석과
의 전화통화에서 후 주석에게 '북한은 핵 국가이기 때문에 북한의 무모함이
미국에 위협이 되고 있다'고 지적했으며, 중국은 이 말이 무슨 말인지 알아듣
고 북한에 경고를 보냈다"고 썼다(2010.12.26).

한·미·일 외교장관 워싱턴 회동

    한·미·일 외교장관 회담이 2010.12.6 워싱턴에서 열려 북한의 연
평도 포격을 규탄하고 중국의 적극적인 역할을 촉구했다. 3국 외교장
관은 북한의 도발을 한·미·일 3국에 대한 중대한 위협으로 간주하고
3국 공조로 대응해 나가기로 했다.

    이들은 회담 후 가진 공동기자회견에서 한목소리로 중국의 역할을
촉구했다. 김성환 장관은 "우리는 중국이 좀 더 명확한 어조로 북한에
대해 경고를 하고, 북한의 도발적 행위들이 지역의 평화와 안정에 전
혀 도움이 되지 않는다는 점을 좀 더 분명하게 이야기해 주기를 바라
고 있다"고 말했다.

    세 나라 외교장관은 중국이 긴급 제안한 6자회담 수석대표 회동에
대해서는 "북한의 행동변화가 전제되어야 한다"고 함으로써 美 정부와
언론·학계 일부에서 나온 북한과 대화 주장을 일축했다.

    3국 외교장관 회담 공동성명에는 안보리 회부 문제가 포함되지 않았

다. 기자들이 이에 관해 질문하자 클린턴 장관은 "유엔 회원국들과 논의 중인 상태"라고만 짧게 답하고 지나갔다. 한국 정부 당국자도 "신중히 검토하고 있다는 정부의 기존 입장에는 변화가 없다. 다른 이사국들의 분위기를 봐야하는 문제이므로 3국간 회담에서 결정하거나 공통의 메시지를 보내는 것은 적절치 않다"라고 말했다.

이명박 정부는 연평도 포격 도발을 안보리에 회부하는 것을 부정적으로 생각했다. 바로 몇 달 전 천안함 폭침 사건이 안보리에 회부되었으나 북한을 명시적으로 규탄하지도 못한 채 의장성명으로 종료되었던 사례가 반복되는 것을 원치 않았다. 중국이 이 사태를 놓고 지금까지 보인 태도에 비추어 만족스런 결과를 얻을 수 있는 가능성이 희박하다고 보았다.

한국 정부는 이와 함께 연평도 도발을 안보리로 가져갈 경우 북한이 서해 북방한계선NLL 체제를 분쟁수역 이슈로 전이시킬 가능성이 있다고 보았다. 유엔대표부 차석대사가 사태 발생 직후 "이번 사안은 남북한 간에 논의할 일"이라고 한 말이 이럴 가능성을 시사했던 것이다.

연평도 해상 사격훈련 재개 발표

한국 합동참모본부(합참)는 2010.12.16 북한의 도발로 중단했던 연평도 해상 사격훈련을 12.18~12.21 사이에 기상 조건을 보아 실시할 예정이라고 발표했다. 합참은 또 이 훈련에는 주한미군도 20여 명이 참가, 통제·통신·의료지원 임무를 수행할 것이며, 군사정전위 및 유엔사 회원국 대표들도 참관하게 될 것이라고 밝혔다. 한국은 미국·중국·일본·러시아에 훈련 계획을 사전 통보했다.

북한은 예상대로 강하게 반발했다. 12월 17일 낮 12시 20분 남북장성급회담 북측단장 명의의 통지문을 보내 "연평도 포사격을 강행할 경우 우리 공화국 영해를 고수하기 위해 2차·3차의 예상할 수 없는 자위적 타격이 가해질 것"이라고 하면서 "그 화력의 강도와 포괄 범위는 지난 11월 23일 보다 더 심각한 상황을 재현하게 될 것"이라고 협박했다. 대남선전기구를 통해서는 "사격훈련을 하면 핵전쟁으로 이어질 것"이라고 위협했다.

북한 외교부는 18일 대변인 담화를 통해 "이번에 있게 될 2차 연평도 사건의 가장 주된 책임은 도발을 사촉한 미국에 있다"며 "조선반도에 초래되는 모든 극단 사태와 그 후과에 대해 미국과 계산할 것이다. 포사격을 강행해 금지선을 넘어서는 경우 조선반도 정세의 폭발과 그에 따르는 참화는 피할 수 없게 돼 있다"고 했다. 한국이 아닌 미국을 상대하겠다고 한 점이 특이했다.

중국은 12월 18일 새벽 3시에 장위 외교부 대변인 명의의 반대 성명을 낸데 이어 장즈췬 상무부부장 명의로 다음과 같은 성명을 외교부 홈페이지에 게재했다. 장 부부장은 이날 류우익 한국대사와 지재룡 북한대사를 연이틀째 외교부로 초치해 중국 정부 입장을 전달했다.

> 「중국은 사태를 악화시키고 지역의 평화와 안정을 해칠 가능성이 있는 어떠한 행위에도 결연히 반대한다. …한반도 정세가 매우 위급하고 고도로 복잡하며 민감한 상황이다. …한반도에서 다시 유혈충돌이 빚어진다면 남북한 국민에게 우선 재앙을 가져와 동족상잔의 비극이 재연됨은 물론 지역의 평화와 안정을 해쳐 화禍가 주변 국가들에까지 미칠 것이다. …남북한은 냉정하고 냉정하고 또 냉정하고, 자제하고 자제하고 또 자제해야 한다.」

<환추시보>도 거칠게 한국을 비난했다. 2010.12.23자 사설에서 "중국은 그동안 좋은 말로 한국을 타일러 왔는데, 한국이 멋대로 한반도의 평화와 안정을 위협하면 중국은 상응한 행동을 보여줘야 한다. 중국은 한국을 손봐줄 지렛대가 많아 그 중 하나만 사용해도 짧은 시간 안에 한국을 뒤흔들 수 있다"고 썼다. 오만하고 저급한 협박이었다.

미국은 달랐다. 사격훈련이 전적으로 정당하다는 입장을 보였다. 크롤리 국무부 공보담당 차관보는 12월 16일 정례브리핑에서 "한국은 자위自衛를 위한 적절한 조치를 취할 자격이 있다. 북한의 추가 도발에 대비해 한국군을 확실히 준비시키는 것은 전적으로 정당한 조치다. 북

한이 이를 도발로 간주해서는 안 된다"고 말했다.

오바마 대통령은 12월 23일 美 ABC방송과의 인터뷰에서 "중국은 북한에 대해 준수해야 할 국제적 룰이 있다는 것을 명백히 해야 한다"면서 중국의 對北 영향력 행사를 또다시 촉구했다. 이어 크롤리 차관보는 24일 정례 브리핑에서 "중국은 북한에 대해 정말 영향력을 갖고 있다. 북한을 근본적으로 다른 방향으로 움직이도록 하는 데 있어서 중심축인 중국이 입장을 명백히 할 것을 기대한다"고 말했다. 멀린 합참의장도 CNN방송에 출연 "중국이 나서는 것이 대단히 중요하다. 북한에 가장 큰 영향력을 행사할 수 있는 나라는 분명히 중국이다. 북한이 이 지역 정세를 뒤흔들고 있고 이런 행동이 계속되면 어떤 다른 나라 못지않게 중국도 잃을 것이 많다"고 했다.

* 미 측의 이러한 주문은 '소귀에 경 읽기'였다. 되레 중국 몸값만 높여주었다.

한국의 뒤통수를 친 러시아

사태 초기 북한의 도발에 비판적인 태도를 보였던 러시아는 외무부 공식성명을 통해 한국군의 사격훈련 재개에 깊은 우려를 표시하면서 이 계획을 취소할 것을 촉구하고 나섰다. 통상적인 입장 표명 수준을 넘어서는 것이었다. 러시아는 이 성명에서 '극도의 우려' '절박하게 호소' '최대한의 자제와 인내' '절대적으로 필요' 등 외교 언어에서 보기 드문 용어를 사용했다.

라브로프 외교장관은 "러시아는 한반도의 사태 전개를 주의 깊게 관찰하고 있으며, 남북한에 최대한의 냉정과 자제를 요구한다"고 말했다. 이와 함께 보로다브킨 외교차관은 이윤호 한국대사와 베일리 미국대사를 외무부로 초치, 사격훈련 재개에 대한 우려를 거듭 표명했다. 북한에 대해서는 아주1국장이 전화로 김영재 대사에게 "최대한의 자제를 보이기 바라며, 상황을 추가로 악화시키거나 11월 23일 발생한 사건을 반복할 수 있는 행동을 하지 말 것"을 거듭 요청했다.

러시아는 2010.12.18 안보리 긴급회의 소집을 요구했다. 추르킨 러시아대사는 "러시아는 한반도 상황이 더 악화될 가능성을 심각하게 우려하고 있다. 이는 러시아의 안보를 직접적으로 위협하는 것이다"라는 말로 긴급회의 소집을 요구하는 이유를 들었다. 추르킨 대사는 박인국 한국대사에게 전화를 걸어, "오늘 중으로 안보리 긴급회의를 소집할 세획이며 한반도의 무력 충돌이 우려되므로 사격 훈련을 자제하도록 촉구하는 결의를 채택하려 한다"고 했다. 북한의 포격 도발 문제는 제기되지도 않았는데 한국군 사격 훈련 문제를 놓고 안보리 회의가 열리는 기이한 현상이 발생했다.

* 박 대사는 2013년 5월 한 방송사의 '대한민국 외교비사' 프로그램에 출연, "연평도 포격 사건은 안보리에 회부하지 않기로 우방국들과 협의를 마친 상태였는데, 러시아가 '한국이 군사훈련 을 자제해야 한다'는 내용의 결의안을 채택하려 하면서 흐름이 바뀌었다"고 당시 상황을 설명했다.

러시아의 요청으로 12월 19일 일요일 소집된 안보리 긴급회의는 무려 6시간 30분 동안 열렸으나 아무런 결론 없이 끝났다. 긴급회의를 요청한 러시아는 남북한의 최대한 자제와 유엔 사무총장의 남북한 특사파견을 골자로 한 의장성명 초안을 내놓았다. 이 초안에는 북한의 포격 도발에 대해서는 일체 언급하지 않고 한국의 사격훈련과 이에 대한 북한의 반발로 무력 충돌 위험성이 있다는 내용만 들어있었다.

영국은 러시아가 내놓은 초안에 '11월 23일 북한의 연평도 포격을 강력히 규탄한다'는 문구가 추가된 수정안을 회람했다. 이에 대해 러시아는 '북한'과 '연평도'를 모두 빼고 그냥 '11월 23일 사건'으로 할 것을 주장했다.

중국은 한 술 더 떴다. 북한을 비난하는 어떤 문구도 절대 받아들일 수 없다는 입장을 고수했다. 안보리 이사국 15개국 중 14개국이 '북한 규탄'에 찬성했으나 중국이 반대해 결국 의장성명 채택은 무산되었다.

한국 정부는 안도했다. 명시적으로 북한을 규탄하는 내용이 담긴 성명이 아니라면 차라리 성명이 채택되지 않는 것이 낫다고 생각했다.

한국군, 연평도 해상 사격훈련 강행

한국 정부가 사격훈련을 강행한다는 입장을 고수하자 스티븐슨 주한대사와 샤프 주한미군사령관은 훈련 실시 전날인 12월 19일 천영우 외교안보수석을 면담했다. 미국이 느끼는 상황의 긴박성과 심각성을 말해주었다. 이들은 한국이 과연 이렇게 긴장이 고조된 상황에서 예정대로 훈련을 실시할 것인가를 탐색했다. 千 수석은 훈련이 예정대로 실시될 것임을 확인하면서, 왜 그렇게 해야 하는지를 설명해 주었다. 북한의 도발에 강력한 대응을 한다는 것은 의심할 여지가 없음을 분명히 했다. 샤프 사령관은 전적으로 이해한다는 반응을 보였다.

오바마 정부는 한국이 사격훈련을 강행함으로써 확전이 될 가능성을 심히 우려했다. 당시 美 행정부 인사들 간에는 북한에게 빌미를 주지 않도록 사격훈련을 중단시키자는 주장과 한국에 최대의 군사지원을 제공해야 한다는 주장이 대립했는데 오바마 대통령은 후자를 택했다. 로버트 게이츠 前 국방장관은 그의 회고록에서 "미국은 한반도에서 긴장이 걷잡을 수 없을 정도로 고조되는 것을 우려했다. 중국도 북한을 상대로 상황을 완화시키기 위한 노력을 했다"고 밝혔다. 그러면서 "한국의 보복계획은 군용기와 포화가 동원되는 등 과도하게disproportionately 공격적인 것이었다"고 밝혔다.

연평도 해상 사격훈련은 12월 20일 오후 2시 반부터 1시간 34분 동안 실시되었다. 11월 23일 북한의 포격 도발로 중단된 훈련을 마무리한 것으로 쏘지 못하고 남은 포탄을 사용했다. 군 당국은 향후에도 이 같은 훈련을 계속 실시할 것이라고 밝혔다. 이날 훈련에 사용된 포탄 1500여 발은 모두 연평도 서남쪽 가로 40km, 세로 20km의 해상 사격구역(북방한계선 'NLL'에서 10km 남쪽)안에 떨어졌다.

사격훈련이 실시되는 동안 멀린 합참의장은 밤늦은 시각 펜타곤 지휘통제센터에서 상황을 직접 챙기며 심야 지휘를 했다. 하와이의 월러드 태평양사령관, 서울의 샤프 주한미군사령관과 대화하며 상황을 지휘했다. 이때 미국은 전쟁 발발에 대비한 비상계획을 수립해놓고 있었다. 상황을 그만큼 심각하게 보고 있었음을 말해준다. 어떤 일이 어떻게 발생할지 알 수 없었다. 숨을 죽이고 지켜보아야 했다.

베이더 백악관 국가안보회의 선임보좌관은 2011.6.10 한국 언론과의 인터뷰에서 "한반도 업무를 다루면서 가장 힘들었던 부분이 무엇이 있는가"라는 질문에 "밤중에 전화를 받고 깨는 일이 너무 많았다. 최악의 순간은 연평도 포격과 그 후 계속된 긴장 상태였다. 그때는 정말 어떻게 될지 예측하기 힘들었다"고 말했다. 그에 의하면 이명박 정부는 국지대응 수준을 훨씬 뛰어넘는 대규모 보복공격을 검토했다. 이를 알고 미국은 전전긍긍했던 것이다.

이명박 대통령은 2011.6.23 국회 국방위원회 의원들과의 오찬 시 "연평도 포격 때 못 때린 게 천추의 한이 된다. 울화통이 터져서 정말 힘들었다"고 말했다. 李 대통령은 또 "중국 정부로부터 전달 받은 내용"이라면서, 당시 "중국은 '북한이 한 번 더 도발을 감행하면 남한이 진짜 보복에 나설 것'이라는 판단을 북한에 전달했다"고 밝혔다.

한국 야당도 사격 훈련 반대

제1야당인 민주당의 손학규 대표는 12월 18일 "주변국가와 모든 합의가 이뤄지고 대화가 잘 이뤄져서 더 이상 전쟁과 분쟁이 없어질 때까지 사격훈련을 중지할 것을 국민과 함께 강력히 요구한다. 북한을 혼내주기 위해서 한반도의 평화와 국민의 생명을 거는 선택을 해서는 안 된다"고 말했다.

孫 대표는 19일에는 "이 대통령은 전쟁을 통해 이 땅을 안보정국으로 몰아넣고 긴장조성을 통해 공안통치 할 생각을 하지 말고 평화를 지켜야 한다. 민주당은 이 땅에서 햇볕정책, 평화정책을 반드시 실현할 것"이라고 말했다. 당시 상황을 이명박 정부가 "긴장조성을 통해 공안통치"를 하려는 것이라고 본 것은 그의 안보관을 의심케 만들었다. 孫

대표는 20일 사격훈련이 무사히 끝나자 "예산 날치기로 떠나간 민심을 전쟁 분위기로 덮으려는 것"이라고 했다. 22일에는 "필요하다면 당 특위 차원의 대표단을 미국·중국·러시아에 파견할 생각"이라고 하면서, "남북 간 직접대화에 민주당이 나설 수 있다"고 말했다. 야당 대표의 상황인식이 이 정도 수준이었다. 비상상황에 실제적인 도움이 되지 않는 공허한 애기였다. 국민 단합을 호소하며 초당적으로 임하는 것이 상황에 맞았다.

민주당은 21일 의원총회에서는 사격훈련 실시를 '국면 전환용'이라고 했다. 민주당은 이날 민주노동당·진보신당·국민참여당·사회당 등과 함께 "군사적 충돌 가능성을 배제할 수 없음에도 우리 軍이 연평도에서 포사격 훈련을 강행한 것을 강력히 비판하지 않을 수 없다"는 성명을 발표했다. 민주당의 이런 입장에 대해 자유선진당 이회창 대표는 "평화를 깨는 무력행위를 했을 때 '다시는 하지 말아 달라'고 머리를 조아리며 기다리는 게 평화란 말이냐"고 반박했다. 그는 손학규 대표의 20일 발언에 대해서는 "비겁한 패배주의"라고 비난했다.

사격훈련 재개 당시 상황은 그야말로 일촉즉발의 위기상황이었다. 이런 상황을 놓고 여야가 하나가 되어 대처해도 부족한 마당에 야당은 국론을 분열시키는데 앞장섰다.

美·中의 對한반도 영향력이 강화되다

미국이 시종 중국에게 북한의 행동을 제어해 줄 것을 요청했으나 중국은 오히려 북한을 감싸며 두둔했다. 중국의 이러한 태도는 북한으로 하여금 잘못된 행동을 계속해도 중국으로부터 곤란한 일을 당하지 않을 것이라는 생각이 들게 만들었다. 아니 북한은 이런 사실을 꿰뚫고 있었는지도 모른다. 이는 북한이 천안함 폭침에서 그치지 않고 연평도 포격까지 감행한 사실에서 추론해볼 수 있다.

미국은 이번에는 항공모함 조지워싱턴호를 서해로 들여보냈다. 중국은 이를 보고만 있어야 했다. 한·미 양국은 2010.11.28~12.1까지 조지워싱턴함이 참가한 가운데 서해에서 합동훈련을 실시했다.

* 중국 측은 조지워싱턴함이 북위 36도34분의 격렬비열도(충남 태안) 線을 넘어 북진할 가능성에 극도로 긴장했다.

후진타오 주석은 2011.1.18~21 미국을 방문했다. 정상회담 후 공동 기자회견에서 오바마 대통령은 "우리는 북한이 추가 도발을 하지 말아야 한다는 데 의견을 같이했다"고 밝혔다. 그는 또 "후 주석에게 한반도 긴장 완화를 위한 중국의 역할에 대해 감사하다는 뜻을 전했다"고 말했다. 북한의 재도발을 억제하고 북한이 대화 쪽으로 돌아서게 하는 데 중국이 일정부분 역할을 했음을 암시하는 대목이었다. 북한은 미·중 정상회담 종료 8시간 만에 남북고위급군사회담 개최를 제의했고, 한국이 긍정적인 반응을 보였다. <뉴욕타임스>는 이는 오바마 대통령이 후진타오 주석을 설득한 결과라고 백악관 고위관계자의 말을 인용해 보도했다.

이 보도에 의하면, 오바마 대통령은 2010.12.5 후 주석과 전화통화에서 북한의 무모한 행동을 제어해 줄 것을 요청한데 이어 2011.1.18 백악관 비공식 만찬에서도 북한 문제를 강도 높게 거론했다. 오바마 대통령은 북한이 공개한 우라늄 농축시설을 비롯해 핵무기·장거리 미사일 개발이 직접적인 안보위협으로 대두되어 이제는 대응조치를 취할 수밖에 없다면서, 아시아 주둔 미군 재배치, 동북아에서의 군사훈련 강화 등을 시사했다.

이상 살펴본 바와 같이 연평도 사태로 인해 美·中의 남·북한에 대한 영향력이 더욱 강화되었다. 한반도 문제가 미·중 관계 프레임 내에서 다뤄지고 있음을 여실히 보여주었다.

중국에게는 북한 정권 존립이 우선

조셉 나이 하버드대 교수는 2011.3.9 한국의 한 신문과의 인터뷰에서 "중국은 북한의 남한에 대한 도발을 다루는 과정에서 큰 실수를 범했다. 중국은 북한의 붕괴를 두려워한 나머지 북한에 관용적인 태도를 취해왔는데 그것이 잘못됐음을 깨닫고 있다"고 말했다.

토비 美 벨퍼연구소 연구원도 중국이 북한의 '조력자'enabler로서 북한을 감쌈으로써 '파괴적인 조력자'의 역할을 하고 있다고 보았다. 그에 의하면, 연평도 포격과 같은 북한의 도발적인 행동은 다음과 같은 이유로 중국의 안보이익을 해친다. 1)미국이 한국 · 일본 등 동맹국과 더 가까워지게 만든다. 2)주한미군 주둔을 장기화시킨다. 3)중국에도 영향을 미칠 미사일방어MD 체계에 대한 관심을 높인다. 4)확장억지 강화로 이어진다. 5)역내 불안정을 초래한다.

하지만 중국은 북한 정권이 흔들리거나 무너지는 상황을 극구 피하려 한다. 북한 정권 유지가 우선이다. 중국은 이를 '한반도의 평화와 안정'이란 말로 표현한다. 이런 사실은 북한이 핵을 갖는 한이 있더라도 정권이 무너지는 상황만큼은 피해야 한다는 태도를 취한 것에서도 잘 나타났다. 여기에는 이런 배경도 있다.

중국공산당은 이른바 '항미원조抗美援朝전쟁'에서 '북조선'을 도와 미국에 승리함으로써 '백년국치百年國恥'를 끝냈다고 믿는다. 이런 역사인식은 공산당 정권의 정당성을 떠받쳐주는 지주支柱의 하나다. 그런데 이런 북한이 망하는 것은 공산당 정권의 정당성을 해친다. 북한 정권 존립이 중국공산당 정권의 정당성을 위해서도 필요한 것이다.

중국이 북한 정권을 존속시켜야 하는 또 다른 이유는 실제적인 것이다. 북한은 중국이 미국과 한국을 상대하는 과정에서 지렛대가 된다. 중국은 필요하면 언제든지 이 지렛대를 사용할 수 있다. '약방에 감초' 같은 것이다.

북한 도발의 배경

북한은 천안함을 폭침 8개월 만에 또 무모하면서도 위험한 도발을 감행했다. 어떤 배경이 있었을까?

전문가들은 ▶NLL 무력화 전략의 일환이었다 ▶김정일 위원장의 건강이 좋지 않은 가운데 김정은이 과감한 도발로 후계자의 위치를 공고하게 만들려 했다 ▶내부의 불만과 이반된 민심을 결속시키기 위해 긴장을 조성할 필요가 있었다 ▶이명박 정부의 대북 강경정책에 대한 비난 여론을 조성하여 이런 정책을 인퇴시키고 대북기인을 확보하려 했다는 등의 분석이 나왔다.

연평도 포격 도발의 배경을 정확히는 알 수는 없으나, 북한은 다음과 같은 계산과 판단을 했을 것으로 추론된다. 1)북한은 남한의 대응이 심각한 수준이 아닐 것으로 예상했다. 2)이런 도발을 해도 對中 관계에서 아무런 문제가 없을 것으로 예상했다. 3)무력 도발 대상으로 '서해상'의 천안함에 이어 연평도를 택한 것은 중국을 게재시키려는 의도였다. 4)북한은 이런 도발로 자신의 전략적 가치를 높일 수 있다고 판단했다.

안 보 전 문 가 들 의 관 찰

로쉬차일드 이스라엘 정책·전략연구소 소장은 "한국이 2010년 두 번이나 북한의 무력 도발을 당하는 과정에서 저지른 실수는 도발 자체를 사전에 차단하지 못했다는 것인데, 이것 보다 더 큰 실수는 실제로 응징을 하지 못했다는 것이나. 그런데 이 보다도 더 큰 실수는 한국은 북한 도발에 응징 하지 못하는 나라라는 인식을 북한 측과 한국 국민들에게 심어주었다는 것"이라고 말했다.

한국 국방부의 '2010국방백서'에 의하면 북한은 1954~2010 기간 중 1,640건 이상의 침투와 1,020건 이상의 국지도발을 했는데, 한국이 제대로 응징한 사례가 없었다. 천안함 폭침·연평도 포격은 1968년 청와대 습격, 울진·삼척 무장공비 침투, 1983년 아웅산 테러, 1987년 KAL기 폭파 등과 더불어 심각한 수준의 공격이었다. 그러나 한국은 단 한 번도 응징을 하지 않았다.

인바르 이스라엘 베긴사다트전략연구소 소장도 "남한은 북한의 무력 공격에 대해 충분한 무력 보복을 하고 반드시 값비싼 대가를 치르게 만드는 실천적 행동이 있어야만 남한이 갖는 억지력이 억지력으로서의 효과를 발휘할 수 있게 된다"고 지적했다.

북한은 8개월 전 천안함 폭침 시 한국이 보인 태도를 통해 연평도에 포탄을 날려도 별 문제가 없을 것으로 판단했을 것이다. 이것이 사실이라면 결과적으로 북한의 상황 판단은 정확한 것이었다.

이스라엘의 전문가들은 한국이 연평도 사태 때 즉각적이고 충분한 보복을 하지 않은 것은 세계 평화를 위해서도 유감스러운 일이었다고 믿었다. 이스라엘의 경우 敵이 이스라엘을 공격했는데 그 적에 대해 상응하는 보복을 하지 않는다는 것은 상상할 수 없는 일이다. 미국의 경우도 마찬가지다. 그들은 이런 원칙은 지켜져야 하며, 그렇지 않으면 자국의 안보는 물론 세계평화 유지라는 차원에서도 나쁜 영향을 준다고 믿는다. 이것은 그들의 변할 수 없는 안보 신조信條다.

예를 들어, 1962년 10월 쿠바 미사일 위기 때 케네디 대통령이 소련에 대해 단호하게 대응한 것은 그렇게 하지 않으면 향후 소련이 더 대담한 도발을 할 것이라는 생각이 깔려 있었다. 흐루시초프가 쿠바에 핵미사일을 배치한 것도 케네디가 겉으로만 강경할 뿐 실제로는 무력을 사용할 의지가 없다고 오판한 것이 하나의 원인이었다.

연평도 포격 도발 직후 이스라엘의 한 신문은 '한국은 안보 문제에서 우리가 닮지 말아야 할 모델'이라는 사설을 싣고, "한국은 북한으로부터 큰 타격을 입고도 참고 있어야 하는 나라다. 미국 정부는 그저 항공모함을 보내기만 할 뿐 북한을 그대로 내버려 둔다"고 비꼬았다.

브라이언 마이어스 교수도 비슷한 견해를 피력했다. 그는 "(당시 한국이) 군사적 응징은 아니라도 국민들이 다 힘을 합쳐 對北 시위만 했더라도 달라졌을 텐데, '유엔이 문제를 해결하겠지'하는 데 그쳤다. …북한이 천안함을 공격하고 연평도에 포격을 가해도 국민들이 상응하는 분노를 표하지 않고 일본군 위안부 문제에는 분노하는 게 외국인으로서 보기엔 좀 이상하다"라고 말했다. 그러면서 "대한민국 안보를 위해서라도 국가정신을 가졌으면 한다"고 덧붙였다. 뼈아픈 지적이었다.

    * 북한이 연평도에 포탄을 퍼붓고 있을 때 노래방에 들어가는 대학생들에게
한 서방 기자가 "걱정이 되지 않느냐"고 물었다. 그들은 "연평도는 여기서
멀잖아요"라고 대답했다. 국민들의 안보의식이 이 정도다.

'억지이론'과 '전망이론'에 비춰보면

'억지'deterrence는 도발 행위를 하려는 국가로 하여금 그 행위에 따
른 비용이 이익보다 크다는 사실을 확신시킴으로써 그런 행위를 자제/
단념시키는 것을 말한다. 억지전략이 효과를 보기 위해서는 1)적대 세
력에게 도발이 있을 경우 응징하겠다는 방침을 미리 분명히 밝히고, 2)
그러한 의지를 과시하며, 3)이런 의지를 언제든지 행동으로 옮길 수
있는 태세를 갖추고 있어야 한다.

북한이 도발을 하지 못하게 하는 억지전략이 성공하기 위해서는 한
국에 대해 도발할 경우 얻는 것보다 잃는 것이 훨씬 크다는 것을 분명
히 보여주어야 한다. 그리고 그런 능력과 의지를 실제로 보여줘야 한
다.

'전망이론'은 인간은 일반적으로 이익의 영역에서는 위험을 회피하는
안전한 쪽을 선택하고 손실의 영역에서는 위험을 감수하는 쪽을 선택
하는 경향이 있는데, 선택의 결과가 너무 극단적인 경우에는 선호의
여전 현상이 나타날 수 있다는 이론이다. 무슨 말인가 하면, 감당하기
힘들 정도의 손실이 예상될 경우에는 '위험 감수'가 아니라 '위험 회피'
를 선택한다는 것이다.

'전망이론'은 상대적 손실 문제에 초점을 맞춘다. 즉 국가가 다른 나
라에 대해 어떤 조치를 취하려 할 때 주로 기대이익에 대한 열망에 의
해 결정하지만, 그에 못지않게 손실 가능성에 대한 우려에 의해서도
결정한다는 것이다.

북한은 연평도 사태 시 한국이 사격 훈련을 재개했음에도 물리적 대
응을 하지 않았다. 왜 그랬나. 조지워싱턴함이 서해에 들어왔기 때문이

다. 파국적 손실을 우려해 '위험 감수' 대신 '위험 회피'를 택했던 것이다.

    * 1976.8.18 판문점 도끼만행 사건이 좋은 사례다. 당시 판문점에서 시계視界 확보를 위해 미루나무 절단 작업을 하던 미군 장교 2명이 북한군에 의해 도끼로 살해되는 사건이 발생하자 미국은 오키나와 전폭기 대대와 해병대를 한국에 급파하고 항공모함 레인저호와 미드웨이호를 한국 해역으로 이동시켰다. 전운戰雲이 감도는 일촉즉발의 상황이 조성되자 김일성은 인민군 총 사령관 자격으로 8월 21일 스틸웰 유엔군사령관에게 사과 편지를 보내왔다. 김일성은 손실을 감수하는 행위를 할 경우 감당 못할 공격을 당할 것을 우려해 '위험 회피'를 선택했던 것이다.

이런 맥락에서 보면, 북한이 연평도를 포격했을 때 이명박 정부의 대응은 문제가 있었다. 천안함 사태 시 5·24조치를 발표하면서 '향후 도발이 있을 경우 자위권 차원에서 단호하게 응징하겠다'고 해놓고 막상 바로 그런 일이 발생했는데도 아무런 조치가 없었다.

한국군은 왜 응징 하지 못했나

김태영 前 국방부 장관은 2014.1.17 한 세미나에서 "국회의원들이 (당시) 왜 당장 공격하지 않았냐고 저를 비겁한 사람으로 몰아갔는데, 美는 (연평도 포격 도발을) 北의 휴전협정 위반으로 유엔에 가져가야 한다고 해서 2단계 대응을 할 수 없었다"고 말했다. 응징을 하지 못한 원인이 美 측에 있었다는 것.

    * 이명박 대통령은 2010.11.26 김태영 국방부장관을 김관진 전 합참의장으로 교체했다. 연평도 포격 사태 발생 3일 만이었다.

李 대통령은 2013.2.4 퇴임 직전 가진 한 언론 인터뷰에서 연평도 도발 당시 軍에 "공군은 뒀다 뭘 하느냐"며 공습을 지시했으나, "軍 고위 관계자가 교전交戰규칙에 따르면 공군이 나서면 절대 안 된다. 미국과도 상의해야 한다고 하면서 막았다"고 했다. 李 대통령은 "그 뒤

교전규칙을 고쳐 현장에서 적극 대응하고, 보고는 나중에 하도록 했다"며 "공격지원 세력까지 공격하는 (교전) 계획을 세우고 미국에 통보했더니 미국도 처음엔 반대했지만, 강하게 설득해서 이를 관철했다"고 말했다.

당시 긴급한 사태에 대응하는 軍의 자세에는 심각한 문제가 있었다. 합참 장군들은 1)전투기를 띄울 수 있느냐 없느냐, 2)자위권 차원에서 반격을 해야 한다, 아니다 유엔사 교전규칙에 따라야 한다는 주장으로 갈렸다. 맥도널드 연합사 작전참모부장이 후에 밝힌 바에 의하면 당시 한국군은 포를 쏴도 되는지 안 되는지 수시로 연합사 측에 물어왔다 한다.

李 대통령은 2015년 발간한 회고록에서도 사태 직후 소집된 안보관계장관회의에서 "북한의 소행에 대한 단호한 응징이 논의되고 있었고" "비행기를 띄워 북한의 도발 원점을 포격하는 방안도 논의 중이었다"고 하면서, 강력한 대응을 하려 했는데 軍이 교전수칙에 따라 대응하는 바람에 뜻대로 되지 않았다는 식으로 당시 상황을 설명했다. 그러면서 "무엇보다도 수세적이고 소극적인 교전수칙과 그 틀을 벗어나지 못하는 의식이 문제"였다고 했다.

천영우 외교안보수석은 2013.1.16 한 언론 인터뷰에서 "그날 저녁 합참에 갔을 때도 북한의 연평도 포격은 法 위반 어쩌고 하기에 '軍이 공격받으면 반격하는 게 먼저지 법률가 같은 이야기를 한다'며 대통령이 격분했다. 군복 입은 분들이 교전규칙에 노예가 돼 있는 상황에 분개했다. 사실 그때는 우리가 (연평도 포격에 대해) 자위권 차원에서 강력하게 응징해야 했는데… 후회스럽다"고 했다.

대통령은 軍 최고통수권자다. 8개월 전 천안함 폭침을 당했으므로 또 다른 도발이 있을 경우 즉각 대응할 수 있는 만반의 준비를 갖추어 놓고 있어야 했다. 이명박 정부가 잘 대응했다고 할 수 없는 이유다.

이명박 정부 대응의 문제점

① 군사적 측면

연평도 사태 당시 이명박 정부가 도발 원점에 대한 즉각적이고 단호한 대응을 하지 않은 것은 문제가 있었다. 이런 도발을 하면 얻는 것보다 잃는 것이 압도적으로 많다는 사실을 북한 측에 분명히 보여주었어야 했다. 미온적인 대응을 하면 추후 북한의 국지 군사도발을 억제하기 어렵다는 것은 이미 충분히 경험한 바였다.

단호한 대응이 추가적인 도발이나 확전 가능성을 높이므로 위험하다는 주장도 타당하다. 하지만 이 경우 문제는 한국이 북한의 위협과 도발에서 자유로울 수 없게 된다는 데 있다. 추가 도발이나 확전이 북한의 의지에 좌우되는 상황이 되는 것이다. 딜레마이기도 하다.

연평도 포격은 누구도 부인할 수 없는 '무력 도발'이었다. 응징의 명분과 목표가 분명했다. '무력 도발'에 대해 자위권을 행사하지 못한 것은 큰 실수였다. 이처럼 무기력하고 우유부단한 모습을 보인다면 또 다른 '도발'을 부를 가능성이 높아진다.

아바 이반 前 이스라엘 외무장관은 일찍이 "아랍 진영은 이스라엘이 약하면 평화를 추구하지 않을 것이다. 이스라엘이 강하면 그들은 어쩔 수 없이 평화를 추구할 것이다"라고 말한바 있다. 한반도에서도 이런 원리가 적용된다. 북한은 남한이 가차 없이 응징할 것이라고 판단되면 도발을 감행하기 전에 한 번 더 생각해볼 것이다.

이 문제는 대한민국 안보에 중대한 함의를 갖는다. 핵미사일 능력을 갖춘 북한이 국지적인 군사도발을 자행하고 한국을 협박하는 상황이 발생한다면 한국은 어떻게 할 것인가?

  * 이런 측면에서도 대한민국 대통령은 군사문제에 관한 일정 수준의 지식이 있어야 한다.

② 외교적 측면

이명박 정부는 결과에 상관없이 이 사태를 유엔 안보리에 회부했어야 한다. 안보리에 회부하지 않은 것은 결과적으로 한국에 불리한 영향을 주었다. 무엇보다도 공격 주체인 북한에 면죄부를 주었다. 북한은 그렇지 않아도 사태 발생 직후 "이 사태는 유엔 안보리와 전혀 관계없는 남북한 내부문제"라고 규정한바 있다. 국제 여론을 선점했던 것이다.

북한이 연평도를 포격하는 모습은 TV를 통해 온 세계가 실시간으로 보았으므로 유엔 헌장을 위반한 것은 북한이라는 사실은 누구도 부인할 수 없었다. 유엔 헌장 제2조 4항은 "모든 회원국은 그 국제 관계에 있어서 다른 국가의 영토 보전이나 정치적 독립에 대하여 또는 유엔의 목적과 양립하지 아니하는 어떠한 기타 방식으로도 무력의 위협이나 무력행사를 삼가 한다"라고 되어 있다. 북한은 이 조항을 명명백백하게 위반한 것이다. 유엔 회원국이 유엔 헌장을 위반 했는데도 한국이 이를 유엔에 제기하지 않은 것은 회원국의 의무를 다하지 않은 것이기도 하다.

이명박 정부가 안보리에 제기하지 않은 데에는 천안함 사태 때 안보리에서 겪은 '중국 트라우마'가 있었다. 아무짝에도 쓸데없는 의장성명 하나를 얻어내기 위해 시간과 노력을 낭비하고 싶지 않았던 것이다. 당시 정부의 한 관계자는 "(천안함 사태 때) 북한을 명기하지 못하고 오히려 옹호하는 입장이 반영된 의장성명이 나온 데 대한 충격과 반성이 연평도 포격 문제에까지 이어졌다"고 했다. 하지만 이는 잘못된 인식이었다. 천안함 폭침은 연평도 포격과 달랐다. 이명박 정부는 이 두 사건을 구분하지 못함으로써 행동반성을 스스로 품었다.

사태 발생 직후 유엔주재 영국·미국대사는 안보리가 이 문제를 외면해선 안 된다고 말했다. 그런데 당시 외교부 당국자는 "우리는 이사국도 아니고 논의도 이사국들이 하는 것이기 때문에 과정을 지켜볼 뿐"이라고 했다. 한국이 안보리에 이 문제를 제기했다 하더라도 누구도 이를 이상하게 보지 않았을 것이다.

일격을 가할 수 있는 나라가 되어야

북한이 또다시 연평도 도발과 같은 무모한 공격을 해올 경우 과감하고도 신속한 대응을 할 수 있을까. 결정적인 일격—擊을 가할 수 있는 나라, 벼랑 끝까지 갈 수 있는 나라, 불가피하다면 어떤 행동도 할 수 있는 나라임을 보여줄 수 있을까.

한민구 국방부 장관은 2015.6.26 한 언론과의 인터뷰에서 '북한이 다시 도발하면 도발 원점은 물론이고 지원·지휘세력까지 타격하겠다'고 공언했다. "실제로 응징할 수 있느냐"는 질문에, "확실하게 응징할 수 있다. 2010년 3월 천안함 폭침, 11월 연평도 포격 사건 이후 우리 군의 전략 개념이 억제에서 적극적 억제로 획기적으로 바뀌었다. 북한의 도발 원점, 지원·지휘세력까지 격멸한다는 개념을 세우고 이를 실천할 수 있는 준비와 연습을 다 마쳤다고 자신한다. …도발의 대가를 아주 뼈저리게 느낄 수 있도록 단호하고 확실하게 응징할 준비를 마친 상태다"라고 답했다.

2002년 연평해전

2002.6.29 북한 해군 경비정이 한국 해군 고속정을 기습 공격했다. 30여 분간의 전투 끝에 한국군은 함장을 포함한 6명이 전사하고 19명이 부상했으며, 북한 측은 13명 사망, 25명 부상했다. 한국군 對北 감청부대는 2002.6.13 북한 해군 경비정이 상부에 발포 명령을 구하는 통화를 감청했다. 북한의 도발 움직임을 미리 알아냈던 것이다. 그런데 한국군 수뇌부는 이 중요한 정보를 묵살했다.

김대중 대통령은 전투 발생 4시간 35분 후 국가안전보장회의를 소집했다. 이 회의에서 이 사태는 '우발적 충돌'로 규정되었다. 김 대통령은 교전 다음날인 6월 30일 일본을 방문, 2002년 월드컵 축구 결승전을 관람했다. 귀국길에 성남공항에 도착했으나 인근 국군수도통합병원에서 치료를 받고 있는 부상 장병들을 위문하지 않았다. 6월 30일 예정되었던 금강선 관광선도 예정대로 출발했다. 김대중 정부로서는 '햇볕정책'이 중요했다.

교전 이틀 후 국군수도통합병원에서 거행된 합동영결식에 대통령은 말할 것도 없고 국무총리, 국방부 장관, 합참의장 등 관련 고위인사가 한 사람도 참석하지 않았다. 국방부는 "군 장례식은 장례위원장 이하만 참석하는 것이 관례"라고 했고, 총리실은 "참석 요청이 없었을 뿐만 아니라 의전을 고려해 불참했다"고 했다.

프리처드 백악관 국가안보회의 부좌관은 그의 저서 '실패한 외교'(2007)에서 "해군 장병 6명이 희생됐는데도 김대중 정부는 서해상에서 발생한 남북 간 충돌을 무시하기에 급급했다"고 했다. 그는 당시 부시 행정부는 서해교전 때문에 7월 10일로 예정되어 있었던 미국 대표단의 방북을 연기하려 했으나 오히려 한국 정부가 예정대로 추진해 달라고 요청했다고 밝혔다.

'김관진 효과'

김관진 국방부 장관은 연평도 사태 직후인 2010.12.4 취임했다. 그는 취임식에서, "우리는 지금 6·25전쟁 이후 가장 심각한 위기 상황에 직면해 있다"며, "북한이 또다시 군사적 도발을 감행한다면 즉각적이고도 강력한 대응으로 완전히 굴복할 때까지 응징해야 한다"고 말했다. 그는 특히 "앞으로도 적은 우리의 허점을 계속 노리고 새로운 양상의 도발을 획책할 것이다. 그들에게 대한민국에 대한 도발의 대가가 얼마나 처절한지를 뼈저리게 느끼도록 해 줘야 한다"고 강조했다.

이후 김 장관은 기회 있을 때마다 북한이 도발할 경우 단호하게 대응하겠다는 의지를 표명했다. 미국 국방부 관계자들은 그의 이러한 태도가 북한의 추가 도발을 억지하는데 일정 부분 역할을 하고 있다고 분석하면서 이러한 현상을 '김관진 효과'라고 불렀다.

중국도 김 장관의 이런 태도 등을 의식해 북한에 신중을 기할 것을 권고하는 메시지를 전달한 것으로 알려졌다. 중국은 2011년 7월 베이징에서 열린 한·중 국방장관회담을 전후해 "우리가 북한을 자제하도록 할 터이니 김 장관도 강경한 발언을 그만 했으면 좋겠다"는 메시지를 전했다 한다.

이스라엘의 국가안보 신조

이스라엘의 국가안보 신조 제1조는 '자주'다. 안보에 관한한 누구한테도 의존하지 않으며 누구한테도 구속을 받지 않는다는 것이다. 이스라엘 안보는 이스라엘 스스로 확보한다는 것. 이런 신조에 따라 이스라엘은 1948년 건국 이래 국가와 국민의 안전을 지키는 일에 놀라운 의지와 능력을 과시했다.

이런 신조를 실제화하기 위해서는 두 가지 조건이 충족되어야 한다. 하나는 적의 도발에 누구의 구속도 받지 않고 대응할 수 있어야 한다는 것이고, 다른 하나는 이런 대응을 가능케 해주는 힘(능력)이 있어야 한다는 것이다. 군사적 실행 능력과 정보 입수 능력이 관건이다. 정보가 없으면 안보는 불가능하다.

이스라엘은 미국을 포함한 어느 나라와도 상호방위조약을 체결하지 않았다. 조약에 의한 의무를 지지 않기 위해서다. 라빈 총리는 1972년 6월 이렇게 말한 적이 있다. "이스라엘이 어떤 국가와 방위조약을 체결하면 그 순간부터 이스라엘의 안전보장 문제에 대한 자신의 자유 결정권을 스스로 제한하는 결과를 초래한다."

국가안보 신조 제2조는 '보복'이다. 이스라엘은 적이 도발할 경우(도발할 조짐을 포함) 반드시 보복을 해야 한다. 보복 없이 그냥 지나간다는 것은 있을 수 없는 일이다. 형식적 · 명목적인 보복이 아니라 적을 비참하게 만드는 정도의 확실한 보복이다.

1981.6.7 이스라엘의 F-16 전폭기 8대가 1,055km를 날아가 이라크가 오시락에 건설 중이던 원자로 관련시설을 2분 만에 초토화시킨다. 2007.9.6 이스라엘의 F-15 전폭기 10대가 칠흑 같은 어둠을 뚫고 지중해 북쪽으로 날아가 이 중 3대는 중간에 유턴하고 나머지 7대는 북동쪽으로 날아가 시리아가 알-키바르에 건설 중이던 핵 의혹 시설을 완전 잿더미로 만들었다.

11장. 한·미 자유무역협정 체결

韓·美 자유무역협정(KORUS FTA) 체결은 양국 간 경제적인 이해관계와 정치적 상황이 뒤얽힌 매우 복잡한 이슈였다. 노무현-부시 정부가 2007년 6월 서명한 이 협정은 2년 반 넘게 비준이 지연되다가 이명박-오바마 정부가 국내정치적인 난관을 극복하고 국회 비준을 이끌어내 2012.3.15 발효되었다.

노무현 대통령의 결단으로 시작

노무현 대통령은 2004.8.11 한·미 자유무역협정을 추진할 것인가를 논의한 대외경제위원회에서 "한·미 FTA 하자. 거역할 수 없는 대세다"라고 선언했다. 정치적 지지 세력은 잃는 한이 있더라도 국가 경제를 위한 일이니 하자고 한 것이다. 진보좌파 여론의 반대가 심한 상황이어서 노 대통령의 이런 결단은 의외였고, 놀라운 일이었다.

盧 대통령은 한·미 FTA에 관한한 처음부터 경제적인 관점에서 인식하고 접근했다. '먹고 사는 문제' '손해 보는 장사는 안 하겠다'는 등의 표현을 자주 썼고, "개방은 세계적 대세이고 개방을 안 한 나라 중에는 잘사는 나라가 없다"고 말한 것에서 이런 사실이 잘 드러났다.

노무현 정부는 미국과의 FTA 문제를 장기적 관점에서 전략적으로 인식했다. 정태적 효과와 동태적 효과, 국가경쟁력 강화, 경제구조 조정 가속화, 국내제도의 선진화, 소비자 이익 증대 등을 두루 염두에 두었다.

   * 정태적 효과란 교역 확대, GDP 증가, 복리 향상 등을 의미하고, 동태적 효과란 외국인직접투자 증가, 국내산업 구조조정 촉진 등을 의미한다. 미국과의 협상을 담당했던 김현종 前 통상교섭본부장은 "한·미 FTA는 목적이 아니라 과정이다. 한국이 다음 단계로 나아가는 발판, 플랫폼이 마련된 것이다"라고 했다(2011.11.28). 노무현 정부가 긴 안목으로 한·미 FTA를 추진했음을 알 수 있다.

  盧 대통령은 2006년 1월 신년연설에서 "우리 경제의 미래를 위해 미국과 자유무역협정을 맺어야 한다"고 선언했고, 한·미 양국 정부는 2006년 2월 FTA 추진을 발표했다. 2006년은 盧 대통령 집권 4년차 되는 해였다.

  한·미 FTA 협상은 1년 2개월 만인 2007.4.2 최종 타결되어 6월 서명되었다. 협상이 타결되었을 때 노 대통령은 "FTA는 정치의 문제도 이념의 문제도 아니다. 먹고사는 문제다. 국가경쟁력의 문제다. 민족적 감정이나 정략적 의도를 가지고 접근할 일은 결코 아니다"라고 말했다. 분명하고도 정확한 지적이었다. 그의 이러한 실용주의적이며 실사구시적인 안목이 없었더라면 한·미 FTA는 탄생하기 어려웠을 것이다.

   * 한·미 FTA 추진 과정에서 실무적으로는 김현종 외교부 통상교섭본부장 (2004.7~2007.8)과 김종훈 본부장(2007.8~ 2012.1)이 핵심적인 역할을 했다. 이들은 전문 지식과 협상 기술로 무장된 유능한 관리였다.

  盧 대통령은 2007.6.2 참여정부평가포럼에서 "개방의 문제를 이념의 문제로 볼 이유가 없다"면서 "미국 콤플렉스는 뒤집으면 일종의 사대주의적 사고다. 미국을 배타적으로 배척할 이유는 없다"고 말했다. 한·미 FTA에 관한 한 盧 대통령의 생각은 이처럼 개방적이었다.

   * 노 대통령의 실용주의적인 면모는 제주해군기지 건설 문제에서도 나타났다. 거센 반대에도 불구하고 '국가 없이 평화를 지킬 수 없고 무장 없이 국가를 지킬 수 없다'며 결단을 내렸다.

盧 대통령이 지지 세력의 강력한 반대를 무릅쓰고 한·미 FTA를 추진한 것은 그의 변혁적인 리더십으로 설명된다. 노 대통령은 퇴임을 얼마 앞두고 왜 한·미 FTA를 추진했느냐는 질문에 "국익 때문이요"라고 한마디로 답했다. 퇴임 후인 2008.8.27 진보적 인터넷 매체와의 인터뷰에서는 FTA 반대 주장을 거침없이 비판했다. 한·칠레 FTA의 에를 보너비노 게망 만내트사들에 기진했던 일은 하나두 임이나지 않았느냐고 반문했다.

미국은 왜 한국과의 FTA를 원했나

많은 사람들이 중국의 부상에 대응하는 미국의 대아시아 전략에서 답을 찾았다.

2001년 9·11테러 이후 무역정책에서 안보적 고려가 차지하는 비중이 크게 증가했으며, FTA도 안보 강화 수단의 하나로 고려되기 시작했다. 2003년 이라크 전쟁 등으로 미국의 아·태지역에서의 위상이 예전 같지 않았던 반면, 중국은 고도성장을 계속하면서 이 지역에서의 영향력을 확대해 나가고 있었다.

미국은 이런 추세를 보고만 있을 수 없었다. 아·태지역이 세계 정치·경제에서 차지하는 중요성이 점점 더 높아지고 있어 더 늦기 전에 대응해야 했다. 특히 동북아에서의 지위가 흔들리지 않기 위해서는 제도적인 장치를 하나라도 더 마련해 놓을 필요가 있었다.

실제적인 고려도 있었다. 한국이 EU·캐나다·호주·중국 등과 먼저 FTA를 체결하게 되면 미국은 뒤쳐질 것으로 보았다. 피해야 할 일이었다.

미국이 보기에 한국과 FTA를 체결한다는 것은 한국을 '경제동맹'으로 묶는 일이었다. 동아시아에서 보다 안정적으로 영향력을 확보하는 데 기여하게 된다. 한국과의 FTA가 중국의 부상에 대응하는 수단의 하나가 될 수 있는 것이다. 美 측이 '경제동맹'이라는 용어를 사용한데

서도 알 수 있듯이, 미국은 경제와 안보를 구분하지 않았다. 버시바우 주한대사의 발언에서도 이런 사실을 확인할 수 있다. 그는 2006.2.14 한-미 FTA의 효과에 대해 이렇게 말했다.

> 「한국은 동북아에서 미국의 중요한 지리·전략적 파트너인데, 한국과의 FTA는 한·미 관계를 더욱 강화할 것이다. …한·미 FTA는 환태평양의 경제적 연계를 튼튼하게 만들 것이고, 동북아에서 미국의 기여와 개입을 더욱 의미 있게 만들 것이다.」

클린턴 국무장관은 한·미 FTA를 미국의 아시아 재균형re-balancing 전략의 일환으로 평가했다. 그는 2013.1.31 美외교협회CFR 에서의 재임 마지막 연설에서 이렇게 말했다. "아시아·태평양 지역으로의 해외주둔 미군 재배치 계획이 포괄적 전략의 핵심요소인 것도 사실이지만 경제·안보 분야에서 협력을 강화하는 것도 매우 중요하다. 이 같은 전략에 따라 한국과 FTA를 체결했다."

이명박 대통령의 오바마 설득 노력

지난한 협상을 거쳐 협정이 서명되었으나 발효를 위한 비준이 거의 불가능할 것으로 보였다. 양국 공히 그랬다.

노무현 대통령은 서비스시장 개방 수위를 놓고 고민했다. 한국의 농민·시민단체 등은 '불평등 협상'으로 원천 무효라고 주장했고, 야당이 여기에 맞장구를 쳤다.

2008년 2월 출범한 이명박 정부는 한·미 정상회담을 앞둔 시점에 진행된 쇠고기 협상에서 '쇠고기 연령 제한 해제'를 받아들였다. 일부에서는 이것이 2008.4.19 예정된 워싱턴 정상회담 '선물용'이라고 주장했다. 이런 협상 결과를 놓고 도심을 가득 메운 '광우병 촛불시위'가 일어나 갓 출범한 이명박 정부는 혹독한 시련을 겪었다. 미국과 추가 협상에 이어 재협상까지 했다. 이런 상황에 국회 비준은 엄두조차 낼 수 없었다.

미국의 경우에도 민주당 주요 인사들은 공화당의 부시 행정부가 서명한 FTA가 자동차와 쇠고기 부문에 문제가 있다는 이유로 비준에 유보적인 입장을 취했다. 비준이 불가능할 것으로 보였다. 민주당은 지지기반인 노조의 강한 압박을 받고 있었다. 원래 FTA는 공화-민주당 간 입장 차이가 큰 정치적 이슈이기도 했다. 자동차산업 지역인 미시간川 등에서는 한국과 FTA를 할 경우 일자리를 잃게 된다는 우려가 팽배해 있었다. 이런 상황 때문에 부시 행정부가 의회 비준을 추진한다는 것은 기대하기 어려운 일이었다.

부시에 이어 2009년 1월 출범한 오바마 행정부에서의 상황은 더 나빴다. 오바마는 대통령 선거운동 기간 중 한·미 FTA에 반대한다는 입장이었다. 자동차 분야에서의 양국 간 심한 무역역조 현상을 이유로 기 합의된 FTA 내용이 적어도 보완되어야 한다고 믿고 있었다. 오바마의 당선에는 美 자동차노조의 지지가 있었고, FTA로 한국 자동차가 무관세로 미국 시장에 들어올 경우 자동차산업이 심한 타격을 받게 될 것이라는 우려가 컸다.

2009년 3월 부임한 한덕수 대사는 양팔을 걷어붙이고 뛰었다. 국회의원들을 상대로 맨투맨 설득에 나섰다. 협정이 비준되기까지 그가 만난 하원의원이 무려 245명에 달했고, 면담 횟수로는 488회였다. 의회 휴회기간 중에는 31개 州의 57개 도시를 방문하며 의원들을 설득했다. 대단한 열정이었다.

> * 2011.10.13 이명박 대통령 방미 시 국빈만찬 때 오바마 대통령은 데일리 비서실장과 얘기를 나누고 있던 韓 대사에게 "이번에 FTA를 통과시키기 위해 대사께서 얼마나 많은 노력을 기울였는지 잘 알고 있다"고 말했다. 韓 대사는 외교통상부 통상교섭본부장, OECD대사, 대통령 경제수석비서관, 재정경제부 장관, 국무총리 등을 역임한 경제베테랑이었다.

이명박 대통령은 2009.11.19 처음 방한한 오바마 대통령과 회담했다. 이때 李 대통령은 한·미 FTA가 경제문제를 넘어 미국의 동아시아 전략의 중요한 요소라고 강조했다. 오바마 대통령은 이런 견해에 동의하면서도 FTA 조항에 약간의 조정이나 변경이 필요하다는 생각을 솔직히 밝혔다. 이 회담에서 李 대통령은 한·미 관계는 단순히 경제적 득실만으로 따질 사안이 아니라고 설득했고, 오바마 대통령은 이해를 보였다. 이때부터 오바마 대통령의 한·미 FTA에 대한 인식이 조금씩 달라지기 시작한다.

2010년 6월 토론토 한·미 정상회담에서 FTA의 불씨가 살아났다. 오바마 대통령이 처음으로 한·미 FTA에 대해 진전된 견해를 표명했던 것이다. 2010년 11월까지 쟁점을 해소하고 2011년 초 이행법안을 의회에 제출하겠다고 했다. 의회 비준 가능성이 보이기 시작했다.

이명박 대통령은 2010.10.12 〈워싱턴포스트〉와의 인터뷰에서 미국이 한·미 FTA를 왜 조속히 비준해야하는가를 설득력 있게 말했다. "한·미 FTA는 단순히 무역과 경제적 이익을 위한 합의에 그치는 것이 아니고 오바마 행정부가 새로운 아시아정책을 효과적으로 펼치는데 있어 매우 긴요한 역할을 할 것이다." 한·미 FTA가 미국의 대아시아정책을 강화하는 수단이 될 수 있다는 점을 부각시켰던 것이다.

* 오바마 행정부는 2011년 11월 아시아·태평양 중시 정책을 선언했다.

李 대통령은 이 인터뷰에서 중국 요인도 내세웠다. 미국이 일본이나 중국과의 FTA 체결은 요원한데 한국과 타결된 FTA를 비준하지 않으면 미국의 對아시아정책이 한계에 부딪칠 것이라고 말한 것이다. 이는 한국에 관한한 미국이 동아시아 통합과정에 참여하는 것에 대해 열린 입장을 갖고 있다는 중요한 신호였다. 이 대통령은 "중국이 한국과의 FTA를 강하게 요청하고 있어 협상 개시 여부는 시간문제"라고 덧붙였다.

오바마 대통령은 2010.11.2 李 대통령에게 전화를 걸어 자신이 서울에 도착하기 전에 한·미 FTA의 남은 문제들(자동차·쇠고기)이 타결되도록 하자고 제의했다. 당시 오바마는 G20정상회의 참석차 방한을 앞두고 있었다. 11월 11일 청와대에서 열린 정상회담에서 오바마는 자신이 국내적인 반대를 무릅쓰고 FTA를 추진해왔는데 이제 와서 李 대통령이 자신의 입장을 어렵게 만들고 있다며 실망과 섭섭함을 토로했다. 회담 분위기는 무거웠고, 양국 협상팀이 조속히 쟁점을 타결하도록 한다는 선에서 회담은 끝났다.

양측은 2010.12.3 한국이 자동차 시장을 추가 개방하되 의약품과 농축산물 개방 시기를 늦추는 것으로 추가 협상을 타결했다. 한국은 자동차 부문에서 양보했지만, 한국 자동차 업계는 FTA 추가 협상 타결을 환영하는 분위기였다. 국민이 우려하는 30개월 령齡 以上 쇠고기 수입이 안 되도록 했고, 제약업계와 농축산업계가 시장 개방에 보다 여유를 갖고 대비할 수 있게 되어 추가 협상 결과는 나쁘지 않았다.

한국 정부는 2011년 6월 비준동의안을 국회에 제출했고, 미국 의회도 7월 들어 이 문제를 다루기 시작했다. 오바마 행정부는 10월 3일 의회에 이행법안을 제출했다. 2012년 선거에서 재선을 노리는 오바마 대통령에게 경제 문제는 중요한 변수였다.

이런 가운데 한·미 양국은 이명박 대통령의 미국 방문을 美 의회의 한·미 FTA 비준과 연계시켰다. 오바마 대통령이 李 대통령 방미를 FTA 비준과 연계시킨 전략은 주효했다. 상·하원이 일사천리로 FTA 비준 절차를 마쳤기 때문이다.

李 대통령은 오바마와 친밀한 사적私的 관계를 구축해 놓고 있었고, 이러한 관계는 FTA 비준과 같은 난제를 풀어나가는데 결정적인 도움이 되었다.

美 의회, 한·미 FTA 비준

미국의 경우, 의회 비준 절차가 2012년으로 넘어가면 대선 때문에 비준이 어려워질 것이 확실했다. 이러한 상황에 백악관은 이명박 대통령을 국빈방문 초청했고, 이 대통령은 이 방문을 의회 비준과 연계시켰다. 오바마 대통령은 자신이 직접 의회 설득에 나섰다.

이 과정에서 李 대통령도 힘을 보탰다. 2011.7.22 멕코넬 공화당 상원 원내대표에게 전화를 걸어 협조를 요청했다. 그는 李 대통령의 요청을 흔쾌히 수락했고, 美 상원 지도부는 8월 3일 초당적으로 FTA 신속 처리 방침을 발표했다.

2011.10.12 무려 4년 3개월을 끌어온 한·미 FTA의 美 하원 표결 절차가 완료되었다. 하원 본회의장 전광판에 찬성 278표, 반대 151표가 찍혀 나왔다. 하원 표결이 종료되자마자 상원 표결로 넘겨져 찬성 83표, 반대 15표로 통과되었다.

상원과 하원은 李 대통령이 10월 13일 상하원 합동회의에서 연설하기로 돼 있어 12일까지 FTA 비준을 마쳐야 하는 일정에 쫓겼다. 상하원이 동시에 전체 회의를 열어 FTA 이행 법안에 대한 찬반 토론을 벌인 것은 대단히 이례적인 일이었다.

민주당의 오바마 대통령은 공화당 지배 의회와 줄곧 첨예하게 대립하고 있었다. 일부 민주당 의원들도 한·미 FTA에 적극 반대했다. 상황이 그러했음에도 공화당 의원들의 압도적인 지지를 이끌어내 비준을 성사시켰다. 오바마의 정치적 리더십이 돋보였다.

오바마는 대선 후보 시절 한·미 FTA가 불공평한 협정이라고 비판했고, 대통령에 취임한 후에도 한동안은 이런 입장에 변함이 없었다. 노동조합의 지지를 계속 받기 위해서였다. 오바마는 2011.10.14 이렇게 말했다. "나는 과거 한·미 FTA가 충분히 좋지 않다고 생각해서 협상을 중단하려 했다. 그러나 지금은 그렇게 생각한 것을 후회한다." 솔직한 정치인이었다.

오바마 대통령은 2011.10.11 〈동아일보〉와의 인터뷰에서는 한·미 FTA를 이렇게 평가했다.

「한·미 FTA는 상품·서비스·투자·지적재산의 교류에서 장애물을 해소함으로써 한국과 미국에서 고용 창출과 경제적 기회를 확대시켜 줄 수 있는 너무나도 중요한 협정이다. 양국은 상대방의 시장에 더욱 접근할 수 있게 되고 이는 태평양의 양편에서 더 많은 일자리가 생겨날 수 있다는 것을 의미한다. 한마디로 양국 모두에 이득을 가져다줄 수 있는 '윈-윈' 협정이다. 또한 한·미 FTA는 근로자 권익과 환경을 강력하게 보호하는 21세기형 자유무역협정의 모델이다. 협정은 우리 두 나라 간 협력관계를 더욱 강화하고 양국 파트너십의 영구적인 경제적 기둥을 만들어 줄 것이다.」

오바마 대통령은 2011.10.21 백악관에서 한·미 FTA 이행법안에 서명했다. 이로써 미국은 한·미 FTA 발효에 필요한 국내절차를 모두 마쳤다.

한국 야당의 결사적 반내

한국 야당은 FTA 비준을 결사적으로 반대했다. 그들은 국회 외교통상통일위원회 회의장 앞을 점거해 회의가 열리지 못하도록 막았다. 국회의장 직권으로 상정·처리될 가능성에 대비해 본회의장 등을 몸으로 막았다.

정동영 민주당 최고위원은 4,800명만 있으면 여의도 국회의사당을 몸으로 둘러싸 여당 국회의원들의 출입을 막을 수 있으니 국회가 열리는 2011.11.3 시민들이 여의도로 나와 달라고 호소했다. 그는 11월 19일 열린 한·미 FTA 반대집회에서도 참석자들에게 "촛불이 5만 개가 되면 한나라당은 놀라서 FTA 비준안 강행처리를 하지 못할 것이다. 국회로 와서 담장을 에워싸 달라"고 했다.

여당인 한나라당 소속의원은 168명으로 표결로 통과시키기에 충분한 의석수를 갖고 있었다. 민주당은 87석, 민주노동당은 6석 이었다. 외교통상통일위원회는 민주당과 민주노동당 의원들의 점거농성으로 3주째 기능이 마비되었다. 의석 87석의 제1야당과 6석의 민노당이 국회를 마비시키고 있었던 것이다.

김진 〈중앙일보〉 논설위원은 10월 17일 칼럼에서 "정동영 민주당 최고위원은 지금 교육을 잘못 받은 운동권 신입생이나 노동투사처럼 행동하고 있다. 그의 변신은 너무나 노골적이어서 한국의 정신史에 충격을 줄 정도다"라고 썼다. 권순활 〈동아일보〉 논설위원도 11월 3일 칼럼에서 "정동영의 표변과 궤변은 정치가 때로 인간을 얼마나 타락시킬 수 있는지 보여주는 사례로 추가될 만하다"고 썼다. 김영희 〈중앙일보〉 대기자는 11월 4일 칼럼에서 정동영 의원의 경우를 "정치인의 권력욕에 국가이익이 멍드는 비극적인 사례"라고 썼다.

정동영 최고위원이 취한 태도는 완전히 이중적이었다. 그는 2006. 3.17 여당(열린우리당) 대표시절 버시바우 주한 미국대사에게 "지난 53년간은 상호방위조약이 양자관계의 중요한 기둥이었으나, 한·미 FTA가 완성되면 향후 50년 간 양국 관계를 지탱시켜줄 두 번째 중요한 기둥이 생겨나는 것"이라고 말한 바 있다.

> * 정동영 열린우리당 대표가 이같이 언급했다는 사실은 폭로전문 사이트 '위키리크스'가 주한미대사관이 본부에 보낸 전문을 공개해 알려졌다.

그는 2006년 2월에는 라디오 인터뷰에서 "우리는 개방형 통상 국가를 지향하는 만큼 미국과의 FTA가 불가피하다"고 강조했다. 한·미 FTA로 경쟁력 강화와 국민소득 증가가 기대된다는 말도 했다. 열린우리당 의원들에 대한 설득에도 앞장섰다. 여당 대통령 후보 시절이던 2007년 7월에는 "한국은 외부적으로 FTA를 확대함으로써 미래에 생존을 기대할 수밖에 없다"고 말하기도 했다.

> * 2003년 11월 창당된 열린우리당은 2004년 4월 총선에서 152석을 얻어 제1당이 되었다.

이처럼 한·미 FTA를 지지했던 鄭 최고위원은 2011.10.13 국회 외교통상통일위원회 전체회의에서 "한·미 FTA는 낯선 식민지고 국회가 이를 비준 하는 건 을사늑약을 추진하는 것과 같다. FTA 협상대표든, 대사든, 국장이든 외교부 관리들은 미국과 한통속인 것은 맞는데 대한민국의 국익을 대표하는 사람들인지, 미국 파견관인지, 옷만 (바꿔) 입은 이완용인지…. …우리가 정권을 잡았을 때 김종훈 통상교섭본부장을 관료로 쓴 것을 후회한다. 저 하늘에서 노무현 전 대통령이 피눈물을 흘릴 것"이라고 말했다.

鄭 최고위원은 10월 20일에는 외교통상통일위원회 한·미 FTA 2차 토론에 참석해 "한·미 FTA가 2007년 4월 참여정부 시절 타결되었는데 그땐 개인적으로 잘 몰랐다. 한·미 FTA는 한국을 작은 미국, 미국의 51번째 州로 만들겠다는 것"이라고 강변했다. 그는 한·미 FTA가

"애국이냐 매국이냐 갈림길에 선 중대한 문제"라는 이분법의 언어와 논리를 동원했다. 반대하면 애국이고 찬성하면 매국이라는 식이었다.

鄭 최고위원은 2011.11.17 기자회견을 열고 이렇게 주장한다. "오늘이 11월 17일이다. 내년 4월 총선에서 국민의 심판을 받아야한다. 4월 총선결과에 따라 FTA 폐기나 비준을 결정해야 한다고 본다. 을사늑약 체결과 한·미 FTA는 공통점이 있다. 100년 전의 11월 17일에는 우리의 외교 주권이 일본에게 넘어갔고, 2011.11.17에는 우리의 경제 주권이 미국에게 넘어갈 위기에 처해있다. 한나라당이 한·미 FTA 강행 처리 의지를 다지며, 한국의 경제 주권을 미국에게 내주자고 말하고 있기 때문이다."

한나라당(여당)이 한·미 FTA 비준안 상정을 위해 외교통상통일위원회 회의장을 봉쇄하자 야당은 전기톱과 해머로 문을 부수기까지 했다. 이런 가운데 이명박 대통령은 11월 15일 국회를 방문, 야당이 비준 반대 이유로 내세우는 투자자·국가소송제ISD 조항문제와 관련, 한·미 FTA 발효 이후 3개월 안에 미국에 재협상을 요구하겠다는 타협안을 냈다. 그러자 민주당은 의원총회를 열어 "ISD 폐기 또는 유보를 위한 재협상을 즉시 시작하겠다는 장관급 이상의 서면 합의서를 받아오라"는 당론을 정했다. 이 대통령은 국회연설을 통해 야당을 설득하려 했지만 야당이 끝까지 반대해 실현될 수 없었다.

* ISD(투자자·국가소송제도; Investor-State Dispute)란 협정 체결 당사국 중 한 나라가 정책을 바꾸는 등으로 손해를 본 상대방 국가 투자기업이 同 국가를 상대로 제소할 수 있도록 한 제도로서, 제소는 세계은행 산하 국제투자분쟁중재센터에 한다. 외국기업 차별 정책 등에 따른 피해를 막자는 취지에서 도입된 제도였다. 全 세계 2,676개 투자보장협정과 300개 자유무역협정의 대부분에 ISD 조항이 들어있었다. 한국은 일본·중국을 포함해 이때까지 체결한 86개 투자협정 중 82개가 ISD 조항을 두고 있었다. 한·칠레(2003), 한·페루(2010) FTA협정문에도 들어있었다.

ISD는 2007년 노무현 대통령과 민주당 정권 시절만 해도 한국의 제도를 한 단계 업그레이드시킬 수 있는 제도로 여겨졌다. 당시 청와대 민정수석실은 ISD가 세계 모든 국가의 투자협정에서 공통으로 들어가는 것이라면서, ISD가 독소조항이라고 주장하는 사람들에게 "그렇다면 모든 국제사회가 독에 중독되어 있을 것"이라고 말하기도 했다. 또한 노무현 정부는 '국정브리핑'에서 "ISD로 상대국이 우리 정부를 제소할 수 있지만, 반대로 상대국에 진출한 우리 기업도 부당한 피해를 입었을 경우 상대방 정부를 제소할 수 있다"고 했다. 당연한 얘기지만, 당시 이렇게 타당한 것으로 정리된 문제가 왜 이제 와서 문제가 많은 조항으로 바뀌었느냐 하는 것이다. 정동영 최고위원은 이런 사실관계를 들이대자 "그때는 잘 몰랐다"고 했다. 사소한 문제도 아닌 국가 장래가 걸려있는 문제를 놓고 "그때는 잘 몰랐다"고 한다면 2007년 대선 시 여당 대통령 후보였던 정치인으로서는 무책임하고 경솔한 태도였다.

민주당은 李 대통령의 타협안을 사실상 거부했다. 美 무역대표부 USTR가 "한·미 FTA 발효 후 한국 측이 제기하는 어떤 의제에도 협의할 준비가 돼 있다"는 공식 입장을 밝혔음에도 서면 합의를 받아오라는 것은 야당이 한·미 FTA를 민주적 절차에 따라 처리할 의사가 없다는 얘기나 마찬가지였다.

李 대통령의 국회방문에 대해 정동영 최고위원은 "대통령이 국회에 온 것은 야당의 반대를 돌파하겠다는 뜻으로 보이지만 돌파당하면 민주당이 죽는다"고 했다. 민주당이 범야권과 약속한 '한·미 FTA 반대' 전선이 깨져선 야권통합이 안 된다는 의미로 해석되었다. 정 최고위원이 국가적 중대사를 정략적인 차원에서 다루고 있었음을 말해 주었다.

 * 손학규 민주당 대표도 당 대표가 되기 전에는 한·미 FTA가 "선택의 문제가 아닌 국가 생존전략"이라고 하면서 적극 찬성하다가, 당 대표가 된 다음에는 표변해 강력히 반대했다.

민주당 내에서도 견해를 달리하는 사람들도 있었다. 송영길 인천시장은 "민주당이 민주당 정권에서 추진된 한·미 FTA를 안 하려고 평계를 찾거나 다른 조건을 거는 방식은 안 된다"고 말했고, 안희정 충청남도 지사도 "정권이 바뀌었다고 다른 입장을 취하면 안 된다"고 했다. 투자자·국가 소송 조항을 평계 삼아 사실상 한·미 FTA 반대를 당론으로 정한 당 지도부를 정면으로 거슬렀던 것이다.

이들의 비판에 대해 정동영 최고위원은 "유감이다. 젊은 자치단체장들이 한·미 FTA의 본질을 꿰뚫어봐야 한다"라면서 FTA 비준을 결사 저지하자는 연판장을 돌려 46명 의원들의 서명을 받아냈다. 손학규 대표도 이런 분위기에 편승했다.

> * 한·중·일 3국은 2012년 3월 투자보장협정에 서명했다. 이 협정에도 한·미 FTA 협정과 거의 동일한 ISD가 포함되어 있었다. 한·미 FTA의 ISD 관련 조항을 독소조항이라고 하면서 극렬히 반대했던 사람들, 한·미 FTA가 헌법의 국민 재산권 보호 조항과 충돌해 '사법 주권'을 침해한다고 주장했던 일부 판사·변호사, "집권하면 한·미 FTA를 폐기할 것"이라는 입장을 밝혔던 민주통합당과 통합진보당 사람들은 한·중·일 투자보장협정에 대해서는 일체 이의를 제기하지 않았다. 2014년 11월 한·중 양국이 FTA를 타결했을 때도 마찬가지였다. 한·중 FTA에도 ISD조항이 들어있었지만 어느 누구도 이의를 제기하지 않았다.

민주당은 처음에는 자동차 분야 재협상에서 이익의 균형이 깨졌다고 주장했다. 그러나 국내 자동차 업계가 '문제없다'고 하자, 이번에는 농업·중소기업 피해대책과 통상절차법을 요구하는 소위 '10+2 재재협상안'을 내세웠다. 이 문제에 대한 여야 간 의견 접근이 이뤄지자 이번에는 ISD 문제를 들고 나왔다. 10월 31일 여야 원내대표 간에 'FTA 발효 3개월 후 ISD 재협의' 합의가 나오자 민주당 지도부는 비준을 그 다음해 총선 이후로 미루자고 또 입장을 바꿨다. 어느 진보 정당은 미국의 투기 자본이 대한민국을 접수하고 의료보험이 무너질 것이라고 하다가 美 서비스 자본이 들어오면 한국이 도박·매춘 천국이 될 것이라고 했다.

> * 한·미 FTA 괴담은 대부분 허구였음이 판명되었다. 한국 농업이 붕괴된다고 했으나 한국의 對美 농식품 수출은 증가했고 수입은 감소했다. 중소기업이 줄도산할 것이라고 했으나 중소기업 수출이 전체 對美 수출 증가율을 상회했다. 이들의 주장이 허구였음은 후에 또 다른 사실에 의해서도 입증되었다. 즉, 2016년 미국 대선에서 공화당 트럼프 후보는 한·미 FTA가 미국인들의 일자리를 빼앗았다고 하면서 폐기를 주장했고, 힐러리 클린턴 전 국무장관을 후보로 내세운 민주당도 한·미 FTA는 재협상 되어야 한다는 입장을

취했다. 미국에 일방적으로 유리한 협정이라면 민주당까지 이런 입장을 취하지 않았을 것이다.

손학규 민주당 대표는 2011.11.15 李 대통령이 국회를 방문했을 때 FTA 발효 후 재협상을 통해 ISD 조항을 한·미 FTA에서 삭제하겠다는 약속을 문서로 받아오라고 요구했다. 이는 재협상을 시작하기도 전에 그 결과를 약속하는 문서를 美 측으로부터 받아오라는 터무니없는 요구였다. 美 측에 제기할 수조차 없는 요구였다. 민주당은 이처럼 ISD 조항을 문제 삼았지만 이는 실상 한·미 FTA 자체를 무산시키려는 구실에 불과했다.

　* 한·미 FTA 발효 5년 동안 ISD 제소 사례는 단 한 건도 없었다.

정부, 여당 그리고 여론은 민주당 때문에 국회 비준을 계속 미룰 수 없었다. 박희태 국회의장은 11월 22일 비준안을 본회의에 직권 상정했다. 비준안은 찬성 151, 반대 7, 기권 12표로 가결되었다. 이 과정에서 민주노동당 김선동 의원은 국회 본회의장의 의장석 앞에서 최루탄을 터트렸다. 사상 초유의 일이었다. 이 광경은 외신을 타고 전 세계에 알려졌다. 국가 이미지에 먹칠을 했다.

　* 2008.12.8 한·미 FTA 비준안이 국회 외교통상통일위원회에 상정되는 날 민주당을 비롯한 야당 의원들과 보좌관들은 해머, 전기톱, 소화전, 소방호스 등을 동원해 회의장 문을 부쉈다.

김선동 의원은 22일 오후 국회 본회의장 앞 로텐더홀에서 기자회견을 열고 "서민들의 앞날을 가로막고 생존권을 무너뜨리는 희대의 매국적이고 망국적인 협정에 대해 묵과할 수가 없었다"며 "이토 히로부미를 쏘는 안중근의 심정이었다"고 말했다. 통합진보당 이정희 공동대표는 2012.3.26 김선동 의원의 최루탄 투척 행위를 '의거'로 불렀다.

이즈음 진보단체들 주도로 여의도와 광화문 일대에서는 연일 한·미 FTA 반대 시위가 벌어졌다. 시위 주동세력은 광우병, 제주해군기지 건설, 평택미군기지 이전 등을 반대하는데 단골로 나선 사람들이었다. 이들의 주장은 한·미 FTA가 미국에 의한 한국의 종속구조를 심화시킨다는 것이었다.

* 좌파 성향의 전문가나 매체들은 한·미 FTA는 '미국이 한국 시장을 점령하려는 것' '한국의 서민 노동자들을 다 죽일 것' '미국이 한국을 다 벗겨 먹고 또 벗겨 먹으려는 것' 등의 표현을 사용했다.

심지어 일부 판사들까지 나섰다. 崔○○ 인천지방법원 부장판사는 11월 22일 페이스북에 "뼛속까지 親美인 대통령과 통상관료들이 서민과 나라살림을 팔아먹은 2011년 11월 22일, 난 이날을 잊지 않겠다"고 올렸다. 일부 언론이 이를 비판적으로 보도하자 李○○ 창원지방법원 부장판사는 "진보편향적인 사람은 판사를 하면 안 된다는 말이겠지. 그럼 보수편향적인 판사들도 모두 사퇴해라. 나도 깨끗하게 물러나 주겠다"며 반박하고 나섰다. 최 판사와 이 판사는 진보성향 '우리법연구회' 소속이었다.

金○○ 인천지방법원 부장판사는 12월 1일 법원 내부 게시판에 "한·미 자유무역협정 재협상을 위해 법원이 태스크포스를 구성해 적극적으로 자신의 역할에 나서야 한다"고 올렸다. 그는 다음날 같은 게시판에 "내 제안에 동의한 판사의 수가 아침 현재 116명이다. 이렇게 빨리 많은 판사가 공감할 줄 몰랐다. 너무 감동적이고 가슴이 벅차다. 용기가 난다"고 했다. 崔 판사와 李 판사는 12월 2일에는 각각 CBS와 MBC 라디오 프로그램에 출연해 한·미 FTA를 비판하면서 김 판사의 의견에 동의한다고 했다.

한·미 FTA의 전략적 의미

앞서 간단히 언급되었듯이 한·미 FTA는 통상에만 국한된 사안이 아니었다. 미국은 중국의 부상에 따른 영향력 증대를 억제하기 위해 아·태 중시 전략을 채택했다. 한국과 안보동맹을 맺고 있지만 여기에 경제동맹을 추가하면 안성맞춤이었다. 이는 한국에게는 對中레버리지를 높일 수 있는 일이기도 했다.

＊ 한・미 FTA가 체결되자 중국은 더욱 적극적으로 한국과의 FTA 체결을 원했다. 한・중 FTA는 협상 개시 3년 만에 타결되었고, 2015.12.20 정식 발효되었다.

한국은 미국과의 FTA를 국가전략 차원에서도 접근해야 했다. 한국이 국제사회에서의 경쟁력을 높이려면 FTA와 같은 상호의존적 관계망을 더 많이 가지면 가질수록 좋다. 1882년 조선은 미국과 수교했지만 통상・경제면에서 나눌 것이 없어 곧 미국의 버림을 받았다. 마찬가지로 국가 관계에서는 상호 나눌 수 있는 파이를 키워야 관계가 오래 간다.

야당인 민주당과 민주노동당은 한・미 FTA가 국익에 반하기 때문에 반대하는 것이라고 했다. 그렇다면 이들이 말하는 국익은 무엇인가. 여기에는 '교묘한 언어의 조작'이 숨겨져 있다. 이들이 말하는 '국익'은 국가와 국민 전체의 이익이 아니라 그들에 국한된 이익이었다. 자신들만의 이익을 '국가이익'이라는 말로 감추었을 뿐이다.

한・미 FTA를 집요하게 반대한 세력은 2008년 광화문 촛불시위를 주도했던 세력으로 한국사회에서 교수・교사・기자・승려・신부・목사・시민운동가・행정가・정치인・공무원・판사에 이르기까지 다양했다. 이들은 2014년 11월 韓-中 FTA가 타결되었을 때에는 어떤 반응도 보이지 않았다. 한・중 FTA는 그토록 완벽한 것이었을까?

박정희 정부가 1962년 제1차 경제개발5개년계획을 시작했을 즈음 한국의 수출 규모는 5600만 달러였다. 50년 후인 2011.12.5 한국은 무역 1조 달러를 달성했다. 미국・독일・중국・일본・프랑스・영국・네덜란드・이탈리아에 이어 9번째였다. 수출주도의 개방 전략을 통해 달성한 성과였다. 한국이 FTA 체결을 확대하는 것은 분명히 '경제 영토'를 넓히는 일이었다.

폴란드 출신 외교안보 전략가 브레진스키 박사의 견해는 참고할 만하다. 그는 2007년 말 〈문화일보〉와 가진 인터뷰에서 한・미 FTA가 갖는 함의에 관해 이렇게 말했다.

「한·미 FTA는 두 나라 간의 상호보완적 관계를 잘 보여 주고 있다. 미국은 분명히 한국과의 강력한 관계를 유지하고 싶어 한다. 강대국으로 둘러싸여 있는 지정학적 측면에서 보자면 한국으로서도 특별한 친구가 필요하다. 그 친구란 바로 매우 충실하면서도 멀리 떨어져 있는 나라다.」

국제사회에서도 친구는 서로 나눌 것이 있어야 한다. 앞에서 다뤘듯이, 구한말 고종은 미국의 도움을 앙망했지만 결국 아무런 도움도 받지 못했다. 가장 큰 이유는 미국과 나눌 것이 없었기 때문이다. 대한민국은 반세기 넘게 미국과의 상호방위조약을 통해 안보이익을 얻었다. 한·미 관계의 다음 반세기를 내다볼 때 한·미 FTA는 경제·통상 관계를 튼튼하게 해줄 수 있는 경제동맹이었다.

2012년 총선·대선과 한·미 FTA

민주당·시민통합당·한국노동조합총연맹은 2011.12.16 민주통합당을 출범시켰다. 이 黨은 한 달 후인 2012.1.15 당 대표로 한명숙 前 총리를 선출했다. 민주통합당과 통합진보당은 2월 8일 양당 소속 의원 96명의 이름으로 오바마 대통령과 美 상·하원 의장에게 보내는 서한을 작성해 주한미대사관에 전달했다. 그들은 이에 앞서 대사관 앞에서 FTA 파기 시위를 했다.

이들은 이 서한에서 "포괄적 재협상이 관철되지 않으면 우리가 다음 선거에서 다수당이 된다면 한·미 FTA 폐기를 위한 모든 조치를 취할 것이다. 대통령 선거에서 승리한다면 이 협정은 종료될 것"이라고 했다. 全 세계 300개 FTA 가운데 협정 일방 당사국에 의해 폐기된 FTA는 한 건도 없었다. 대한민국 역사상 1948년 정부수립 이래 외국과 체결한 조약을 이런 식으로 폐기한 사례도 없었다.

＊ 한명숙 대표는 2006년 6월 한·미 FTA 1차 협상에서부터 2007년 3월 8차 협상 때까지 노무현 정부의 국무총리를 지낸 사람이다.

야당이 공개서한을 통해 재협상을 요구한 한·미 FTA 10개 항목 중 9개는 2007년 노무현 정부 당시 합의된 것이었다. ISD 관련 조항도 2007년 타결된 내용 거의 그대로였다. 민주통합당이 수정해야 한다고 주장한 조항들 대부분이 노무현 정부 때와 달라진 게 없었다. '반대를 위한 반대'라고 할 수밖에 없었다.

전임 정부가 체결한 조약을 후임 정부가 폐기하는 것은 문제가 있다. 적법한 절차를 거쳐 서명·비준된 협정을 국내정치적인 이유로 이런 식으로 폐기한다면 이는 국제질서를 교란하는 행위다. 책임 있는 국제사회의 일원이라면 그렇게 해서는 안 된다. 국가들이 이렇게 행동하면 국제사회는 무질서와 혼란을 면할 수 없다. '조약은 지켜져야 한다'(principle of pacta sunt servanda)는 것이 국제사회의 기본 원칙이다. 이와 관련하여 <동아일보>는 2012.2.10 이렇게 썼다.

「만일 좌파 정권이 들어서 한·미 FTA를 일방적으로 폐기한다면 이는 자동차 몇 대 덜 파는 정도가 아니라 한·미 안보동맹을 뒤흔드는 충격을 가져올 수 있다. 두 나라 정부가 합법적 절차를 거쳐 비준한 국제적 협약을 정권이 바뀌었다고 폐기하는 나라를 미국은 물론이고 세계가 신뢰할 리 없다. 바로 이런 외교 안보적 의미 때문에 反美주의자들이 한·미 FTA를 격렬하게 반대하는 것인지도 모른다. 민주당은 아예 한·미 FTA 폐기 카드를 '2002년판 미선·효순양 사건'으로 이용해 反美 감정을 자극하고, 야권 결집의 지렛대로 삼으려는 전술을 쓰는 게 아닌지 의심스럽다. 여기에 '한·미 FTA=서민경제 붕괴, 양극화 심화' 도식 아래 이명박 정부에 대한 공격을 대선까지 이어가겠다는 의도가 엿보인다.」

민주당은 2012년 1월 통합진보당과 '야권 연대'를 추진하면서 한·미 FTA 폐기를 총선 전략으로 내놓았으나 이러한 전략이 유권자들에게 먹혀들어가지 않았다. 유권자들은 국가 간의 협정을 임의로 파기할 경우 어떤 결과가 초래될 것인지를 염려했다. 또한 개방 정도 면에서 비슷한 한·EU FTA에 대해서는 아무 문제를 제기하지 않으면서 한·미 FTA만 문제 삼는 것은 온당하지 않다는 사실도 알았다. 2012.4.11 실시된 제19대 총선에서 새누리당은 152석을 얻어 과반수를 2석 넘겼다. 민주통합당 127석, 통합진보당 13석이었다.

이하원 〈조선일보〉 기자는 총선에서 야당이 패한 결과에 대해 "지난 4개월간 민주당에서 벌어진 이번 사례는 국내 정치권도 국제사회의 동향과 관행을 제대로 알아야 선거에서 이길 수 있는 세상이 됐음을 보여주는 것이다. 중요 현안에서 국제적인 기준에 부합하지 않는 구호를 함부로 외치다가는 힘만 앞서가는 국민에게 비웃음을 당한다는 게 이 입증됐다"고 분석했다.

2012.12.19 실시된 18대 대통령 선거에서는 새누리당의 박근혜 후보가 민주통합당의 문재인 후보를 1,080,496표 차로 누르고 당선되었다. 총선과 대선을 통해 유권자들은 한·미 FTA를 살려냈다.

> * 문재인 대선후보는 선거 막바지였던 2012년 10월 한·미 FTA를 "그놈의 한·미 FTA"라고 했다. 한·미 FTA가 타결되었을 당시 그는 노무현 대통령 비서실장이었다.

한·미 FTA 체결 과정에서 야당이 보인 태도는 두고두고 반면교사로 삼을 만하다. 이 협정 체결 후 나타난 결과에 의해서도 확인되었지만, 이들의 반대는 명백히 '반대를 위한 반대'였다.

협정 발효 5년 후 평가해 보니…

협정 발효 5년 후 평가해 보면 한·미 FTA는 두 나라에 공히 이익을 가져다 준 윈윈(win-win) 협정이었다.

한국의 對美 수출은 2011년 562억 달러에서 2016년 665억 달러로 증가했다. 對美 수입은 2011년 446억 달러였는데 2016년에는 432억 달러였다. 대미 무역수지 흑자가 2011년 116억 달러에서 2016년 258억 달러로 늘어났다.

한국 상품의 미국 시장 점유율은 2.6%에서 3.2%로 늘어났고, 대미 수출 증가폭이 경쟁국인 일본·중국을 앞질렀다. 당초 우려되었던 농축산물 수입은 FTA 이전보다 오히려 1.7% 감소한 반면, 한국산 자동차 수출은 연평균 12.4% 증가했다.

미국도 이득을 보았다. 미국 상품의 한국 시장 점유율이 8.5%에서 10.6%로 증가했고, 對韓 서비스 수지 흑자도 2011년 116억 달러에서 2016년 233억 달러로 늘어났다. 한국의 對美 투자는 60% 이상 늘면서 미국내에 1만7000개의 일자리를 만들어 냈다. 美 대통령 직속 국제무역위원회USITC는 이 협정이 교역수지·소비자 후생·투자 등에 긍정적인 영향을 미쳤고, 노동 환경 등 주요 분야에서 높은 수준의 규범이 도입됐다고 평가했다.

이상 살펴본바와 같이 한·미 FTA가 호혜적 이득이 된 협정임에도 트럼프 대통령은 2017.4.27 로이터통신과 가진 인터뷰에서 "끔찍한 협정"이라며 "재협상하거나 종료할 것"이라고 말했다. 같은 날 〈워싱턴 포스트〉 인터뷰에서도 "한·미 FTA는 끔찍한 협정으로, 힐러리 클린턴의 재앙"이라며 "폐기할 것"이라고 밝혔다. 펜스 부통령은 방한 시 주한미상공회의소 연설에서 이 협정의 "재검토review와 개정reform"이 필요하다고 언급했다(2017.4.18).

* 트럼프 대통령은 취임 직후 미국의 환태평양경제동반자협정TPP 탈퇴를 선언한 바 있고, 2017.4.29 미국이 체결한 모든 무역협정을 전면 재검토하라는 행정명령을 내렸다.

12장. 이명박 정부의 '글로벌 코리아'

2008년 9월 미국에서 시작된 금융위기가 全 세계로 급속히 확산되었다. 이 사태를 다루기 위해서는 여러 나라들의 공동 노력이 필요했다. G20재무장관회의가 주목을 받게 된 배경이다. 마침 한국은 브라질·영국과 함께 이 회의의 공동의장국이었고, 2010년에는 의장국을 맡을 차례였다.

> * G20재무장관회의는 1999년 시작되었는데, 참가국은 미국·영국·독일·이탈리아·프랑스·일본·캐나다·러시아·대한민국·인도네시아·사우디아라비아·터키·남아프리카공화국·브라질·호주·멕시코·아르헨티나·EU·중국·인도 등 총 20개 나라였다.

사르코지 프랑스 대통령은 2008년 9월 세계지도자와 국제금융기관이 참석하는 세계경제회의 개최를 제안했다. 사르코지의 생각은 G8(미국·영국·독일·이탈리아·프랑스·일본 캐나다 러시아)에다 중국·인도·브라질·멕시코·남아공·이집트 등 6개국을 추가하는 G14 아이디어였다. G8 8개국 중 5개국이 이를 적극 지지했다.

하지만 이 문제에 대한 주도권은 미국 부시 대통령에게 있었다. G14안이 나온 직후 부시 대통령은 새로운 협의체 참가국을 검토했다. 이 과정에서 부시는 2008.10.21 이명박 대통령에게 전화를 걸어 새로운 공조체제에 참가할 의향이 있는지 물었다. 이 대통령은 "국제 공조가 아주 중요한 때"라고 하면서, "한국도 적극적으로 참여해 세계 금융위기 극복에 협력하겠다"고 했다.

이 문제에 관한 한국 정부의 입장은 "새로운 협의체를 만들지 말고 한국이 포함된 기존의 G20재무장관회의를 토대로 G20정상회의를 여는 것이 바람직하다"는 것이었다. 현명한 판단이었다.

일본은 G20에 반대했다. 자신이 아시아 국가 중 유일하게 G8 국가이므로 G8체제로 대응하되 G8만으로 안 된다면 G14가 되기를 원했다. G14로 하면 적어도 한국이 포함되지 않는다.

러드 호주 총리는 G14에 반대하고 G20을 강력히 지지했다. 그래야 호주도 G20에 들어갈 수 있기 때문. 이런 배경에서 그는 한국과 G20 성사를 위해 긴밀히 공조했다.

2008년 10월 캠프 데이비드에서 열린 美-EU 정상회의에서 부시 대통령과 사르코지 대통령은 G20재무장관회의에 참여하는 국가들이 참석하는 회의를 2008.11.15 워싱턴에서 개최하겠다고 발표했다. 회의의 명칭을 '금융시장과 세계경제에 관한 정상회의'로 한 데서 알 수 있듯이 이 회의의 계속 여부는 미정이었다.

한국은 워싱턴 정상회의를 위한 실무회의, 셰르파회의, 장관회의 등 모든 수준의 모임에서 의제 설정, 합의문·성명서 작성 등에 적극적으로 참여했다. G8과 브릭스(브라질·러시아·인도·중국·남아프리카공화국) 간 이견을 조율하는 조정자 역할을 하기도 했다.

이명박 대통령은 워싱턴 회의 시 한국의 1997년 외환위기 극복 사례를 소개하고 금융위기에 대처하기 위한 구체적인 방안의 하나로 '보호무역주의 동결'을 제시했다. 무역·투자와 관련된 새로운 장벽을 더 만들지 말자는 아이디어였다. 이 제안은 참석자들의 만장일치 지지를 받아 정상선언문 합의사항으로 채택되었다.

李 대통령은 워싱턴 회의 종료 직후 G20 태스크포스 구성을 지시하고 사공일 경제특보가 이 조직을 맡도록 했다. 이후 사공일 위원장은 G20 국가들을 접촉, 의견을 조율하고 합의안을 만들어내는데 중요한 역할을 한다. 2009년 4월 런던 정상회의를 앞두고는 대통령 특사로 미국·영국·독일·프랑스·일본 등을 방문, G20 정례화 필요성을 설득하기도 했다.

러드 호주 총리와의 협력

두 번째 G20정상회의는 2009년 4월 런던에서 열렸다. 한국은 이때에도 1차 때와 마찬가지로 의제선정에서부터 성명서 초안 작성에 이르기까지 주도적 역할을 했다. 과거 외환위기를 극복해낸 경험이 있어 참가국들로부터의 자문에도 응할 수 있었고, 신진국과 신흥공업국 간 가교 역할을 수행하기도 했다.

러드 호주 총리는 2009.4.2 정상회의장에서 각국 정상들과 대화를 나누던 중 李 대통령에게 다가와 "지금 다음 G20정상회의의 한국 개최가 논의되고 있다"면서 "이 대통령이 먼저 개최의사를 밝힐 필요는 없다. 한국 개최로 각국 정상들의 합의가 모아지면 그때 수락하기만 하면 된다"고 귀띔해 주었다.

3차 회의는 미국 피츠버그에서 개최하기로 결정됨에 따라 일본이 4차 회의 개최를 희망했다. 아소 일본 총리가 李 대통령에게 일본 개최를 지지해 달라고 해 그렇게 하겠다고 약속한터였다.

러드 총리는 4차 회의를 일본이 개최하면 G20의 모멘텀이 약화되고 프랑스 의도대로 G14체제로 돌아갈 가능성이 클 것으로 예상했다. 러드도 G20정상회의를 호주에서 유치하고자 했으나 아시아 개최에 무게가 실리자 일본보다 한국에서 개최되는 것이 G20체제 유지에 더 도움이 될 것으로 보았다. 예리한 판단이었다.

* 李 대통령은 러드 총리가 G20 서울 정상회의 유치를 지원한 것은 그동안의 친분과 신뢰, 상국의 비슷한 입장, G20체제를 유지시켜야 한다는 이해가 맞아 떨어진 결과라고 했다.

러드 총리는 2009.9.6 李 대통령에게 전화를 걸어 프랑스가 G20을 G14로 되돌리려는 움직임이 있다고 하면서 다음과 같이 함께 대응하자고 했다.

「프랑스는 2010년 6월 캐나다 G8회의를 G14회의로 바꾸고 2011년 프랑스 G8회의도 G14회의로 개최함으로써 G14체제를 굳히려는 의도를 갖고 있다. 캐나다로 하여금 2010년 6월 G8을 G20으로 확대하도록 설득하자. 그리고 2010년 말에 한국이 G20정상회의를 개최하게 된다면 프랑스는 2011년 중반에 G14가 아닌 G20정상회의를 개최할 수밖에 없을 것이다. 2009.9.25 피츠버그 정상회의에서 이를 명시해 놓으면 G20정상회의 체제가 정례화 될 수 있을 것이다.」

피츠버그 정상회의는 G20 프로세스의 계속 여부를 가늠하는 회의였다. 이 프로세스를 정례화 할 것인지를 결정하면서, 그럴 경우 정상회의 개최국과 시기를 결정해야 했다.

러드 총리 말대로 가장 큰 변수는 프랑스였다. 사르코지 대통령은 G20대신 G14를 고집했다. 영국이 2011년 G20정상회의를 프랑스가 개최토록 하자는 중재안을 냈다. 프랑스가 이를 받아들이면서 한국이 이를 지지해준다면 2010년 한국 개최도 지지하겠다고 했다.

러드 총리는 호주가 G20 프로세스에 포함되기 위해 많은 노력을 했다. 외교관 출신답게 상황을 정확히 읽어 용의주도하게 대응했다. 그 과정에서 이명박 대통령과도 긴밀히 협력했다. 피츠버그 회의가 끝난 후 그는 이렇게 말했다.

「호주로서는 세계적 협의체에서 우리의 목소리가 들릴 수 있게 된 것은 중요한 의미를 지닌다. 우리 시대 주요 경제문제에 관한 결정을 함에 있어 우리의 목소리가 직접 들릴 수 있게 된 것은 중요하다. 우리와 멀리 떨어진 나라 수도에서 결정된 사항이 우리 호주 국민들의 일자리와 생업에 직접적인 영향을 미친다.」

호주가 G20 일원으로 확정되었을 때 현지 언론들은 호주가 이러한 세계적 협의체에 들어간 것은 호주 외교의 大승리라고 환호했다. 호주는 경제규모가 세계 14위 나라였음에도 G20 체제에 들어가는 것이 이처럼 쉽지 않았다.

사파테로 스페인 총리의 경우

스페인은 경제규모 면에서 세계 8~9위의 나라다. 호주보다 훨씬 앞선다. 그런 나라가 2008년 11월 제1차 G20 워싱턴 정상회의에 초청을 받지 못했다. 부시 대통령이 반대했기 때문이다. 사파테로 총리는 2004년 3월 집권하자마자 부시 대통령의 거듭된 요청에도 이라크에 주둔하고 있던 스페인軍을 철수시켰다. 그는 "이라크전쟁은 재앙이었으며 이라크 점령은 더 큰 재앙을 낳고 있다"고 부시 대통령에게 직격탄을 날렸다. 이런 사파테로에 대해 부시가 가졌던 감정이 좋을 리 없었다.

사파테로는 총리가 되기 前 18년 간 국회의원을 했는데, 이 기간 동안 단 한 번도 해외에 나가 본 일이 없는 정치인이었다.

스페인 야당과 여론은 스페인이 G20 회의에 초청받지 못한 것은 총리의 실책이며 외교력 부재 때문이라고 공격했다. 다급해진 사파테로는 중국·인도·인도네시아·멕시코·브라질 등에게 지원을 요청했다. 백악관은 꿈쩍도 하지 않았다. "참석자가 많으면 합의 도출이 어렵다"고 했고, 라이스 국무장관은 "미국이 G20정상회의 참가국을 골랐는데 그 과정에서 일부 국가의 감정이 상한 것은 어쩔 수 없었다"라고 했다.

사파테로 총리는 막판에 간신히 초청장을 얻어냈다. 사르코지 프랑스 대통령이 부시 대통령을 설득해 EU 의장국 자격으로 참석할 수 있도록 했다.

한국, G20 정상회의 유치

피츠버그 정상회의에서 차기 회의는 2010년 6월 캐나다, 4차는 같은 해 11월 한국, 5차는 2011년 프랑스에서 개최하기로 결정되었다. 강대국간 치열한 힘겨루기와 관련국들의 숨 막히는 줄다리기의 결과였다.

국제무대에서 눈에 띄는 역할을 해본 일이 없는 한국이 G20정상회의를 유치한 것은 외교적 쾌거임에 틀림없었다. 정부 관계자는 G20이 "지구촌 有志들 모임인데 이런 모임의 일원으로 참여하는 것만도 의미

가 있는데 여기에 그치지 않고 이런 모임의 좌장座長으로서의 역할을
한다는 것은 대단한 의미가 있다"라고 했다. 과장이 아니었다.

이명박 대통령은 2009.9.30 한국이 G20정상회의를 개최하게 된 것
에 대해 다음과 같이 말했다.

「G20정상회의 유치는 한마디로 이제 대한민국이 아시아의 변방에서 벗어
나 세계의 중심에 서게 되었다는 것을 의미한다. 우리는 국제적 위상과 격이
높아지는 만큼 국제사회에서 역할과 책무도 커질 수밖에 없다.
　　중심국가의 일원으로서 국제사회에 기여하는 것은 당연한 일이다. 우리는
선진국 진입을 앞두고 있고, 개도국과 신흥경제국의 성공적인 경험도 갖고
있어 G20정상회의에서 가교 역할을 할 수 있다.」

오바마 대통령은 한국이 5차 G20정상회의 개최국으로 결정되는데
핵심적인 역할을 했다. 2009년 4월 런던 회의 때 사르코지 등 각국
정상들과의 대화에서 한국 개최 가능성을 암시했다. 오바마 대통령의
의중을 읽은 러드 총리도 아시아에선 한국이 개최해야 한다는 여론을
조성했다.

한국이 G20정상회의를 개최하려는 것은 무리가 아니었다. 2010년
G20재무장관회의 의장국이고 1·2차 G20정상회의와 그 준비과정에서
수행한 역할을 인정받았기 때문이다. 그렇다 하더라도 발언권이 강한
나라가 어떤 이유에서든 반대하거나 다른 나라를 지지할 경우 상황은
얼마든지 달라질 수 있다.

한국은 경제력으로 세계 15위권에 들지만 지역대표성이라는 잣대를
들이대면 G20에서 빠질 수도 있었다. 아시아 지역에서 중국과 일본은
필수다. 미국이 한국·호주·터키를 포함시킨 것은 미국 나름대로의
치밀한 계산이 있었다. 이들 세 나라는 미국의 안보·경제이익에 중요
한 나라였다.

G20정상회의 운영과 의제설정 실무 작업은 트로이카(브라질·영국·
한국)가 맡았다. 트로이카는 G20 각료회의 의장국 순서에 따라 선정되
었다. 2008년은 브라질, 2009년 영국, 2010년 한국이었다. 두 번째
정상회의가 런던에서 개최된 것도 영국이 2009년 의장국이라는 점이

크게 작용했다. 일본이 2차 정상회의 개최를 희망했지만 각료회의 의장국에 정상회의 개최를 맡기는 것이 최선이라는 공감대가 형성되면서 영국으로 굳어졌다.

2010년 6월 네 번째 G20정상회의를 캐나다가 개최하게 된 것도 캐나다의 국내정치적 요인이 작용했다. 보수 연립 여당인 하퍼 총리는 국내정치적 입지가 불안정한 상태였다. 그때시 그는 2010년 6월 개최하기로 되어 있던 G8정상회의에 연이어 G20정상회의를 개최하고자 했다. 2010년 4월 서울 개최를 원했던 한국으로서는 암초를 만났다. 게다가 오바마 대통령이 같은 4월 워싱턴에서 '핵안보정상회의'를 개최하겠다고 하면서 차질이 생겼다. 우여곡절 끝에 4월 워싱턴 핵안보정상회의, 6월 토론토 G8·G20정상회의, 11월 서울 G20정상회의로 정리가 되었다.

한국이 G20정상회의를 유치한 것은 이명박 대통령의 외교 수완에 힘입은바 크다. 여기에 운도 따랐다. G20재무장관회의 프로세스에서 의장국 순번이었다는 점에서 그랬다. 李 대통령은 부시 대통령·오바마 대통령·러드 총리의 전폭적인 지지를 받았다. 국제적으로 영향력 있는 정상과의 친밀한 관계가 효과를 발휘했다.

G20 서울정상회의 개최

한국이 5차 G20정상회의 주최국으로 결정되자 李 대통령은 이 회의를 성공시키기 위한 외교활동을 활발히 전개했다. 특히 중점을 둔 것은 G20에 포함되지 못한 나라들의 소외감을 덜어주고 공감대가 형성될 수 있도록 하는 일이었다. 동시에 선진국과 개도국을 잇는 역할을 충실히 할 수 있도록 했다. '정상회의준비위원회'를 만들어 국무위원 3분의 1이 준비위원으로 참여하도록 했다. 또한 각국 정상들과의 양자회담 및 다자회의를 하면서 서울 정상회의 성공에 필요한 지원을 이끌어 냈다.

한국은 2010.11.11~12 G20정상회의를 성공적으로 개최했다. 내용과 형식면에서 그랬다. 한국 외교사에 남을 만한 성취였다. 서울 정상회의에는 각국 대표단 6,000여 명, 글로벌 기업 최고경영자 120명, 언론인 4,000여 명이 참석했다.

한국은 '글로벌 금융안전망'과 '개발'을 의제로 제시했다. '글로벌 금융안전망'이란 일시적인 유동성 부족으로 어려움을 겪는 국가를 보호하기 위한 국제적인 공조 시스템을 의미했다. 한국이 1997년 외환위기로 IMF 구제 금융을 받았던 경험에서 얻은 아이디어였다. '개발'은 국제원조에 있어서의 새로운 패러다임으로, 단순 원조 차원을 넘어 개도국이 자생적으로 성장할 수 있는 발판을 만들어 줄 수 있는 한 단계 높은 차원의 협력을 모색하자는 것이었다.

G20정상회의의 성공적 개최는 이명박 정부가 추진한 '글로벌 코리아'의 대표적인 성공 사례였다. 한국은 이 회의를 성공시킴으로써 국제적 위상을 높였고, 국가브랜드와 인지도를 높였다. 한 서방 언론은 "한국이 국제사회에서 성인식成人式을 치렀다"고 보도했다. 성숙한 국가로 인정받았다는 의미였다.

  * 조지 슐츠 전 국무장관은 대한민국이 1988 하계올림픽을 성공적으로 개최해 국제사회의 당당하고 책임 있는 일원으로 등장했다고 했는데, 22년 만에 국제적으로 제2의 도약을 한 셈이었다.

프랑스 〈르몽드〉는 "한국의 기적"이란 제목의 서울발 기사에서 한국이 신흥국 가운데 처음으로 G20정상회의를 개최한 저력에 찬사를 보냈다. 〈뉴욕타임스〉는 "많은 한국인은 한국이 세계 경제의 주역으로 떠오른 사실을 잘 모르는 것 같다"고 했다. 〈월스트리트저널〉은 "한국이 서울 정상회의를 통해 자국의 개발 모델을 내세워 선진국과 개도국의 경제관계를 재정립하려는 노력을 했다"고 평가했다.

한국은 종래 강대국들이 만든 질서를 따르기만 하던 나라였다. 중요한 룰을 만드는 국제회의에 참석할 수 있는 기회가 제한적이었고, 참석해도 실력이 부족해 귀동냥이나 하는 경우가 태반이었다. 하지만 달라졌다. 세계 경제의 현안을 논의하는 무대에서 좌장 역할을 하면서 자신감을 갖게 되었다.

한국은 서울 정상회의를 통해 선진국과 개도국을 잇는 가교 역할을 훌륭하게 해냈다. '미들파워 외교'를 수행할 수 있는 가능성을 발견했다. 발비나 황 前 美 국무부 정책보좌관은 이런 상황을 "100년 전 어둡고 치욕적인 역사의 터널 속으로 들어갔던 한국이 오늘 기라성 같은 G20 정상들의 역할을 조정하는 위치에 서 있다"고 감격해했다.

  * 미들파워middle power라는 용어를 우리말로 중견국, 중진국, 중간국, 중급국 등 다양하게 부르는데, '미들파워'로 쓰거나, 구태여 옮긴다면 '중강국'中强國으로 옮기는 것이 적절할 것으로 생각된다.

한국은 2011.11.29~12.1 세계개발원조총회도 성공적으로 주최했다. 이 총회에서는 '원조를 넘어선 궁극적 개발 추구'를 목표로 새로운 개발 패러다임에 대한 합의를 도출했다. 케리 美 국무장관은 2013.11.1 워싱턴에서 개최된 'Select USA 2013 Investment Summit' 연설에서 "한국을 보라. 채 한 세대가 지나기 전 원조 수혜국에서 지금은 주요 원조 공여국의 하나로 변모했다. 이는 정말 믿기 어려운 이야기다"라고 했다.

  * 한국은 2009.11.25 OECD 개발원조위원회DAC에 가입했다. 제2차 세계대전 이후 독립한 150여 개 국가 중에서 DAC에 가입한 나라는 한국이 유일했다.

제2차 核안보정상회의 개최

핵안보정상회의는 오바마 대통령의 주도로 시작되었다. 그는 2009년 4월 체코 프라하에서 핵 테러가 국제안보에 대한 최대 위협이라고 하면서 이 문제를 다루기 위해 관련국 정상들이 참석하는 회의를 갖자고 제안했다.

오바마 대통령은 2010.4.13 워싱턴 정상회의를 앞두고 4월 1일 李 대통령에 전화를 걸어 워싱턴 회의 시 李 대통령이 자신의 옆자리에 앉을 것을 제의하면서 2차 회의를 한국이 주최할 수 있겠는지 물었다. 오바마 대통령은 2차 회의를 러시아가 개최해주기를 원했으나 러시아 측이 미온적인 반응을 보여, 李 대통령에게 의향을 물었던 것이다.

李 대통령은 즉시 수락했다. 한국이 G20정상회의에 이어 全 세계 47개국 정상이 참석하는 대규모 회의를 개최하는 것은 한국의 위상을 높일 수 있는 또 다른 기회가 될 수 있다고 생각했다.

오바마 대통령은 2010.4.13 워싱턴에서 열린 제1차 핵안보정상회의에서 2차는 2년 후 한국이 주최하는 것으로 제의해 만장일치로 동의를 얻었다.

예정대로 2차 회의는 2012.3.26~27 서울에서 열렸다. 全 세계 53 개국 및 4개 국제기구 총 58명의 정상급 인사가 참석했다. 미국·중국·러시아 등 주요국의 정상들이 모두 참석했다. 한국은 이 기회에 양자兩者 차원의 정상회담 24회, 총리회담 9회, 외교장관 회담 12회를 개최했다. 단일 행사기간 중 이렇게 많은 양자 회담을 개최한 것도 사상 처음이었다.

이 회의 결과 '서울코뮤니케'와 핵안보 강화를 위한 구체 행동계획을 담은 행동계획이 만장일치로 채택되었다. 58명이나 되는 세계 정상급 인사가 참석한 회의에서 조정자 역할을 훌륭하게 수행해냈다.

한국은 국제안보분야에서 역대 최대 규모의 회의를 완벽하게 개최했다. 회의에 참석한 정상들과 대표단들이 모두 좋은 인상을 받았다. 한국이 이런 규모의 국제회의를 흠잡을 데 없이 개최해내는 것을 보고 놀랐다.

녹색기후기금 본부 유치

녹색기후기금Green Climate Fund은 2010년 12월 멕시코 칸쿤에서 개최된 16차 유엔기후변화협약 당사국 총회COP16에서 설립이 결정된 국제기구다. 선진국이 기금을 내 개도국의 온실가스 감축과 기후변화 대응 노력을 지원하는 것이 설립 목적이었다.

한국은 2012.10.20 이 기구의 본부를 인천 송도에 유치하는데 성공했다. 이날 인천에서 개최된 녹색기후기금 2차 이사회는 투표를 통해 본부를 인천에 두기로 결정했다. 인천은 독일의 본, 스위스의 제네바와 같은 강력한 후보 도시들과 경쟁했다. 특히 독일은 세계 최고의 녹색국가였고, 기후변화 분야 원조규모가 세계 2위였으며, 본은 유엔기후변화협약 사무국 소재 도시였기 때문에 유치 도시로서 가장 유력했다. 그러나 인천이 본을 누르고 선정되는 이변이 일어났다.

한국은 2011년 12월 남아프리카공화국 더반에서 열린 17차 유엔기후변화협약 당사국 총회COP17에서 GCF본부 유치 의사를 공식 표명했다. 이때만 해도 성공 가능성은 높지 않아 보였다. 그럼에도 유치에 성공한 것은 이명박 대통령의 각별한 노력 때문이었다. 李 대통령은 이사국 정상들에게 일일이 친서를 보냈다. 지지여부가 확실치 않은 나라 정상에게는 전화를 걸었다. 회담이나 통화를 하지 못한 정상들에게는 특사를 파견했다. 투표 사흘 전 열린 리셉션에도 참석해 지지를 호소했다.

한국은 그동안 녹색성장정책을 주도하며 국제사회의 기후변화 문제에 대처하는 적극적인 협력자로 활동했다. 이 과정에서 李 대통령의 정책적 드라이브가 중요한 역할을 했다. 기업들도 신재생에너지와 녹색기술을 개발하는 데 앞장섰다. 한국 정부는 모범적인 녹색성장 정책을 펼침으로써 국제사회에 좋은 인상을 주었다.

  ＊ 아시만 '녹색싱상'은 박근혜 싱부 틀어 사쉬를 심뫘나.

한국은 한 세대 만에 경제발전과 민주화를 동시에 달성한 나라여서 많은 개발도상국들이 한국을 모델로 삼고자 했다. 한국은 이런 나라들에게 녹색성장의 가치를 전할 수 있는 위치에 있었다. 아시아·아프리카·중남미 개도국들이 한국의 GCF본부 유치를 지지한 배경에는 이런 이유도 있었다.

李 대통령은 취임하던 해인 2008년 건국 60주년 8·15경축사에서 '저탄소 녹색성장'을 향후 60년을 이끌어갈 새로운 국가발전전략으로

선포하고 이후 지속적으로 이 정책을 추진했다. 이명박 정부는 또한 2010.10.23 글로벌녹색성장기구GGGI를 설립했다. 한국이 글로벌 녹색성장 전략을 담당하는 국제기구 설립을 주도했다는 점에서 의미가 있었다.

李 대통령은 2013.2.14 한 언론과의 인터뷰에서 "내가 대통령이 되어서 한국이 국제사회에서 이 정도로 인지도도 생기고, 수백 년 변방에서 세계 중심으로 갔다는 것은 누구도 부인할 수 없는 사실이다. 이런 시점에서는 세계를 향해 어젠다를 내놔야 한다고 생각했던 것이고 그게 녹색성장이다"라고 말했다.

GGGI 설립, GCF본부 유치 등은 한국이 미들파워로서의 위상을 높이는데 크게 기여했다. 이명박 대통령은 "이 같은 기여와 선도적 역할을 지속한다면 기후변화 대응을 위한 국제협력 증진은 물론 한국의 글로벌 리더십도 더욱 강화될 수 있을 것"이라고 말했다. 맞는 말이었다.

GCF사무국은 2013.12.4 인천 송도에 개설되어 활동에 들어갔다. 개소식에는 박근혜 대통령을 비롯해 체크로흐 GCF 초대 사무총장, 클레멘테 GCF 공동의장, 김용 세계은행 총재, 라가르드 IMF 총재, 피게레스 유엔기후변화협약 사무총장 등이 참석했다.

'글로벌 코리아'는 성공한 성책

이명박 정부는 '글로벌 코리아'를 추진해 많은 성과를 달성했다. 한국의 국제적 위상을 높였고 외교적 지평도 넓혔다. 이명박 정부 5년간 한국은 개도국 지원, 녹색성장, 공공외교 등에서 활발한 활동을 전개했고, 그 만큼 성과도 거뒀다.

한국은 국제사회에서 높아진 위상을 바탕으로 2013~14년 유엔 안보리의 비상임이사국 지위를 획득했다. 유엔 가입 이래 두 번째였다.

마이클 그린 美 전략국제문제연구소CSIS 선임부소장은 한국이 '글로벌 코리아'를 통해 빈곤·핵확산·원조·무역 등의 분야에서 해결책을 내놓으면 한국외교의 브랜드 가치가 높아질 것이라고 했다. 이런 점에서 이명박 정부의 '글로벌 코리아' 어젠다는 높은 평가를 받을만했다. 김태현 교수는 "글로벌 코리아, 스마트파워 외교가 李 대통령 최대 치적 중 하나"라고 평가하면서, "李 대통령은 국력을 정당한 목적을 위해 효과적으로 사용해 국격을 높였다"고 했다.

이명박 정부의 '글로벌 코리아'는 대한민국과 같은 미들파워가 국제사회에서 어떤 역할을 할 수 있는지를 보여준 사례였다.

시사점

① 대통령의 리더십이 중요하다

李 대통령은 특유의 친화력으로 많은 나라 지도자들과 친밀한 관계를 맺어 필요할 때 적절히 이용했다. 예컨대, 이 대통령은 부시 대통령과 오바마 대통령과의 친밀한 관계를 이용해 국제무대에서 대한민국의 위상을 높였다.

2008년 이명박 정부가 출범하면서 '글로벌 코리아'를 국정지표의 하나로 설정한 것은 적절했다. 하지만 아무리 적절한 어젠다가 설정되었다 하더라도 대통령이 이를 효과적으로 추진할 수 있는 리더십을 발휘하지 않으면 동력을 잃게 된다. 李 대통령의 경우에는 이런 리더십이 있었다.

> * 노태우 대통령은 '북방외교'를 통해 한국의 외교영역을 全 세계화했다. 이명박 대통령은 이런 기반위에 '글로벌 코리아'를 구현했다. 노 대통령의 '북방외교'에 관하여는 졸저 『외교의 세계』 참고.

② 대한민국은 전 세계를 바라보아야 한다

李 대통령은 대한민국이 세계무대에서 블루오션을 찾아야 한다고 생각했다. 선진국들이 수행하지 못하는 역할을 찾아 그런 부분을 개척하려 했다. 캐나다·노르웨이·호주 등이 이런 외교를 잘 하는 나라들인

데, 한국도 이런 대열에 합류했다.

부시 대통령의 국가안보보좌관을 역임한 외교안보 전략가 스코우크로프트는 2008년 4월 〈문화일보〉와의 인터뷰에서 "한국은 이제 이름 그대로 글로벌 플레이어가 됐다 한국은 이제 한반도가 아니라 동북아, 그리고 세계를 내다 봐야 한다. 그리고 한국을 넘어 세계에 기여해야 할 것이다"라고 했다. 이명박 정부가 바로 이런 외교를 했다.

  * 美외교협회CFR는 2015년 6월 〈미들파워 한국: 글로벌 어젠다에의 기여〉
  라는 보고서에서 한국은 국내정치 때문에 국제사회 어젠다에 관심을 갖지 못
  하고 있다고 지적했다. 2015년 12월 파리에서 개최된 유엔기후변화협약 당
  사국 총회COP21 시 한국 수석대표로 참석하고 있던 환경부 장관은 총회가
  끝나지도 않았는데 귀국한 일도 있었다. 박근혜 정부 외교는 이명박 정부 외
  교만큼 활발하지 못했다.

③ 미들파워 외교의 가능성을 보여주었다

한국은 경제적으로는 세계 10위권에 드는 나라이지만, 국제사회에서 발휘할 수 있는 외교력에서는 이런 수준에 미치지 못했다. 그러나 이명박 대통령은 한국이 경제력에 버금가는 국제적 역할과 기여를 할 수 있는 나라임을 입증해주었다.

이명박 정부는 '글로벌 코리아'를 통해 한국 외교가 새로운 지평을 열어나갈 수 있는 능력과 가능성이 있음을 보여주었다. 이런 능력과 가능성을 현실로 만드는 것은 국가지도자의 몫이다.

13장. 이명박 대통령의 독도 방문

이명박 대통령은 2012.8.10 독도를 전격 방문했다. 대한민국 대통령으로서는 처음이었다. 하지만 이 방문은 한·일 관계를 결정적으로 악화시키는 원인이 되었다. "이명박 대통령의 가장 큰 실정"이었다고 평가하는 사람들이 많았다.

독도 방문은 李 대통령의 결심

독도 방문은 참모진의 건의나 권고에 의해서 이뤄진 것이 아니었다. 李 대통령은 "대통령에 취임하기 전부터 임기 중 독도를 방문하겠다는 의지를 갖고 있었다"고 밝혔다. 1년 전에도 독도를 방문하려 했으나 기상 조건 때문에 실행하지 못했다

> * 이 대통령 독도 방문에는 문화체육부장관·환경부장관·대통령실장·정무수석·사회통합수석·소설가 2명이 동행했다. 외교·국방 관계자는 없었다. 李 대통령은 "대통령이 외국도 아니고 우리 영토를 방문하는데 외교나 국방부 관계자와 동행할 필요가 없다고 봤다"고 했다.

李 대통령은 2015년 회고록에서 "독도가 우리 땅이라면서 대한민국 대통령이 독도를 못 가는 이상한 상황이 벌어지고 있었다"라고 했다. 역대 대통령들이 독도에 발을 딛지 않은 사실을 이상한 일로 본 것이

다. 독도를 방문한 첫 대한민국 대통령이 되겠다는 생각을 강하게 갖고 있었음을 알 수 있다.

李 대통령은 2012.8.6 독도 방문 문제와 관련하여 청와대 관계자들과 회의를 가졌다. 이 회의에서 그는 "우리나라 땅인데 역대 대통령이 한 번도 못 갔다는 것은 말이 안 된다. 그래서 내가 다녀오겠다고 하는 것이다"라고 말했다. 방침을 이미 정해놓고 한 회의였음을 말해준다. 李 대통령은 당시 일본 측이 과거사·위안부 문제에 대해 소극적인 태도를 갖고 있는데 대해 많은 좌절감을 느끼고 있었다.

대통령의 독도 방문은 외교적으로 대단히 민감한 사안이었음에도 외교통상부는 이 방문에 관여하지 않았다.

노다 총리와의 갈등

李 대통령은 2011.12.18 노다 총리와 교토에서 정상회담을 했을 때 일본군 위안부 문제에 대한 진정한 사과를 요구했다. 그러자 노다 총리는 되레 주한 일본대사관 앞에 세워진 소녀상 철거를 요구했다. 두 정상이 정면충돌해 결과적으로 차라리 안 하니만 못한 회담이 되었다. 이 회담을 계기로 한·일 관계가 냉각되기 시작했다.

한국 헌법재판소가 2011.8.30 일본군 위안부 피해자들의 배상청구권 문제를 정부가 해결하지 않고 있는 것은 위헌이라는 판결을 내린바 있어 李 대통령은 노다 총리와의 회담에서 위안부 문제를 제기할 수밖에 없었다.

정상회담 전날 겐바 외무상은 천영우 외교안보수석에게 "독도는 일본 고유 영토"라는 말을 했고, 이런 사실이 언론에 공개되었다. 일본은 정상회담에서 독도 이슈를 거론하려는 확고한 의지를 갖고 있었다. 한국은 일본 측의 이런 의도를 간파했다. 겐바 외상은 2012년 2월 국회 외교연설에서 독도 영유권을 직접적으로 언급했는데, 10여 년 만의 일이었다. 이 대통령은 일본 정치인들의 이런 움직임에 대해 우려와 불만을 갖고 지켜보고 있었다.

청와대 핵심 관계자는 "이 대통령은 취임 초 일본 정부에 과거사 문제를 반성할 수 있는 기회를 많이 줬지만 일본 정부는 아무런 반응을 보이지 않았다. 더 늦기 전에 역사의 기록을 바로 고쳐야 한다는 생각으로 이 문제에 접근하고 있다"고 말한바 있다.

李 대통령은 2012.7.17 신각수 주일대사와 전영우 외교인보수석에게 "지난번 정상회담 이후 일본의 움직임이 전혀 없다. 이번 광복절 전에는 (위안부 문제를) 매듭지어야 하지 않겠나. 배상보다 사과가 중요하니 그런 방향으로 일본이 받아들일 수 있는 대안을 제시해서 결론을 지어보자"고 했다. 이 지시에 따라 申 대사는 2~3주 동안 일본 정부 고위인사들을 접촉, 가능성을 타진했으나 일본 측은 "지금 과거사 문제를 다룰 아무런 정치적 역량이 없다. 노다 총리도 별 관심이 없다"는 반응을 보였다.

李 대통령은 2012.8.13 국회의장단과의 오찬에서 "독도는 우리 땅이다. 굳이 갈 필요가 있느냐는 의견도 있었지만, 일본 같은 대국이 마음만 먹으면 풀 수 있는데 일본 내 정치문제로 인해 소극적 태도를 보여 행동으로 보여줄 필요를 느꼈다"고 설명했다. 李 대통령은 자신의 독도 방문을 위안부 문제와도 연관시켰다.

李 대통령은 2013.2.14 퇴임을 앞두고 가진 한 언론 인터뷰에서는 "일본 정치권이 총선을 치르면서 우경화 경쟁을 했고 독도 문제, 한·일 과거사 등 역사 문제, 위안부 문제가 심각해질 것으로 보여 누군가 브레이크를 걸어야겠나고 생각했나. 난번적인 게 아니라 일본 역사의 흐름을 보고 선제적 조치를 한 것"이었다고 했다.

국내외 반응

李 대통령의 독도 방문은 일본 열도를 순식간에 후끈 달아오르게 만들었다. 정부는 말할 것도 없고 언론도 나서서 李 대통령을 거세게 비

난했다. 〈아사히〉는 "분별없는 행동"이라고 했고, 〈닛케이〉는 "어리석음"이라고 했다. 〈도쿄신문〉은 "한・일 미래지향을 파괴했다"고 했다. 〈요미우리〉와 〈산케이〉는 "폭거"로 불렀다.

요시부미 〈아사히〉 주필은 李 대통령의 독도 방문으로 야기된 한・일 갈등을 1965년 국교정상화 이후 발생한 3대 위기 중의 하나로 꼽았다. 1973년 김대중 납치 사건, 1982년 일본 역사교과서 왜곡 기술 사건과 같거나 더 큰 사건일지도 모른다고 했다.

노다 총리는 8월 24일 "일본의 주권을 침해한 사안"이라고 비난하면서, "고유영토의 주권 확보를 위해 불퇴전의 결의로 임하겠다"고 말했다. 대단히 강도 높은 발언이었다.

해외 언론은 대체적으로 李 대통령이 '국내정치적 목적에서 역사 카드를 꺼내 든 포퓰리즘적 시도'라고 보았다. 영국 〈이코노미스트〉는 "대단히 도발적"이라고 했다.

전문가들도 대부분 비판적이었다. 하와이 아・태안보연구센터 호닝 교수는 "이명박 외교는 무책임한 것으로 그 파장은 오래 갈 것"이라면서, "2012년 런던올림픽 축구 동메달 결정전에서 독도 세리머니로 박종우 선수가 경고를 받았던 것과 마찬가지로 이 대통령도 외교적인 옐로카드를 받았다"고 주장했다.

빅터 차 교수도 李 대통령의 독도 방문을 부정적으로 평가했다. 그는 역사 문제는 본질적으로 해결이 어려운 것이기 때문에 "최악의 사태는 역사 이슈와 관련해 한 쪽이 현상 변경을 시도하는 것"이라고 하면서, 李 대통령의 독도 방문은 이런 점에서 바람직하지 않을 일이라고 보았다.

반면, 한국 언론들은 李 대통령의 독도 방문이 이상할 것이 없다는 반응이었다. 우리 땅에 우리 대통령이 갔는데 무엇이 잘못이냐는 것. 일부 언론은 이 대통령이 17%대의 낮은 지지율을 탈피하기 위해, 혹은 임기 말 대통령의 이미지 개선을 위해, 혹은 측근들 비리로 인한 어려움에서 벗어나기 위해 독도 카드를 꺼내 들었다고 보도하기도 했다.

독도 방문 이후 李 대통령에 대한 지지율은 5% 정도 상승했다. 후

나바시 전 〈아사히〉 주필은 "정권 말기 레임덕에 빠진 이명박 정권이 다케시마를 둘러싼 日·韓의 영토 문제를 정권 부양의 지렛대로 삼은 것은 불행한 일이었다"라고 주장했다. 〈한겨레〉 신문은 "임기 말 권력 누수에 빠진 李 대통령이 곤경을 탈피하는 수단으로 국민의 감정적 호응이 큰 일본 문제를 활용했을 가능성을 배제할 수 없다"고 주장했다.

한국 정치권 반응은 여·야에 따라 달랐다. 여당인 새누리당은 독도 방문을 지지했다. 윤상현 의원은 "대한민국 대통령이 독도를 간 것만큼 더 좋은 통치행위가 어디 있느냐"며, "대통령의 영토수호 의지가 폄하돼선 안 된다"고 말했다.

야당인 민주통합당 이해찬 대표는 8월 14일 KBS 라디오 연설에서 "일본의 불법적인 독도 영유권 주장에 맞설 마지막 카드인 대통령의 독도 방문을 아무런 전략적 고려도 없이 단지 국면 돌파용으로 활용했다. 이명박 대통령의 독도 방문은 새누리당과 대통령의 역사인식 부재와 외교역량 부족이 다시 한 번 드러나는 사건이었다"고 혹평했다. 그는 또 "국민감정과 국가의 사활적 이익이 걸려 있는 외교 사안을 '깜짝쇼'로 활용하는 일은 성숙한 민주주의 국가의 지도자라면 가장 피해야 할 아주 나쁜 통치행위"라고 했다.

국민 여론은 대체적으로 긍정적이었다. 독도 방문 당일인 8월 10일 전국 유권자 750명을 대상으로 실시한 여론조사 결과, "긍정적으로 평가한다"는 의견이 66.8%로 부정적으로 평가한다는 18.4%보다 압도적으로 많았다. 새누리당 지지층의 88.3%가 긍정적으로 평가했고, 민주통합당 지지층의 45.9%가 긍정적으로 평가했다.

불에 기름 부은 李 대통령 발언

대통령의 독도 방문으로 일본 열도가 들끓고 있는 가운데 또 다른 악재가 터졌다. 李 대통령은 8월 14일 한국교원대 워크숍에서 교사들과 일문일답을 가졌다. 한 교사가 "일왕의 한국 방문을 어떻게 생각하느냐"고 물은데 대해 李 대통령은 "일왕이 한국을 방문하고 싶다는데, 만일 방문한다면 독립운동을 하다 돌아가신 분들을 찾아가서 진심으로 사과하는 것이 좋겠다. 한 몇 단어를 뭘 쓸까, '통석의 염'이니 하는 단어 하나 찾아가지고 와 그 단어 하나 쓸려고 온다면 올 필요 없다"라고 답변했다.

* 이동관 前 청와대 홍보수석은 당시 이 대통령의 일왕 관련 발언은 일본 언론에 의해 왜곡 보도 되었고 한국 언론들은 이런 왜곡된 보도를 확인·검증하지 않고 따라가는 식으로 보도함으로써 문제가 불거졌다고 주장했다.

일왕 방한은 양국 간에 오랫동안 논의돼온 사안이었다. 양국은 일본의 식민지배로 인한 과거사 문제에 종지부를 찍는다는 차원에서 이를 추진해왔다. 李 대통령은 2008년 2월 당선자 시절 <아사히> 인터뷰에서 미래지향적인 한·일 관계를 만들기 위해 일왕의 방한을 환영한다고 했다. 취임 2년 차인 2009년 9월에는 일왕의 방한은 그 자체도 중요하지만 어떤 모습으로 방문하느냐가 더 중요하다고 말하기도 했다.

李 대통령은 "韓·日 과거사 문제를 푸는 근원적 처방"은 "일왕이 한국을 방문해 현충원과 독립기념관에서 진심 어린 사과를 하고, 우리 국민이 일본을 용서하는 것"이라는 생각을 갖고 있었다. 이동관 前 청와대 홍보수석은 당시 대통령의 진의는 "일왕이 독립기념관이나 현충원 같은 상징적인 장소를 방문해 진심어린 사과를 한다면 우리 국민들 사이에 '이제 이것으로 끝내자'는 정서적 공감대가 자연스럽게 형성될 수 있고, 이를 통해 과거사의 악순환도 끊을 수 있다"라는 것이었다고 했다.

일본의 반발을 의식한 듯 청와대의 한 고위관계자는 8월 16일 출입기자들에게 "일본과 중국은 한반도 장래와 번영을 위해 협조 받을 일이 많은 가장 중요한 이웃이다. 한·일, 한·중 관계의 근간이 흔들리지 않도록 대처하고 있다. 일왕 관련 발언은 사전에 계획된 게 아니라 행사에서 질문에 답하는 과정에서 나온 원론적인 발언으로 취지와 문맥에 대한 일본의 오해가 있다"고 설명했다.

노다 총리는 8월 23일 중의원에서 이 대통령의 일왕 관련 발언에 대해 "상당히 상식에서 일탈했다. 사죄하고 이를 철회해야 한다"고 말했다. 일본 중의원도 "지극히 무례한 발언이므로 결단코 용인할 수 없다"는 내용의 결의안을 통과시켰다. 아베 前 총리는 "일국의 리더 발언으로는 예의가 아니다"라고 했다. 집권 민주당 내에서 대표적 친한파로 꼽혀온 마에하라 민주당 정조회장조차 "무례하기 짝이 없다"고 반발했다. <아사히>는 "국가원수로서의 품격을 잃었다고 할 수 있다"고 했고, <마이니치>는 "믿을 수 없는 발언이다"라고 했다.

李 대통령의 발언은 즉석에서 나온 것이기는 하나 일왕이 일본 국민과 역사에서 차지하는 위상에 비추어 이런 반발을 불러일으킬 소지가 다분히 있었다. 일본 국민들이 절대적으로 존경하는 국왕을 이웃나라 대통령이 이런 식으로 언급한 것은 적절치 않았다. 李 대통령은 "우리가 일왕이 사과해야 한다고 말 못할 이유가 뭐가 있는가"라고 했지만 현직 대통령이 이런 말을 하는 것은 분명한 목적과 의도가 있었다면 몰라도 곤란한 언급이었다. 한마디로 백해무익한 실언失言이었다.

설상가상으로 李 대통령이 2012.8.13 국회의장단과 가진 오찬 석상에서 일본에 관해 한 말이 언론에 의해 공개되었다. "국제사회에서 일본의 영향력도 예전 같지는 않다"라고 말했다는 것. 청와대 핵심 관계자는 이 말이 의미하는 바는 "일본이 과거에 비해 경제적·외교적으로도 힘이 많이 약해졌다는 뜻"이라며 "일본을 그다지 의식할 필요가 없다는 말"이라고 부언했다. 李 대통령이나 청와대 참모가 한 이런 말들은 일본인들의 감정과 자존심을 건드리는 것이었다.

일본인들은 '일본의 국제적 영향력이 예전만 못하다…일왕이 사죄해야 한다…' 등의 말을 모욕적으로 받아들였다. 그렇지 않아도 일본이 2010년 중국과의 센카쿠 열도 충돌 때 백기를 들다시피 했고, 같은 해 세계 2위의 경제대국 자리를 중국에 내준데다, 2011년 3월 동북대지진이라는 엄청난 재난을 당해 국민들의 사기가 크게 떨어져 있었는데, 이런 상황에 나온 李 대통령의 발언은 '상처에 소금을 문지르는 격'이었다. 사려 깊지도 신중하지도 않았다. 일본의 우파 정치인들은 이런 분위기를 이용해 국민들의 민족주의 감정을 한껏 부추겼다.

한국, 일본 총리 서한 거부

8월 17일 오후 6시 일본 외무성 청사. 주일 한국대사관 이경수 정무공사가 일본 외무성 스기야마 아시아·대양주 국장을 만나고 있었다. 스기야마 국장 요청에 의한 면담이었다. 스기야마는 이 공사에게 불쑥 봉투를 내밀었다. 노다 총리의 서한이었다. 일본 외무성은 면담이 채 끝나기도 전에 서한 요지를 외무성 홈페이지에 올렸다. 내용은 이러했다.

* 일본 총리가 독도와 관련해 한국 대통령에게 서한을 보낸 것은 이것이 처음이었다.

「일본은 2012.8.17 노다 총리가 한국 이명박 대통령에게 최근 다케시마 상륙 및 일·한 관계 관련 각종 발언에 대해 유감의 뜻을 전달하고, 조만간 한국 정부에 다케시마 문제를 국제법에 따라 냉정·공정·평화적으로 해결하자고 제안하는 뜻도 전했다. 일·한 관계의 미래를 위해 한국에 신중하게 행동하라는 뜻을 담은 서한을 보냈다.」

일본 측의 이러한 움직임은 용의주도하게 계획된 것이었다. 총리 서한에 "일·한 관계의 미래를 위해 신중하게 행동하라"는 것은 李 대통령이 보였던 일련의 언행을 두고 한 말이었다. 이웃나라 국가원수에게 보내는 서한이 수신인에게 도달하기도 전에 그 내용을 인터넷에 공개한 것은 의도적인 무례였다.

스기야마 국장이 건넨 서한은 밀봉된 상태였고 복사본이 따로 없었다. 주일 한국대사관은 본부 지시에 따라 봉투를 열어보았다. 일본어 원본과 비공식 한국어 번역본이 들어있었는데, "이 대통령이 시마네현 다케시마에 상륙했다"라는 문구가 세 군데 있었다. 관련 보고를 받은 본부는 서한 원본을 서울로 보내지 말라고 지시했다.

외교통상부는 이 서한을 어떻게 처리할지를 다각도로 검토했다. 과거 사례도 살펴보고 외부 인사들의 의견도 구했다. 그 결과, 일본에 빌미를 주지 않기 위해서라도 반송하는 것이 바람직하다는데 의견이 모아졌다. 영토 수호가 한·일 관계보다 우선한다는 차원에서 서한을 반송하기로 결정했다. 한·일 관계에 어려움이 있더라도 이 문제에 있어 서만큼은 한국 정부 입장을 분명히 전달하고자 했다.

노다 총리 서한을 거부하기로 한 이유 중의 하나는 팩트가 아닌 것을 팩트로 삼아 입장을 전달하고 있었기 때문이다. 예를 들어, 일 측은 "이 대통령이 시마네현 다케시마에 상륙했다"고 했다. 이 대통령은 한국 땅 독도에 간 것이지, 일본 땅을 밟은 것이 아니다. 청와대 관계자는 "답변을 하려면 팩트가 맞아야 하는데 그게 잘못됐으니 답변할 필요가 없고 오히려 답변하지 말아야 한다는 게 전문가 대부분의 견해"였다고 했다.

한승주 前 외무부 장관은 "노다 친서에 함정 있다"는 제목의 신문 기고문에서 "만약 우리가 이 서한을 접수하고 이에 대해 대통령 명의로 공식 답신을 보내면서 그 내용 중 독도에 관한 실질적 언급이 포함된다면 일본은 우리가 독도 관련 분쟁의 존재를 인정한다는 주요 근거로 활용하려 할 것이다. 일본 총리의 이번 서한은 무례할 뿐만 아니라 우리 대통령을 분쟁의 함정으로 유인하려는 의도를 가진 것으로 보인다"고 분석했다. 그러면서 "외교적 예양에 어긋난 문서를 처리하는 데는 통상적 외교관례에 구속될 이유가 없다"고 했다. 일본 총리 서한을 접수하지 않아도 무방하다는 견해였다.

8월 23일 오전 주일 한국대사관 김기홍 참사관은 일본 외무성 동북아과장과의 면담 약속을 잡기 위해 연락을 취했다. 동북아과장은 "노다 총리의 서한을 반송하러 오는 것이라면 만날 수 없다"고 했다.

김 참사관은 당일 오후 노다 총리 서한을 반송한다는 외교공한을 지참하고 외무성에 도착했으나 경비원에 의해 저지당했다. 겐바 외무상이 직접 출입을 막으라는 지시를 했다 한다. 김 참사관은 할 수 없이 대사관으로 돌아와 등기우편으로 반송했다. 우체국 업무가 끝나기 직전인 오후 6시쯤이었다. 김 참사관은 외무성 동북아과장에게 전화를 걸어 외교공한을 우편으로 발송했음을 알렸다.

총리 서한을 반송한데 대해 일본 측은 거세게 반발했다. 노다 총리는 "매우 냉정함을 잃은 행위" "기본적인 외교의례까지 상실한 언동"

이라고 했고, 겐바 외상은 "외교관례상 있을 수 없는 일"이라고 했다. 후지무라 관방장관도 "외교관례상 통상적으로 있을 수 없는 일"이라고 비난했다. 쓰요시 외무성 부副대신은 8월 23일 오후 외무성 기자회견실에서 "한국이 하려는 친서 반송, 그건 '애들이 멱살 잡고 싸우는 것'보다 못한 것이다"라고 비아냥거렸다. 겐바 외상은 24일 오전 '등기우편'으로 반송된 서한을 수리한 이유에 대해 "일본의 품위를 더럽히지 않기 위해 그랬다"고 말했다.

> * 다른 나라 대통령이나 총리의 서한을 반송하는 것은 외교 관행에서 이례적인 일이다. 한 나라의 외교부가 자기 나라에 주재하는 외교관의 외교부 청사 출입을 막는 것 또한 이례적인 일이다.

독도는 영토 문제라는 주장

일본은 '독도는 영토 문제'라고 주장한다. 한국에게 독도는 영토 문제가 아니다. 독도와 관련하여 문제가 있다고 한다면 이것은 역사와 관련된 문제다. 코리아는 고대로부터 독도를 자국 영토로 인식하고 영유권을 행사해왔다. 일본도 1905년 불법적으로 독도를 편입하기 이전까지 일관되게 독도는 일본령이 아니라고 인식하고 있었다. 일본은 독도가 자국령이 아님을 수차 정부 차원에서 확인도 했다. 이것은 기록에 의해 확인되는 '팩트'다. 일본이 역사 문제로 보지 않는 이유는 역사 문제라고 하면 독도가 자기들 영토라고 주장하기 어렵기 때문이다.

노다 총리는 2012.8.24 성명에서 "다케시마 문제는 영토 문제이지 역사 문제는 아니다"라고 했고, 같은 날 참의원 예산위원회에서 "다케시마는 한국에 의해 불법 점거돼 있다"고 말한데 이어, 이날 저녁 특별기자회견에서는 "다케시마 문제는 역사인식의 문맥으로 논해서는 안되며, 한국의 일방적 점거가 과연 국제사회의 법과 정의에 부합하느냐의 문제로 봐야 한다"고 했다.

일본 정부는 독도를 국제법적인 문제로 만들기 위해 한국에 의한 '불법 점거' 프레임을 만들어 국제법에 의해 해결하자는 입장을 취했다. 독도는 日-韓 간 영토 분쟁 지역이라는 인식을 강화시키려는 전략이었다.

노다 총리는 8월 27일 참의원 예산위원회에서 일본군 위안부 문제와 관련, "일본이 위안부를 강제 동원한 증거가 없다. 위안부 문제는 해결이 끝났다"고 했다. 그는 이명박 대통령의 독도 방문이 위안부 문제에 대한 일 측 대도에 대한 불만 때문이라는 견해에 대해서도 "(독도와 위안부 문제는) 결부시킬 얘기가 아니다. 영토 문제는 영토 문제인 만큼 만약 이 대통령이 그런 이유로 다케시마에 상륙했다면 이상한 얘기다"라고 말했다.

노다 총리는 이명박 대통령이 독도를 방문하자 위안부 강제 동원의 책임을 인정한 1993년 고노담화를 부인하는 발언을 했다. 고노담화를 부인한다는 것은 일본이 어떤 반성이나 사과의 행위를 해도 언제든 그것을 또 뒤집을 수 있다는 인상을 주었다.

이처럼 이 문제는 한국과 일본이 근본적으로 인식을 달리하기 때문에 해결을 기대하기가 어렵다. 불가능에 가까운 문제다. 그렇다면 '현상 유지'가 해법이다. 해결이 불가능한 문제를 놓고 해결을 시도하는 것은 어리석은 일이다. 가만 놔두는 것, 즉 무위無爲도 해법이 될 수 있다.

일본 지식인들 1,270명은 2012.9.28 "영토 문제의 악순환을 멈추자"는 호소문을 냈다. 이들은 이 호소문에서 "현재의 문제는 영토를 둘러싼 갈등이라고들 하지만 두 경우(센카쿠, 독도) 모두 역사(근대 일본의 아시아 침략 역사) 문제를 배경에 두고 있다는 점을 잊어서는 안 된다. 이 대통령의 다케시마 방문은 그 배경에 일본군 위안부 문제가 있다"고 했다.

그러면서 이 호소문은 "일본의 독도 편입은 러·일 전쟁 중인 1905년 2월 한국(당시 대한제국)의 식민지화를 진행하면서 이미 외교권도 박탈해가던 중의 일이었다. 한국민에게 있어서는 단순한 섬이 아니라 침략과 식민지 지배의 기점이며 그 상징이다. 이 점을 일본인들은 이해하지 않으면 안 된다"고 지적했다. 객관적이고 양심적인 지적이었다.

일본, 국제사법재판소 제소를 제안

겐바 외상은 2012.8.17 신각수 대사를 초치, 일본 정부가 독도 문제를 국제사법재판소ICJ에 제소한다는 방침을 전달했다. 같은 날 후지무라 관방장관은 기자회견에서 ICJ 제소 및 교환공문을 반영한 해결 조정 방침을 발표했다. 이어 8월 21일자 외교문서를 통해 독도 문제의 ICJ 회부 및 1965년 교환공문에 따른 조정을 제안했다.

일본은 독도를 日·韓 간 분쟁지역으로 각인시키기 위해 ICJ 회부를 시도해 왔다. 이미 1954년, 1962년 두 차례 ICJ 회부를 공식 제안한 바 있다. 이는 ICJ에 제소할 이유가 없다는 한국의 입장을 약화시키면서 아울러 한국이 국제법이나 ICJ의 권위에 손상을 주는 나라인 것처럼 보이도록 만들려는 저의에서 나왔다.

한국 정부는 8월 30일 일본의 제안을 거부하는 내용의 외교문서를 보내 "독도가 역사적·지리적·국제법적으로 명백한 한국의 불가분의 고유 영토로 독도에 관해 어떤 분쟁도 존재하지 않으며, 일본 측 구술서가 언급한 어떤 제안에도 응할 하등의 이유가 없다"는 사실을 분명히 했다. 한국 정부의 이와 같은 입장에 대해 겐바 외상은 "매우 실망스럽다. 일본 정부는 ICJ 단독 제소를 포함해 적절한 수단을 강구해 나가겠다"고 했다.

소위 '독도 문제'에 관한 한국의 입장은 다음과 같이 분명하다.

> 「독도는 역사적으로나 지리적·국제법적으로 한국의 고유영토다. 따라서 독도에 관해서는 어떠한 영유권 분쟁도 존재하지 않는다. 국제사법재판소에서 독도에 대한 주권을 증명해야 할 하등의 이유가 없다.」

때문에 독도와 관련하여 '실효적 지배'effective control라는 용어를 쓰는 것은 맞지 않다. 국제법에서 '실효적 지배'는 주인 없는 땅을 선점했을 때 사용하는 용어다. 즉 주인 없는 땅은 먼저 차지하고 지배하는 국가에게 우선권이 주어진다. 한국이 독도에 대해 '실효적 지배'라는 용어를 사용하면 독도가 원래 주인 없는 땅이었다는 오해가 생길 수 있다. 분쟁의 소지가 없는 땅을 분쟁이 있는 땅으로 오인식될 수 있는 것이다.

'실효적 지배'는 영유권 분쟁이나 국제재판을 상정하고 사용하는 용어이므로 독도의 경우에는 맞지 않다. 한국이 '독도는 한국 고유영토'라고 해놓고 '실효적 지배를 강화한다'라는 표현을 쓰는 것은 잘못이나. '한국이 영토 주권territorial sovereignty을 행사하는exercise 한국 고유의 영토'라고 하는 것이 정확한 표현이다.

한국은 독도를 영토분쟁지역으로 보지 않기 때문에 소위 '독도 문제'가 존재하지 않는다. 일본은 '독도 문제'란 양국 간에 현실적으로 존재하는 분쟁사항이라고 주장한다. 「한국은 분쟁이 없다고 하지만 일본은 독도 문제는 분쟁이라는 입장이다. 그러니 국제사법재판소에 넘겨 해결하자.」는 입장을 취한다. 일본의 이런 논리는 분쟁의 유무로 대립되는 양국 간 의견 차이를 분쟁으로 본다는 것이다. 문제가 아닌 것을 일방적으로 문제라고 하면서 법정에서 다투자는 주장이다.

미국 입장 : '입장이 없다'

'독도 문제'에 대한 미국의 공식 입장은 '입장이 없다'는 것이다. 미국은 엄격한 중립을 견지한다. 미국은 한국과 일본이 갈등하는 것을 싫어한다. 부상하는 중국을 상대해야 하는 미국으로서는 한국과 일본이 좋은 관계를 유지하기를 원한다.

눌런드 국무부 대변인은 2012.8.23 정례 브리핑에서 "한·일 양국은 강력하고 중요한 미국의 동맹이다. 양국 사이에 분쟁이 있다는 것은 분명히 우리로서는 편치 않은 일이다"라고 말했다. 그러면서 그는 "양국에 대한 우리의 메시지는 현재도 똑같다. 이를 평화적으로 협의를 통해 해결하라는 것이다"라고 했다. 일본 정부가 독도 문제를 국제사법재판소에 제소키로 한 데 대한 질문에는 "우리는 그 문제에 대해 어떤 입장도 없다. 우리가 원하는 것은 양국 간 해결"이라고 답했다.

미국은 2012.8.30 한·일 양국에 대해 '자제'를 촉구했다. 1주일 전과 비교할 때 좀 더 분명한 입장이었다. 국무부 고위 당국자는 클린턴 국무장관 순방과 관련한 백그라운드 브리핑에서 "최근 한·일 간 일련의 긴장 사태는 미국 등의 우려를 초래했다고 볼 수밖에 없다"고 했다. 그는 특히 "우리는 다시 한 번 한·일 양국이 이 문제를 다루는데 있어서 자제와 침착, 스테이츠맨십을 발휘할 것을 촉구한다"고 했다.

이처럼 미국은 한·일 양국이 좋은 관계를 유지하기 바란다. 한·일 관계의 악화는 미국의 對아시아 정책을 효과적으로 추진하는데 부정적인 영향을 준다. 따라서 이명박 대통령 독도 방문 이후 조성된 갈등이 하루속히 해소되기를 원했다.

오바마 대통령을 대신해 아시아·태평양경제협력체APEC 정상회의에 참석한 클린턴 국무장관은 2012.9.9 이명박 대통령과 노다 총리를 만나 "온도를 낮추고 조화로운 방식으로 협력하는 것이 서로에게 이익이 될 것"이라고 하면서, "조용하고 절제된 접근법"을 권고했다. 그는 "지금은 모두가 갈등을 줄이고 외교적인 관계를 증진시키도록 노력해야 할 때다. 이 지역의 안정과 평화에 대해 의심과 불확실성을 제기하는 행위는 아시아는 물론 미국이나 다른 어느 나라의 이익과도 부합하지 않는다. 그런 일이 발생하도록 방치할 수 없다"고 말했다. "그런 일이 발생하도록 방치할 수 없다"는 말은 매우 강도 높은 표현이었다.

정상회의 직후 노다 총리는 회의장을 나오는 李 대통령과 선 채로 잠시 대화를 나눴다. 두 정상은 APEC 정상회의장에서는 바로 옆자리에 앉았으나 악수만 나누었지 일체 대화가 없었다. 일본 정부는 9월 11일부터 1주일간 중앙지와 지방지 70개 신문에 '다케시마는 일본 땅'이라는 광고를 냈다. 노다 총리가 APEC 정상회의 때 李 대통령에게 다가와 앞으로 잘 해보자고 손을 내민 후 불과 이틀 후 이런 일을 했다.

미국의 한반도 전문가들은 과거사 문제가 한·일 양국 관계에서 갈등을 조성하는 것은 바람직하지 않다는 견해를 자주 피력했다. 호닝아·태안보연구센터 교수는 "한·일 양국은 미국의 동맹국으로서 미국이 이 지역의 균형을 재조정할 수 있도록 도와주어야 할 책임이 있다.

이 대통령의 독도 방문은 양국이 협력할 수 있는 방법을 찾아야 하는 아주 중요한 시점에 양국 사이를 벌려놓았다"고 비판했다.

李 대통령, '조용한 외교'에 불만

李 대통령은 정부가 독도 문제에 대해 취했던 '조용한 외교' 자세를 불만스럽게 생각했다. 그는 "역대 정부의 기조는 '독도는 실효적 지배를 하고 있기 때문에 조용한 외교를 해야 한다. 국제사법재판소에 가는 걸 막아야 한다'는 것이었다. 나는 생각이 다르다"라고 말했다.

외교는 원래 조용하게 하는 것이 효과적이다. 큰 소리로 떠들수록 얻는 것보다 잃는 것이 많다. 경우에 따라서는 목소리를 높이기도 해야 한다. 그렇지 않으면 무시당하고 불리한 위치에 놓일 수 있다.

그런데 '조용한 외교'라는 것은 민감한 사안을 놓고 큰 소리로 떠들면서 맞대응하지 않는 것을 의미한다. 상대가 시비를 걸어도 정면으로 대응하지 않는 것이다. 문제가 아닌 것이 문제가 되는 것을 예방하기 위해 자제하는 것이다.

'조용한 외교'는 무기력하고 수세적으로 임하는 자세라고 생각하기 쉬운데 실은 그렇지 않다. 필요한 만큼만 신중하게 대응하는 것이다. 해야 할 말과 하지 말아야 할 말, 해야 할 일과 해서는 안 되는 일을 침착하게 구분하는 것이다. 아무 일도 하지 않으며 가만히 앉아 있는 것이 아니다.

李 대통령은 독도 문제와 관련하여 '조용한 외교로 얻은 게 무엇인가' '일본이 한국의 조용한 외교 기조를 악용만 하지 않았나'라면서 '조용한 외교'를 비판했다. 그러면서 대통령이 직접 독도를 방문하여 우리 영토라는 사실을 국제사회에 각인시켜야 한다고 했다. 그렇다면 李 대통령은 '조용한 외교' 기조를 깨고 독도를 방문함으로써 그런 효과를 거두었나. 아니다.

역대 대통령들이 독도 방문을 자제한 것은 이유가 있었다. 무엇보다도 일본의 전략에 말려들지 않기 위해서였다. 일본은 독도를 영토 분쟁 지역화하면서 국제 여론이 일본에 호의적이 되도록 유도하려 했다. 이를 위해서는 먼저 세계인들의 머리에 독도를 분쟁 지역으로 인식시켜야 한다.

일본이 중국과 영토분쟁 중인 센카쿠 열도(중국명 댜오위다오) 문제는 일본에게는 독도 문제와 정반대 케이스다. 중국은 댜오위다오가 분쟁 지역으로 인식되기를 원하는 반면, 이 열도를 실효적으로 지배하고 있는 일본은 이를 피하려 한다. 일본은 2010년 9월 센카쿠에서 중국과 충돌했을 때 이를 '조용한 외교'로 처리하지 못한 것을 뼈아프게 후회했다. 중국은 이 사건을 계기로 댜오위다오 문제를 수면위에 올려놓는데 성공했다. 이후 상황은 명백히 중국에 유리하게 전개되었다. 2010년 당시 일본이 '조용한 외교'로 대응했더라면 결과는 일본에 유리했을 것이다. 일본은 땅을 치며 후회할 실수를 했다.

2012.8.10 런던올림픽 남자축구 3~4위(韓·日)전 직후 박종우 선수는 "독도는 우리땅" 세레머니를 해 문제가 되었다. 이것은 독도 문제에 있어 절대적으로 해가 되는 행동이었다. 이런 행위를 하지 않는 것이 '조용한 외교'다. 이 장면을 본 많은 제3국 사람들이 처음으로 독도가 한·일 간 다툼이 있는 섬으로 인식했을 것이다. 이는 바로 일본이 원하는 바다.

'Possession is nine-tenth of the law'라는 법률용어가 있다. 영토 분쟁에서 실제적인 지배가 중요하다는 의미다. 한국은 독도를 실제 지배하고 있으니 현상을 깰 이유가 없다. 깨서는 안 된다.

이준규 前 외교안보연구원장(후에 주일대사)은 이렇게 말했다. "정부가 이 문제에 대해 단호한 자세를 견지해 나갈 필요가 있지만, 어떠한 행동을 하게 될 때에는 그것이 정말 독도 수호에 긍정적인 효과를 미칠 것인지를 냉정하게 따져 봐야 하고, 외양적으로는 지나치게 거칠거나 도발적인 모양을 띠지 않는 게 좋다. 정부로서는 독도 이슈의 궁극적인 해결을 위해서 노력하는 한편, 이 문제가 한·일 관계 전반에 큰 악영향을 미치지 않도록 잘 관리해 나갈 책무가 있는 것이다." 역대 정부가 왜 '조용한 외교'를 견지했는지를 말해준다.

영국 언론인 앤드류 새먼은 한국 측에 '당당한 침묵'을 권했다. 이것은 일본이 도발의 미끼를 던질 때 이 미끼를 물지 않는 전략이다. '조용한 외교'를 의미한다. 미끼를 무는 것은 곧 일본의 술책에 넘어가는 것이다. 일본이 도발적인 행동을 걸어와도 감정적으로 대응하지 않는 것이 한국에 유리하다는 말이다.

이렇게 말할 수 있는 것은 독도를 지배하고 있는 것은 일본이 아니라 우리이기 때문이다. 일본은 독도를 무력으로 빼앗아 갈 수 없다. 이것은 전쟁을 의미한다. 전쟁을 한다는 것은 전쟁을 해야 할 만큼 얻는 것이 있어야 한다. 일본이 독도를 빼앗기 위해 전쟁을 한다는 것은 상상할 수 없다. 무력 도발을 하면 한국이 가만있지 않을 것임을 너무나 잘 알기 때문이다. 그러므로 한국은 독도를 '뜨거운 가슴'이 아니라 '차가운 머리'로 지켜야 한다.

李 대통령은 "국제사법재판소에 가도 불리하지 않다는 확신을 가져야 한다"고 말했는데, 이는 바람직하지 않은 얘기다. 가서는 안 되는 사안을 놓고 이런 생각을 할 필요가 없다. 갔을 경우 불리한 결과가 나오지 않는다는 보장도 없다. 국제정치의 속성이 그렇다. 단 0.001%의 가능성이 있더라도 하지 말아야 하는 일이 바로 이런 일이다.

무엇이 문제였나

① 韓·日 관계를 악화시키는 원인이 되었다

李 대통령의 독도 방문은 독도를 분쟁지역으로 각인시켰을 뿐만 아니라 양국 관계를 전반적으로 후퇴시켰다. 독도 방문으로 그쳤더라면 그나마 덜 했을 수도 있었는데, 일왕 관련 말실수가 이어졌다. 이 대통령은 "우리가 '일왕이 사과해야 한다'고 말 못할 이유가 뭐가 있나"라고 했지만, 같은 말을 해도 외교수사를 썼어야 한다. 한·일 관계에 미칠 영향에 대한 사전 고려가 필수였다.

일왕 관련 발언을 계기로 일본의 많은 한류 팬들이 혐한嫌韓으로 돌아섰다. 한류 스타들을 열렬히 좋아했는데 그런 마음이 없어졌다. 한국 드라마, 배우, 케이팝 스타에 대한 관심이 줄어들었다. 2012년 351만 명에 달했던 한국 방문 일본인 관광객이 2013년 275만 명, 2014년 228만 명, 2015년 187만 명으로 줄었다. 거의 절반으로 줄었다. 2012.9월~2016.1월까지 연속 41개월간 감소했다. 이 대통령의 독도 방문과 실언이 이런 결과를 낳았다. 일본보다 한국이 더 손해를 보았다.

> * 2011~2014년 주한 공사로 근무한 미치가미 히사시는 2016년 발간한 그의 저서에서 "2012년 여름 이후 한국은 일본의 친한파, 지한파, 한류 팬, 진보, 시민파 등 가릴 것 없이 모두를 적으로 돌려버렸다"고 썼다.

李 대통령의 독도 방문 한 달 보름 뒤 아베는 당내 표결에서 역전승해 자민당 총재가 되었고, 그해 12월 중의원 선거에서 대승하면서 총리가 됐다. 냉각된 韓·日 관계는 아베가 이런 결과를 만들어내는데 유리한 분위기를 만들어 주었다. 이후 韓·日 관계는 계속 악화되었다.

② 독도는 영토 분쟁 지역이라는 인식을 확산시켰다

李 대통령은 독도를 직접 방문하면 독도가 대한민국 영토라는 사실을 국제사회에 더욱 각인시켜 줄 것으로 생각했으나 오히려 반대 현상이 나타났다. 분쟁 지역이라는 인식을 확대시켰다.

종래 많은 일본인들은 독도 이슈에 별 관심이 없었다. 일부 정부 관료나 극우파 인사들이 이 문제를 제기해 국민감정을 부추기려 했지만 그다지 재미를 보지 못했을 정도였다. 그러나 李 대통령의 독도 방문과 일왕 관련 발언은 일본인들에게 독도 문제의 존재를 인식시키는 계기가 되었다. 일본 정부는 李 대통령 독도 방문을 계기로 국제사회에 '독도 문제'를 효과적으로 홍보할 수 있었다. 이런 분위기를 타고 노다 총리는 2012.9.26 유엔 총회에서 독도 문제의 국제사법재판소 공동제소를 요구하면서 국제사회의 지지를 호소했다.

일본 정부는 李 대통령의 독도 방문 이후 전 세계를 상대로 "독도 빼앗기 총력전"을 펼쳤다. 성과가 있었다. 구글은 2012.10.18 인터넷

지도 버전을 업데이트하면서 독도와 동해 표기 변경 방침을 외교통상부에 일방적으로 통보했다. 구글 제작 글로벌판에서 독도의 한글 주소를 삭제하는 대신 리앙쿠르암초로 표기하고 동해 명칭 역시 일본해로 표시하고 동해는 괄호 안으로 밀어 넣었다. 이어 애플도 11월 2일 새 버전에 탑재되는 지도에서 한국어 버전에서는 독도, 일본어 버전은 다케시마, 한국과 일본을 뺀 지역에서는 리앙쿠르암초Liancourt Rocks・독도・다케시마를 병기하겠다는 방침을 한국 측에 통보했다. 세계 스마트폰과 인터넷 검색시장에서 막강한 위력을 발휘하는 회사들의 사이버 지도상에서 독도 단독표기가 사라졌다.

③ 신중하지 못했다

대통령 독도 방문 직후 한 참모는 "한・일 관계 악화를 감수하더라도 임기 內 독도 영유권을 확실히 하겠다는 의지에서 한 일"이라고 했다. 그렇다면 이후 독도 영유권이 확실해졌나? 김성환 외교통상부 장관은 2012.8.29 "李 대통령은 갈등을 빚더라도 근본적으로 짚고 가기 위해 독도를 방문했다"고 했다. 근본적으로 짚고자 한 것이 무엇인지는 알 수 없으나 그런 목적을 달성했나? 대통령의 독도 방문으로 한국의 독도 영유권이 강화되었다고 한다면 이는 억지 주장일 뿐이다.

'사려에 의한 신중'은 국가지도자에게 요구되는 덕목 중 으뜸으로 꼽힌다. '신중'prudence은 지금 취하고자 하는 행동이 나중에 어떤 결과를 가져올 것인가를 분별해내는 일이다. 국가지도자에게 이 능력이 부족하면 상패를 볼 수 있다. 일례도, 2003년 미국의 이라크 침공은 대실패였는데, 그 가장 큰 원인의 하나는 부시 대통령의 신중성 부족이었다.

> * 또 다른 사례로 2010년 9월 일본 민주당 정부가 센카쿠열도(중국명 댜오위다오) 문제를 놓고 범한 실수를 들 수 있다. 중국 어선 1척이 일본 해상보안청 순시선 2척과 충돌했을 때 日 측은 중국 선장과 선원을 체포함으로써 이후 이 문제는 일본에게 불리한 상황으로 전개되었다. 중국이 유리한 위치에서 이 문제를 다룰 수 있는 결정적인 계기를 마련해주었던 것이다. 치명적 실수였다.

마키아벨리는 "통치자는 자신의 의도와 신념의 선善함보다는 그 결과와 효과에 대한 인식이 우선되어야 한다"고 했다. 李 대통령의 독도 방문은 이런 점에서 부적절했다. 국가지도자는 자신의 말과 행동에서 아무리 신중해도 지나치지 않다.

'얼마간 의문이 남아 있으면 실행하지 말라'(When in doubt, do nothing)는 말이 있다. '공연히 분란 일으키지 말라'(Don't make trouble out of nothing)는 말도 있다. 독도 문제를 놓고 한국 측이 명심해야 할 경구다.

14장. 韓·日 군사정보보호협정 체결

일본과 군사정보 보호에 관한 협정을 체결하는 문제는 한·일 관계의 특수성 때문에 많은 어려움이 따랐다. 정치권과 여론의 강한 반발이 일어나 2012년 6월 협정 서명이 무기 연기되었다가, 2016년 11월 가까스로 체결되었다. 일본의 경우에는 국내적인 논란이 전혀 없었다.

협정의 내용

'대한민국 정부와 일본국 정부 간의 군사비밀정보의 보호에 관한 협정'은 양국 정부가 군사정보를 교환하는 방법과 교환된 정보를 보호·관리하는 절차를 정하는 것으로, 주요 내용은 다음과 같은 것들이다.

▶정보 제공은 의무가 아니다. 어떤 정보를 제공하느냐는 각자 임의로 정할 수 있다.

▶제공받은 정보는 국내법에 따라 보호해야 하며, 제3국과 정보를 공유하려면 제공국의 사전 허락을 받아야 한다.

▶제공받은 정보의 관리는 군사비밀정보 책임자만이 할 수 있다.

▶제공받은 정보가 분실되었거나 훼손됐을 때 또는 그럴 가능성이 있을 경우에는 제공 국가에 즉시 통보해야 한다.

▶유효기간은 1년으로 하고, 일방이 90일 전 종료 의사를 서면 통보하면 종료될 수 있다.

한국 측, 서명 50분 전 연기를 요청

김관진 국방부 장관과 기타자와 방위상은 2011.1.10 국방장관회담에서 군사정보보호협정GSOMIA 체결을 추진하기로 합의했다. 이에 근거하여 양국 국방부 실무자들은 1년 여 협의를 거쳐 2012.4.23 협정에 가서명했고, 6월 29일 도쿄에서 정식 서명하기로 했다.

외교통상부는 공식 서명을 위한 국내절차를 위해 2012.6.26 협정안을 국무회의에 올렸고, 이 안건은 원안대로 통과되었다. 그런데 다음날 한 신문이 1면 기사로 "안건이 이명박 대통령 중남미 순방(6.17~27) 중 슬그머니 처리됐고, 차관회의를 생략했으며, 국무회의가 끝난 후에도 내용을 공개하지 않아 파문이 예상된다"고 보도했다. 몰래 전격적으로 처리되었다는 것이었다.

다음날 조간 신문들은 일제히 관련 기사와 사설·칼럼 등을 통해 정부를 질타했다. 정부가 국민정서를 무시하고 꼼수를 부려 졸속으로 처리했다는 것. 일부 언론은 이 협정이 체결되면 일본에 모든 군사기밀을 제공해야 하거나 일본이 한국의 기밀에 마음대로 접근할 수 있게 된다고 보도했다. '독소조항'이 가득하다고도 했다. 이 협정이 체결되면 자위대가 한국에 들어올 수 있다는 기사도 있었다.

이 협정은 2012.6.29 오후 4시 일본 외무성에서 신각수 주일대사와 겐바 외무상이 서명하기로 예정되어 있었다. 이를 위해 일본 측은 당일 오전 각료회의에서 이 협정 체결을 승인하는 등 국내절차를 완료했다. 그런데 한국 측은 서명을 불과 50분 남겨 놓고 일본 측에 연기를 요청했다.

외교통상부는 이날 오전까지만 해도 서명 일정에 변함이 없다고 하면서 서명을 전제로 보도자료를 배포했다. 그러나 여당인 새누리당으로부터 제동이 걸렸다. 새누리당은 오전 9시 시작된 원내대책회의에서 그리고 10시에 열린 의원총회에서 이 문제를 논의한 결과, '밀실 처리' 논란이 일어난 상황에 강행해서는 안 된다는 입장을 정했다. 이한구 원내대표는 오후 2시 黨 정책위의장과 최종적으로 이런 입장을 결정하고 김성환 외교통상부 장관에게 전화를 걸어 서명 연기를 요구했다.

새누리당이 브레이크를 건 주된 이유는 정부의 '밀실 처리'를 비판하는 여론이 강해 2012.12.19 있을 대통령 선거에 악재로 작용할 가능성을 우려한데 있었다. 새누리당은 그 전날까지만 해도 대변인 서면 논평을 통해 이 협정의 필요성을 언급했었다.

　　* 새누리당 대선주자였던 박근혜 前 비상대책위원장은 협정 서명이 보류되기
　　직전 "국민에게 합의를 구하지도 않고 공개도 하지 않은 채 처리하려는 것은
　　문제"라고 했다.

한국이 서명 50분을 남겨놓고 연기를 통보한 것은 결례였다. 한국 언론들은 이를 두고 '전무후무한 외교 참사慘事' '한국 외교사 희대의 해프닝' '국가적 망신' '코미디 같은 해프닝' '믿겨지지 않는 에피소드' 등의 제목을 달아 보도했다.

야당의 거센 반발

김관진 국방부 장관은 2012.5.17 박지원 민주통합당(야당) 원내대표를 면담하고 "한·일 간 군사협정을 졸속으로 처리하지 않고 국회 차원의 충분한 논의를 거쳐 처리하겠다"고 했고, 이 자리에 함께 있었던 김성환 외교통상부 장관도 "한·일 정보보호협정에 대한 정치권의 문제 제기가 있는 만큼 체결 시점을 감안하겠다"고 했다.

5월 31일 김성환 장관 주재로 열린 외교안보장관회의에서 6월 말을 목표로 이 협정을 추진한다는 방침이 정해졌다. 따라서 6월 한 달은 국회와 여론에 이 협정에 관해 설명하고 이해를 구할 수 있는 기간이었다. 외교통상부·국방부 관계자들이 이 문제의 민감성을 잘 알고 있었기 때문에 정치권과 언론 등을 상대로 설명할 수 있는 시간이었다. 그런데 그런 노력이 없었다. 6월 21일 외교통상부의 동북아국장과 국방부의 정책실장이 여야 정책위 의장에게 협정 추진 경위와 취지를 설명한 것이 전부였다.

이런 상태에서 외교통상부는 협정 안건을 국무회의에 즉석·비밀 안건으로 상정했다. 즉석·비밀 안건 형식으로 상정한 것은 언론과 정치권의 눈을 피하기 위한 것이었다.

이종걸 민주통합당(야당) 최고위원은 6월 28일 "이명박 정권의 한·일 군사협정의 비공개 처리 행태는 마치 1910년도의 경술국치 한·일 강제합병을 비공개로 추진한 이완용의 매국행태에 다를 바 없다"고 비난하고 나섰다. 같은 黨 대변인은 "국민을 기만한 것으로 드러난 광우병 미국산 소고기 수입결정으로 '뼛속까지 친미' 소리를 들었던 이명박 정부가 이제는 일본과의 군사정보보호협정으로 '뼛속까지 친일'이라는 소리를 들으며 임기를 마무리하려고 한다"고 목소리를 높였다.

이어 이해찬 민주통합당 대표는 다음과 같이 말하면서 국무총리 해임과 이 협정 폐기를 요구했다. 중국이 중요하고, 일본과는 안 된다는 주장이었다.

▶외교통상 구조가 바뀌었는데도 한·일 군사협정을 맺는다는 것은 한반도를 굉장히 어렵게 만드는 것이다. 일본보다 중국과의 교역규모가 훨씬 더 큰데 일본과 군사협정을 맺는 것은 80년대 수준으로 후퇴하는 것이다. 우리 무역에서 중국이 차지하는 비중이 20%가 넘고 미·일을 합해도 20%가 되지 않기 때문에 이를 반영하는 외교통상정책과 군사정책이 함께 따라가 줘야 한다. 이명박 대통령이 김황식 총리를 해임하지 않을 경우 국회 차원의 해임 건의안을 제출하겠다. (2012.7.1)

▶총리 해임으로 끝날 것이 아니라 협정을 폐기해야 할 사안이다. 국회에서 논의도 없었고 역사에 역행하는 사안을 민주당이 결코 받아들일 수 없다. 21세기에 들어와 한·일 군사비밀정보협정을 맺는 것은 역사에 역행하는 일이다. 1980년대 韓·美·日 3각角 안보동맹 수준으로 역행하는 것이다. (2012.7.2)

▶한·일 정보보호협정은 국가이익에 절대로 반하는 사건이다. 2차 세계대전을 일으킨 책임 때문에 아직도 군대를 가질 수 없는 일본에게, 우리나라를 침입한 일본군에게, 독도와 위안부 문제를 나 몰라라 하는 일본에게 우리 군사정보를 넘겨주겠다는 비밀협정을 맺겠다는 것이다. …우리는 북한에 관해 일본에서 얻을 게 거의 없지만 일본은 우리 군사비밀을 속속들이 알게 된다. …국무총리를 비롯한 관계부처 장관을 해임하고 한·일 군사정보보호협정의 폐기를 선언해야 한다. 이 문제들이 실현되지 않으면 양식 있는 모든 국회의원과 국민의 힘을

모아 총리 해임건의안을 통과시키겠다. (2012.7.4)

박지원 민주통합당 원내대표도 7월 5일 다음과 같이 반대 이유를 밝혔다. 그는 "일본을 위해 중국을 포기하는 위험한 도박"이라고 했다.

> 「일본을 위해 우리 국민을 속이고, 일본을 위해 중국을 포기하는 위험한 도박은 당장 멈춰야 한다. 중국 정부의 국제전문지인 <환추시보>가 매우 격한 어조로 군사보호협정을 비판하며 경고 메시지를 보내는 등 우리가 우려했던 대로 중국의 반발이 현실로 나타나고 있다. 韓·日 준 군사동맹은 실제로 중국을 겨눈 전략적 함의를 갖는다. 韓·中 수교 20주년인 올해 한·중 관계는 최악의 상황이 벌어질 것으로 예상한다. 이대로라면 한반도 정세의 불안뿐 아니라 한국경제의 미래마저 위태로워진다. 중국·홍콩·마카오 중화권은 우리 수출의 30%를 차지하는 제1의 시장이지만 미국과 일본을 합쳐도 20%에 불과하다. 외교 참사가 국가이익과 경제 참사로 이어질 수도 있다.」

민주통합당은 7월 17일 김황식 국무총리 해임 건의안을 발의했다. 민주통합당은 이 건의안에서 "국민과 국회의 의사를 무시한 채 한·일 정보보호협정 체결을 추진해 국내적 갈등과 외교적 망신을 초래한 정부의 행태는 마땅히 비난받아야 하며, 그 책임선상에 있는 국무총리와 국무위원은 그 책임을 져야 한다"고 주장했다. 해임 건의안은 7월 20일 국회 본회의에 상정돼 표결에 부쳐졌으나 여당인 새누리당 의원들이 표결 시작과 함께 본회의장에서 퇴장함으로써 의결 정족수 미달로 무산됐다.

국회 동의가 있어야 한다는 주장

일각에서는 이 협정이 헌법 제60조 제1항에 해당하므로 국회의 동의가 필요한 협정이라고 하면서 헌법 위반이라고 주장했다. 박명림 교수는 "한국의 국가주권을 부인·침탈·병탄했던 국가와의 '군사'협정 체결 문제가, 헌법 제60조가 규정하고 있는 국회의 체결·비준 동의권에 해당되지 않는다면 무엇이 여기에 해당된다는 말인가?"라고 목소리를 높였다.

어떤 조약(협정)이 국회 동의에 해당하는지 여부는 법제처가 유권적·최종적인 판단을 내리도록 되어 있는데, 법제처는 해당되지 않는다고 판단했다. 보통 외국 정부와의 합의는 ① 헌법 제60조 제1항에 해당하는 조약으로서 대통령이 국회의 동의를 받아서 체결하는 경우 ② 헌법 제60조 제1항에 해당하나 대통령이 국회 동의 없이 체결하는 경우 ③ 외교통상부 장관이 체결하는 경우告示類 ④ 국방부 장관이 체결하는 경우(기관 간 약정) 등으로 구분해 볼 수 있다.

한국은 2012년 6월 현재 24개의 군사정보보호에 관한 협정 또는 약정을 체결했는데, 이 중 12개는 상기 ②의 형태로 체결되었고, 나머지 12개는 ④의 형태로 체결되었다. ①의 형태로 체결된 것은 한 건도 없었다.

＊ 군사정보보호에 관한 협정 또는 약정 체결국: 미국·프랑스·독일·러시아·영국·호주·스페인·네덜란드·이스라엘·스웨덴·캐나다·폴란드·노르웨이·덴마크·불가리아·루마니아·우크라이나·콜롬비아·아랍에미리트·인도네시아·말레이시아·NATO

주 무 부 처 가 바 뀌 다

정부가 국내정치적으로 민감한 사안을 처리할 때에는 여론 정지 작업과 적절한 타이밍을 찾는 것이 중요하다. 그런데 이 협정과 같이 여론이 민감하게 반응할 사안을 다룸에 있어 이 두 가지 조건이 모두 충족되지 않았다.

외교통상부 동북아국장은 후일 한 언론 인터뷰에서 "매우 민감한 문제임에도 안에서 충분하게 공론화를 하지 못했고, 그래서 국민의 충분한 이해와 공감대를 얻지 못했다. 정권 차원에서 그 일을 추진하는데 필요한 각오와 의지가 과연 충분했는지에 대한 의문도 있다"고 말했다. 김태효 前 청와대 대외전략기획관도 2013.4.19 언론 인터뷰에서

"민감한 정치적 파장을 더 깊이 생각하지 못했던 점은 반성한다"고 말했다.

종래 군사비밀정보보호 협정의 주무부처는 국방부였다. 24개국과 기체결한 협정들이 모두 국방부가 체결 주체였다. 그런데 이번에는 국방부에서 외교통상부로 바뀌었다. 그럴 만한 이유도 없었다.

협정의 명칭도 도중에 변경되었다. 원래는 '한 · 일 군사비밀정보보호협정'이었는데 5월 31일 외교안보장관회의에서 '군사'를 빼고 '한 · 일 비밀정보보호협정'으로 했다. '군사'라는 단어가 국민정서에 거슬릴 것이라고 생각했던 것 같다. 그런데 외교통상부는 이번에는 또 '비밀'을 삭제해 '한 · 일 정보보호협정'으로 했다. 이 협정이 비밀로 분류된 classified 군사정보에 관한 것인데, 협정의 명칭에서 '군사'와 '비밀'이라는 단어를 모두 뺐던 것이다. 얄팍한 꼼수에 지나지 않았다.

'정무적 판단이 부족했다'

이명박 대통령은 2012.7.2 청와대 수석비서관회의에서 "즉석 안건으로 국무회의에 상정하는 등 충분한 여론수렴 과정 없이 처리할 일이 아니었다"고 하면서, "국회와 국민에게 협정 내용을 소상하게 공개하고 설명해 오해가 없도록 조치하라"고 지시했다. 李 대통령은 이와 함께 "방법은 잘못됐지만 국익을 위해 꼭 필요한 협정인 만큼 적절한 절차를 밟아 재추진해야 한다"고 했다.

李 대통령은 다음날 국무회의에서는 "각 부처가 정책을 발표할 때 정무적政務的으로 검토가 필요한 사안은 사전에 총리실과 협의해서 발표해 달라. 좋은 정책도 충분한 검토 없이 불쑥 내놓으면 오해를 받을 수 있으니 이런 오해를 받지 않도록 관련 부처가 서로 협의하고, 총리실에서 사전 조율과 더불어, 발표는 어떻게 할지도 면밀히 신경을 써 달라"고 말했다.

청와대 민정수석실은 이 사태의 전말을 조사해 그 결과를 발표했다.

"국무회의 의결 절차 전반에 총체적 문제가 있었고, 이는 청와대 대외전략기획관실과 외교통상부의 공동 책임"이라고 했다. 사건 발생의 근본 원인이 국무회의 상정 과정에서 한·일 관계의 특수성에 대한 정무적 판단이 부족했다는 것. 김태효 대외전략기획관은 이 사태에 책임을 지고 7월 5일 사의를 표명했고, 조○○ 외교통상부 동북아국장은 7월 6일 '본부발령'을 받았다.

<뉴욕타임스>는 2012.7.7자 사설에서 "이명박 대통령이 분명히 이 문제를 잘 못 다루었다"고 하면서, "정치적 반대자들이 親日적 조치라고 비난하면서 시비를 걸 것을 예상했어야 하고, 이 문제를 공개적으로 논의하면서 지지를 확보해 나갔어야 한다"고 썼다. 이 사설은 "이 대통령이 설사 그렇게 했더라도 한국에서는 일본에 대한 악감정이 아직도 남아있어 국민들을 설득하는 일이 용이치 않았을 것"이라고 했다.

* <뉴욕타임스>가 이런 문제를 사설로 다룬 것은 미국도 이 사안에 관심을 갖고 있었음을 말해 준다.

'일본과는 안 된다'는 주장

▶한·일 군사협력은 일단 시동을 걸면 계속 확대·강화될 수밖에 없다. …일본 군국주의의 최대 피해자인 우리 정부가 솔선해 일본의 군사대국화를 부추기고 한반도에 대한 일본의 군사적 개입을 정당화 해주는 일을 방치할 수 없다. (한겨레 사설)

▶한국과 일본의 군사교류 확대는 위험하다. …중국과 북한을 자극할 수 있고, 일본 자체의 재무장 가속화가 우려되며, 지상군이 비대한 한국군의 기형적 구조가 더욱 심화할 수 있다. …본질적으로 일본을 군사협력의 파트너로 인정할 수 있느냐는 문제도 여전하다. (권홍우 서울경제 편집위원)

▶이 땅의 평범한 백성들은 한·일 군사협력이라는 말만 들어도 일단 주먹부터 불끈 쥔다. 그것이 보편적 정서다. 국익과 안보에 얼마나 중요한지는 다음 문제다. (김종구 한겨레 논설위원)

▶북한 핵 등 대북 정보와 관련해서 한국은 세계 최고의 정보자산을 구비한

미국과 연합정보망을 구축하고 있다. 일본과 정보교환을 통해 추가로 얻을 수 있는 유의미한 군사정보가 있기 어렵다. (이종석 前 통일부 장관)

▶한·일 정보협정은 일본의 위헌적 재무장과 식민지 범죄행위에 대해 면죄부를 주는 反평화적, 反역사적 협정이다. …협정을 체결하면 일본은 '미·일 新 방위지침'에 명시된 주변사태 개입을 한반도까지 확대할 것이다. (이장희 교수)

▶이 협정은 '군사에서의 FTA'라고 불러도 손색이 없다. …이 협정은 일본의 세 번째 한반도 정벌을 위한 서곡이 될 것이다. 이 협정을 추진한 인사들은 '현대판 친일세력'이다. (김종대 D&D Focus 편집장)

'중국을 자극하지 말아야 한다'는 주장

▶한·미·일 3국간 군사협력은 기실 중국을 감시하고 압박하려는 미국 세계전략의 하부구조이다. 필연적으로 중국의 잠재적인 반발을 가져올 수밖에 없다. (경향신문 사설)

▶북핵 문제 해결과 한반도 평화를 위한 중국의 역할 증대와 대북 압박을 위해서라도 한·일 군사협력은 득책이 될 수 없다. …냉전시대에도 없었던 한·미·일 군사협력·동맹체제를 추구한다는 것은 미·중 G2시대에 전혀 맞지 않는 국가책략이 아닐 수 없다. (박명림 교수)

▶한·일 군사협력은 동북아 안보정세의 핵심 변수인 중국을 불필요하게 자극한다. …미국의 강력한 희망 아래 추진된 한·일 군사협력은 오히려 한·미·일을 묶어 중국에 대항하는 틀을 지향함으로써 새로운 안보갈등의 소지를 만든다. (이종석 前 통일부 장관)

'체결되어야 한다'는 주장

▶미국은 미국의 동맹국인 일본과 한국이 안보분야에서 함께 긴밀히 협력하기를 원하고 있다. …이 협정들은 기껏해야 미국의 두 동맹국들이 매우 제한적인 그러나 중요한 분야에서 좀 더 체계적으로 관계할 수 있도록 해준다. 그렇게 되면 美·日·韓 간에 좀 더 광범위한 3각 협력이 증진될 수 있다. (제프리 호닝 호놀룰루 아·태안보연구센터 교수)

▶일본은 지상 60cm 크기의 물체를 식별할 수 있는 광학위성 2기와 야간·악천후에도 촬영이 가능한 레이더 위성 2기, 10여 대의 공중조기경보기, 6척의 이지스 구축함, 100여 대의 해상초계기 등을 통해 북한 정보를 수집하고 있다. 그렇지만 지금은 협정이 없어 일본의 정보를 미국을 거쳐 받는 실정이다. (한국경제 사설)

▶한 국가가 아무리 뛰어난 정보수집 능력을 가졌다 해도 모두 수집하는 데에는 한계가 있다. …정보 선진국들과의 정보 공유는 정보의 오류를 줄여 국가안보의 공백을 메워 줄 뿐만 아니라 막대한 정보예산을 절감해 다른 부문에 쓸 수 있도록 해준다. (한희원 교수)

▶야당이나 일부 국민이 한·일 군사정보보호협정 체결을 놓고 정략적·감정적 차원에서 접근하는 것은 바람직하지 않다. …국가안보에 관한 한 감정적 대처는 삼가는 게 옳다. (김상온 국민일보 논설위원)

▶한·일 간 정보교류가 없을 경우 북한이 한국·일본을 향해 발사하는 미사일에 공동 대응하기 어렵다. …일본과의 협력 강화가 중국과의 협력을 소원하게 만들지 않는다. 어떤 면에서 한·일 협력 강화는 중국으로 하여금 한국과의 협력에 더욱 적극적이게 만들 수도 있다. (마이클 그린 美 전략국제문제연구소 일본실장)

▶정보자산만 놓고 보더라도 일본이 우리보다 몇 배 많다. …서로에게 도움이 되는 수준의 정보를 교류하게 된다. 정보는 다양한 소스를 가져야 가치가 있다. 하찮은 정보도 모이면 큰 역할을 하는 정보가 될 수 있다. (김관진 국방부 장관)

▶한·일 간 군사교류 확대가 북한의 군사적 도발에 대해 북한 편향적 태도를 견지하고 있는 중국에 대한 레버리지가 될 수 있다. …군사정보보호협정 체결은 한국이 反일본 정서에도 불구하고 지정학적 고려에서 필요하다면 일본과의 군사교류를 확대할 수 있다는 메시지를 중국에 전달하는 효과가 있다. (박재적 통일연구원 부연구위원)

▶북한의 도발 상태를 입체적으로 알아보는데 이 협정은 필수적이다. 북한의 미사일 위협에 효과적으로 대처하는데 도움이 된다. 이 협정이 없으면 일본보다 한국에 막대한 손실이다. (월터 샤프 전 주한미군사령관)

▶한·일 정보보호협정은 한미동맹과 미일동맹을 접합시키는 상징적 의미가 있으며 이는 중국에게 매우 유효한 지렛대로 작용하여 북한문제 해결에 이바지할 것이 예상된다. …한·미·일 안보협력의 강화는 중국과 러시아 등에게 강한 레버리지로 작동되어 한국의 존재감과 역할 증진이 기대된다. (이원우 교수)

국무총리는 서명 연기 사실을 몰랐다

김황식 국무총리는 퇴임을 앞두고 가진 한 언론 인터뷰에서(2013. 2.15) "나는 지금도 그때 한·일 정보협정이 체결돼야 했다고 생각한다"며, "국익을 위해 필요하다고 보는 일이 좌절되고, 정부에 책임이 있다고 하니까 내 나름의 항의 표시로 사임을 하루 이틀 깊이 고민했다"고 밝혔다.

金 총리는 "당시 협정 서명이 보류되는 과정에서 어느 누구로부터도 연락을 받지 못했다"면서, "서명하지 말라는 정치권의 강력한 요구를 받고 외교부가 (서명을 보류하는) 그런 결정을 했던 것 같다"고 했다. 김 총리는 또 "(나는) 지방 출장을 가 있었는데 연락 한마디 없고, 내 의견도 묻지 않은 데 대해 굉장히 섭섭하고 서운한 느낌이 들었다. 나한테 상의했으면 '서명 강행하라, 책임은 내가 지겠다'고 했을 것"이라고 말했다.

청와대 외교안보수석실에서 이 문제를 다루었던 김태효 前 대외전략기획관은 2013.4.19 한 언론 인터뷰에서 "韓·日 두 나라 대표가 협정에 서명하기 한 시간 전에 그걸 전격 취소해야 했는지, 그건 아니라고 본다. 국민감정만 의식해 정부의 중요한 외교안보 결정을 뒤집은 건 이해하기 어렵다. 특히 마지막 취소 결정 순간에 그 사실을 나나 심지어 천영우 외교안보수석조차 몰랐다는 건 있을 수 없는 일이다"라고 말했다. 자신도 서명 연기 사실을 몰랐다는 말이었다.

협정 체결이 무산된 배경

① 반일 감정이 발목을 잡았다

기억은 현재의 인식이나 판단에 영향을 미친다. 한국인들의 경우, 일제 강점기 동안 당한 고통과 상처가 깊어 일본과의 관계에서는 항상 감정과 피해의식이 앞선다. 정보보호협정 체결이 무산된 것도 과거가 현재와 미래의 발목을 잡은 사례의 하나였다. 과거에 얽매어 오늘의 이익을 놓친다.

　* 한국인들의 역사인식에서는 실용주의적인 면모가 부족하다. 역사의 굴레를 벗지 못하고 과거에 사로잡혀 현재 얻을 수 있는 이익을 놓치는 경우가 자주 있다. 조선시대 지배엘리트들도 과거 기억 때문에 새로 전개되고 있는 상황에 적절히 대응하지 못했다.

　진창수 세종연구소 일본연구센터장은 "일본에 대한 부정적인 여론은 일본과의 군사협정 득실을 따지기도 전에 발목을 잡았다"고 했고, 포스터-카터 교수도 "이 협정이 무산된 것은 합리적인 논의의 결과가 아니라 '親日이 親北보다 더 나쁘다'는 허상 때문"이었다고 했다. 일본에 대한 감정적 편견이 발목을 잡는 현상을 지적한 것이다.

　이춘근 한국경제연구원 선임연구위원은 "한국사람들은 대체적으로 일본에 대해서는 무조건적으로 반대하고 심지어 敵으로 간주하는 경향조차 있다. 막연한 국수주의적 감정이나 민족감정에서 한·일 정보보호협정 체결을 반대하면 안 된다. 더 나쁜 것은 親中, 親北, 反美의 연장선에서 한·일 군사관계의 증진을 반대하는 일이다"라고 주장했다.

　박정희 대통령이 한 말을 상기해 보자. 그는 1965.6.23 한·일 국교정상화 회담 타결에 즈음한 특별담화에서 "과거만을 따진다면 일본인들에 대한 우리의 사무친 감정은 어느 모로 보나 불구대천不俱戴天이라 할 수밖에 없습니다. 그러나 …아무리 어제의 원수라 하더라도 우리의 오늘과 내일을 위해 필요하다면 그들과도 손을 잡아야 하는 것이 국리민복國利民福을 도모하는 현명한 대처가 아니겠습니까?"라고 했다.

　* 베트남은 미국과 한국에 대해 잊을 수 없는 과거사가 있음에도 '과거를 제쳐두고 미래를 위해 협력한다'는 실용주의적 사고로 다방면에서 관계를 발전시켰다.

② 정파적 이익이 앞섰다

　여당은 처음에는 이 협정 체결에 대해 '실용적 접근'을 강조하며 '역사문제·민족감정의 문제가 아니다'는 태도를 취했다. 黨 대변인을 통해 "한·일 군사협력의 단계를 밟음으로서 한국이 행사할 수 있는 카드가 늘어나는 효과가 있다"고 강조했었다. 언론이 파문을 일으키다 표변했다. 6개월 후에 있을 대통령 선거를 의식했다.

  * 한국에서는 외교안보 문제를 놓고 정치인들은 포퓰리즘에 그리고 관료들은 보신주의에 갇히는 현상이 수시로 발생한다.

야당은 처음부터 강력히 반대했다. "일본의 과거사 반성이 없는 상황에서 한·일 간 군사협력을 위한 협정 체결은 동의할 수 없는 일이다. …정부의 민족의식과 역사의식을 분명히 밝혀라"라고 요구했다.

외교안보 문제가 정쟁의 대상이 되면 국가안보에 대한 고려는 뒷전으로 물러난다. 랄프 코사 CSIS 퍼시픽포럼 소장은 2012.7.24 美외교협회 기고문에서 "한·일 정보협정은 反日감정을 부추기는 야당 정치인들에게는 정치적 횡재가 됐고, 여당의 반응도 마찬가지로 부끄러운 것이었다"고 썼다. 북한의 핵미사일 능력 고도화로 한·일 간 정보교류 필요성이 그 어느 때보다 높아졌음에도 정치인들은 정파적 이익에 매몰되었다.

③ 고위 관료들의 의지가 약했다

국방부와 외교통상부는 국민들의 이해와 지지를 얻기 위해 특별한 노력을 경주했어야 한다. 이것은 장관이 나서서 해야 할 일이었다. 그럼에도 그런 노력이 없었다. 외교통상부에서 이 일을 담당했던 동북아국장은 후일 언론 인터뷰에서 "정권 차원에서 ㄱ 일은 추진하는데 필요한 각오와 의지가 과연 충분했는지에 대한 의문도 있다"고 말했다.

사실 일반국민들은 이 협정이 어떤 협정인지 그리고 이 협정을 체결하면 어떤 좋은 점이 있는지 등에 관해 아는 바가 없었다. 정부가 적극적으로 알리지 않았기 때문이다. 청와대·외교통상부·국방부 고위 관리들은 국익을 위해서는 이 협정이 반드시 체결되어야 한다는 확신을 갖고 임했어야 했다.

  * 배명복 중앙일보 논설위원은 "한국이 처한 지정학적 조건에서 외교관과 군인만큼 중요한 직업은 없다. 국가관과 소명의식이 투철한 A급의 우수한 인재

들이 이 직업을 맡고, 그 분야에서 성공할 수 있어야 나라를 지킬 수 있다" 라고 썼다(2016.10.25).

④ 언론의 왜곡·과장이 심했다

언론은 이 협정 체결이 무산되도록 하는데 결정적인 역할을 했다. "독소조항이 가득하다" "이 협정이 체결되면 일본 자위대가 한국에 들어올 수 있다" "핵무장 일본에 기밀 갖다 바치는 일" "이명박 정부는 뼛속까지 친일" "을사늑약의 망령" 등의 제목을 달아 보도했다. "일본 오사카 출신인 이명박 대통령은 임기 초부터 '친일 행보' 논란에 휩싸였다"고 하면서, 마치 이 협정이 이런 맥락에서 추진된 것처럼 호도하는 언론도 있었다. 왜곡·과장·편파·억지·논리 비약이 너무 심했다. 객관적이고 균형 잡힌 보도는 거의 없었다.

> * 왜곡·과장은 1)중요 내용을 의도적으로 생략하거나, 2)특정 내용을 지나치게 강조하거나, 3)절반의 진실을 전부의 진실인 것처럼 취급하거나, 4)애매모호하게 기술하거나, 5)본질·핵심을 호도하는 등의 방식으로 행해진다.

선진국 언론은 사실에 입각한 보도를 하는 것을 기본자세로 삼으면서도 외교안보 문제에 있어서만큼은 국익을 고려해 신중하게 보도한다. 그러나 한국 언론의 경우는 국익이 어디에 있는지는 고민하는 모습이 보이지 않는다. 지나칠 정도로 이념적이고 당파적이다.

한·미·일 군사정보공유 약정 체결

한·미·일 3국은 2014.12.29 對北 군사정보공유약정(TISA)을 체결했다. 한국과 미국은 1987년, 미국과 일본은 2007년 군사정보공유 약정을 체결해 운용 중이었는데, 미국을 매개로 이 둘을 연결시켰던 것이다.

공유대상 정보는 북한 핵·미사일에 관한 정보로 한정되었다. 정보교환 방식도 한국과 일본은 직접 전달하지 못하고 미국을 통해서 하도록 되어 있다. 예컨대, 한국 국방부가 미국 국방부에 정보를 보내면 일본 방위성이 美 국방부를 통해 이 정보를 받는다. 일본 방위성도 반대 경로를 통해 한국 국방부에 정보를 제공한다. 이런 시스템이어서 실시간 정보교환이 필요한 긴급한 상황에서는 한계가 있다.

이 약정은 낮은 단계의 정보공유 협력이었지만, 북한이 핵미사일로 위협을 할 경우 한·미·일 3국이 중요한 정보를 서로 공유하고 이를 토대로 대책을 강구할 수 있다는 점에서 나름의 의미가 있었다.

결국 협정이 체결되다

북한은 2016.1.6 4차 핵실험을 한데 이어 2월 7일에는 장거리 미사일을 발사했다. 한국 국방부는 북한의 이런 움직임과 관련하여 일본과 몇 차례 정보를 교환했다. 2014년 12월 체결된 한·미·일 군사정보 공유약정이 있어서 가능한 일이었다. 북한이 장거리 미사일을 발사했을 때 미사일 발사 궤적 추적 등은 분초를 다투는 일이다. 이런 상황에서는 한·미·일 3국이 실시간으로 정보를 공유할 수 있어야 하나, 한·일 간 정보보호협정이 없어 이것이 불가능했다.

북한은 6월 22일 무수단미사일(사거리3~4천km) 2발을 발사해 성공시켰고, 8월 3일에는 노동미사일 2발을 발사했다. 8월 24일에는 잠수함발사탄도미사일SLBM 시험발사에도 성공했다. 9월 5일에는 3발의 탄도미사일(스커드-ER로 추정)을 연속 발사, 모두 일본의 배타적경제수역 EEZ에 떨어졌다. 북한은 여기서 그치지 않고 9월 9일 5차 핵실험을 실시했다. 한·미·일이 관련 정보를 실시간대로 긴밀하게 교류해야 할 필요성이 더욱 절실해졌다.

상황이 이러함에도 박근혜 정부는 이 협정을 재추진하는데 별 의욕을 보이지 않았다. 여론의 눈치만 보고 있었다. 반면 일본은 아주 적극적이었다. 이나다 신임 일본 방위상이 2016.8.7 "日·韓 군사정보보호협정은 북한 핵·미사일 대응을 비롯해 양국이 안보 문제를 긴밀히 협력하는 데 매우 중요하다"고 말한데 이어, 아베 총리도 9월 7일 라오스에서 개최된 한·일 정상회담에서 박근혜 대통령에게 협정 체결 필요성을 언급했다. 하지만 한국 정부는 "한·일 간 정보공유협력은 국회와 국민의 이해와 협조를 충분히 확보해 나가는 것이 필요하다"는 입장을 반복했다.

한·일 국방장관은 북한의 5차 핵실험과 관련하여 2016.9.10 전화통화를 했다. 이때 이나다 방위상은 정보보호협정이 조속 체결되어야 한다는 입장을 재차 피력했다. 이에 한국 국방부 대변인은 "이 협정이 안보적 측면에서는 필요한 측면이 있으나 국민적 이해가 필요하다"고 말했다. 2016.9.18 기시다 외상이 윤병세 외교부 장관에게 협정 체결 필요성을 강조했다. 윤 장관은 "국회와 국민의 충분한 이해와 협조를 구해야 하는 사안"이라는 말만 되풀이 했다.

한국 국방부는 2016.10.27 "북한의 핵미사일 위협에 효과적으로 대응하기 위해 한·일 양국의 군사정보 공유를 더 미룰 수 없게 됐다"면서 2012년 연기되었던 한일 군사정보보호협정을 재추진 한다는 방침을 발표했다. 그러자 또다시 반대와 비판이 비등했다.

▶'군사작전'하듯 '속전속결'로 밀어붙이고 있다는 주장

이 협정은 내용이 복잡한 것도 아니고, 쌍방의 이해가 대립되는 것도 아니었으며, 협정 문안 대부분이 이미 다 합의된 것들이었다. 우리 측이 일본 측에 대단히 양보하면서 시간에 쫓기 듯 밀어붙이는 상황이 아니었다.

이 협정을 더 이상 미루어서는 안 되는 가장 큰 이유는 북한의 핵·미사일 위협이 현실화되고 있는 것이었다. 북한이 언제 어디서 어떤 형태로 도발을 할지 모르는 상황에 이런 일을 미룬다는 것은 정부가 해야 할 일을 다하지 않는 것과 같았다.

▶협정의 실효성이 의문시 된다는 주장

협정을 체결해 봐야 별 도움이 안 된다는 주장이 반복되었다. 정보라는 것은 각 개 정보가 보완적일 수 있기 때문에 많으면 많을수록 좋다. 한·일 양국은 정보 능력 면에서 각각 사각지대死角地帶가 있다. 이 협정을 체결하면 이런 정보 사각지대를 조금이라도 줄일 수 있다.

▶일본의 군사 재무장을 가속화하고 자위대 한반도 진입의 빌미가 된다는 주장

논리 비약이다. 군사정보 공유와 자위대의 타국 진출은 관련이 없는 문제다. 한국이 일본과 안보협력을 강화하는 것은 오히려 일본의 행동을 억제하는 기능을 할 수도 있다.

▶한·미·일 vs 북·중·러 대결 구도를 만드는 것이라는 주장

진영논리다. 한국은 2001년 러시아와도 이런 협정을 체결했으며, 중국에도 체결을 제의한 상태다. 우리의 안보 필요에 따라 체결하려는 것이지 어떤 진영에 가담하기 위해 그러려는 것이 아니다.

▶미국의 압력에 따라 체결되는 '매국협정'이라는 주장

미국의 강요에 의해서 체결되는 것이 아니었다. 미국의 동맹국인 한국과 일본이 이런 제도적 장치를 갖고 있으면 북한 핵미사일 위협이라는 공통의 위협에 대한 대응에 보다 만전을 기할 수 있기 때문에 체결하는 것이었다.

적지 않은 반대를 무릅쓰고 한민구 국방부 장관은 2016.11.23 나가미네 야스마사 주한 일본대사와 이 협정에 공식 서명했다. 외교통상부가 주관했던 2012년의 경우와 달리 이번에는 국방부가 주관했고, 협정의 명칭도 2012년에는 '한·일 정보보호협정'으로 했으나 이번에는 '한·일 군사비밀정보보호협정'으로 제대로 표기했다.

한민구 장관은 야당과 일부 여론의 집요한 반대와 비난에도 불구하고 협정을 추진했다. 그는 "해임될 때 해임되더라도 안보직으로 반드시 필요한 일이라 생각했다"고 말했다. 대통령 탄핵소추라는 국정공백 상황에서도 국익을 위해 이런 일을 한 韓 장관의 자세는 높은 평가를 받을 만했다.

일본과의 안보 협력이 필요하다

이 협정 체결은 일본과의 협력이 안보 분야에서도 가능해지도록 하

는 제도적 장치가 마련되었다는 점에서 의미가 있었다. 일본과의 안보 협력을 모색함에 있어 가장 큰 장애요인은 과거사 문제와 국민들의 반 일감정인데, 이는 피할 수 없다. 그렇다고 안보능력을 강화시킬 수 있 는 기회를 놓칠 수 없다.

＊ 박정희 대통령은 실용주의 · 실사구시 정신으로 일본과의 안보협력을 적극 모색했다.

많은 사람들이 안보문제를 생각할 때 한미동맹이면 다 된다고 생각 하는 경향이 있다. 한반도 유사시 한미동맹이 중심이 되지만 주일미군 도 핵심적인 역할을 하게 된다. 일본 소재 7개 유엔사령부 기지가 미 군에 대한 후방 지원임무를 수행하기 때문이다. 이 협정은 한반도 전 쟁 발발 상황에 대비한 시스템이기도 하다. 한미동맹과 미일동맹은 서 로 연계되어 있으므로 韓 · 日 안보협력은 한미동맹을 강화시켜 준다.

＊ 일본은 미국 · 영국 · 호주 등 8개국과 '유엔군지위협정'을 맺고 있어 한반 도 유사시 자동적으로 유엔군이 필요로 하는 협력을 제공할 수 있다.

이런 이유로 일본과의 안보협력을 한 · 일 관계 차원에서만 보아서는 안 된다. 전반적인 국가안보전략 관점에서 볼 수 있어야 한다. 美 · 中 패권 경쟁으로 한국은 운신의 폭이 좁아들고 있는데, 이런 상황을 완 화시킬 수 있는 방법의 하나가 된다. 對中 지렛대로서의 역할도 기대 할 수 있는 것이다.

＊ 중국의 패권주의에 대응해야 하는 일본도 한국과의 안보협력을 필요로 한 다. 일본은 한국과의 관계를 양자 관계뿐만 아니라 對中 관계 차원에서도 본 다.

한국은 對中 관계에서 '일본카드'를 노련하게 사용할 수 있어야 하 며, 한 · 일 관계를 일본과의 1대1 관계로만 보지 말고, 한 · 중 · 일, 한 · 미 · 일 관계 차원에서도 보아야 한다.

일본과의 안보협력은 對美 관계 차원에서도 중요하다. 미국은 미일 동맹을 중요시 한다. 미국은 중국이 망하지 않는 한 일본을 버릴 수 없다. 한국이 이런 일본과 협력하면 미국에 대해서도 레버리지가 생긴다. 미국은 한국 혼자서 내는 목소리보다 일본과 함께 내는 목소리에 더 귀를 기울이게 된다. 對美 설득력이 높아질 수 있는 것이다.

* 카터 대통령의 주한미군 철수 계획이 좌절된 배경에 일본의 반대가 있었던 사실이 좋은 예다.

한·일 군사정보보호협정 체결 반대론 (예시)

▶더불어민주당(제1야당) 우상호 원내대표(2016.9.20)

일본의 진실한 사과가 없는 상황에서 일본군의 한국 진출이 가능하거나 혹은 한국과 일본 사이의 군사정보가 교환되는 이런 군사협력은 국민감정에 반하는 것이다.

▶<한겨레> 사설(2016.10.28)

사드 문제에 이어 중국과 러시아가 크게 반발하지 않을 수 없다 …일본의 군사대국화를 부추기고 일본 군사력의 한반도 진입을 유도하는 효과도 있다.

▶<한국일보> 사설(2016.11.14)

국민이 원하지 않는 한·일 간의 섣부른 합의는 두고두고 큰 부담으로 남을 뿐이다. …중국은 사드와 함께 한·일 군사협정을 한국의 미사일방어(MD) 편입시도라고 보고 있다.

▶정욱식 평화네트워크 대표 (2016.11.15)

이번 협정은 한·미·일 미사일방어체제(MD) 구축의 일환이다. …일본의 재무장과 집단적 자위권 행사에 날개를 달아주려고 한다.

▶주재우 교수 (2016.11.19)

일본과 군사적으로 손을 잡는 순간 우리의 대중국 국익에 지대한 영향을 미칠 것은 자명하다. 우리의 대중국 손실을 감수하고 일본과 군사적으로 손잡고 가는 것이 현명한가. 우리가 일본과 끝까지 갈 의지가 있는지 심각하게 고려하고 군사정보보호협정을 체결해야 할 것이다. 그렇지 않으면 한·일 군사정보보호협정 체결이 역사 속에 우리의 국운을 완전히 바꾸는 사건으로 기록될 것이다. 아마도 을사늑약 다음으로 우리의 국운을 바꾸는 사건이 될 수도 있다.

▶남성욱 교수 (2016.11.21)

일본의 군사대국화로 협정이 자위대의 한반도 진출의 단초를 제공할 수 있다. …중국을 자극하여 동북아 평화체제를 위협한다는 지적도 고려해야 한다. …5%지지율의 대통령이 한·일 간의 민감한 사안을 매듭짓는 것은 국민 정서와 배치된다.

▶민귀식 교수 (2016.11.26)

통치의 정당성을 상실한 권력이 국가안보에 중대한 문제를 마음대로 처리할 수 있는 이 '제도의 함정'에 대한 문제를 제기하지 않을 수 없다. …자위대의 활동 범위가 한반도에 미칠 수 있는 엄중한 사안을 어찌 행정부 독단으로 처리할 수 있단 말인가. …국민의 공감대가 중요하다던 정부는 그 흔한 공청회도 한 번 열지 않았다.

▶이해영 한신대 교수 (2016.11.30)

이 협정이 한·일 군사동맹, 나아가 한·미·일 군사동맹 혹은 아시아판 나토의 '전' 혹은 '전전' 단계로 가는 신호탄으로 본다. …미군의 지휘하에 한·일 동맹군이 북한군과 전쟁을 하는 장면이 소설에 불과할까?

15장. 韓·中 관계의 현장

중국은 1992년 수교 이래 한국과의 관계를 '大國 vs 小國' 시각에서 다뤘다. 국가 간의 관계를 상하관계로 보는 국제질서관이 고스란히 對韓 관계에서도 발현되었다. 2008~2011년 미국과 패권 경쟁의 시대에 접어들면서 이런 경향은 확연해졌다. 몇 가지 사례를 중심으로 그 실상을 살펴보자.

마늘 분쟁

1999년 한국에서 마늘 값이 치솟자 국산 마늘 값의 반에 반도 안 되는 중국산 냉동 마늘이 밀려들어왔다. 국내 마늘 가격이 폭락했고, 마늘 농가들이 반발했다. 이에 김대중 정부는 2000년 6월 향후 3년간 중국산 마늘에 대한 관세를 최대 315%까지 올리는 조치를 취했다. 그러자 중국은 즉각 보복했다. 한국산 휴대용 무선전화기와 폴리에틸렌 등에 대해 잠정적 수입금지 조치를 취했다. 마늘 수입액 900만 달러의 무려 50배에 달하는 규모였다. 관행을 벗어난 과도한 조치였다. 한국 정부는 두 손을 번쩍 들었다. 중국산 마늘에 대한 관세를 30~50%로 낮춰 매년 35,000톤씩 수입하기로 방침을 바꿨다. 긴급수입제한조치 발동 가능 시한도 1년 단축했다. 한국 정부는 세계무역기구WTO 규정에 따라 취했던 조치를 불과 1개월 만에 번복했던 것이다.

중국이 취한 조치가 국제적인 관례를 벗어난 것이었지만, 중국이 WTO 회원국이 아니었기 때문에 '상응 수준의 조치가 가능하다'는 WTO 규정을 적용할 수는 없었다. 하지만 한국은 중국 측 처사에 맞대 응할 수 있는 근거도 있었고 그렇게 할 수 있는 지렛대도 있었다. 일례로, 당시 중국이 WTO 가입을 열망하고 있었던 만큼 중국의 부당한 조치를 WTO 회원국들에 알려 가입에 부정적인 영향을 줄 수 있었다. 그러나 한국의 정책 당국자들은 중국에 대해 지레 겁을 먹었고, 정치 인들은 총선을 앞둔 상황에 문제가 악화되는 것을 피하려 했다. 국익은 손상되었다.

중국 유학생 난동

중국 유학생 1,000여 명이 2008.4.27 서울 시청 앞 광장에서 난동을 부렸다. 중국 정부의 인권 문제를 제기하는 시민단체와 티베트 독립 지지자들이 피켓 시위를 하자 대형 오성기를 든 이들은 각목, 금속 절단기, 돌멩이, 음료수 캔, 물병 등을 마구 집어던지며, 시민들과 경찰관들을 발로 걷어찼다. 현장을 지나가던 사람들은 물론 경찰·취재기자·외국인 관광객에 이르기까지 부상자가 속출했다. 이들 중국인들은 심지어 인근 호텔로 피신하는 사람들을 쫓아가 로비에서 금속절단기를 던지며 둔기를 휘둘렀다. 백주에 무법천지 상황이 벌어진 것이다. 법과 공권력이 무참히 짓밟혔다.

이와 같은 난동이 있고난 직후 닝푸쿠이 주한 중국대사는 외교통상부를 방문해 체포된 중국 청년들의 석방을 요구했다. 중국 외교부 대변인은 "이번 사건은 학생들의 선량하고 우호적인 마음에서 시작된 것이고, 한국 관련 부처가 공정하게 처리할 것으로 믿는다"고 했다. 이런 상황을 두고 "우호적인 마음에서"라는 말은 궤변이었다. 한국 경찰들이 집단 구타를 당해 부상을 입었음에도 이런 사실에 대해서는 언급조차 하지 않았다.

중국인들이 서울시내 한복판을 무법천지로 만들었는데 시민들은 말할 것도 없고 소위 '진보 인사들'도 아무 말이 없었다. 반미 구호를 외치며 들고일어났던 시위 같은 것이 한 번도 없었다. 놀라운 일이었다. 미국인이나 일본인들이 이런 난동을 벌였다면 상상할 수 없는 일이 일어났을 것이다. 신기하게도 언론조차도 정부가 이 사건을 어떻게 처리하는가에 별 관심이 없었다.

난동을 피운 중국인 가운데 법에 따라 처벌을 받은 사람은 단 한 사람도 없었다. 강제 출국 조치된 사람도 없었다. 경찰 당국은 두 달쯤 지나 슬그머니 사건을 종결지었다. 사건을 맡았던 검찰·경찰 관계자들은 '외교적 배려' 때문이라고 했다. "중국을 자극하지 말라는 외교라인의 요청에 따랐다"고 했다.

* 당시 한 중국 관리는 한국 외교관에게 '만약 한국이 법에 따라 난동 학생들을 처리하면 중국도 모든 사안을 법에 따라 처리하겠다'고 말했다.

"한미동맹은 역사가 남긴 유물"

친강 중국 외교부 대변인은 2008.5.27 정례 브리핑에서 "韓·美 군사동맹이 동북아 안전에 어떤 영향을 미칠 것으로 보느냐"는 질문에 "한·미 군사동맹은 지나간 역사가 남긴 유물遺物이며, 지금은 냉전시대 군사동맹으로 전 세계 또는 각 지역의 당면 문제를 다루고 처리하려 해서는 안 된다"고 답변했다 '냉전이 종식되었으니 이제 미국과의 동맹도 정리하라'는 의미였다. 놀라운 사실은 친강 대변인이 이런 말을 하고 있을 때 이명박 대통령이 국빈방문을 위해 베이징에 도착해 있었다는 것.

한국 언론들은 '외교 결례' '외교적 도발'이라는 반응을 보였다. 한 신문은 사설에서 "수모를 당하고도 그 흔한 유감 표시조차 하지 않은 우리 외교부의 대응도 한심하다"고 하면서 다음과 같이 중국을 비난했다.

「남의 나라 정상을 국빈 자격으로 초청해놓고, 그것도 자국 국가주석과의 정상회담 직전에 어떻게 이런 말을 할 수 있는가. 명색이 초강대국의 하나임을 자부하는 중국 외교부의 양식을 의심하지 않을 수 없는 외교적 망발이고 도발이다.」

한국 언론이 이런 반응을 보이자 친강 대변인은 이틀 후 "자신이 한 언급은 완전한 것이며 계통을 밟아 이루어진 것이다"라고 언급했다. 5.27 발언이 기자 질문에 답변하는 형식을 취한 의도된 연출이었음을 스스로 인정한 셈이다. "한미동맹은 역사가 남긴 유물"이라는 것은 한국 대통령에게 전달한 중국 나름의 '경고'였다.

중국은 새로 출범한 이명박 정부가 노무현 정부 시절 소원해졌던 한·미 관계를 회복시키려 하자 이렇게 무례한 외교 행태를 보였다. 효과적이 아니었다.

중국이 보기에 한미동맹은 이제 골동품과 같은 것이 되었으니 폐기하는 것이 마땅하다는 것이었다. 중국이 바라는 것은 한미동맹이 해체되고 이에 따라 미군이 완전 철수하는 것이었다. 중국 측은 본심을 너무 적나라하게 드러냈다.

중국 선원들의 한국 해경 살해

2008년 9월 목포해양경찰서 박경조 경위(48)가 불법 조업을 단속하던 중 중국 선원들이 내리친 삽에 맞아 사망했다. 한국 사법당국은 이들 중국 선원들에 대해 살인 혐의를 적용하지 않았다. 2010년 12월 중국 선원들이 해경 경비함을 들이 받은 혐의로 입건되었을 때에도 처벌하지 않고 송환했다. 외교통상부는 "韓·中 두 나라가 사안을 원만하게 마무리 짓기로 했다"고 했다. 그것이 전부였다.

* 한국 배타적경제수역EEZ 내에서 조업이 허락된 중국 어선은 연간 1,762척, 허가 어획량은 65,000t이었다. 하지만 실제 조업 어선은 무려 20만 척이 넘었다. 치어稚魚까지 싹쓸이해 어족의 씨를 말리고 있었다.

2011년 10월 한국 해경은 전남 신안군 가거도 앞바다에서 불법 조업 중이던 중국어선 3척을 나포했다. 이 사실이 알려진 바로 다음 날 장위 중국 외교부 대변인은 "우리는 한국 측이 문명적인 법 집행을 해야 하고, 법 집행 과정에서 폭력을 피하고 중국 국민의 안전과 합법적 권익을 확실히 보장해줄 것을 요구한다"고 했다. 한국 당국이 언제 "문명적인 법 집행"을 하지 않은 적이 있는가. 남의 나라 사법 집행 수준을 폄하하는 행위였다.

2011년 12월에는 서해 한국 EEZ에서 불법 어로 중이던 중국인 선장이 인천해양경찰서 소속 이청호 경장(40)을 칼로 찔러 죽인 사건이 발생했다. 중국 외교부 류웨이민 대변인은 12월 12일 정례 브리핑에서 "한국 측이 중국 어민에게 합법적 권익 보장과 더불어 인도주의적인 대우를 해주기 바란다"고 했다. 유가족에 대한 조의 표시는 없었다. 외교통상부 제1차관이 장신썬 주한 중국대사를 초치해 한국 정부의 입장을 전달했지만 장 대사는 "중국 정부 차원에서 어민에 대한 교육을 강화하고 있다"는 말만 되풀이했다. 한국 해경이 2011년 중 불법 조업으로 체포한 중국인 선원 수는 무려 3,000명을 넘었다.

한국 언론들이 이러한 중국 측 처사를 비난하자 중국 외교부 대변인은 12월 13일 "한국 해경이 숨진 것에 유감의 뜻을 표시한다"고 했다. 자기들 선원이 휘두른 칼에 법집행 중이던 경찰관이 17cm나 찔려 사망했는데도 중국 정부가 표시한 것은 '유감'이었다.

12월 14일 인천 연안부두에서 거행된 고故 이청호 경사 영결식에 주한미대사관은 조문단을 보낸 반면, 주한중국대사관은 거들떠보지도 않았다. 중국 영사 3명은 바로 전날 인천해경을 방문해 자국 선원들을 접견하고는 그냥 돌아갔다. 비통해 하는 이 경사의 부인과 어린 세 자녀는 거들떠보지도 않았다.

중국 측의 이런 태도는 한결같았다. 중국 외교부 뤄자오후이 아시아국장은 2012.1.5 "어업 질서와 관련된 개별 사건을 정치화해선 안 된다. 중국은 한국 정부가 문명적으로 법을 집행하고, 어떤 상황에서도 중국 어민에 대해 무기를 사용하지 않을 것을 촉구한다"라고 말했다. 그러면서 "중국 어민의 권리와 이익을 지키는 것은 우리의 책임이며,

중국의 입장은 명확하다"고 했다. 뻔뻔하기 이를 데 없었다.

 * 한국의 한 신문은 사설에서 "(한국) 정부가 마찰을 우려해 미온적으로 대처
 해 이런 결과를 자초한 측면이 있다. …만만하게 보이면 늘 당하고 사는 이치
 는 국제관계도 마찬가지"라고 하면서 정부의 대중 저자세를 비난했다.

"항미원조전쟁은 정의의 전쟁"

시진핑 부주석은 2010.10.25 베이징 인민대회당에서 열린 '항미원조
抗美援朝전쟁 참전 60주년 좌담회'에서 6·25 남침 전쟁을 내전으로
규정하면서 "항미원조전쟁은 정의의 전쟁이었다"고 했다.

*중국은 중공군이 한국군과 첫 전투를 벌인 날(1950.10.25)을 기준으로 그 이
 전은 '조선전쟁', 그 이후는 '항미원조전쟁'으로 부른다. 미국에 대항해서 북
 한을 도운 전쟁이라는 것.

 「위대한 항미원조전쟁은 평화를 지키고 침략에 대항한 정의로운 전쟁이었
 다. 中·朝 양국 인민과 군대가 단결해 항미원조전쟁에서 위대한 승리를 거
 둘 수 있었다. 이는 세계 평화와 인류 진보를 지켜낸 위대한 승리였다. 중국
 은 북한과 피로 맺어진 우정을 잊은 적이 없다. 60년 前 발생한 이 전쟁은
 제국주의 침략자가 중국 인민들에게 강제한 것이며, 조선내전內戰이 발발한
 후 미국 트루먼 정부는 거리낌 없이 파병해 무장 간섭을 진행하고 조선에 대
 해 전면전을 발동하는 한편 중국 정부의 여러 차례 경고에도 불구하고 38선
 을 넘었다.」

시진핑은 이 발언을 하기 한 주 전인 2010.10.18 폐막한 중국공산
당 제17기 중앙위원회 제5차 전체회의에서 당 중앙군사위 부주석으로
선출되었다. 2년 후 후진타오의 뒤를 이을 지도자로 결정되었던 것이
다. 시진핑은 부주석으로 선출된 직후 평양을 방문해 김정일에게 '피로
맺은 우의'를 다짐했다.

시진핑의 이런 6·25전쟁관觀에 대해 한국과 미국에서 부정적인 반
응이 나오자 마자오쉬 중국 외교부 대변인은 10월 28일 정례 브리핑
에서 이것은 '일찍이 정해진 정론定論'으로, "시 부주석은 중국 정부를

대표해 이 문제에 관한 입장을 표명했다"고 밝혔다. 이후 후진타오 정부는 미국을 의식해 이 같은 표현 사용을 자제했다.

6·25전쟁이 "정의의 전쟁"이었다는 것은 대한민국 입장에서는 받아들일 수 없는 역사관이었다. 중공군 개입이 북한의 멸망을 막아 분단을 고착시켰으며, 자유민주주의 체제로 한반도 전체가 통일될 수 있는 절호의 기회를 앗아갔기 때문이다. 마오쩌둥이 6·25전쟁 개입을 소상하게 밝혀낸 쉬쩌룽 박사는 "중국은 한국국민에게 끼친 상처에 대해 사과하고 보상해야 하며 그것이 (한·중 우호의) 출발점이라고 생각한다"고 말한바 있다.

* 쉬쩌룽은 이 연구와 관련하여 간첩죄로 11년간 감옥살이를 했다.

민낯을 보인 중국

2008년은 국제정치사에서 의미 있는 해였다. 중국 지도부는 베이징 올림픽을 성공적으로 개최하면서 국민들의 자부심과 민족주의 감정을 한껏 고양시켰다. 그해 9월 미국 리먼브러더스의 파산 신청은 글로벌 금융위기로 이어졌다. 그러자 미국이 이제 쇠퇴로 접어들었다는 '미국 쇠퇴론'이 나왔다. 그러면서 상대적으로 중국이 뜨기 시작했다. 그것이 대세인 듯 했다.

2010년 중국은 일본을 제치고 세계 2위 경제대국이 되었다. 2010년 9월 센카쿠열도(중국명 댜오위다오)에서 일본과 충돌했을 때 희토류 수출을 중단하는 등으로 일본을 압박했다. 이때부터 주변국들에게 근육을 내보이기 시작했다. 한 언론인은 중국의 이런 모습을 "걸핏하면 화내고 투정부리고, 주먹을 치켜드는 전형적인 사춘기 소년의 모습"이라고 했다.

* 장성민은 중국이 경제면에서는 강대국 수준일지는 모르나, "주변국 입장을 무시하면서 함부로 대하는 세련되지 못한 외교적 수사는 아직 개발도상국 수준을 벗어나지 못했다는 느낌"이라고 했다.

2011년 이후 중국은 '신형대국관계'新型大國關係라는 것을 제시했다. 시진핑 주석은 "태평양은 중국과 미국이 절반씩 나눠 사용해도 충분히 넓다"고 했다. 이는 중국이 이제 대국이니 이런 현실에 기초하여 中·美 관계를 설정하자는 말이었다. 이로써 對美 패권경쟁의 서막이 올랐다. 시 주석은 2014년 3월에는 "중국이라는 사자는 깨어났다"고 선언했다.

* 우젠민 前 중국외교학원 원장(駐프랑스대사 역임, 2016년 사망)은 중국 외교가 민족주의적인 포퓰리즘에 휘둘려서는 안 되며, 적어도 2020년까지는 화평발전和平發展의 자세로 조용히 실력을 키워야 한다고 주장했으나, 이런 의견은 설 자리가 없었다.

"중국은 大國이고 여타 국가들은 小國이다"

2010.7.23 베트남 하노이에서 아세안지역안보포럼ARF이 열렸다. 중국은 ARF 참가국들에게 이 회의에서 남중국해 문제를 거론하지 말아달라고 신신당부했다. 여러 나라들이 이 문제를 거론하면 불리한 상황에 놓이기 때문.

그런데 회의에서 클린턴 美 국무장관을 포함한 12개국 외교장관이 이 문제를 거론했다. 클린턴 장관은 "미국도 남중국해에 걸려있는 국가이익이 있다"고 말하면서 "이 지역에서 항행의 자유 등이 보장되어야 한다"고 발언했다. 화가 난 양제츠 중국 외교부장은 "클린턴 장관의 발언은 중국에 대한 공격이다"라고 거친 반응을 보였다.

양 부장은 ASEAN-중국 외교장관 회의에서는 중국이 아세안국가 경제에서 차지하는 비중을 거론하면서 '수틀리면 언제라도 이런 관계가 중단될 수 있다'고 으름장을 놓았다. 그는 여기서 그치지 않았다. "중국은 대국이고 여타 국가들은 소국이다. 이것은 팩트다"라고 말했다. (*중국인들 기질 가운데는 '강자는 두려워하고 약자는 깔보는 속성'이 있다고 한다)

중국의 노벨 평화상 시상 방해

노르웨이 노벨위원회는 2010년 노벨 평화상 수상자로 중국 반체제 인사 류샤오보를 선정·발표했다. 그러자 중국 정부와 언론은 이는 모욕적인 내정 간섭이라면서 강력히 반발하고 나섰다. 장위 외교부 대변인은 이런 결정을 한 노벨위원회 위원들을 "어릿광대들"이라고 부르는가 하면, 류샤오보에게 이런 영예를 주는 것은 "미친 짓"이라고 했다.

중국 정부는 보복 조치로 노르웨이산 연어 수입 제한, 무역협상 중단, 비자 발급 제한 등의 조치를 취했다. 노르웨이는 이런 조치로 영향을 받을 나라가 아니었다. 국민 1인당 자산보유액이 세계 1위이고, 1인당 GDP가 10만 달러가 넘는 나라이기 때문. 삶의 질, 평화지수, 성공 · 실패 국가지수 등에서 늘 세계 1~2위를 차지한다.

중국 정부는 노골적으로 노벨 평화상 시상식 방해 운동도 전개했다. 오슬로주재 대사들의 시상식 불참을 강요했다. 이런 캠페인 결과는 초라했다. 시상식에 초청받은 65명 대사 중 18명만 불참했다. <워싱턴포스트>는 2010.12.9자 사설에서 "중국이 외교적 위세를 과시하고자 한 시도는 굴욕적 실패로 끝났다"고 썼다.

노벨위원회는 2010.12.10 거행된 시상식에서 수상자 자리를 빈 의자로 놔두었다. 이 장면은 CNN을 통해 전 세계에 생중계되었다. '빈 의자'는 '인권탄압 국가 중국'을 상징했다. 시상식에서 야글란 노벨위원회 위원장은 중국을 겨냥해 "대국으로서의 책무를 다해야 한다. 경제적 성장에 맞게 정치적 개혁도 따라야 한다"고 연설해 참석자들의 기립박수를 받았다. 장위 외교부 대변인은 시상식 행사를 "정치적 저질 코미디"라고 했으나, 되레 중국 이미지가 손상되었다. 인권을 무시하는 나라가 인권 국가를 서투르게 압박하다가 망신만 당했다.

중국의 실수는 여기서 그치지 않았다. 노벨 평화상 시상식에 즈음해 '공자 평화상'이란 것을 급조했다. 첫 수상자로 롄잔 前 대만 부총통을 선정했는데, 그는 시상식에 나타나지 않았다. 이런 상이 있다는 사실조차 몰랐다고 한다. 12월 9일 시상식에서 6살짜리 소녀가 나타나 이 상을 받았다. <LA타임스>는 중국이 "국제적인 비웃음거리"가 되었다고 평했다.

노르웨이는 중국의 압력에 눈 하나 깜빡하지 않았다. 연어가 중국에 덜 수출되는 것은 문제가 아니었다. 노르웨이인들에 대한 입국 사증 발급이 까다로워진 것은 오히려 중국에게 손해였다. 3년 쯤 지나 양국 관계는 개선되기 시작했다. 중국의 필요에 의해서였다. 중국은 북극항로 개설, 심해 유정 개발 등과 관련해 노르웨이의 도움이 필요했다.

중국 전문가 로버트 로렌스 쿤은 이 해프닝을 "중국이 대외관계 역사상 가장 잘못한 일의 하나"로 기록될 것이라고 했고, 영국 일간 <텔리그라프>는 2010.12.29자 사설에서 '경제대국' 중국이 '외교소국'이라는 인상을 준

"외교적 재앙"이라고 썼다.

* 중국·노르웨이 양국 정부는 2016.12.19 공동성명을 통해 그동안 동결되었던 외교·정치관계 재개를 선언했는데, 이때 중국 관영 영자지 〈Global Times〉는 사설에서 "6년 전 인구 4백만에 불과한 노르웨이가 인구 14억을 가진 나라를 가르치려는 우스꽝스러운 일을 했다"고 썼다.

박근혜 대통령, 국빈 訪中

박근혜 대통령은 2013.6.27~30 중국을 국빈 방문하면서 이 방문을 '마음으로부터 믿음을 쌓는 방문'이라고 했다. 중국 측은 박 대통령에게 각별한 환대를 베풀었다. 시진핑 주석과의 정상회담 후 발표된 〈한·중 미래비전 공동성명〉에서 한국 측의 주된 관심사항인 북핵 문제는 다음과 같이 정리되었다.

「한국 측은 북한의 계속되는 핵실험에 대해 우려를 표명하고, 어떤 상황에서도 북한의 핵보유를 용인할 수 없음을 분명히 하였다. 이와 관련, 양측은 유관有關 핵무기 개발이 한반도를 포함한 동북아 및 세계의 평화와 안정에 대한 심각한 위협이 된다는 점에 인식을 같이 하였다. 양측은 한반도 비핵화 실현 및 한반도의 평화와 안정 유지가 공동이익에 부합함을 확인하고 이를 위하여 함께 노력해 나가기로 하였다.」

한국은 '북한 비핵화'라는 용어를 원했으나 중국 측은 이를 받아들이지 않았다. 또한 한국은 "유관 핵무기 개발"이 아닌 "북한 핵무기 개발"로 하고자 했으나 이 역시 중국 측이 반대했다. '북한 비핵화'와 '한반도 비핵화'는 의미가 다르다. 중국이 쓰는 '한반도 비핵화'는 북한이든 남한이든, 자체 생산이든 외부 도입이든 어떤 형식으로든 핵무기를 보유해서는 안 된다는 의미였다.

이런 입장 차이는 공동 기자회견에서도 나타났다. 시 주석은 "우리 양측은 한반도 비핵화와 대화·협상으로 문제를 해결한다는 입장을 견지한다는 데 인식을 같이했다"고 말했으나, 朴 대통령은 "우리 두 정상은 북한의 핵보유는 용인할 수 없다는 데 인식을 같이했다"고 말했다.

시진핑 국가주석, 국빈 訪韓

시진핑 주석은 2014.7.3~4 부인 펑리위안 여사와 함께 국빈 방한했다. 그는 "한국과 중국은 하오펑유(좋은 친구)"라고 하면서, 양국 간 지리적 근접성·문화적 동질성·역사적 친근성을 내세웠다.

박근혜 정부는 시 주석 방한을 계기로 중국이 북핵 문제에 관해 보다 분명한 입장을 표명해 주기를 기대했으나 달라진 것이 없었다. 중국 측이 공개한 정상회담 발표문에는 북핵 문제가 아예 없었다. 단지 시 주석이 '대화와 협상을 통한 문제 해결'과 '6자회담 프로세스 가동'을 강조했다고만 되어 있었다.

시 주석은 '中·韓 역사 공조'를 각별히 부각시키려 했다. 한국 측은 신중한 자세를 견지하면서 이 문제에 대한 대외적인 언급을 삼갔다. 공동성명에도 넣지 않았다. 주철기 외교안보수석이 '역사 공조'가 중국 측 관심사항이었다는 사실을 언론에 확인해주는 정도로 넘어갔다.

　＊ 김대중 정부 시절 장쩌민 주석이 방한했을 때에도 중국 측은 中·韓 역사
　공조를 제안했으나 한국 측이 정중히 거절한 바 있다.

시 주석은 서울대 강연에서 "400년 전 임진왜란이 발발했을 때 양국 백성들과 군인들이 적개심을 품고 어깨를 나란히 해 전쟁터로 향했다"고 했고, "20세기 상반기에 일본 군국주의가 양국에 야만적 침략을 해 한반도를 병탄하고 강점했으며 이로 인해 양국 모두 고난을 겪었다"고도 했다. 일본의 한반도 침략 역사를 인용하며 '그런 나라와 함께 할 수 있겠느냐'는 메시지를 던졌다. 反일본 역사 공조를 시도했다. 한국이 일본과 거리를 두게 만들려는 책략이었다.

시 주석이 역사 공조를 강조한 배경에는 항일抗日 민족주의가 깔려 있었다. 시 주석은 역대 중국 지도자 중 가장 강력한 反日 정책을 펼

치면서 한국과 역사 공조 전략을 쓰려했다. 마침 박근혜 정부가 아베 정부에 대해 과거사 문제를 놓고 거리를 두고 있었기 때문에 여건이 좋았다. 이 전략이 성공하면 韓·日 관계를 더 벌려 놓을 수 있었다.

박 대통령, 중국 전승절 행사 참석

박근혜 대통령은 2015.9.3 톈안먼광장에서 거행된 戰勝節 열병식을 참관했다. 시진핑 국가주석이 성루의 맨 앞줄 정중앙에, 그 바로 오른 쪽에 푸틴 러시아 대통령, 그리고 그 오른쪽에 박 대통령이 위치했다. 박 대통령은 미국 동맹국이면서 자유민주국가의 정상으로는 유일한 참석자였다. 이런 이유로 박 통령이 열병식을 참관하는 장면은 전 세계 외교가에 강렬한 인상을 남겼다.

중국은 이 행사가 '항일 전쟁 승리'를 기념하는 것이라고 했지만, 사실 항일 전쟁을 주도한 것은 장제스 총통이 이끈 국민당 정부였다. 또한 '反 파시스트 승전'을 기념한다고 했지만 기념식에 초청된 나라들 대부분은 파시스트 독재자들이었다. '파시스트들이 모여 反파시스트 승전을 기념하는 것'이라는 냉소적인 반응이 나오기도 했다.

하지만 朴 대통령이 이런 행사에 참석하는데 대해 국내여론은 긍정적이었다. 여론조사기관 리얼미터가 2015.8.10 전국 19세 이상 성인 500명을 대상으로 실시한 여론조사 결과에 의하면, '참석해야 한다'는 응답이 51.8%로 '참석하지 말아야 한다'는 20.6% 보다 훨씬 많았다.

▶참석해야 한다는 주장

-한국이 美·中 사이에서 선택을 강요받는 처지가 아니라 국익에 따라 움직일 수 있는 공간을 만들어 나가는 외교를 하는 사례를 만들 수 있다.

-시 주석이 박 대통령의 참석을 크게 기대하고 있으므로 한국이 이럴 때 성의를 보이면 향후 북핵 문제 등에서 필요한 도움을 얻는 것이 용이할 것이다.

-박 대통령이 열병식 단상에서 시 주석과 나란히 선다면 6·25전쟁의 트라우마를 극복하는 상징적 사건이 될 것이다.

-항일의 의미를 되새기고 일본의 역사 수정주의 행태에 대응한다는 차원에서도 참석하는 것이 참 석하지 않는 것보다 낫다.

▶참석하지 말아야 한다는 주장

-박 대통령이 이 행사에 참석하면 동맹국인 미국에 한미동맹보다 한·중 관계를 더 중시한다는 인상을 주게 된다. 미국은 박 대통령의 참석을 한미동맹 정신에 어긋나는 일이라고 생각할 것이다.

-중국은 태평양 지역에서 미국에 대항하겠다면서 전승절 퍼레이드를 통해 첨단무기를 과시하려 하고 있다. 여기에 박 대통령이 참여하는 것은 이를 바라보는 미국인들에게 좋지 않은 인상을 줄 수 있다.

-박 대통령의 참석은 韓·中 간 反日 공동전선을 취하는 모양새로 비춰짐으로써 한국이 미·일·한 공조 대열에서 벗어나려 한다는 인상을 줄 수 있다.

-이 행사에 참석할 예정인 지도자들이 거의가 독재자, 장기집권자, 부패 지도자들이다.

-중공군은 6·25 남침전쟁에 개입해 수많은 우리 군인을 살생했고, 통일을 좌절시켰다. 피해자인 대한민국의 국군통수권자가 가해자가 벌이는 군사퍼레이드에 참석한다는 것은 국가정체성 측면에서도 적절치 않다.

미국은 "행사 참석 여부는 한국의 주권적인 결정사항이며, 한국의 결정을 존중한다"는 입장을 취했다. 윤병세 외교부 장관은 2015.8.31 케리 국무장관을 만나 '북한 문제의 해결을 위해서는 중국과의 협력 강화가 절실하다'는 논거로 미 측의 이해를 구했다.

朴 대통령은 2015.9.4 전승절 참석을 마치고 귀국하는 길에 기자들에게 시 수석과 한반도 통일 문제에 관해 깊이 있는 대화를 나눴다고 이렇게 말했다.

「시진핑 국가주석과의 협의에서 가장 중점을 둔 건 한반도와 동북아의 평화와 안정을 지켜 나가는 데 있어 중국과 어떻게 협조하고 협력해 나갈 것인가 이었다. …앞으로 한반도 평화통일을 위해서 중국과 같이 협력해 나가기로 그렇게 이야기가 된 것이고, 그래서 가능한 조속한 시일 내에 한반도 평화통일을 어떻게 이루어 나갈 건가에 대해서 다양한 논의가 시작될 것이라고 보면 된다. …핵실험 등 다양한 형태의 도발이 있을 수 있다고 예상할 수 있는데 긴장 상태가 어떻게 해결되느냐의 귀결점은 평화통일이다.」

하지만 중국 〈신화통신〉의 보도는 뉘앙스가 달랐다. 이 통신은 9월 2일 정상회담 시 시 주석은 한반도 통일에 관해 "중국은 남북 쌍방이 대화를 통해 관계를 개선하고, 화해와 협력을 추진하며, 최종적으로 자주 평화통일을 실현하는 것을 환영한다"고 말했다고 보도했다. 종전 입장과 달라진 것이 없었다.

국민들은 박 대통령의 전승절 참석으로 한국의 존재감이 높아졌다는 인상을 받았다. 여론조사에서 국정 지지율이 30%대에서 54%로 올라갔다.

윤병세 외교부 장관은 한 신문 기고문에서 박 대통령의 訪中 성과를 다음과 같이 요약했다.

「한반도 분단 70주년에 양 정상이 향후 한반도의 정세 전개와 평화통일 문제에 대해 깊이 있는 논의를 한 것은 특기할 만하다. 특히, 이번에는 분단 의 고통을 조속히 해소하려는 우리의 열망과 통일 한국이 가져다줄 혜택에 대한 이해를 제고시켰다. …북한 및 북핵 문제와 관련한 중국의 역할이라는 측면에서 매우 중요했다. 중국은 북핵 및 미사일 관련 유엔 안보리 결의 이 행을 강조하면서 긴장 고조 행위에 단호한 반대 입장을 재확인했다.」

진징이 베이징대 교수는 박 대통령의 訪中이 "中·韓 관계에서 새로운 이정표였음에 틀림없다"고 하면서, "가장 큰 訪中 목표가 북한 문제와 통일 문제에서 중국의 지지를 이끌어내는 것이었는데 이 점에서 성과가 있었다"고 보았다. 주펑 베이징대 국제관계학원 교수는 "중국과 미국 두 大國 간 관계에서 미묘한 평형을 유지하면서도 한국의 이익을 우선으로 하는 원칙을 지켰다. 이번 전승절 참가는 미들파워 외교의 독립성과 전략적 안목을 보여줬다"고 평가했다.

* 박근혜 대통령의 '톈안먼 망루외교'는 두 가지를 시사했다. 하나는 한·중 관계가 정치적 협력 단계로 접어들 가능성이었고, 다른 하나는 한국이 미·중을 같은 비중으로 관계할 가능성이었다.

이근 교수도 박 대통령의 전승절 참석은 "보수 지도자가 진보적 외교를 한 것"으로, "매우 용감하고, 시대를 읽는 현명한 외교"였다고 평가했다. 그는 "우리가 남의 눈치 덜 보고 독자적으로 이슈와 협력 대상국을 선택하는 주권독립의 모습을 보여주었다"고 분석했다.

부정적인 평가도 있었다. 확실치도 않은 중국의 역할을 기대해 중국에 기운 모습을 보임으로써 우리가 취할 수 있는 외교 스탠스를 불안정하게 만들었다는 것. 천영우 前 청와대 외교안보수석은 訪中 성과가 과대평가돼 있다고 다음과 같이 주장했다.

> 「…미국의 동맹국이면서 자유민주국가의 정상頂上으로는 유일하게 참석한 박 대통령에게 잘 어울리는 자리라기보다 대한민국의 정체성에 대해 많은 의문을 던지는 행보였다. …사열대에서 시진핑 주석과 함께 서있는 박 대통령의 그림은 미국의 동맹국인 한국이 드디어 중국의 패권적 질서에 편입되고 있다는 강력한 인상을 미국과 일본의 조야에 각인시켰다. …통일에 대해 깊이 있는 논의를 했다고 하나 중국 측 언론 발표문에는 '자주적' 평화통일을 지지하는 기존 입장을 재확인한 것밖에 없다. 통일 과정에서 미국의 개입을 반대한다는 의미였다.」

박 대통령은 중국 전승절 행사 참석으로 중국 지도부에 최대한의 성의를 보였다. 여기에는 두 가지 기대가 있었다. 하나는 중국이 당면한 북한 핵미사일 문제에서 보다 진정성 있는 역할을 해주었으면 하는 것이고, 다른 하나는 한반도 통일 문제에서 한국 입장을 이해하고 지지해 주었으면 하는 것이었다. 박 대통령의 이런 기대는 나이브한 것이었다. 국제정치 현실주의 관점에서 보면 중국은 분명 그런 나라가 아니었다. 이런 사실은 중국의 사드배치 반대에서 곧 드러났다.

* <동아일보>는 2017.3.4자 사설에서, 박 대통령이 2015년 9월 중국이 북핵 해결에서 중요한 역할을 할 것으로 기대하고 미국의 반대에도 불구하고 톈안먼 성루에 올랐는데, 이는 "시진핑 주석에게 속은 것"이라고 썼다. 남재준 전 국정원장은 <신동아>와의 인터뷰에서 "박근혜 정부의 중국에 다가서는 정책은 대단히 잘못된 것이었다"면서, "국정원장으로 일할 때 그렇게 하면 안 된다고 수없이 얘기했다"고 말했다. 그는 또한 '중국이 박근혜 정부 초기 3년간 한국을 대우하는 것처럼 행동한 것은 한미동맹 와해를 노린 것'이었다고 했다(신동아 2017.5월호).

16장. 중국의 사드배치 반대

시캐로퍼티 주한미군사령관이 2014년 6월 사드(THAAD;고고도미사일 방어체계) 한국 배치 필요성을 언급한 이래 사드 문제는 韓·中 관계를 전반적으로 위축시키는 요인이 되었다. 박근혜 정부는 중국을 의식해 이 문제 초기에 분명한 입장을 보이지 않았다. 하지만 북한의 5차 핵실험을 하는 등 핵미사일 능력을 고도화되자 2016.7.8 사드배치를 공식 선언했다. 그러자 중국은 한국에 대해 다양한 보복 조치를 취하기 시작했다. 韓·中 관계의 한계가 수교 25년 만에 드러났다.

박근혜 대통령의 기대가 무너지다

박근혜 대통령은 2013년 2월 취임 이래 중국과의 관계에 많은 공功을 들였다. 중국이 북한 비핵화를 달성하는데 실질적인 역할을 해 줄 수 있을 것이라는 기대가 하나의 배경이었다. 여섯 번이나 시 주석과 정상회담을 했고, 2015년 9월 중국 전승절 행사 참석이라는 어려운 결정도 했다. 하지만 중국은 박 대통령을 실망시켰다. 일각에서는 '박근혜 정부의 親中 외교가 헛물만 들이켰다' '중국을 믿지 말았어야 하는데 박 대통령이 속았다'는 얘기도 나왔다.

* 박제균 동아일보 논설위원은 2016.5.12 칼럼에서 "박근혜-시진핑 밀월은 북한의 4차 핵실험으로 끝났다"고 단언하면서, "애초에 중국을 지렛대로 북한의 핵 포기를 유도하려던 박근혜 정부의 외교 전략 자체가 너무 순진무구(?)했다"고 썼다.

박 대통령은 북핵 문제를 해결함에 있어 중국의 역할이 긴요하다고 믿었다. 이런 사실은 그가 2014.4.25 訪韓 중인 오바마 대통령과 가진 공동기자회견에서 한 다음과 같은 발언에서도 잘 나타난다.

「계속 대화를 통해 뭘 하고자 하는 노력을 해왔지만 결국 북한은 그동안 시간을 벌어 핵능력을 고도화하고 이제는 그 능력이 더 고도화돼 누구 말도 듣지 않는 상황까지 계속 간다면 6자회담을 하는 의미도 없어지게 된다. … 또 주변 국가에서 핵과 관련한 군비경쟁이 불붙을 수도 있다. 그럴 때 그것을 하지 말라고 막을 명분도 점점 약해진다고 생각한다. 또 한국이 북한과의 관계 개선을 위해 뭔가 노력을 해보려는 것도 동력을 잃게 될 수밖에 없다고 생각한다. …특히 여기서 중국의 역할을 강조하고 싶다. 중국은 그동안 북한의 핵 보유, 추가 핵실험에 대해 강력하게 반대해왔고, 또 안보리 대북제재도 충실하게 이행한다는 입장을 견지해오고 있다. 그렇다면 이런 결정적인 상황에서 북한의 이런 것이 결코 용납되지 않도록 중국이 강한 조치를 해주기를 기대하고 있다. 중국은 북한 대외무역의 90%, 경제지원의 80% 이상을 차지하고 있기 때문에 북한에 대한 영향이 상당히 크다고 생각한다. 그래서 중국이 이런 위험한 상황에서 리더십을 발휘해 위협이 현실화되지 않도록 해주길 바란다」

중국이 북한 비핵화에 실제적인 역할을 할 수 있으려면 무엇보다도 그런 의지가 있어야 하나, 중국의 북한 비핵화 의지는 형식적인 것으로 진정성이 없었다. 북한 비핵화를 달성하지 못하는 한이 있더라도 북한 정권 붕괴만큼은 막아야 한다고 믿었다. 따라서 박 대통령이 가졌던 '중국 역할론'은 한계가 있었다.

추이텐카이 주미 중국대사는 2014.4.11 한 세미나에서 "미국이 중국에 대해 북한을 압박해 핵을 포기하도록 주문하고 있는데, 이것은 '미션 임파서블'이다"라고 말했다. 이는 북한 핵을 막는 일에서 중국이 할 수 있는 일이 제한적이라는 말이었지만, 다른 한편으로는 북한 핵 문제에서 중국은 책임이 없다는 말이기도 했다.

그런데 북한도 이미 이보다 7년 전 같은 맥락의 얘기를 했다. 김계관 외무부상은 2007.3.8 미국 방문 시 "미국은 핵문제 해결을 위해 중국에 큰 기대를 갖지 말라. 과거 6년간 미국은 북핵 문제 해결을 위해 중국에 의존해 왔는데 얻은 결과가 무엇인가? 우리는 미사일도 발사했고 핵실험도 했다. 우리가 하겠다고 하면 한다"라고 말했다.

박근혜 대통령은 북한이 2016.1.6 4차 핵실험을 하자 1월 13일 對국민 담화를 발표했다. 이 담화에서 박 대통령은 "어렵고 힘들 때 손을 잡아 주는 것이 최상의 파트너"라면서 중국의 지원을 공개적으로 요청했다. 박 대통령은 이때 처음으로 사드배치 가능성도 내비쳤다.

「북한의 태도 변화를 가져올 수 있을 정도의 새로운 제재가 포함된 가장 강력한 대북 제재 결의안이 도출될 수 있도록 모든 외교적 노력을 다해 나갈 것입니다. 이 과정에서 중국의 역할이 중요합니다. 중국은 그동안 누차에 걸쳐 북핵 불용의지를 공언해왔습니다. 그런 강력한 의지가 실제 필요한 조치로 연결되지 않는다면, 앞으로 5번째, 6번째 추가 핵실험도 막을 수 없고, 한반도의 진정한 평화와 안정도 담보될 수 없다는 점을 중국도 잘 알고 있을 것으로 봅니다.」

朴 대통령의 간곡한 호소에도 불구하고 중국 외교부는 이틀 후 "관련국들도 감정적 발언을 자제함으로서 갈등을 자극하는 일들을 하지 않길 희망한다"고 했다. 한국에게는 엉뚱한 코멘트였다. 1월 18일에는 "관련국들은 상호 관심사안과 우려를 합리적인 방법으로 해결해야 한다"고 했다. 북한을 비난하는 언급은 어디에도 없었다.

朴 대통령은 4차 핵실험 직후 핫라인을 통해 시 주석과 전화통화를 시도했으나 중국 측은 응하지 않았다. 한 달여 지난 2월 5일에서야 통화가 이뤄졌다. 이때 시 주석은 "중국은 어떤 경우를 막론하고 한반도

의 비핵화를 위해 노력한다. 이는 중국과 한국을 포함한 동북아 각국의 공동이익에 부합된다. 한반도에는 핵무기가 있어서는 안 되며, 전쟁이나 동란이 일어나도 안 된다"라고 했다. 하나마나한 얘기였다.

　　* 청와대는 1월 11일까지 통화를 시도했지만 중국 측은 끝내 거부했다. 박
　　대통령의 실망이 컸을 것이다. 중국 측은 이때 국방장관 간 핫라인도 받지 않
　　았다. 핫라인을 개설(2015.12.31)한 의미가 없었다.

중국, 비핵화 · 평화협정 병행 제의

　왕이 외교부장은 2016.2.17 호주 외교장관과의 공동기자회견에서 "한반도 비핵화와 평화협정을 병행 추진하는 협상 방식을 제안한다"고 했다. 한 · 미 양국이 강력한 對北 제재를 추진하려는 마당에 비핵화와 평화협정을 병행 논의하자고 하니 초점을 흐리는 일이었다.

　　* 북한 측이 이미 2015.12.15 "평화협정 체결 문제와 비핵화 문제를 뒤섞어
　　놓으면 어느 하나도 해결될 수 없다는 것은 실천을 통해 여실히 증명된 진
　　리"라고 밝힌 바 있었음에도 왕이 부장은 이런 제안을 했다. 북한은
　　2017.4.17 비핵화와 평화협정을 동시에 논의하자는 중국 측 제안을 또다시
　　거부했다.

　왕이 부장은 2월 23일 워싱턴에서 존 케리 국무장관과 가진 기자회견에서도 "현재 변화하고 있는 상황을 감안하여 한반도 비핵화 트랙과 평화협정 트랙을 병행 추진할 것을 제안했다"고 했다. 이에 케리 장관은 "북한이 협상 테이블에 나와 비핵화 협상을 하면 궁극적으로는 미국과 평화협정을 체결할 수 있을 것"이라고 말했다. 비핵화 협상이 우선되어야 한다는 말이었다.

　중국이 비핵화 · 평화협정 병행론을 들고 나온 것은 차제에 논의의 방향을 美 · 北 평화협정으로 끌고 가는 것이 중국에게는 더 유리할 것이라고 판단한데 있었다. 당장 실현될 가능성은 희박하지만, 언젠가 평화협정이 체결되면 주한미군 철수와 한미동맹 해체가 가능해질 것이라

는 계산을 했던 것이다.

유엔 안보리는 2016.3.2 對北 제재 결의안(2270호)을 만장일치로 통과시켰다. "제재는 목적이 아니다"라며 완강히 반대하던 중국도 찬성으로 돌아섰다. 우다웨이 6자회담 중국 측 수석대표는 북한이 중국의 만류에도 불구하고 2월 7일 장거리미사일을 발사한 것이 중국이 입장을 바꾼 요인이라고 했으나, 실제로는 다른 배경이 있었다. 즉, 오바마 대통령이 2월 18일 美 의회가 통과시킨 강력한 대북 제재법안을 발효시켰고, 박 대통령은 2월 10일 개성공단 중단이라는 특단의 조치를 취했으며, 韓·美 당국은 2월 10일 사드배치에 관한 협의를 공식화한다고 발표했다. 사드배치 가능성이 현실화되었다.

중 국 의 사 드 반 대 입 장 표 명

중국은 韓·美의 한국 내 사드배치에 대해 줄곧 반대 입장을 표명해 왔다.

▶시진핑 주석은 2014. 7월 방한 시 박근혜 대통령에게 "한국은 주권국가로서 당연한 권리를 행사해 반대 의사를 표명해 달라"고 언급
▶추궈훙 주한 중국대사는 2014. 11월 국회 남북관계발전특위 간담회에서 "한국의 사드배치는 북한이 아니라 중국을 목표로 한 것이란 인상을 갖고 있다"고 언급
▶창완취안 국방부장은 2015. 2월 방한 시 "사드가 북한보다는 중국을 염두에 둔 무기라는 인식을 갖고 있다"고 언급
▶류전민 외교부 부부장은 2016.2.7 김장수 주중대사를 초치, 사드 반대 입장 전달

왕이 외교부장은 2016.2.12 로이터통신과의 인터뷰에서 사드배치는 "유방을 겨누는 항우의 칼춤과 같다"고 했다. 초나라 항우의 사촌인 항장이 연회에서 칼춤을 춘 것은 유방을 살해하려는 것이었다. 이 비유에서 유방은 중국이고, 항우는 미국이며, 항장은 한국이었다. 한국이

미국 하수인으로 중국을 겨냥해 칼춤을 추고 있다는 비유는 무례했다.

　* 〈환추시보〉는 2016.1.13 "한국이 사드를 배치하면 결과적으로 中·美 양국 간 패권경쟁 속에서 '바둑돌'로 전락하게 될 것"이라고 썼다.

　박근혜 대통령은 2016.2.16 국회 연설에서 "사드배치는 강력한 대북 억제력을 유지하기 위해 한·미 연합방위력을 증강시키고, 한미동맹의 미사일 방어태세 향상을 위해 취한 조치의 일환"이라고 말했다. 한·미가 사드를 배치하려는 가장 직접적인 이유는 북한의 핵·미사일 능력 고도화에 있었으나, 이와 함께 중국의 對北 압력이 보다 진정성 있는 것이 되도록 유도하려는 의도도 있었다.

　홍레이 외교부 대변인은 2월 17일 정례브리핑에서 "우리는 사드의 한반도 배치를 결연히 반대하며 관련국이 이 계획을 포기하기를 희망한다. 한반도에 사드를 배치하는 것은 현재 긴장 국면을 완화하는 데 불리하게 작용하며 이 지역의 평화와 안정에 도움이 되지 않는다. 특히 중국의 안보이익을 훼손하기 때문에 우리는 이를 강력히 반대한다"고 했다.

　추궈훙 주한 중국대사는 2월 23일 김종인 더불어민주당(제1야당) 비상대책위원회 대표를 만나 "사드배치로 중국의 안보이익을 훼손하면 中·韓 관계는 어쩔 수 없이 피해를 입게 될 것이다. 中·韓 관계를 오늘날처럼 발전시키려 했던 노력들이 순식간에 한 가지 문제 때문에 파괴될 수 있다"고 말했다.

　* 조갑제 조갑제닷컴 대표는 "추 대사가 북한정권엔 굴종적이고 親中事大的 성향이 강한 더불어민주당을 찾아간 것은 한국의 친중사대파를 선동, 이용하기 위한 非외교적 결례이고 주권 국가에 대한 모독"이라고 주장했다.

　청와대 대변인은 2월 24일 "주한미군의 사드배치 문제는 증대되는 북한의 핵미사일 위협에 대한 우리의 자위권적 차원 조치로 안보와 국익에 따라 결정할 사항이고, 중국 측도 이런 점을 인식하고 있어야 할 것"이라고 했다. 추 대사의 발언과 관련하여 나온 코멘트였다.

美·中 간 입장 차이

케리 美 국무장관은 2016.2.23 워싱턴에서 왕이 외교부장과 가진 공동기자회견에서 사드 문제에 관한 미국의 입장을 다음과 같이 명쾌하게 설명했다.

「우리는 사드배치를 고대하거나hungry or anxious 또는 배치 기회를 찾고 있지 않다는 사실을 아주 분명히 밝혀왔다. 사드배치에 관한 협의를 하고 있는 것은 북한의 도발적인 행동 때문이다. …사드는 순전히 방어체계(무기)다. 공격무기가 아니다. 그것은 공격 능력이 없다. 날아오는 미사일을 요격할 수 있을 뿐이다. 사드가 배치된다면 그것은 한국과 미국을 보호하기 위한 것일 뿐이다. …만약 사드가 배치되지 않도록 하고 향후 한국에서 미군 규모가 축소되기를 원한다면 북한의 핵개발 문제를 해결하고 종국에 가서는 한반도에서 평화를 이뤄야 한다. 비핵화가 실현된다면 사드배치가 필요 없다.」

왕이 외교부장은 2월 25일 전략국제문제연구소CSIS 포럼에서 사드 배치 문제와 관련하여 X-밴드 레이더(AN/TPY-2)가 문제라고 이렇게 말했다.

「사드 체계와 관련된 X-밴드 레이더가 한반도를 넘어서 중국 내륙부까지 도달한다는 사실을 지적하고자 한다. 다시 말해서, 중국의 정당한 국가안보이익이 위험에 빠지거나 위협을 받는 상황이 되는 것이다. 그러므로 韓·美가 사드배치에 관한 협의를 시작한다고 발표한 이상 우리는 중국의 정당한 안보 우려가 고려되어야 하고 충분히 납득할 수 있는 설명을 해 주어야 한다고 생각한다.」

우다웨이 6자회담 중국 측 수석대표는 2016.3.2 "사드는 미국의 눈이다. 중국은 이를 미군 기지가 중국 쪽으로 800km 전진한 것으로 해석한다"고 말하면서, "한국이 사드를 배치한다면 앞으로 북핵 논의는 사드 논의로 바뀔 것"이라고 했다.
  * 윌리엄 페리 前 국방장관은 '미국의 소리'와의 인터뷰에서 "사드는 기본적

으로 방어 체계이기 때문에 X-밴드 레이더 주장은 근거가 없다. 사드는 중국의 2차 타격 능력에 전혀 영향을 주지 않는다"고 말했다. 중국은 헤이룽장성에 탐지거리가 5500km에 달하는 신형 레이더를, 한국을 마주보는 산둥성에는 탐지거리가 700km인 방공미사일 레이더를 설치해 놓고 있는데, 2017년 1월에는 네이멍구에 한국과 일본을 들여다볼 수 있는 탐지거리 3000km 레이더를 추가로 설치했다.

중국의 사드배치 반대 입장은 2016.3.31 워싱턴에서 개최된 美·中 정상회담에서도 표명되었다. 시진핑 주석은 "사드배치는 중국의 안보이익과 동북아 지역의 전략적 균형을 훼손하는 것이다. 남에게 손해를 끼치면 자신에게도 이롭지 않다"고 말했다. 이에 오바마 대통령은 '사드는 방어적 무기로 북한 위협에 대응하는 용도이지 다른 나라를 겨냥하는 게 아니다'라고 했다.

韓·美, 사드배치 최종 결정

韓·美 당국은 2016.7.8 사드 1개 포대를 배치하기로 결정했다고 공식 발표했다. 그러자 중국 외교부는 즉각 외교부 홈페이지에 다음과 같은 반대 성명을 게재했다.

「중국은 미국과 한국의 사드배치 결정에 강한 불만과 단호한 반대의 뜻을 밝힌다. 사드가 한반도에 배치되면 중국을 포함한 이 지역 국가들의 전략적 안보이익과 지역의 전략적 균형을 심각하게 훼손하게 될 것이다. 중국은 미국과 한국이 사드배치 과정을 중단하고, 지역 정세를 복잡하게 만드는 행동을 하지 말며, 중국의 전략적 안보이익을 훼손하는 일을 하지 말 것을 강력히 촉구한다.」

박근혜 대통령은 2016.7.11 청와대 수석비서관회의에서 "사드배치는 순수한 방어목적으로 북한 이외의 어떤 제3국을 겨냥하거나 제3국의 안보이익을 침해하지 않고, 또 할 이유도 없다"고 잘라 말했다. 박 대통령은 또 "북한의 위협으로부터 국민의 생명을 지키기 위해 필요한 모든 조치를 강구할 것이다. 주한미군에 사드를 배치하기로 결정한 것도 바로 이런 이유에서다"라고 중국 측 주장을 반박했다.

  * 한국 정부가 주한미군의 사드배치에 동의한 것은 중국의 북한 비핵화 의지를 더 이상 믿을 수 없다는 판단도 들어 있었다. 또한 중국이 북한을 보다 더 제어하지 않으면 중국 자신도 손해를 보게 된다는 판단이 들게 만들려는 목적도 있었다.

  韓 · 美 군 당국이 2016.7.13 사드배치 지역으로 경북 성주를 선정했다고 발표하자 루캉 중국 외교부 대변인은 "사드배치 프로세스를 중단할 것을 촉구한다. 중국은 단호하게 필요한 조치를 취할 것"이라고 말했다.

  왕이 외교부장은 2016.7.24 아세안지역안보포럼ARF을 계기로 라오스에서 열린 윤병세 외교부 장관과의 회담에서 "한국 측의 행위는 양국 상호 신뢰의 기초에 해를 끼쳤다. 유감스럽게 생각한다"고 말했다. 왕이는 윤병세 장관이 한국 입장을 설명하는 내내 얼굴을 찌푸리거나 턱을 괴고 손사래를 치는 등의 비례非禮를 보였다.

  * 주중 한국대사가 2016.10.19 주최한 국경일 리셉션에 중국 외교부는 관례를 깨고 과장급 직원을 참석시켰다. 의도적인 모욕이었다. 9월 26일 서울의 주한 중국대사관이 주최한 중국 국경절 리셉션에는 외교부 1차관이 참석한 바 있다. 11월 22일 주중 일본대사관이 주최한 리셉션에는 외교부 부부장이 참석했다.

  당시 왕이 부장은 북한 리용호 외무상에게는 대조적인 모습을 보였다. 회의장 밖에까지 나와 리용호와 환한 표정으로 악수를 나눈 뒤 그를 회담장으로 안내해 들어갔다. 중국 측은 종전과 달리 한국 기자들이 이런 모습을 카메라에 담도록 허용했다.

  사드 포대가 성주에 배치될 것이라고 발표되자 이 지역 주민들이 거세게 반발하고 나섰다. 7월 15일 황교안 국무총리와 한민구 국방부 장관이 성주를 방문했을 때 달걀과 물병이 투척되었고 심지어 시위대에 갇혀 6시간 동안이나 움직이지 못하는 상황까지 발생했다. 당시 박 대통령이 아시아유럽정상회의ASEM 참석차 몽골을 방문하고 있었기 때문에 국무총리가 이런 상태에 놓여 있었다는 것은 국가안보상의 문제였다. 이날 성주 지역 10개 초중고교생 827명은 무더기로 조퇴나 결석을 하고 집회에 참가했다.

* "사드가 배치되면 참외 농사는 끝장나고 성주는 사람이 살 수 없는 죽음의 땅이 된다"는 괴담이 돌아다녔다. 이즈음 한국 사회 어디에서도 '죽고 사는 문제'(안보)가 '먹고사는 문제'(경제)보다 더 중요하다는 목소리는 없었다.

성주가 사드배치 지역으로 발표된 날, 대구·경북 지역 국회의원 21명은 반대 성명을 발표했다. 여기에는 최경환·정종섭·주호영 등 박근혜 정부에서 부총리와 장관을 지낸 인사들도 포함되어 있었다. 정부 고위직을 맡았던 사람들의 국가안보 의식이 이 정도였다.

박지원 국민의당(제2야당) 비상대책위원장 등 당 지도부와 의원들은 2016.8.1 성주를 방문한다. 현장 목소리를 듣는다는 취지였지만 이들은 주민들의 불안을 자극하는 발언들을 쏟아냈다. 정동영 의원은 성주군청에서 열린 간담회에서 "사드를 성주에 갖다 놓으면 통일의 문은 닫히고 영구 분단의 문이 열린다. …북한이 미사일을 성산포대를 향해 겨냥할 것이고, 중국과 러시아의 미사일과 핵이 성산포대를 겨냥해 배치될 것"이라고 말했다. 야당 의원 30여 명은 사드 반대를 위한 백악관 청원 서명 운동에 참여하면서 이 운동을 독려하기도 했다.

중국 언론의 사드반대 캠페인

중국은 관영매체를 통해 사드반대 캠페인을 집중적으로 전개했다. 공산당 기관지 <런민일보>는 연일 사설을 통해 다음과 같은 막말과 협박을 쏟아냈다. 특히 8월 3일자 사설은 박근혜 대통령을 향해 직격탄을 날렸다. 反사드 여론을 증폭시켜 국론을 분열시키려는 의도가 분명했다. 여기에 일부 한국 인사들도 부화뇌동했다.

* 정세현 前 통일부 장관은 8월 16일 더불어민주당 특강에서 '사드배치 철회로 미국과 마찰이 생기더라도 중국과 손을 더 잡으면 굶어 죽을 걱정이 없다'고 했다.

▶한국이 사드배치에 동의한 것은 미국의 졸개가 되는 것이고 한반도를 새로운 모순의 소용돌이에 빠져들게 하는 것이다. 한국의 정책 결정자들은 정신을 차리고 현실감을 유지해야 한다. …한국 정부 입장에서 사드배치에 동의한 것은 호랑이를 키워 우환을 만들고 집안에 늑대를 끌어들이는 것과 같다. 잘못을 깨달아 고치지 않으면 자신을 태우고 악과惡果를 스스로 먹는 결과를 초래할 것이다. (2016.8.1)

▶한국 지도자는 다른 의견은 듣지 않고 고집스레 자국의 안전을 미국 사드 체계와 함께 묶어놓고는, 이를 위해서는 지역 안정을 파괴하고 공연히 주변 大國의 안보이익을 훼손하는 것도 마다하지 않는다. …이처럼 위험한 정세에서 한국 지도자는 당연히 신중에 신중을 기해 문제를 처리해야 하며, 소탐대실로 자국이 제1 타격 대상이 되는 최악의 상황을 피해야 한다. (2016.8.3)

▶한국은 군사문제에서 미국을 추종하고 있으며, 그 어떤 자주권도 없다는 것을 누구나 다 안다. …한국이 제멋대로 행동해 거리낌 없는 마음으로 山에 기대어 멋대로 행동한다면 지나치게 경박한 것이다. (2016.8.5)

박근혜-시진핑 항저우 회담

박근혜 대통령과 시진핑 주석은 2016.9.5 중국 항저우에서 열린 G20정상회담을 계기로 회담했다. 이때 박 대통령은 "나의 넓지 않은 어깨에 5000만 국민의 생명과 안위를 책임져야 한다는 막중한 사명감이 있기 때문에 대통령으로서 어떻게 북한 핵·미사일 위협으로부터 우리 국민의 생명을 보호할 수 있는지 고심하고 있다"면서, "북핵 및 미사일 문제가 해결되면 더 이상 사드가 필요가 없을 것"이라는 입장을 밝혔다.

시 주석은 박 대통령에게 "우리는 미국이 한국에 배치하는 사드 시스템에 반대한다. 이 문제의 처리가 좋지 못하면 지역의 전략적 안정에 도움이 되지 않고 유관 당사국 간의 모순을 격화할 수 있다"고 사드반대 입장을 밝혔다. 시 주석은 이런 입장을 설명하는 과정에서 '음수사원'飮水思源이라는 성어成語를 사용했다. 이는 '오늘의 한국이 누구 덕에 있는지 잘 생각하라' '中·美·日 중 누가 한국을 도왔는지 잊지 말라'는 의미였다. 적절한 인용이 아니었다.

> * '음수사원'이란 '물을 마시며 그 물이 어디서 왔는지 생각한다'는 말인데, 한국이 '음수사원' 한다면 그 대상은 마오쩌둥의 중국공산당이 아니라 대한민국 임시정부를 보호해 준 장제스(蔣介石) 주석이었다.

북한의 5차 핵실험

2016.9.9 북한은 8개월 만에 또 핵실험을 했다. 화춘잉 외교부 대변인은 9월 12일 정례브리핑에서 "북한 핵개발 문제의 핵심은 중국이 아닌 미국에 있다. 대북 제재만으로는 북한 핵개발 문제를 해결할 수 없다. 대북 제재라는 일방적 조치가 사태를 막다른 골목으로 몰아갈 수 있다"며 미국과 대북제재에 책임을 돌렸다.

중국이 안보리의 對北 제재조치를 엄격히 이행하지 않는다는 사실은 공개된 비밀이었다. 아산정책연구원과 美 국방문제연구센터는 2016. 9.19 中기업이 북한의 핵미사일 개발에 전용될 수 있는 알루미늄 잉곳, 산화알루미늄 등을 북한에 지속적으로 수출해왔다는 사실을 공개했다. 올브라이트 과학국제안보연구소ISIS 소장도 2016.5.10 북힌이 원심분리기 가동에 필수적인 부품인 알루미늄 튜브, 진공 펌프 등을 중국을 거쳐 들여오고 있다고 밝힌바 있다.

> * 스인훙 런민대 교수는 2016.9.12 <뉴욕타임스> 인터뷰에서 "중국은 강도 높은 제재가 이뤄져 북한이 붕괴하는 것보다는 북한이 핵무장하는 것을 선호한다"고 말했다. 이는 누구나 다 아는 '비밀'이었다.

김정은이 2016년 들어 두 번이나 핵실험을 단행하고, 각종 탄도미사일을 발사한 후 2017년 신년사에서 대륙간탄도미사일 개발 완료 직전에 도달했다고 선언하자 미국은 바짝 긴장하기 시작했다. 오바마 대통령은 이임하면서 트럼프 대통령 당선자에게 미국 안보에 대한 최대 위협 요인으로 북한 핵미사일을 들고 이에 관한 브리핑을 해주었다.

중국은 왜 사드에 반대하나

① 사드배치는 미국의 미사일방어MD 체계 구축의 일환이다

-중국은 사드배치가 미국의 MD 체계 구축의 일환이라고 주장했다. 하지만 사드는 중국의 핵 보복 능력을 무력화시킬 수 없다는 점에서 억지 주장이었다. 사드가 MD 목적이라면 미국은 일본이나 괌에 더 많은 미사일 체계를 구축하면 된다.

-미국은 2017년 1월 MD 체계의 핵심 장비인 해상배치 X밴드 레이더(SBX)를 한반도를 향해 전진 배치했는데, 이 레이더의 탐지거리가 4800km에 달해 오키나와 인근에서도 중국 대부분 지역을 감시할 수 있다. 사드 레이더가 중국 감시 목적이라면 레이더를 남한에 따로 배치할 필요가 없다.

-한 중국학자는 2015년 서울대학교 미중관계연구소 세미나에서 "중국은 미국의 MD망을 돌파할 수 있는 군사기술을 이미 보유하고 있어 사드로 인해 군사적 위협을 느끼지는 않을 것"이라고 말한바 있다.

② 사드배치는 미국의 對中 봉쇄전략의 일환이다

-중국은 사드배치가 한·미·일 군사동맹 강화책의 하나라고 주장하나, 사드의 본래 목적은 그런 것이 아니다. 한·미가 사드배치를 결정한 과정을 보면 이런 사실을 알 수 있다. 사드는 어디까지나 북한의 핵미사일 공격에 대응하기 위한 것이었다.

-왕위성 前 대사는 2016년 8월 〈환추시보〉와의 인터뷰에서 "미국의 사드 배치는 한국을 잡아매려는 것이지만, 미·일을 중심으로 한국·호주·인도·베트남까지 묶어 '아시아판 나토'를 만들려는 것"이라고 했다.

중국이 사드배치에 반대하는 데에는 다음과 같은 요인들이 복합적으로 작용한 것으로 보인다.

① 對美 전략의 일환

-중국의 對한반도 정책은 對美 전략의 종속변수다. 중국은 사드 문제를 대미 전략 차원에서 접근했다.

-중국은 사드 문제를 단순히 미사일 1개 포대가 한국에 배치되는 그런 문제로 보지 않았다. 사드배치가 시진핑 주석의 '신형대국관계' 추진에 장애가 된다고 보았다.

-한용섭 교수는 중국이 서태평양·동남아·동북아에 대한 미국의 접근을 막고 이 지역에서의 미국의 우세를 거부하기 위해 41개 지역에 공격용 미사일, 10개가 넘는 지역에 방어용 미사일을 배치해 놓고 있는데, 미국의 MD가 완비되면 이러한 공격용 미사일 능력이 무력화될 가능성이 있다고 예단해 사드에 반대하는 것으로 보았다.

-복거일은 "中의 사드보복은 남중국해 분쟁의 시선을 돌리려는 책략"으로 보았다. 논점을 흐려 엉뚱한 곳으로 상대의 관심을 돌리는 공산주의자들의 전통적인 협상 기법을 쓰고 있다는 것이다.

-이현주 동북아역사재단 사무총장은 중국의 사드반대는 미국으로부터 다른 분야에서의 양보를 이끌어내기 위한 하나의 카드로 사용되고 있다고 본다.

-장성민은 사드배치가 "한반도 내에서 치열하게 펼쳐지고 있는 미·중 간의 세계 패권경쟁의 일환"이라면서, "중국은 지금 한반도로부터 미국의 사드배치를 밀어내야만 서태평양 진출의 문이 열릴 수 있다고 생각한 반면, 미국은 한반도에 사드배치를 해야만 중국의 서태평양 진출을 봉쇄할 수 있다고 생각하고 있다"고 분석했다.

② 한미동맹 약화 의도

-중국의 반대는 전략적인 것이었다. 지역패권을 추구하면서 한미동맹의 와해를 추구하려는데 사드가 배치되면 오히려 한미동맹이 강화된다. 박휘락 교수는 사드가 배치되지 않으면 추후 미국이 어쩔 수 없이 주한미군을 철수해야 하는 상황이 조성될 가능성도 있다고 본다.

-중국은 한국을 내부적으로 분열시키면 한미동맹이 흔들릴 수 있다고 판단했다. 특히 박근혜 정부 다음에 들어서게 될 정부를 염두에 두었다.

③ 한국 길들이기였다

-중국은 미국에 대해서는 조용한 자세를 취하면서 한국만 괴롭혔다. 차제에 한국을 길들이겠다는 태도로 보일 수밖에 없었다. 약자를 굴복시켜 강자에 영향을 주려는 계략이라는 인상을 주었다.

-양이 전 中国防大学战略研究所长은 2016년 8월 〈환추시보〉 인터뷰에서 "우리는 한국에 강력한 반격을 가해 한국이 절망하도록 해야 한다. 이번에 한국에 확실히 교훈을 주면 다른 주변국들도 중국을 상대할 때 함부로 했다가는 엄한 벌을 받게 된다는 사실을 알게 될 것이다"라고 말했다.

-햄리 美 전략국제문제연구소 소장은 2017.1.6 한 언론 인터뷰에서 "중국이 사드반대를 위해 동원한 논리는 전적으로 한국을 이간질하기 위한 것이고, 한국을 취약한 상태로 남겨놓기 위한 것"이라고 진단했다.

-중국은 일본에 배치된 X-밴드 레이더에 대해서는 아무런 이의도 제기하지 않았다.

④ 시진핑 요인

-시진핑 주석이 한·미 정상에게 여러 번 사드배치 반대 입장을 밝혔음에도 한·미가 사드배치를 결정할 때 시 주석의 체면을 살려주지 않았다는 분석이다. 일례로, 황교안 총리의 시진핑 주석 면담 시(2016.6.29) 시 주석이 사드배치에 대해 "신중하고 적절하게 접근해 달라"고 요청했는데, 며칠 후(2016.7.8) 사드배치가 공식 발표되었다.

미국의 對北 강경 자세

오바마 행정부는 북한이 진정성 있는 비핵화 조치를 취하기 전에는 협상을 하지 않는다는 소위 '전략적 인내' 정책을 써왔다. 그런데 이 정책은 2016년 북한이 두 차례나 핵실험을 하고 무수단미사일과 잠수함발사탄도미사일SLBM 발사함으로써 코커 상원 외교위원장의 말대로 "비참한 실패"로 끝났다.

＊ 트럼프 행정부는 2017년 4월 오바마 행정부의 '전략적 인내' 정책의 종료를 선언하고, 자신들이 새로운 대북 정책인 '최대 압박과 관여'를 선언했다.

러셀 국무부 동아태 차관보는 2016.9.28 상원 외교위 아·태소위 청문회에서 "한국이나 일본이 미국의 핵우산에서 벗어나 독자적인 핵능력 보류를 추진할 가능성에 대해 중국이 매우 신경 쓰고 있다"고 말했다. 향후 전개되는 상황에 따라서는 韓·日이 핵무장의 길로 나갈 가능성도 있음을 내비친 것이다.

> * 일본의 핵무장은 한국과 대만의 핵무장으로 이어질 수 있어 이는 중국에게는 악몽과 같은 일이었다. 틸러슨 국무장관은 2017.3.17 "모든 옵션이 테이블 위에 있다"고 말했는데, "모든 옵션"에는 북한에 대한 군사적 타격, 韓·日 핵용인 등도 포함되어 있는 것으로 볼 수 있었다.

중국을 통한 對北 압박에 실패한 오바마 행정부는 대북제재의 강도를 높이기 시작했다. 각국 정부에 북한과의 외교·경제 관계를 격하 또는 단절해 달라고 요청했고, 이를 위해 한국·일본 정부와 공조했다. 러셀 차관보는 2016.10.12 국방담당 기자 간담회에서 "김정은은 핵공격을 자행할 수 있을 정도로 향상된 핵 능력을 보유하겠지만 그러면 (그는) 바로 죽는다"라고 말했다. 북한이 핵을 사용하려들면 그 즉시 김정은이 사라지도록 만들 수 있다는 경고였다.

케리 국무장관도 미국이 북한에 대해 최후 수단으로 언제든지 군사적 옵션을 선택할 수 있음을 지적했다. 그는 2016.10.19 韓·美 외교·국방장관 회의 후 공동 기자회견에서 "미국은 오랫동안 북한을 초토화시킬 능력을 보유해왔다"고 말했다. 애슈턴 카터 국방장관도 10월 20일 한·미 연례안보협의회SCM 후 공동 기자회견에서 "미국은 모든 한반도 위협에 맞서 미군의 모든 전력을 사용할 것이다"라고 경고했다.

미국의 북한에 대한 강경 자세는 2017년 1월 트럼프 행정부가 들어서면서 더욱 강화되었다. 북한 김정은이 2017.1.1 신년사에서 "대륙간 탄도미사일ICBM 시험발사가 마지막 단계에 이르렀다"고 하자 트럼프 美 대통령 당선자는 "그런 일은 없을 것"(It won't happen!)이라는 반응을 보였다.

중국의 한국에 대한 보복

2016.12.9 박근혜 대통령에 대한 탄핵소추안이 국회에서 가결되자 중국 언론은 '사드도 탄핵되어야 한다'며 한국의 국론분열을 부추겼다. 관영 영자지 〈글로벌타임스Global Times〉는 12월 10일 사설에서 "박근혜 대통령이 벌을 받은 이유는 최순실 게이트 때문만이 아니라 더 중요하게는 그가 사드배치라는 잘못된 전략적 판단으로 나라를 잘못 이끌었기 때문"이라며, "야당은 사드배치를 강력하게 반대하고 있고, 사드배치에 대한 국민의 항의도 고조되고 있다"고 썼다.

　＊ 2016년 12월 말에는 중국 외교부 아주국 부국장이 방한, 정·재계 고위인사들을 두루 만나 '사드를 배치하면 단교斷交 수준의 고통이 따를 것'이라면서 협박하고 돌아갔다.

중국 정부는 2017.1.11 '아·태 안보협력 정책 백서'라는 것을 내놓았는데, 여기서도 사드배치 프로세스가 중단되어야 한다고 명시했다. "냉전식 군사동맹을 결성하고 세계 및 지역 미사일방어망을 구축하는 것은 전략적 안정과 상호신뢰를 훼손시키는 일"이라는 것. 같은 날 루캉 외교부 대변인은 정례브리핑에서 "사드배치가 이뤄지면 中·韓 관계의 훼손은 피할 수 없다. 우리는 그런 상황이 벌어지는 것을 정말로 원치 않는다. 한국은 고집스럽게 이 일을 추진하지 말기 바란다"고 했다. 비외교적인 언사였다.

　＊ 중국은 2013년 시진핑 주석 취임과 더불어 지역안보 지도국 위치를 자임하면서 중국 마음에 맞게 행동하는 나라에 대해서는 보상하고 그렇지 않은 나라에 대해서는 처벌한다는 방침을 세웠다. 이런 기조에 의하면 한국은 처벌 대상이었다.

왕이 외교부장은 2017.1.2 중국공산당 중앙위원회 이론지 추스(求是) 기고문에서 "핵문제를 빌미로 한반도에 사드를 배치하는 것에 반대한다"며, 2017년 외교 핵심방향의 하나로 사드반대를 들었다. 그는 또한 1월 4일 송영길 의원 등 중국을 방문한 더불어민주당 소속 의원 7명을 접견하고 사드반대 입장을 강조했다. 중국 외교부는 김장수 주중대사의 면담은 계속 거부하면서도 민주당 의원들에게는 장관 면담과 차관보 만찬이라는 환대를 베풀었다. 누가 보아도 2017년 대선에서 더불어민주당 후보가 당선될 가능성을 염두에 둔 행동이었다.

중국 정부는 한국산 화장품 수입 불허 등 다양한 보복조치를 취하기 시작했다. 2017.1.9 군용기 10여 대를 동원해 무력시위까지 벌였다. 전투기가 포함된 이들 비행기는 제주 남방 이어도 인근 한국방공식별구역KADIZ을 4~5시간 비행하고 돌아갔다.

  * 미국의 국제문제 전문가 고든 창은 2017.1.20 북한의 핵미사일 개발을 도운 중국이 사드배치로 자신을 방위하려는 한국을 협박하는 것은 얼토당토않은 일이라고 썼고, 영국 <파이낸셜타임스>도 2017.3.7자 사설에서 "중국 지도부는 잘 알고 있어야 한다. 파멸 위험에 직면한 그 어떤 나라가 강력한 방어력 대신 단기적 경제이익을 선택하겠는가"라고 썼다. 경제보복을 당하더라도 사드를 배치하지 않을 수 없다는 의미였다.

왕이 외교부장은 2017.3.8 전국인민대표대회에서 내외신 기자회견을 열고 "사드 도입은 잘못된 선택이기 때문에 중국은 처음부터 단호하게 반대했다. …사드배치는 이웃에 대한 도리가 아니고 한국 자신을 더 위험한 지경으로 몰고 갈 것이다. 중국은 한국이 벼랑 끝에서 말을 돌려 사드배치를 중단해 잘못된 길로 더 멀리 가지 않기를 촉구한다"고 했다. "이웃에 대한 도리" 운운하며 공개적으로 한국에 훈계했다.

  * 매케인 美 상원 군사위원장은 중국의 사드 보복은 "용납할 수 없는 행동"이라면서 "중국은 한국에 보복하기 전에 북한 김정은을 통제해야 한다"고 말했다. 그는 2017.1.19 및 3.7 두 번이나 중국의 사드보복을 비난하는 성명을 냈다.

한 국 정 치 권 의 반 응

한국 국방부가 2017.2.28 성주골프장 소유자인 롯데와 사드 부지 교환 계약을 체결하자 중국의 보복이 구체화 되었다. 중국 내 50여 개

롯데마트를 폐쇄시켰고, 중국 진출 한국 기업에 대한 전방위 조사를 벌였으며, 3월 15일부로 한국행 관광 상품 판매를 전면 금지했다. 심지어 초등학생들에게 "중국에서 한국을 몰아내자"라는 구호를 따라 외치도록 하면서까지 한국 상품 불매운동을 전개했다.

　* 美 국무부는 중국 정부의 이런 조치가 비이성적이고 부적절하다"고 논평했다.

　주한미군은 2017.3.6 밤 사드 포대 발사대(2대)가 오산 美 공군기지에서 하역되는 모습을 공개했다. 북한은 이날 아침 동해상으로 탄도미사일 4발을 발사한 후, 이것이 駐日 미군기지를 겨냥한 것이라고 했다.

　* 미국 정부는 2017.3.7 중국 통신장비업체 중싱통신(ZTE)에 11억9200만 달러의 벌금을 부과했다. 제재 위반 벌금 규모면에서 사상 최대였다.

　중국의 보복이 무차별적으로 전개되는 가운데 사드 장비 일부가 한국에 도착하자 야권은 사드배치를 다음 정권으로 넘기라고 목소리를 높였다. 문재인 前 더불어민주당 대표는 다음과 같이 주장했다.

　　「지금 정부가 왜 이렇게 서두르는지 이해하기 어렵다. …다음 정부의 외교적 운신 폭을 아주 좁혀서 우리 안보와 경제 등 국익 전체에 도움이 되지 않는다. …다음 정부로 넘겨주면 외교적 노력을 통해, 국회 비준 동의 과정을 거쳐 충분히 안보도 지키고 국익도 지켜내는 합리인 결정을 할 수 있는 복안도 있고 자신도 있다. …전략적 모호성을 필요로 하는 순간까지 유지할 필요가 있다. 그것이 외교다. …다음 정부로 넘겨주면 한·미 협의, 한·중 협의 등 여러 레버리지를 활용해 안보와 국익을 함께 지켜내는 합리적 결정을 할 수 있다.」

　文 전 대표는 '전략적 모호성'을 얘기했으나, 이는 박근혜 정부가 사드문제 초기에 저지른 실수였다. 똑같은 실수를 반복하겠다는 것이나 다름없었다. 文 전 대표는 한국이 미·중에 대해 "여러 레버리지"를 갖고 있다고 했는데, 이 역시 외교의 복잡성을 모르고 하는 얘기였다.

　추미애 더불어민주당(제1야당) 대표도 3월 8일 당 최고위원회의에서 "한·미 군사동맹의 핵심도 아닌 사드를 이렇게 비밀리에 한밤중에 한반도에 배치하는 것은 명백한 주권 침해다. 어떤 나라도 이같이 절차를 생략한 전례가 없다. 의회의 비준 과정은 필수다. …정부가 사드 배치를 급작스럽게 당긴 것은 차기 정권에서 논의조차 못하게 하겠다는 것이다"라고 말했다. 더불어민주당 사드대책특별위원회 의원 6명은 3월 20일 황교안 대통령 권한대행을 찾아가 "사드 배치에 대해 국회 비준 동의를 받아야 한다"는 입장을 전달했다.

> * 추 대표는 "비밀리에 한밤중에 한반도에 배치"라고 했는데, 사드 발사대를 실은 수송기가 밤에 도착한 것은 그것을 몰래 들여오기 위한 것이 아니었음은 말할 것도 없다. "주권 침해"라는 것도 어불성설이었다.

임동원·백낙청·정세현·이종석·문정인 등 김대중·노무현 정부 당시 고위 관료와 진보인사들이 주축이 된 '한반도평화포럼'은 2017.3.13 "박근혜 대통령의 탄핵은 박근혜 정부가 추진해 온 모든 정책의 탄핵을 의미한다"며 "황교안 대통령 권한대행을 비롯한 박근혜 前 대통령이 임명한 통일외교안보 관료들이 지금 즉시 모든 행동을 중단하고 더 이상 아무 것도 하지 말 것을 요구한다"는 '긴급논평'을 냈다. 이 논평은 "사드배치 결정 과정은 외교가 국민의 이익에 직접적인 해악을 입힌 희대의 참사로 기록될 것이다"며 정부를 비난했고, "소란스러운 국내정세를 틈타 야밤에 도둑질하듯 무기를 가져다 놓는 것은 동맹국 국민에 대한 예의가 아니다. 사드배치는 당장 중단되어야 한다"며 미국 정부를 비난했다. 상식을 벗어난 주장이었다.

> * 헌법재판소가 2017.3.10 재판관 전원 일치로 탄핵소추안을 인용함으로써 박근혜 대통령은 그 즉시 파면되었다. 그러자 중국 언론들은 한국에서 다음 정부가 들어서면 사드 철회 등의 정책변화가 있을 것이라는 기대감을 드러냈다.

트럼프 행정부 입장

틸러슨 국무장관은 2017.3.17 윤병세 외교부 장관과 공동 기자회견을 가졌다. 그는 이 회견에서 "사드는 전적으로 방어적인 것"이므로 중국이 한국에 대해 보복조치를 취하는 것은 대단히 잘못된 일이라고 했다. 그는 모두 발언에서 "(중국의) 한국에 대한 경제보복은 부적절하며 곤혹스럽다. 우리는 중국이 그런 행동을 삼가하고 사드배치를 야기하는 북핵 위협에 대처할 것을 촉구한다"고 했고, 기자 질문에 대한 답변에서도 "우리는 이러한 보복 조치들이 불필요하고 유감스런 것이라고 생각한다. 그런 조치들은 한 지역강국이 모두에게 심각한 위협이 되고 있는 문제의 해결을 돕는 일이 아니라고 믿는다. 따라서 우리는 중국이 입장을 변경하기 바란다"라고 말했다.

틸러슨 장관은 이 회견에서 "전략적 인내 정책은 끝났다"고 선언하고, 북한이 핵미사일 프로그램을 폐기하지 않는 한 더 이상의 협상은 없을 것이라고 했다. 그리고 "모든 옵션이 테이블 위에 있다"라는 말을 두 번이나 했다. 트럼프 대통령과 사전 조율을 거친 발언이었다.

틸러슨 장관은 한국에서 중국으로 가는 기내에서 동행한 기자에게 "북핵은 위급한 위협인 만큼 상황 전개에 따라 미국은 한국과 일본의 핵무장을 허용할 가능성도 있다"고 말했다. 틸러슨은 바로 전 날도 美 폭스뉴스와의 인터뷰에서 한국과 일본에 대한 핵무장 용인 가능성을 내비친바 있다.

왕이 외교부장은 3월 18일 틸러슨 장관과의 공동 기자회견에서 "한반도 핵문제의 본질은 美-北 간의 문제"라고 발언했다. 워싱턴에서 나오는 '중국이 북한 문제의 일부'라는 주장을 정면으로 받아친 것이다. 왕이-틸러슨 회담에서 중국 측은 사드반대 입장에서 한 발짝도 물러서지 않았고, 미 측은 중국이 사드문제를 놓고 한국을 괴롭히는 것은 적절치 않다는 입장을 표명했다.

  * 틸러슨 장관이 중국을 방문하고 있는 동안 북한은 '신형 고출력 로켓엔진 지상분출 시험'에 성공했다고 발표했다.

한편, 美 의회도 對中 비난과 압박에 나섰다. 요호 하원 아태소위원장은 2017.3.21 북핵 청문회에서 "중국이 한국에 보복조치를 취하는 것은 용인할 수 없다. 중국은 그동안 대북제재를 약화시키고 북한의 핵 도발을 용인함으로써 이득을 봤다. 트럼프 행정부는 이제 북한의 지속적인 무기개발을 돕는 중국 기업을 상대로 세컨더리 보이콧 제재를 가해야 한다"고 목소리를 높였다.

> * 이 청문회에서 이성윤 터프츠대 교수는 "중국이 핵무장한 북한을 對美 카드로 사용할 수 있기 때문에 중국이 현상을 변경할 이유가 없다"며, 현재의 역내 역학 구도하에서는 중국이 북한 비핵화를 푸는 열쇠라기보다 오히려 걸림돌"이라고 말했다.

美 하원은 3월 21일 북한과 불법 거래하는 중국 기업을 제재해 김정은 정권의 목줄과 돈줄을 동시에 쥘 수 있는 조치들이 포함되어 있는 '대북 차단 및 제재 현대화법'을 초당적으로 발의했다. 美 하원은 또한 3월 23일 ▶사드 조속 배치 지지 ▶사드배치를 위한 한국 정부 노력 평가 ▶중국의 한국에 대한 외교적・경제적 압박 즉각 중단 및 주권적 권리 침해 중단 요구 등의 내용을 담은 결의안을 초당적으로 발의했다. 이 결의안은 "사드는 오로지 북한의 핵과 미사일 위협에 대해서만 철저히 방어적으로 운용되고 제3국을 겨냥하지 않는다"며 그럼에도 불구하고 중국은 한국에 대해 '비합리적이고 부적절한' 보복조치를 시행하고 있다고 비난했다. 한편, 美 상원의원 26명은 2017.4.6 트럼프 대통령에게 미・중 정상회담 시 한국에 대한 사드 보복 중단을 요구해 달라는 내용의 서한을 전달했다.

> * 미 의회는 이처럼 공화・민주 양당이 초당적으로 이런 조치를 취했다. 정작 직접적인 피해 당사국인 한국 국회에서는 이런 움직임이 없었다.

트럼프 대통령과 시진핑 주석은 2017.4.7 플로리다 정상회담 시 북한 문제를 논의하는 과정에서 사드 문제도 다뤘으나 각자의 입장이 다르다는 사실만 확인했다.

무엇이 문제였나

① 박근혜 정부가 어설프게 대처했다

박근혜 정부는 2014년 6월 사드문제가 수면위로 떠올랐을 때부터 2016년 1월 사드배치 필요성을 언급했을 때까지 1년 반 동안 이 문제에 대해 모호하면서도 일관성 없는 태도를 취했다. 사드배치가 북한의 핵미사일 위협에 대응하기 위한 최소한의 자위적 조치라는 입장에서 좌고우면하지 말았어야 했는데 그렇게 하지 않았다.

> * 천영우 전 외교안보수석은 "한국 측이 정상회담 때마다 북한 핵·미사일 공격을 막아내는 데 필요한 모든 자구적 조치를 강구할 수밖에 없다는 사실을 중국 측에 분명히 해두었다면 중국이 이토록 막무가내로 나오기는 어려웠을 것"이라고 주장했다(2017.3.9).

박 대통령이 북한 핵미사일 문제에서 중국의 도움을 이끌어내고자 한 것은 당연했다. 북한의 행동을 제어할 수 있는 유일한 나라가 중국이기 때문이다. 하지만 중국을 오인한 것이 문제였다. 중국에 대한 기대가 과도했다. 중국은 북한 체제가 흔들릴 정도로 압박을 가할 의지가 없었고, 다만 對美 관계 차원에서 시늉만 냈다. 박 대통령은 자신의 시진핑 주석과의 관계가 중국의 對北 정책에 영향을 미치지 못한다는 사실을 염두에 두지 않았다.

> * 노태우 대통령은 북방정책을 추진하면서 대중국·소련 외교관계 수립을 통해 북한을 개방·개혁으로 유인하려 했으나 실패했다. 박근혜 대통령이 중국과의 긴밀한 관계를 통해 북한을 움직이려 한 것은 이와 유사한 실수를 반복한 것이었다.

② 중국은 시대착오적이었다.

중국은 패권주의적 시각에서 이 문제를 인식했다. 한국을 만만하게 보고 길들이려 했다. 중국인의 DNA에 각인되어 있는 패권주의·중화주의의 발현이었다.

시진핑 주석은 2016.9.5 박근혜 대통령과의 회담에서 '음수사원'이라는 성어를 사용했는데, 이런 사례에서도 이런 인식을 읽을 수 있다. 임진왜란 때 다 망해가는 나라를 구해준 게 누구인지 생각해보면 앞으로도 누가 당신들을 도와줄지 알 수 있을 것이라고 말한 것인데, 왜 한국은 미국 편을 드느냐는 의미였다.

왕이 외교부장이 2017.3.8 '사드배치가 이웃 나라로서의 도리를 어긴 것'이라고 말한 데서도 중국 측의 시대착오적인 세계관을 읽을 수 있다. '중국의 판단이 옳은 것이므로 두말 말고 따르라'는 말이었다.

③ 한국의 국론분열이 화를 키웠다.

사드배치 문제를 놓고 한국 내에서는 국론이 갈렸다. 사드 방어의 실효성 등과 같은 기술적·과학적인 문제를 놓고도 정파나 이념에 따라 갈라졌다. 對美 관계나 한미동맹을 중요하게 생각하는 사람들은 찬성했고, 對中 관계·對北 관계를 중시하는 사람들은 반대했다. 심지어는 전문가들의 인식이나 태도도 정치화되었다. 그러다보니 국익에 입각한 생산적인 논의가 이뤄지지 않았다.

중국의 반대에 일치단결해 대응했으면 반발이 덜 심했을 것이다. 하지만 사드배치가 발표되자 정치권은 물론이고 한국 사회가 분열 양상을 보였다. 국가공동체가 안전해야 비로소 회사나 개인도 자신의 이익을 추구할 수 있다는 의식이 없었다. 중국은 이런 상황을 쉽게 파고들었다.

> * 국가안보 문제가 중국의 압박에 의해 좌지우지 된다면 한국은 더 이상 주권국가라 할 수 없다. 사드배치는 중국의 입장을 고려해서 결정할 사안이 아니었다.

어떻게 대응할 것인가

한미동맹을 강화하는 것이 기본이다. 대안이 없다. 여기에 對中 지렛대로서 일본과의 관계를 올바른 방향으로 정립해야 한다. 원칙과 규범의 문제에서 흔들리지 말아야 한다.

① 중국을 제대로 보아야 한다

한국인들은 국제정치나 국가 간 관계를 순진하게 인식하는 경향이 있다. 중국을 바라보는 눈이 특히 그렇다. 우리는 중국의 전략적 의도를 정확히 읽어야 한다. 중국은 아시아 지역에서 중국 중심의 질서를 구축하려 하고 있다. 이 과정에서 지극히 自國중심적인 태도를 취하고 있다. 중화주의 세계관에서 중국 이외의 나라들은 다 小國이다. 중국 지도자들은 이런 눈으로 한국을 바라본다. 중국 정권의 실체를 순진하게 인식하면 큰 차질이 생긴다.

 * 청나라 외교관 허루장은 "조선인들은 어린아이와 같다. 그들에게 힘을 적절히 내비치면서 친절하게 달래면 쉽게 따른다"라고 말한 적이 있다. 중국인들이 지금도 이렇게 생각하는지 모른다.

중국은 북한 문제·북핵 문제에 이중적인 태도와 속셈을 갖고 있다. 한국은 중국의 건설적이고 유의미한 역할을 기대했지만, 중국은 북한의 4차 핵실험 시 박 대통령의 전화조차 받지 않았다. '우리가 전화하면 당신들은 받기나 하라'는 태도였다.

 * 중국은 2008년 中·韓 관계를 '전략적 협력 동반자 관계'로 격상시킬 때 이미 한미동맹 이완을 목표로 했는지 모른다.

박근혜 대통령은 중국과의 관계에 많은 공을 들였다. 일본보다 중국을 먼저 방문하고, 전승절 행사 참석이라는 어려운 결정도 했다. 중국이 북한 비핵화를 실현하는데 진정성 있는 역할을 해주고 나아가 한반도 통일에도 건설적인 역할을 해 주었으면 하는 기대가 있었다. 순진한 착각이었다. '희망적 사고'wishful thinking의 전형이었다.

 * 박태균 교수는 "한국 외교의 가장 큰 문제는 wishful thinking"이라고 지적했다(2017.5.3 동아일보).

한때 한국에서 '안보는 미국, 경제는 중국'이라는 말(安美經中)이 유행했다. 또 다른 착각이었다. 김무성 새누리당(여당) 대표는 2015년 3월 한 토크쇼에서 "안미경중, 안보는 미국의 핵우산 속에 들어가야 하고, 경제는 중국과 잘 교류해야 한다"고 목소리를 높였다. 아마 미·중 관계자들은 '안미경중'이라는 말을 듣고 '이렇게 순진한 사람들이 있나!'라고 실소를 금치 못했을 것이다. '안미경중'이 얼마나 순진한 얘기였는가는 사드보복으로 금방 드러났다.

중국은 한국 입장과 무관하게 행동했고 앞으로도 그럴 것이다. 신뢰할 수 있는 나라가 아니다. 사드보복 사례에서 한·중 관계의 한계를 똑똑히 보았다. 오죽하면 김대중 〈조선일보〉 고문이 그의 칼럼에서 "중국을 믿느니 차라리 북한에 굴복하는 것이 그나마 '민족'을 살리는 길이다"라고 썼을까(2016.9.13).

② 한미동맹을 방패로 삼아야 한다

중국이 한국을 마음대로 좌지우지 못하는 배경에는 한미동맹이 있다. 한미동맹은 對中 레버리지다. 중국이 한국을 무시하지 못하는 것은 한미동맹 그리고 韓·日 관계 때문이다. 이 점을 잊지 말아야 한다.

동아시아에서 유일 패권국이 등장하면 한국은 자주·독립을 유지하기 어렵다. 때문에 한국에게는 주변 국가들 간 세력균형이 아주 중요하다. 미국은 이 지역의 세력균형을 원하는 나라다. 이런 점에서 韓·美 두 나라는 이해관계가 일치한다.

중국은 對美 관계의 맥락에서 한반도 문제를 다룬다. 중국의 對한반도 정책이 中·美 관계의 종속변수라는 사실은 한국이 미국을 배경으로 對中 관계를 다루지 않으면 안 됨을 의미한다. 한미동맹이 없으면 한국은 중국으로부터 수시로 수모를 당할 것이다. 천안함 사태 당시 중국 외교부 관리가 '미국만 없으면 한국을 진작 손 봤을 것'이라고 한 말이 이런 사실을 입증해준다.

한국은 미국과의 동맹관계를 통해 안보의 핵심 과제들을 다루지 않을 수 없다. 언제까지 그래야 하는지는 알 수 없지만 한동안은 어쩔 수 없다. 한미동맹이 흔들리면 위험하다. 북한의 핵미사일 위협이 가시화된 상황에서는 더욱 그러하다.

이런 상황에 한국이 미국과 중국 사이를 왔다 갔다 할 수 있다고 생각하는 것은 위험천만하다. 이런 사실은 구한말 상황을 들여다보면 금방 알 수 있다. 조셉 나이 하버드대 교수는 "한국은 美·中 두 강대국과 좋은 관계를 유지하기 위해 지리적으로 멀리 떨어진 미국의 힘을 이용해 가까운 중국의 압박을 차단하라"고 충고한다. 이웃한 나라는 멀리 떨어져 있는 나라와 다르다.

한국이 미·중 사이에서 왔다 갔다 하면 결국은 양쪽 모두로부터 버림받게 되어 있다. 사드배치는 국가안보에 관한 문제이기 때문에 동맹 관계에 있는 미국과 긴밀한 협조 가운데 처음부터 분명한 입장을 취했어야 했다. 그렇게 하지 않음으로써 중국으로부터 부당한 관여를 초래했다. 한국은 한미동맹으로 단단하게 중심을 잡고, 스스로를 방어할 의지와 결기를 가다듬어야 한다.

＊ 이춘근 박사는 현재 진행되고 있는 미·중 패권경쟁에서 미국이 승리할 것이므로 한국은 승자 편에 서야 한다고 믿는다. 그는 또 "親中정책은 한미동맹과 공존할 수 없으며 공존할 수 있다고 생각하는 것은 허구에 지나지 않는다"며, "미국과는 동맹이고 중국과는 전략적 협력 동반자라는 말도 안 되는 소리를 더 이상 하지 말아야 한다"고 일갈한다.

"미국 반대편에 베팅한 것이 좋은 베팅이었던 적이 없다"

바이든 미국 부통령은 2013.12.6 청와대에서 박근혜 대통령을 면담했을 때 이런 말을 했다.

"제가 이 지역을 순방하면서 지금까지 말한 대로, 미국 반대편에 베팅한 것은 한 번도 잘 한 베팅이 아니었습니다. 미국 반대편에 베팅한 것이 좋은 베팅이었던 적이 없습니다. 미국은 앞으로도 계속 한국에 베팅할 것입니다."

한국 언론들은 이 발언을 "노골적으로 미국편에 설 것인가 중국편에 설 것인가를 강요" "박근혜 대통령과 한국을 협박하는 무례한 외교적 언사" "미국 부통령의 말실수이며 한·미 관계에 백해무익한 발언" "듣기 거북하다" "약소국 국민으로서 비애를 느낀다"라고 보도했다.

바이든 부통령이 하고자 했던 말은 '미국은 과거에도 그랬지만 앞으로도 한국을 신뢰할 것이며 한국과 한 약속을 지킬 것이다. 그러니 한국은 미국을 믿어 달라. 미국은 한국이 신뢰할만한 나라다'라는 의미였다. 이와 함께 한국이 美·中 어느 나라를 더 신뢰할 수 있는가 라고 묻는다면 당연히 미국을 신뢰하라고 답할 것이라는 말이었다.

> ### "미·중 양측으로부터 러브콜을 받는 상황…"
>
> 윤병세 외교부 장관은 2015.3.30 재외공관장회의 개회사에서 "우리의 전략적 가치를 통해 미·중 양측으로부터 러브콜을 받는 상황은 결코 골칫거리나 딜레마가 될 수 없습니다. 굳이 말한다면 이것이 축복이 될 수도 있습니다"라고 말했다.
>
> 윤 장관의 이런 언급에 대해 언론은 비판적인 반응을 보였다. '듣고 있자니 민망한 윤병세 장관의 자화자찬 외교'(조선일보), '외교·대북관계, 국민은 답답한데 외교부는 자화자찬만'(동아일보), '윤병세 외교장관의 정세인식·전략·행태 걱정된다'(한국일보) 등의 사설을 실었다.
>
> 한 보수논객은 '미·중 양측으로부터 러브콜을 받고 있다'는 윤 장관의 인식은 한미동맹과 한·중 친선을 반반으로 보는 것이라며, '한·중 친선도 중요하지만 한미동맹은 그보다 더 중요한데 이를 50대 50으로 놓는 것은 잘못'이라고 주장했다. 한미동맹이 주축이 되고 한·중 관계는 이를 기초로 발전시켜 나아가야 하는데, 한국이 미국과 중국의 중간지점에서 '러브콜'을 받는 모양새를 상정하고 이를 축복이 될 수 있다고 하는 것은 정확한 상황 인식이 아니라는 주장이었다.

③ 일본과의 관계를 강화해야 한다

한국은 對中 관계에서 사용할 수 있는 지렛대를 개발해야 한다. 일본과의 협력은 이런 지렛대가 될 수 있다. 일본은 동북아 정세를 불안정하게 만드는 세력과 대응함에 있어 한국과 이해를 같이 한다. 또한 일본은 중국과 달리 민주적 가치를 공유하는 나라다. 역사 문제에도 불구하고 협력을 안 할 수 없는 나라다.

일본과의 관계를 양자 관계에 국한해서 보지 말고 국가안보 전략적 차원에서도 보아야 한다. 對日 관계 강화는 對中 지렛대를 더욱 힘 있는 것으로 만들어준다. 이런 점에서 박근혜 정부가 '중국 중시, 일본 경시' 노선을 취한 것은 큰 실책이었다.

* 박근혜 대통령은 재임 중 일본을 한 번도 방문하지 않았다. 소설가 복거일은 2017.4.1 한 일간지 칼럼에서 "지금 우리 외교의 가장 중요한 과제가 일

본과의 관계를 정상화하는 일"이라면서, "새 대통령이 (강대국 중) 일본을 맨 먼저 방문하는 것"도 하나의 아이디어라고 했다.

한국은 다른 한편으로는 중국이 한국에 대해 갖는 지렛대의 힘을 빼야 한다. 예컨대, 對中 관계가 원만하지 못하면 북한 문제, 북핵 문제, 한반도 통일 문제 등에서 중국의 협조를 받기 어려워질 것이라고 떠들어대 말아야 한다. 어차피 중국은 한국 입장이나 이익과 무관하게 자신의 이익만을 기준으로 판단하고 행동하게 되어있다. 중국의 눈치를 살피는 것이 아무런 차이를 만들지 못한다. 오히려 한국이 중국 눈치를 살필수록 對韓 지렛대의 힘만 높여 준다.

중국을 움직인 이스라엘

미국 주도로 유엔 안보리에서 이란을 추가 제재하는 결의안이 논의되고 있었는데 중국이 계속 반대했다. 미국이 수개월 설득했으나 꿈쩍도 하지 않았다.

이런 가운데, 2010년 2월 이스라엘 고위대표단이 중국을 방문했다. 대표단은 중국 측에게 이란의 핵개발 현황을 설명하면서, 국제사회가 이를 막지 못하면 이스라엘은 이란에 대해 선제공격을 하지 않을 수 없을 것이라고 했다. 중국 측은 이스라엘 대표단이 브리핑한 이란의 핵개발 상황에 대해서는 별로 관심을 보이지 않았다. 그러나 이스라엘의 무력 공격이 중국 경제에 미치는 영향을 설명하는 대목에 이르러서는 자리에서 벌떡 일어나 귀를 기울였다.

중국은 원유의 11%를 이란에 의존하고 있었기 때문에 이스라엘이 이란에 대해 무력을 사용하면 중동 위기가 발생하고 이로 인해 중국 경제가 큰 타격을 받게 된다. 이스라엘은 2007년 9월 시리아가 북한의 지원을 받아 건설 중이던 핵 시설을 전폭기를 동원해 파괴했고, 1981년 6월에는 이라크 바그다드 인근 핵 시설을 전폭기를 동원해 파괴한바 있다. 이런 사례에 비추어 이란에 대해서도 유사한 공격을 감행할 가능성이 충분히 있었다.

지리멸렬하게 시간을 끌던 안보리의 이란 제재 결의안은 2010.6.9 찬성 12, 반대 2, 기권 1로 통과되었다. 거부권을 가진 중국도 찬성했다.

레이건 美 대통령의 '전략방위구상'

레이건 대통령은 1983년 3월 '전략방위구상'SDI이란 것을 발표했다. 핵미사일을 우주에서 요격하는 시스템을 개발하겠다는 선언이었다. 사람들은 실현 가능성이 희박한 공상소설과 같은 애기라고 해서 '별들의 전쟁'이라는 별명을 붙였다.

하지만 소련 지도부는 바짝 긴장했다. 그토록 엄청난 노력과 예산을 들여 장기간 유지해온 핵미사일들이 하루아침에 무용지물이 된다는 것은 경악할 일이었다. 어떻게든 막아야 했다. 최고지도자 고르바초프는 1985년 11월 제네바에서 레이건과 첫 정상회담을 하면서 SDI 포기를 유도하기 위한 탐색전을 벌였다. 레이건은 미동도 하지 않았다. 그러자 고르바초프는 1986년 10월 아이슬란드에서 가진 정상회담에서 파격적인 전략무기 감축안을 내놓으며 SDI 포기를 유도했다. 레이건은 일언지하에 거부했다. SDI가 소련으로 하여금 자기가 한 약속을 지키게 만드는 가장 강력한 지렛대가 될 것이라고 믿었기 때문이다. 그의 판단은 적중했다. SDI는 소련을 붕괴 시킨 요인의 하나가 되었다.

소련이 해체된 다음 해(1992년) 키신저 前 국무장관은 러시아 방문 시 소련의 고위인사들에게 소련 해체에 가장 큰 영향을 준 요인이 무엇이라고 생각하느냐고 물었다. 그들은 한결같이 SDI라고 대답했다. 레이건이 만들어낸 SDI는 아르키메데스가 말한 지렛대와 같은 힘을 발휘했던 것이다. (*아르키메데스는 고대 그리스 수학자로 '긴 지렛대와 이를 받칠 수 있는 받침목만 있으면 지구라도 움직여보겠다"고 말한 사람이다)

④ 중국에 주장할 것은 주장해야 한다

한국은 중국에 대해 당당한 주장을 펴야 한다. 특히 주권평등·상호주의 등 원칙과 규범의 문제에서 그렇다. 중국이 국제법과 규범을 무시할 때 침묵해서는 안 된다. 예컨대, 중국내 탈북자가 난민이므로 국제법상 강제북송해서는 안 된다는 사실을 떳떳하게 주장해야 한다.

한국은 또한 중국에 일관된 입장과 태도를 취해야 한다. 경우에 따라서는 단호한 의지와 결의도 보여주어야 한다. 그렇게 하지 않으면 중국의 한국 무시는 날로 도를 더해갈 것이다.

노르웨이의 사례가 참고가 된다. 노르웨이는 국제사회에서 법의 지배와 다자체제 기능을 저해하는 행위는 국가안보와 주권에 대한 최대 위협으로 간주한다. 이런 판단에서 이 나라는 국제법과 국제체제 강화를 핵심 외교정책 목표로 삼고 있다.

오바마 대통령은 2015.10.16 박근혜 대통령과의 공동기자회견에서 중국이 국제규범과 규칙을 준수하지 않을 때에는 한국도 미국처럼 분명한 목소리를 내달라고 요청했다.

> 「내가 (회담에서) 朴 대통령께 말씀드렸듯이, 우리가 강조하고자하는 단 하나는 중국이 국제규범과 규칙을 준수해야 한다는 점이다. 그들이 그렇게 하지 않는 문제에 있어서는 대한민국도 미국처럼 분명한 목소리를 내주기(speak out) 바란다. 우리 두 나라는 2차 세계대전 종전 이후 자리 잡은 국제규범과 규칙으로 혜택을 보아 왔다고 생각한다. 우리는 그러한 규칙들이 약화되거나 어떤 나라가 좀 더 큰 나라라고 해서 이를 악용하는 것을 원치 않는다. 그런 일은 한국을 포함한 어느 나라에게도 이로울 리가 없다. 중국은 한국 문전에 있는 큰 나라다. 그런 중국이 자신이 원하면 언제든지 규칙을 어기면서도 아무 일 없었다는 듯 지나간다면, 그것이 경제 문제이든 안보 문제이든, 한국에 좋을 리 없다.」

중국은 헤이그 상설중재재판소PAC가 2016.7.12 남중국해 영유권 분쟁 관련 재판에서 필리핀 손을 들었을 때 격한 반응을 보였다. 왕이 외교부장과 외교부 대변인은 '광대 짓' '휴지 조각' 운운하며 PAC 판결이 '불법이며 무효이고 구속력이 없다'고 했다. 미국은 PAC 판결이 '최종적이고 법적 구속력이 있으며 모든 당사국들이 이에 응해야 한다'고 했고, 일본·호주도 이에 동참했다. 그런데 한국은 중국을 의식해 지극히 원론적인 논평을 내는데 그쳤다. 한국 정부도 정정당당한 입장을 보였어야 했다.

> * 복거일은 중국은 이때 한국은 동맹국과의 신의도 가볍게 버리는 나라라는 확신을 얻었고, 이런 배경에서 사드 문제를 두고 한국을 압박하기 시작했다고 보았다.

싱가포르는 한국과 달랐다. 리셴룽 총리는 PAC 판결이 "해양 분쟁에 있어서 국제법에 대한 강력한 성명서"라는 입장을 분명히 밝혔다. 그는 2016.8.2 "이미 인정받은 원칙에 기초한 상설중재재판소의 판결은 서로 누구의 총이 센지 싸우는 것보다 훨씬 낫다"고 말했다. 중국은 싱가포르에게 "객관적이고 공정한 입장을 취하라"며 발끈했지만, 싱가포르의 노련한 외교는 이런 중국의 반발을 잠재웠다.

PAC 판결에 대한 한국 외교부 대변인 성명(2016.7.13)

1. 우리 정부는 그동안 주요 국제 해상교통로인 남중국해에서의 평화와 안정, 항행과 상공비행의 자유가 반드시 보장되어야 하며, 남중국해 분쟁이 관련 합의와 비군사화 공약, 그리고 국제적으로 확립된 행동규범에 따라 해결되어야 한다는 입장을 일관되게 견지해왔음.

2. 우리 정부는 7.12 발표된 중재재판 판결에 유의하면서, 이를 계기로 남중국해 분쟁이 평화적이고 창의적인 외교노력을 통해 해결되기를 기대함.

한국의 외교안보

2017년 5월 17일 초판 1쇄 발행

지은이 최병구
만든곳 평민사
펴낸이 이정옥
　　　　주소 : 서울 은평구 수색로 340 [202호]
　　　　전화 : 02) 375-8571
　　　　팩스 : 02) 375-8573
　　　　평민사의 모든 자료를 한눈에
　　　　http://blog.naver.com/pyung1976
　　　　이메일 : pyung1976@naver.com

등록번호 제251-2015-000102호
정　　가 25,000원

* 잘못 만들어진 책은 바꾸어 드립니다.
　이 책은 저작권법제97조의 5(권리의 침해죄)에 따라 보호받는 저작물로
　저자의 서면동의가 없이는 그 내용을 전체 또는 부분적으로 어떤 수단·방법으로나
　복제 및 전산 장치에 입력, 유포할 경우 민·형사상의 피해를 입을 수 있음을 밝힙니다.